清華

法治论衡

第30辑

迈向世界社会的国际法

鲁楠 主编

始于1897
The Commercial Press
商務印書館

目录

国际法的"涟漪"：解构与新想象

鲁　楠[*]

　　我国开始学习和研究国际法，可追溯至19世纪美国传教士丁韪良（William Martin）翻译惠顿（Henry Wheaton）撰写的《万国公法》（*Elements of International Law*）。当时的西方国际法思想正经历着由自然法学派向实证主义法学派过渡的历史时期。及至改革开放以来，在王铁崖等老一辈国际法学家的努力下，我国国际法学也以法律实证主义为基础，在规则与制度研究方面，有了长足进步。

　　最近几年，随着世界局势变化和新一代国际法学者崭露头角，越来越多的学者感到，单纯依赖法律实证主义思想，将国际法研究拘泥于规则与制度方面，不足以体现国际法最新的发展趋势，也不足以应对时代的剧烈变革。由此，一些新思想开始进入国际法的"方塘"，泛起阵阵涟漪。

　　其中，有三波"涟漪"颇引人注目。第一波涟漪是，在国内外国际法学界开始出现了"国际法史热"，被人们称为"国际法的历史转向"。越来越多的国际法学者开始关注国际法史问题，也有越来越多的法史学者投身于国际法史研究。众所周知，法律实证主义主要关心

---

　　*鲁楠，清华大学法学院长聘副教授。

当下生效的法,而非历史上曾经生效的法。这种国际法史热无疑给法律实证主义带来了一定冲击,让部分学人感到费解。但深思一下就不难发现,恰是世界体系发生较大变革之时,国际法的根基有所动摇,才会出现一种追本溯源的冲动,激发出国际法史的研究。第二波涟漪是冠以"比较国际法"的一股思潮。所谓"比较国际法"并非顾名思义的比较法与国际法的结合,而是由一批出身于第三世界国家的国际法学人倡导。他们主张发掘和放大源自发展中国家的国际法学者的声音,从而改变发达国家独霸讲坛的现状。正由于国际法是多种声音的混响,是复调音乐,才有了比较的意蕴。第三波涟漪则是晚近颇受年轻学者青睐的帝国法研究。这种研究吸收和融合了西方左翼的后现代主义思潮,从后殖民主义研究中吸取营养,发展出了一种以帝国为中心的世界秩序研究。如今,三波涟漪相互激荡,不少青年学者彼此呼应,以至于颇有了一点声势。

面对这些新的发展动向,法理、法史学界和国际法学界远非没有争议。有的学者批评,这些新动向深受后现代主义哲学,特别是"话语-权力"理论影响,把发展国际法治的事业变成了话语权的争夺;有的学者则指出,所谓国际法的历史转向,也不过是将重点放在了19世纪西方殖民主义的"黑暗"岁月,对"二战"后国际法的新秩序鲜少提及;更有专门从事基础理论研究的学者认为,这些新动向在法理学方面站不住脚,不过是批判法学向新议题的蔓延,把法律转变成了另一种形式的政治来批发处理。本专辑汇集了近几年来在相关问题上的讨论,特别是节选了一些青年才俊的博士论文,以求将一种理论发展的趋势呈现出来。

我认为,从学术方面来讲,每一代学人都应追求基本理论的突破,甚而追求"范式移转",这本身就值得鼓励。我国国际法学长期以来精于制度、疏于理论的现状也应有所改变,更多的思想理念、研究方法应丰富起来,促成理论法学与国际法学的交流。这有利于我国国际法学的发展。而另一方面,对于学者理论创新过程中暴露出来的问题,学界不宜冷眼旁观,甚至无动于衷,而应在论辩中求其解决,形成有利于国际法发展的新共识。

谈到这一点，我不免想起清华大学的资深国际法教授车丕照老师。早在2002年，车老师就曾发表《法律全球化与国际法治》一文，从基础理论方面对当时风靡一时的法律全球化现象及其对国际法的影响展开论述。他提出"国际法治"的理念，希望法律全球化向着巩固国际法治的方向发展。而在此之后，《清华法治论衡》还出版了"WTO专号"，就以WTO为代表的国际法治实践在全球化过程中的适应力问题展开讨论。那时，我们就预感了世界体系变革给既有国际法理念和制度可能带来的冲击。今天再来看车老师的文章，我们益发感到，对国际法基础理论进行反思和探讨的必要性。

我认为，眼下出现的国际法的三波涟漪，在学术上虽值得重视和肯定，却都暗藏着颠覆国际法治的危险。三种新的理论探索，都不约而同地以后现代主义、后殖民主义为基础，试图解构国际法治的思想根基和制度成就，认为现在的国际法不仅不合理，而且不公平，不足以反映新的国际形势。但他们似乎又忽视了国际法发展曾取得的巨大成就，特别是低估了"二战"以后国际法所具备的包容性和自我调节能力，由此引发了我国学者对现有世界体系和国际法治的系统性怀疑。但令人困惑的是，这种怀疑论并未提出新的国际法治方案，也缺乏足以达成共识的蓝图。它会给国际法的事业带来什么？难道愿景真如有的学者所说，道路通往帝国？

作为一种替代方案，我认为，还有一种帝国之外的想象世界秩序的方式。我将其称为世界社会。所谓世界社会，是指并非从单一的政治视角观察世界，而是从社会生活广泛互动的角度看待世界。这个世界由政治、经济、文化、教育、医疗、体育等多维空间组成，而很难说任何一个维度发挥着中心功能。这使法律作为其中一维，必须适应世界社会的多元图景，在其中穿针引线，与不同的社会生活协调共生、同步进化。国际法作为一种世界社会之法，正意识到这种变化，并努力使理论与制度与其相适应，由此产生了自我更新的理论需求。与帝国不同，世界社会并非政治独大的叙事，也非一国独领风骚的愿景，而是追求在世界体系发展过程中，形成真正让社会包容政治、法律驯服权力，从而迈向世界联合的道路。为此，我们引介一些与此相关的学术研究作品，如托依布纳(Gunther Teubner)的世界社会宪法理论、美国学者的全球行政法理论，以及德沃金(Ronald Dworkin)晚年发表的具有强烈规范主义特质的国际法理论，以期丰富国际法讨论的素材。

我们希望，国际法学人在探索理论新路的勇敢实践中，不仅能具有批判的眼光和颠覆的勇气，还有一种继往开来和包容他者的胸怀。不仅从本国的利益和立场出发，而且能从世界公民的视角考量，发展出促进世界横向联合、推动人类广泛合作的国际法理论和实践。

贞提利国际法思想中的怀疑主义与罗马基础

郭逸豪[*]

导论

意大利法学家阿尔贝里科·贞提利(Alberico Gentili, 1552—1608)在近代国际法史的叙事中较少被人提及。作为他的前人,萨拉曼卡学派的缔造者弗朗西斯科·德·维多利亚(Francisco de Vitoria, 1483—1546)在当下后殖民主义的批判国际法史中占据着显著的位置,而他的后人雨果·格劳秀斯(Hugo Grotius, 1583—1645)则在相当长的时间内享有"国际法之父"的桂冠。维多利亚的西班牙和格劳秀斯的荷兰彼时正在缔造"世界霸权"与"海上帝国",而因新教信仰问题流亡英国的贞提利却未曾经历英帝国真正的诞生,这一现实某种程度上也解释了,虽然贞提利的《论战争法》(*De jure belli*, 1598)深刻影响了《战争与和平法》(*De jure belli ac pacis*, 1625)的创作,但后者的影响力却使前著在国际法史上黯然失色。

国际法史学者目前普遍认为,贞提利是第一位赋予国际法以独立

* 郭逸豪,中国政法大学法学院讲师。本文系国家社会科学基金项目"欧洲中世纪的国家与主权理论研究"(项目号:20CFX009))的阶段性成果。

学科地位的法学家。在贞提利生活的时代，近代主权国家兴起，欧洲人发现美洲大陆，基督教世界与伊斯兰世界的国际贸易方兴未艾，这一切都迫使近代早期各领域的学者努力创造出适用于全世界的秩序与规则。对于法学家贞提利而言，该问题可以转化为如何在一个多宗教、多文化和多人种的人类社会(societas humana)中创造出拥有具体规范并可适用的实证国际法。

贞提利在《论战争法》的开篇提出，哲学家的作品太笼统；政治学家和道德哲学家自始至终只关注城邦(抑或国家)的内部事务和共同善，极少关心敌人和外国人；神学家处理的人和上帝问题与国际法无涉；而真正能为国际法提供知识力量的只有法学家。①因此，在意大利接受巴托鲁斯学派(即意大利风格)法学训练的贞提利将新型国际法的渊源问题放置在罗马法的传统中考量，认为"我们的法学家(nostri iurisconsulti)因此可以完整地汇编所有国家的法律。如果罗马人、希腊人、犹太人和野蛮人都适用某种法律，我们应该认为所有已知民族都适用某种法律"②。而这样的法则不仅仅是习惯的简称，它是优士丁尼《民法大全》(Corpus Juris Civilis)中规范和规则的总称，尽管罗马帝国早已消逝。③

---

① Alberico Gentili, *De jure belli*, I. 1, ed. by Thomas Erskine Holland, 1877, p. 1. 以下简称 DJB。《论战争法》的拉丁文版，本文参考托马斯·厄斯金·霍兰(Thomas Erskine Holland)编于 1877 年的版本，同时参考意大利文版 Alberico Gentili, *Il diritto di guerra*, introduzione di Diego Quaglioni, traduzione di Pietro Nencini, apparato critico a cura di Giuliano Marchetto e Christian Zendri, Giuffrè Editore, Milano, 2008, 英文版参考 Alberico Gentili, *De iure belli libri tres*, vol. 2, trans. by John C. Rolfe, Oxford at the Clarendon Press, 1933。

② DJB, I, 1, p. 8: "Potuerunt nostri Iurisconsulti et de omnibus omnino gentibus colligere ius istud. quod si Romani, Graeci, Iudaei, barbari, omnes denique noti iure aliquo usi sunt, eodem homines omnes usi existimentur."

③ DJB, I, 3, p. 16: "Ius etiam, illis perscriptum libris Iustiniani, non civitatis est tantum, sed et gentium, et naturae. Et aptatum sic est ad naturam universum, ut imperio extincto, et ipsum ius diu sepultum surrexerit tamen, et in omnes se effuderit gentes humanas." 参见 Benjamin Straumann, "The Corpus iuris as a Source of Law Between Sovereigns in Alberico Gentili's Thought", in Benedict Kingsbury and Benjamin Straumann (eds.), *The Roman Foundations of the Law of Nations: Alberico Gentili and the Justice of Empire*, Oxford University Press, 2010, p. 116。

在整个16世纪,"美洲大发现"与"印第安事务"是重大的时代主题。不同于受亚里士多德思想影响的同时代人,贞提利对待异族和异质文化的态度相对进步。他认为人类拥有共同的起源,美洲大陆和欧洲大陆曾是一体,因此,新世界的"他者"与欧洲人之间地位平等。[①]贞提利设想的是一个斯多葛式的真正普遍的国际社会,不同民族和国家间的政治、宗教和文化差异得到尊重。[②]因此毫无疑问,万民法的适用必须涵盖印第安人。正是由于贞提利承认印第安人与欧洲人一样共享人类的情感和理性,那么在哲学认识论上,人们可以通过已知的东西来认识未知的事物(incognita per cognita cognoscimus),[③]印第安人也必然和罗马人一样适用某种法律。

尽管贞提利表达了相对温和的平等观,但在帕戈登(Anthony Pagden)看来,贞提利与维多利亚一样都认同以下观点,即世界是由适用国际法的"文明民族"和不适用国际法的其他民族即"野蛮人"组成的——而这种区分的影响力在19世纪达到顶峰。[④]不仅如此,帕戈登将贞提利的《论战争法》视为一本论证帝国合法性的著作,将另一本《罗马人的战争》(De armis romanis, 1599)视为关于罗马帝国扩张正当性的对话集。[⑤]帕戈登眼中的贞提利俨然是帝国主义和欧洲中心论的拥趸,是萨拉曼卡学派的追随者,尽管他们的论点和论证方法不尽相同。

本文将以贞提利的两部主要作品《论战争法》和《罗马人的战

---

① Benedict Kingsbury, "Alberico Gentili e il mondo extraeuropeo: gli infedeli, gli indiani d'America e la sfida della differenza", in *Alberico Gentili e il mondo extraeuropeo. Atti del convegno settima giornata gentiliana*, a cura di Benedict Kingsbury, Giuffré Editore, Milano, 2001, pp. 19–20.

② Luca Scuccimarra, "Societas hominum. Cosmopolitismo stoico e diritto delle genti", in *"Ius gentium, ius communicationis, ius belli": Alberico Gentili e gli orizzonti della modernità*, a cura di Luigi Lacchè, Giuffré Editore, Milano, 2007, pp. 38–39.

③ DJB, I, 3, p. 16.

④ 安东尼·帕戈登:《帝国的重负:公元1539年至今》,杨春景译,当代世界出版社2022年版,第157页。

⑤ 帕戈登:《帝国的重负:公元1539年至今》,第127页。

争》为基础，尝试与帕戈登的上述观点进行商榷，并提出关于贞提利国际法和帝国思想的新观点。本文认为，贞提利的国际法思想背后存在某种哲学上的怀疑主义，这种怀疑主义对中世纪以降形成的统一的基督教正义观提出了质疑，并进一步否认了萨拉曼卡学派的正义战争理论。其次，贞提利的国际法思想和他的政治理论，尤其与文艺复兴所唤醒的罗马政治理论密不可分。基于以上观点，本文将分三部分论述：第一部分将围绕《论战争法》中对战争理由的讨论，论述贞提利的思想与萨拉曼卡学派的异同；第二部分将以《罗马人的战争》这部对话集为基础，探讨贞提利如何对待罗马帝国的合法性，以及这种对待背后更本质的意图；第三部分将分析贞提利的政治理论，以及这种政治理论如何塑造他的帝国思想。

一、"神学家，管好你们自己的事！"——贞提利与萨拉曼卡学派

（一）印第安事务之辩

在《论战争法》第一卷第12章的结尾部分，贞提利就奥斯曼帝国的问题向神学家真诚地喊话：管好你们自己的事！(Silete theologi in munere alieno，亦翻译为"神学家，请你们闭嘴！"）尽管他并未指名道姓，但彼时的读者可以轻易地判断出，他针对的是萨拉曼卡学派的道德神学家们，更确切地说，是该学派的创始人维多利亚。维多利亚在其《论市民权力》(De potestate civili) 的开篇便夸耀，神学家的事务和职责是如此之广，以至于涵盖所有论证、争论和论题；神学位于世上所有科学与学科之首。①实际上，维多利亚并未言过其实。自哥伦布于1492年登陆加勒比海的小岛，以及之后发展得如火如荼的"征

---

① Francisco de Vitoria, *De potestate civili*, I: "Officium, ac munus Theologi tam late patet, ut nullum argumentum, nulla disputatio, nullus locus alien videatur a theologica professione, et instituto... Est autem Theologia omnium disciplinarum, studiorumque orbis prima." 另参见 Diego Panizza, "'Libertas religionis' e 'Silete theologi in munere alieno'. Politica e religione nell'opera di Alberico Gentili", in *Alberico Gentili. Atti dei convegni nel quarto centenario della morte*, Giuffrè Editore, Milano, 2010, pp. 641–656。

服美洲运动"以来,神学家的确是第一批为西班牙的帝国政策辩护的学者。① 在维多利亚看来,印第安人既然不受西班牙王国法律(人法)统治,则有关他们的行为只能交由神法评判,法学家因此无法胜任此项工作。②

在北方国家的新教改革和天主教国家的反宗教改革双重浪潮的席卷下,基督教世界迫切需要对神学教义、宗教和世俗权力以及人的良心和道德行为等进行重新评估,③征服美洲运动自然也要在正义观的显微镜下得到谨慎检视。维多利亚在《论印第安人》(De indis insulanis)的序言部分说,诸多事物可能同时拥有善与恶、正义与非正义的两面,当我们无法判断某个行为是否为善时,那就有必要依据智

① 参见帕戈登:《帝国的重负:公元1539年至今》,第75—125页;Andrew Fitzmaurice, "Discovery, Conquest, and Occupation of Territory", in Bardo Fassbender et al. (eds.), *The Oxford Handbook of the History of International Law*, Oxford University Press, 2012, p. 842; Antony Anghie, *Imperialism, Sovereignty and the Making of International Law*, Cambridge University Press, 2004, pp. 13–31; Marco Geuna, "Francisco de Vitoria e la questione della guerra giusta", in *Dalla concordia dei greci al bellum iustum dei moderni*, a cura di Giovanna Daverio Rocchi, San Marino University Press, 2013, pp. 143–169; Peter Haggenmacher, "Guerre juste et guerre régulière dans la doctrine espagnole du XVIe siècle", *International Review of the Red Cross*, vol. 74, special issue 797 (1992), pp. 450–462; Merio Scattola, "Die Systematik des Natur– und Völkerrechts bei Francisco de Vitoria", in Kirstin Bunge, Anselm Spindler, Andreas Wagner (Hrsg.), *Die Normativität des Rechts bei Francisco de Vitoria*, fromman–holzboog, 2001, ss. 351–391。

② Francisco de Vitoria, *De indis insulanis*: "Secundo dico, quod haec determinatio non spectat ad iurisconsultos, vel saltem non ad solos illos. Quia cum illi barbari, ut statim dicam, non essent subiecti iure humano, res illorum non sunt examinandae per leges humanas, sed divinas, quarum iuristae non satis periti ut per se possunt huiusmodi quaesstiones diffinire."

③ 关于近代早期的道德决疑和或然论(probabilism),主要参见 Robert Aleksander Maryks, *Saint Cicero and the Jesuits: The Influence of the Liberal Arts on the Adoption of Moral Probabilism*, Ashgate Publishing, 2008; Albert R. Jonsen and Stephen Toulmin, *The Abuse of Casuistry. A History of Moral Reasoning*, University of California Press, 1988, pp. 137–151; M. W. F. Stone, "The Origins of Probabilism in Late Scholastic Moral Thought: A Prolegomenon to Further Study", *Recherches de théologie et philosophie médiévales*, vol. 67, no. 1 (2000), pp. 114–157; Gerhard Otte, "Der Probabilismus: Eine Theorie auf der Grenze zwischen Theologie und Jurisprudenz", in *La seconda scolastica nella formazione del diritto privato moderno*, a cura di Paolo Grossi, Giuffrè Editore, Milano, 1973, pp. 283–302。

慧之人的意见行事。①智慧之人的意见甚至比行为本身是否合法更为
重要，因为它关涉良心上的确信。②毫无疑问，这是中世纪经院哲学遵
循权威传统的遗留和体现，在这个意义上，维多利亚扮演的就是经院
哲学权威的角色。他说，野蛮人事务并非明显不正义，以致有人提出
这是否正义的问题；与此同时，它又不是明显正义，以致没人会怀疑
它不正义。人们可以同时找到正义和非正义的论据。③维多利亚承认
在印第安事务上需要进行道德决疑，因此他在文中"请教"和援引了
诸多权威，包括《圣经》、亚里士多德、奥古斯丁、托马斯·阿奎那，教
会法学家以及一些宗教会议颁布的教规，甚至还有大主教的言论。我
们将在下一节看到，作为人文主义学者（尽管不是法国式的人文主义
法学家）的贞提利如何偏离了这种经院主义传统。

承认印第安人对他们的土地拥有所有权，是维多利亚和贞提
利的国际法和帝国思想论证的起点，否则基督教世界（Res publica
Christiana）本身就意味着一个无远弗届的帝国。这也表明他们
远离了某些中世纪教会法学家臭名昭著的观点。以霍斯特西斯
（Hostiensis）为首的教会法学家断然否认异教徒的所有权和管辖权，
他们提出，无论基督降生前如何，基督降生后，所有权利都尽数转移
到基督徒手中。④维多利亚承认罗马法上的"无主物"（res nullius）

---

① de Vitoria, *De indis insulanis*: "Ad hoc enim ut actus sit bonus, oportet si alias non est certum, ut fiat secundum diffinitionem et determinationem sapientis."

② de Vitoria, *De indis insulanis*: "Prima, in rebus dubiis quilibet tenetur consultare illos ad quos spectat haec docere, alias non est tutus in conscientia, sive illa dubia sint in se licita, sive illicita."

③ de Vitoria, *De indis insulanis*: "Ergo redeundo ad propositum negotium barbarorum, nec est de re ita evidenter iniustum, ut non possit disputari de iustitia illius: nec rursus ita evidenter iustum, ut dubitari non possit de iniustitia illius: sed in utranque partem videtur habere speciem."

④ Hostiensis, *Lectura quinque Decretalium*, 3. 34. 8: "Mihi tamen videtur quod in adventu Christi omnis honor et omnis principatus et omne dominium et iurisditio de iure et ex causa iusta, et per illum qui suppremam manum habet nec errare potest omni infideli subtracta fuerit ad fidele translata." ; Oldratus de Ponte, *Consilia*, Venice, 1571, c 72: "De Christo enim verificatur, quod omnes reges terrae adorabunt eum, et omnes gentes servient...et ideo dicit Host. quod hodie non est iurisdictio, nec dominium nec honor, nec potestas poenas infideles: nam per

制度可以用来论证西班牙人对"无主之地"(terra nullius/occupatio
vacuorum)或废弃土地的占领，⓪但他否认西班牙人可以用所谓的"发
现权"(ius inventionis)来征服美洲。这不仅是因为印第安人对他们
的土地拥有私人或公共的所有权，还是因为依此逻辑，欧洲人也可以
成为他人的被发现者(si illi invenissent nos)。

　　然而，不同于维多利亚，贞提利明确拒绝将"无主物"理论打造
成帝国征服的武器。他说，土地被赋予全人类，无主之地也是公共的。
上帝不会创造空置的土地。同时，个人可以通过自然法获得未开垦的
土地，因为自然法也不希望土地是空置的。但这种土地的取得也不
是随意的，需要该地统治者的同意。②贞提利对于"无主之地"的讨论
出现在《论战争法》第一卷第17章"关于发动必要战争"(Qui bellum
necessarie inferunt)中，它的论证前提是，一群人若因政治迫害、自然
灾害或邻国威胁而逃离母邦，他们能否占领无主之地；若原住民的统
治者拒绝这群有生存危机的人，他们能否因必要而发动战争。在这个
背景下，私人只能出于生存必要开垦和占有无主之地（所有权），而不

advertum Christi translata sunt in Christianos." 参见James Muldoon, "Medieval Canon Law and
the Conquest of the Americans", *Traditio*, vol. 28 (1972), pp. 19–22; Kenneth J. Pennington,
"Bartolome de Las Casas and the Tradition of Medieval Law", *Church History*, vol. 39 (1970),
pp. 149–161。

　① de Vitoria, *De indis insulanis*: "Et videtur quod hic titulus sit idoneus, quia illa, quae
sunt deferta, fiunt iuregentium et naturali occupantis." 后延伸为"无主之地"。罗马法上"无主
物"的取得仅针对动产，直至中世纪早期的加洛林王朝才开始适用于不动产。关于国际法史上
的无主物和无主之地，参见Stephen C. Neff, *Justice Among Nations. A History of International
Law*, Harvard University Press, 2014, pp. 128–129; Merete Borch, "Rethinking the Origins of
Terra Nullius", *Australian Historical Studies*, vol. 32, no. 117 (2001), pp. 222–239; Randall
Lesaffer, "Argument from Roman Law in Current International Law: Occupation and Acquisitive
Prescription", *European Journal of International Law*, vol. 16, no. 1 (2005), pp. 44–45。

　② DJB, I, 17, p. 77: "ita terras generi mortalium datas; quaeque sint vacuae, eas publicas
esse. Deus non ad inanitatem creavit terram...Sic de terries incultis, ut quaerantur occupant quasi
nullius, nostri docent. Et principis territorii etsi sint, quod alii volunt, cedent tamen occupant
propter ius naturae, quae nihil vult vacuum." 参见Diego Panizza, "The 'Freedom of the Sea'
and the 'Modern Cosmopolis' in Alberico Gentili's De Iure Belli", *Grotiana*, vol. 30 (2009),
pp. 102–103。

能是出于建立主权和统治的目的,因为公法意义上的管辖权在当地统治者手中。并且,这群新来之人最好臣服于当地统治,若不愿意,则最好融入当地原住民,和原住民一起平等地服从当地法律。[1]贞提利当然反对出于野心或征服优良肥沃土地的目的发动侵略战争,好比日耳曼人对高卢人所做的那样,他也从未将印第安人的土地视为无主之地,为此他讽刺地说道,在西班牙人的帝国下,新世界美洲的土地不都是空置着的吗?[2]

在哥伦布发现美洲大陆后的500年间,占领"无主之地"理论成为各大帝国开疆拓土最重要的合法性基础,甚至那些原本属于原住民的未开垦土地也被纳入殖民范围。[3]然而,贞提利反对将占领"无主之地"作为帝国扩张的理由,这个观点不仅被他用来攻击英国在帝国事业上的最大竞争对手西班牙,它本身也与伊丽莎白时代和詹姆斯一世时代的扩张政策背道而驰。[4]1606年颁布的《弗吉尼亚第一宪章》(First Virginia Charter)确立了殖民地土地属于英国国王詹姆斯一世,英国对殖民地拥有主权,殖民地居民必须服从英国普通法。[5]而霍布斯在为主权者代表划定职责时,也把将部分国民迁徙到海外视为其中之一。[6]

---

① DJB, I, 17, p. 78: "Sane enim, quod iustissimum est facere novi advenae debent, ut sub imperium veniant eius qui dominus territorii est…Iustissime nec uti vult advena opera indigenarum. Et item vult iustissime, paribus legibus suos et indigenas esse."

② DJB, I, 17, p. 78: "Et sub Hispanico imperio non vacuus ferme universus orbis novus?"

③ David Armitage, *Foundations of Modern International Thought*, Cambridge University Press, 2013, p. 110.

④ Valentina Vadi, *War and Peace: Alberico Gentili and the Early Modern Law of Nations*, Brill Nijhoff, 2020, pp. 368–369.

⑤ 参见 Elizabeth Mancke, "Chartered Enterprises and the Evolution of the British Atlantic World", in Elizabeth Mancke and Carole Shammas (eds.), *The Creation of the British Atlantic World*, Johns Hopkins University Press, 2015, p. 241。

⑥ 霍布斯:《利维坦》,黎思复、黎廷弼译,商务印书馆 2018 年版,第 270 页:"人数日益增加的强壮贫民群众可以让他们移殖到居民不足的地方去;然而到那里之后,他们不应消灭当地所见之人,而只能让他们紧靠在一起居住,不让他们占老宽的地方和见到什么就拿走什么,而要通过技艺与劳动栽种每一小块土地,依时按节地得到自己的生活资料。"关于霍布

《论印第安人》开篇引用了《马太福音》结尾的一段话："所以，你们要去，使万民作我的门徒，奉父、子、圣灵的名给他们施洗。"(Matt. 28: 19)维多利亚因此说，面对新世界的野蛮人，违背父母之意为异教徒子女受洗是否合法的问题成为了他的最大关切，《论印第安人》的出发点其实是宗教。在维多利亚为西班牙人统治野蛮人列出的涵盖八个合法理由的清单中，有三个与基督教相关：传教的理由、保护改宗野蛮人的理由，以及教皇为改宗野蛮人指定基督徒统治者的理由。在伊比利亚殖民运动早期，教皇便以谕令方式划出了著名的"教皇子午线"，将大西洋上的群岛和美洲一分为二，为西班牙和葡萄牙确立明晰的殖民边界，以便两国的传教分工更加明确。①

呼吁神学家闭嘴的贞提利否认维多利亚提出的传教权(ius praedicandi)，也断然拒绝宗教介入国际议题的任何可能性，该立场不仅有别于整个萨拉曼卡学派，也与英国殖民过程中的传教政策相背离。贞提利最早在他出版于1585年的《论使臣》(De legationibus libri tres)中讨论了这个问题。该作品反映出贞提利为宗教事务确立的几大原则：宗教宽容与自由，承认异教统治者的主权者地位，反对以宗教为目的发动战争。②在贞提利看来，奥斯曼的苏丹虽是异教徒，但这并不妨碍他成为合法的主权者，奥斯曼与基督教国家可以正常地互派使臣。其背后根本原因在于，宗教法(religionis ius)不存在于人与人之间，而存在于人与神之间。③贞提利的宗教自由原则更详尽地体现在《论战争法》第一卷第9章"因宗教而发动战争是否正义"(An

斯的国际法思想，参见 Armitage, *Foundations of Modern International Thought*, pp. 59–74。

① Vadi, *War and Peace: Alberico Gentili and the Early Modern Law of Nations*, pp. 369–370.

② Giovanni Minnucci, " 'Bella religionis causa mouenda non sunt'. La libertas religionis nel pensiero di Alberico Gentili", *Nuova Rivista Storica*, vol. 102, no. 3 (2018), pp. 993–1018; Diego Panizza, " 'Libertas religionis' e 'Silete theologi in munere alieno'. Politica e religione nell'opera di Alberico Gentili", in *Alberico Gentili. Atti dei convegni nel quarto centenario della morte*, pp. 641–656.

③ Alberico Gentili, *De legationibus libri tres*, London, 1585, II. 11, p. 63: "quia religionis ius hominibus cum hominibus non est, sed cum Deo."

bellum iustum sit pro Religione)中。在这里，贞提利将上帝与人之间的宗教比为婚姻，而婚姻的前提是自由。①因此，基督徒不得以任何非自愿、强迫或暴力的方式要求野蛮人改宗，进一步说，以宗教名义发动的任何战争都是不正义的。

16世纪中叶，威尼斯的人文主义学者本博(Pietro Bembo)在他的《威尼斯史》(Historia Veneta, 1551)中这样说道："如果上帝创造出的世界有极大部分因极端气候而空置，那我们便有必要认为上帝是不谨慎的。陆地被如此构造，使人类得以游历寰宇的每一角落。"②哥伦布时代的人当然估算错了世界的真实距离，然而，新世界的"发现"让16世纪怀有普遍主义和世界主义的人文主义者发明了迁徙权(ius peregrinandi)的概念。威尼斯人认为迁徙自由是贸易自由的前提，而对于西班牙人文主义者(如历史学家冈萨洛·费尔南德斯·德·奥维耶多[Gonzalo Fernández de Oviedo])和萨拉曼卡学派来说，迁徙权则首先被用于论证征服美洲运动的合法性。如上所述，贞提利也承认人类拥有迁徙权(包括贸易权)，但他为这种自由的行使设置了诸多限制：迁徙必须出于自我保存的目的，而非出于强权、贪婪和经济利益；新来者应臣服于当地统治，而迁入国若具备正当理由可以拒绝新来者，迁入国的安全也同样重要。③

（二）正义战争理论与怀疑主义

战争法是近代早期国际法和帝国理论的重要组成部分。主权国家间的宗教战争、奥斯曼帝国的扩张，以及欧洲各帝国相继的殖民运动，都取决于战争因素。因此，战争前后如何遵守自然法和万民法的原则以及出于何种缘由可以发动战争成为了近代早期国际法的重大

---

① DJB, I, 9, p. 37: "Libertas religioni debetur. Coniugium quoddam Dei et hominis est religio. Si igitur coniugio alteri carnis libertas defenditur obstinate, etiam huic coniugio spiritus tribuatur libertas."

② Joan-Pau Rubiés, "The Discovery of New Worlds and Sixteenth-Century Philosophy", in Henrik Lagerlund and Benjamin Hill (eds.), *Routledge Companion to Sixteenth-Century Philosophy*, Routledge, 2017, p. 58.

③ DJB, I, 17.

主题,而"正义战争"毫无疑问是战争法理论的核心。"正义战争"首先关注合法使用暴力问题,它的核心观点是:战争双方有且只有一方是正义的;一方首先做了非正义之事并拒绝弥补,另一方的战争行为只是对非正义的救济或惩罚;一方是法律、秩序和正义的破坏者,另一方是正义的捍卫者。[1]正义战争的双方因而在法律和道德上是不对等的。正义战争一旦成立,正义方便享有战中和战后的所有权利,如掠夺与征服,同时可以通过任何必要手段取得胜利。[2]基督教伦理主张爱人,但中世纪的欧洲社会充斥着大量私人和公共暴力,这给中世纪的基督教学者创造了巨大难题,他们普遍感到必须用神学教义来调和两者间的矛盾。[3]不仅是神学家,中世纪的罗马法学家和教会法学家也逐步加入战争议题的讨论。

公元1000年到1300年间,基督教学者对于战争问题的讨论日臻成熟与完善,其中影响最深远,尤其塑造了萨拉曼卡学派正义战争理论的当数托马斯·阿奎那,他为正义战争立下三个标准:统治者权威(auctoritas principis)、正义理由(iusta causa)和正当意图(recta intentio)。19世纪末和20世纪初有一批国际法史学者将维多利亚视为近代国际法之父,[4]但吊诡的是,在正义战争问题上,维多利亚却展

---

① Peter Haggenmacher, "Just War and Regular War in Sixteenth Century Spanish Doctrine", *International Review of the Red Cross*, vol. 32, special issue. 290 (1992), p. 435; Randall Lesaffer, "The Classical Law of Nations (1500–1800)", in Alexander Orakhelashvili (ed.), *Research Handbook on the Theory and History of International Law*, Edward Elgar, 2011, p. 428.

② Frederick H. Russell, *The Just War in the Middle Ages*, Cambridge University Press, 1975, p. 155.

③ James A. Brundage, "Holy War and the Medieval Lawyers", in Thomas Patrick Murphy (ed.), *The Holy War*, Ohio State University Press, 1976, p. 99. 关于中世纪的正义战争主要参见 Russell, *The Just War in the Middle Ages*; Roland Bainton, *Christian Attitudes towards War and Peace: An Historical Survey and Critical Revaluation*, Abingdon Press, New York, 1960。

④ Ernest Nys, *Le droit de la guerre et les précurseurs de Grotius*, Bruxelles et Leipzig, 1882; Ernest Nys, *Les origins du droit international*, Bruxelles et Paris, 1894; Barcia Trelles, *Francisco de Vitoria, fundador del derecho international moderno*, Cuesta, Valladolid, 1928; James Brown Scot, *The Catholic Conception of International Law*, Georgetown University

现出一副中世纪经院哲学家的面孔。维多利亚完全继承了阿奎那的标准，唯一承认西班牙对印第安人发动战争的正义理由是遭受了不法侵害(iniuria accepta)。①尽管当时伊比利亚半岛的历史学家和游记作家将印第安人描绘成一群实施人祭、吃人肉的野蛮人，维多利亚依然否认违反自然法可以成为西班牙发动正义战争的理由。对此帕戈登讽刺道，关于广为人知的欧洲人"合法征服"美洲人的辩论不可避免地转向一个问题，即如何将那些看上去无可争议的占领和掠夺战争视为防御战争。②但是，维多利亚也为不法侵害理由的使用加上了限制，那就是要符合比例原则：如若以毁灭式战争来惩罚轻微的侵害，那也是非法的。③

维多利亚斩钉截铁地说，战争双方不可能都正义。如双方皆正义，那么无论进攻还是防御战争都将无法合法开展。④除非存在事实和法律上极其可能的无知(probabilis ignorantia)，即战争中的一方是真正的正义，另一方则出于诚信(bona fide)认为自己是正义的，否则该方不可以被赦免。⑤维多利亚承认印第安原住民可能出于对西班牙人强大武力的恐惧而发动战争，但这种无知无法证成正义战争，只能认定双方都正义。⑥格劳秀斯在《战争与和平法》中继承了这个观点，认为道德能力(facultas moralis)在逻辑上不可能既要求行动又要求禁

Press, 1934.

　① Francisco de Vitoria, *De iure belli Hispanorum in barbaros*: "Unica est et sola causa iusta inferendi bellum, iniuria accepta."

　② 帕戈登：《帝国的重负：公元 1539 年至今》，第 76 页。

　③ de Vitoria, *De iure belli Hispanorum in barbaros*: "non licet pro levibus iniuriis bello persequi authores iniuriarum quia iuxta mensuram delicti debet esse plagarum modus."

　④ de Vitoria, *De iure belli Hispanorum in barbaros*: "Prima propositio, exclusa ignorantia manifestum est, quod non potest contingere. Quia si constat de iure et iustitia utrius partis, non licet in contrarium bellare, nec offendendo, nec defendendo."

　⑤ de Vitoria, *De iure belli Hispanorum in barbaros*: "Posita ignorantia probabili facti aut iuris potest esse ex ea parte qua vera iustitia est, bellum iustum per se, ex altera autem parte bellum iustum, id est excusatum a peccato bona fide."

　⑥ Giuseppe tosi, "La teoria della guerra giusta in Francisco de Vitoria e il dibattito sulla conquista", *Jura Gentium*, 2006, p. 4.

止,除非出于不可避免的无知(ob ignorantiam inevitabilem)。①

接近16世纪的尾声,怀有人文主义不可知论和怀疑论倾向的贞提利向正义战争理论发动了致命的攻击,使得近代早期的战争法理论摆脱了中世纪经院哲学的窠臼,朝着以主权国家为主体的战争法理论迈进。②贞提利在《论战争法》中为"战争"下了著名的定义:战争是公共武力的合法竞争(Bellum est publicorum armorum iusta contentio),即战争是主权国家之间的公共武力,战争的发动(ius ad bellum)、开展(ius in bello)与结束(ius post bellum)都必须符合万民法(国际法)。在贞提利看来,不存在比主权国家更高一级的权威,主权国家之间的暴力没有上级可以审判。因此战争也可以被称为决斗(duellum),一种追逐胜利的决斗。那么,决斗的前提便是双方在道德和法律上的平等(inter duas partes aequales)。③从词源学上看,敌人(hostis)最初是指享有与罗马人同样权利(aequo iure)的外邦人,它的动词hostire则拥有"等同于"的含义,因此在战争事务上,敌人就意味着平等的竞争对手。④

贞提利基于以下两种论据颠覆了中世纪的正义战争理论。其一是罗马法上的程序法。法庭控辩双方基于某个可能的案由(ex probabili causa)合法(juste)走上法庭,无论最后判决如何,他们中的任何一方都不能被判决为非正义。因此贞提利反问,既然法庭程序如此,战争与此又有何异?⑤正如评注派法学家巴尔杜斯(Baldus de Ubaldis)所言,无人应该放弃自己无可争辩的权利,应当尝试一切可

---

① Hugo Grotius, *De iure belli ac pacis*, II. 23, p. 13.

② 郭逸豪:《从万民法到万国法——论欧洲中世纪到近代早期"国际法"理论的嬗变》,《北大法律评论》2021年第21卷第2辑,第116—119页。

③ DJB, I, 9, p. 37: "Etenim ex eo bellum dictum est, quod inter duas partes aequales de victoria contenditur, et duellum a principio propterea nominabatur."

④ DJB, I, 2, p. 11.

⑤ DJB, I, 2, pp. 29—30: "Iuste, hoc est, ex probabili causa, litigantes per fori disceptationes, sive rei sive actores, et victi lite atque sententia, non condemnantur iniustitiae. Et utrinque tamen iuratur de calumnia. Cur aliter censebitur in hac disceptatione, et lite armorum?"

能性。①贞提利的论证过程与他的战争定义紧密相连，战争是公共武力的合法竞争，那么战争双方应该拥有法律上的平等权利，只是战争中不存在更高一级的胜负裁判者。战争应该只是国际法而非道德哲学与神学的主题。

第二个论证是认识论上的怀疑主义。贞提利并非不相信某种客观且圆满正义的存在，但在他看来，人类业已丧失认识这种终极神圣正义的能力。中世纪正义战争理论的认知前提在于，存在一个为世人指明终极正义的绝对权威。正义战争的结果是上帝意志(arbitrium Dei)的体现，而有权且有能力认识上帝意志的只有教皇。②在新教改革的冲击下，教皇权威遭受空前的挑战，不仅新教世界与天主教世界之间发生了分裂，天主教内部也因教派分裂(Schism)和大公会议运动产生了难以弥补的裂痕。新教神学教义彻底贬斥了阿奎那的理性传统，尤其是该传统对人类理性的极度乐观。与此同时，以利普修斯(Justus Lipsius)与蒙田(Michel de Montaigne)为代表的怀疑论的兴起更加深了彼时欧洲人道德和伦理标准的不确定性。③

贞提利援引了西塞罗的一段演说词《为马尔切卢斯辩护》(Pro Marcello)，其中西塞罗向恺撒党和庞培党的将领发表演说："两党间存在巨大分歧，有些将领认为这么做最好，有些认为那么做最便宜；有些认为必须这么做，有些认为只有那么做才合法。"④战争双方都认

---

① DJB, I, 2, pp. 29–30: "Ait Baldus, quod est manifestissimum, neminem debere ius suum indiscussum relinquere, at tentanda esse, quaecunque tentari possunt."

② Marco Geuna, "Francisco de Vitoria e la questione della guerra giusta", in *Dalla concordia dei greci al bellum iustum dei moderni*, p. 144.

③ 关于近代早期的怀疑论，本文主要参见理查德·塔克：《哲学与治术，1572—1651》，韩潮译，译林出版社2013年版，第42—70页；Richard H. Popkin, *The History of Scepticism from Erasmus to Descartes*, Harper Torchbooks, 1964; Gianni Paganini, *Skepsis. Le débat des modernes sur le scepticisme*, Librairie Philosophique J. Vrin, 2008; José R. Maia Neto, "Scepticism", in Lagerlund and Hill (eds.), *Routledge Companion to Sixteenth-Century Philosophy*, pp. 295–318。

④ DJB, I, 6, p. 30: "Apte Cicero pro partibus utrisque, Iulianis et Pompeianis, 'Erat obscuritas quaedam, erat certamen inter clarissimos duces: 'multi dubitabant, quid optimum esset: multi, quid sibi expediret: multi, 'quid deceret: nonnulli etiam, quid liceret.'"

为自己代表正义,这是战争的自然属性。双方可能皆为正义,也可能皆为非正义,也可能是正义对阵非正义。存在这一现象的根本原因在于人类认知处于幽暗和混沌中,以致无法认识最真实和最纯粹的正义。①

(三)预先防卫战争——贞提利的反帝国思想?

"神学家,管好你们自己的事!"如今已成为贞提利国际法思想的标签,学者们认为这句话标志着近代国际法思想开始迈入世俗化的道路。事实上,贞提利的这句话有其特殊语境,那就是在面对奥斯曼帝国的扩张时,一国能否采取预先防卫战争——这也成为了他与萨拉曼卡学派之间的最大分歧。塔克(Richard Tuck)认为,这种分歧主要是人文主义和经院哲学之间的分歧,而这在当时的思想界十分显而易见。②

萨拉曼卡学派在国际法问题上的核心关切无疑是印第安事务和西班牙帝国的合法性问题。但作为流亡英国的新教徒,触发贞提利思考帝国问题的真正动机是以下两点:主张普遍统治的罗马天主教,以及西班牙和奥斯曼帝国的霸权。在《论战争法》第一卷第14章"论有益防卫"(De utili defensione)中,贞提利就帝国霸权问题明确提出了他的解决方案——预先防卫战争。在萨拉曼卡学派看来,发动正义战争的唯一理由只能是遭受了不法侵犯,而贞提利认为,侵犯后再救济就为时已晚,应在恶之树尚未长成参天大树之际就斩断它的根茎。③

"有益防卫"成立的唯一理由是恐惧(metus),遭受强敌或霸权袭

---

① DJB, I, 6, p. 29: "Huc adigit nos humanae nostrae conditionis infirmitas: per quam sunt nobis in tenebris omnia: et purissimum illud, atque verissimum iustum ignoratur, quod non ferret duos litigare iuste."

② 理查德·塔克:《战争与和平的权利:从格劳秀斯到康德的政治思想与国际秩序》,罗炯等译,译林出版社 2009 年版,第 20—22 页。

③ DJB, I, 14, pp. 57–58: "nec esse cunctandum, aut expectandum, ut acceptam iniuriam cum periculo ulciscaris, si in praesentia crescentis plantae radicem praedicere possis, et adversarii male cogitantis conatus opprimere." 参见 Gregory M. Reichberg, "Preventive War in Classical Just War Theory", *Journal of the History of International Law*, vol. 9 (2007), pp. 5–34。

击的恐惧。[①]恐惧在此拥有规范性和建构性特征,那么什么是恐惧?恐惧有客观标准吗?贞提利再次援引西塞罗:"我不去追问是否存在某种客观上让人恐惧的东西,我认为恐惧应按照各自的判断。"[②]作为情感的恐惧是主观的,它没有唯一的可能性理由,也无法给出确凿的定义。因此,人们无法确立恐惧的客观标准,当然也不存在"合法恐惧"和"非法恐惧"的规范性区分,但无论如何,恐惧的感受绝不能是非理性的。私法上的制度和原则或许有助于理解和思考恐惧的公法定义,即私人会采取某些保护措施以使得自己不致遭受人身和财产损失,尽管这些损失可能没有发生,或者恐惧的理由微不足道,或者甚至从未存在真正的危险。[③]

但在公法问题上,贞提利提醒读者,反对强大又极具野心的君主是永远被允许的,因为这样的君主不会满足于一时国界,他们一定会侵略所有人。[④]贞提利的言下之意是,强权可以被用于证成当下或未来的恐惧。他列举了大量古代史证据,证明历史上并不缺乏针对帝国扩张而发动的战争,因为帝国因强权而遭憎恨。[⑤]显而易见,贞提利的醉翁之意并不在马其顿帝国和波斯帝国,也不在罗马人和萨莫奈人,而是在时下的奥斯曼帝国和西班牙帝国。他真正想讨论的是,所有人是否都应该反抗正以领土扩张方式实践霸权统治的两大帝国,以及这

---

① DJB, I, 14, p. 57: "Utilem dico defensionem, quum movemus nos bellum, verentes, ne ipsi bello petamur."

② DJB, I, 14, p. 59: "Sic audio Ciceronem, 'Non quaero, fueritne aliquid pertimescendum. Puto, arbitrio suo 'quemque timere oportere.'"

③ DJB, I, 14, p. 59: "Hic definitiones sumendae potius de tractatu alio iuris civilis sunt, prospicientis, ne damnum detur, et quod ita prospicit, ut curet, caveri etiam quum fieri potest ut nihil accidat damni. Etiam etsi non magna evidensve causa timendi sit. Etiam si periculum vere non sit, sed causa tantum timoris iusta."

④ DJB, I, 14, p. 60: "Cum autem non una probabilis timendi causa sit: et generaliter de ea definiri nihil possit: hic dicemus tantum, quod semper fuit valde considerantum, et hodie, et deinceps considerandum est, ut principibus potentibus et ambitiosis obviam eatur: illi enim nullis contenti finibus, omnium aliquando fortunas tandem invadent."

⑤ DJB, I, 14, p. 61: "Neque enim occasiones desunt belli his qui ad imperium contendunt et iam odiosi propter potentiam sunt."

样的反抗是否最正义？①贞提利清楚，奥斯曼帝国虽然威胁到欧陆其他国家的安全，但它与英国还是距离遥远，并且不一定具备攻占英国的能力，但他依然追问，如果它已然威胁某个国家的安全，这是否意味着它将会威胁其余所有国家？难道其余国家要等到奥斯曼帝国的军队兵临城下才应该和能够合法反击吗？贞提利显然不赞成这种观点，就像他恶之树的比喻，他主张所有人应该在帝国变得更强大前就反抗它。在此，贞提利还引入了"共同危险"(periculum communis)的概念：共同危险需要所有人齐心协力去反抗，即使它的距离还极其遥远。②

面对当下欧洲的强权问题，贞提利推崇一种均势政策，他认为国与国间的均势和平衡是正义和稳定的国际秩序的基石，其核心伦理是正义的和谐。他赞美美第奇的洛伦佐(Lorenzo de' Medici)，认为洛伦佐是意大利半岛和平的缔造者，因为他有能力让意大利的各大政治势力保持平衡与和谐。身处英国的贞提利向欧洲各国发出危险警告，欧洲不能臣服于唯一霸权的统治，如果无人能够反抗西班牙，那么欧洲将不可避免地衰落(cadet Europa)。③而处处攻城略地、掠夺欧洲人财富并打破和平的奥斯曼人是人类共同的敌人，无论如何不能等到兵临城下的那一刻才对他们宣战。所以，贞提利才向坚持正义战争理论的神学家呼吁——请你们不要插手战争之事。④

---

① DJB, I, 14, p. 61: "Turcis illinc, Hispanis hinc, meditantibus ubique dominatum, et molientibus, non obsisterent omnes iustissime?"

② DJB, I, 14, p. 61: "Obsistendum igitur. Et cavere satius est, ne homines augentur nimium potentia, quam contra potentiores postea remedium quaerere...Obsistendum communiter periculo communi. Etiam separatissimos congregat communis timor."

③ DJB, I, 14, p. 62: "Et id illud est, quod sapientissimus, et pacis studiosissimus, ac pacis pater, Laurentius ille Medices procuravit semper, ut res Italorum principum paribus libratae ponderibus forent. Unde et Italia foret pax...Non hoc agit etiamnum, ne unus possit omnia, et Europa universa in unius nutum deveniat? Nisi sit, quod obstare Hiapano possit, cadet sane Europa."

④ DJB, I, 12, pp. 54–55: "Sed est cum Turcis bellum: quia illi ferunt se nobis hostes, et nobis insidiantur. Nobis imminent. nostra rapiunt per omnem perfidiam, quum possunt, semper. Sic iusta semper causa belli adversus Turcas. Non eis frangenda fides est: non. non inferendum

honesta caussa belli inferendi)中,贞提利没有明确区分和说明,但我们在第16章"关于捍卫他国臣民以抵抗他们的统治者"(De Subditis alienis contra Dominium defendendis)中似乎可以找到相应答案。贞提利问道,帮助他国臣民反抗他们的统治者是否正义?答案是肯定的,因为他国臣民也处于自然的亲缘关系和普遍的人类社会中。贞提利引用塞涅卡的话说,如果这样的人类社会式微,那么生活所依赖的人类的统一性也将分崩离析。①但是,寻求他国介入必须满足诸多条件。倘若争议发生在私人之间,或者发生在私人与君主之间,那么可以通过国内法庭解决。当且仅当争议涉及国家问题(controversia de republica)时,法官功能失效,同时大量臣民起来反抗统治者,他国才可合法介入,以捍卫该国臣民的权利。②基于这个原则,贞提利还鼓励英国人积极介入荷兰事务,协助荷兰人抵抗西班牙帝国的霸权统治。③

如上所述,贞提利和维多利亚一样都承认印第安人的主权(dominium iurisdictionis)和所有权(dominium rerum)。他赞同西班牙人向印第安人开战,并非出于对印第安人主权的觊觎和帝国霸权的野心,而是基于对无法受主权者保护的印第安臣民的人道主义救助,这是他坚持自然理性和自然法在人类社会普遍适用的逻辑结果。

既然贞提利否认人类有能力认识最纯粹和最圆满的正义,为何他又承认人类身上与生俱来的普遍人性,并自信地认为人类有能力认

---

① DJB, I, 16, p. 71: "Sed mihi isti aliorum subditi tamen a cognatione illa naturae et societatis universi alieni esse non videntur. Et quam si tollis societatem, etiam unitatem scindes humani generis, qua sustinetur vita. ut praeclare Seneca."

② DJB, I, 16, p. 71: "Si inter privatos est quaestio, alienum de ea adire Principem, fuerit iniustissimum. Si etiam inter subditum et Principem suum lis ortur, magistratus constituti sunt, qui adeantur. At quum incidit controversia de republica: non iudices ulli in civitate sunt, nec esse possunt. Publicam vero dico rem, quando subditorum tanta ac talis movetur pars, ut iam bello opus contra eos sit, qui se tuentur bello."

③ DJB, I, 16, p. 73: "Ecce, quae modo maxima est quaestio, si Angli auxilia Belgis contra Hispanum iuste attulerint: etiam si iniusta Belgarum esset causa: et Belgae essent etiamnum Hispano Subditi. Quod utrumque falsum censetur tamen. Dicebatur, suscipiendum bellum per istam occasionem, ut ita haberetur ab Hispano bona pax: quae aliter haberi non potuisse videbatur. Et quidem sic suscipitur bellum iuste, quod nostri tradunt."

识自然法呢? 蒙田就曾论证说,世界上不同社会间的文化差异过于巨大,以至于"自然法"是不可能的。山这边的真理,在另一边可能就成为谎言。然而,蒙田承认人类的基本信条,即自我保存的欲望。只是一些人在他们自己的文化和法律体系下保护自己,而另一些人也是如此。①

　　事实上,在贞提利看来,自然法的有效性很大程度上等同于罗马法的有效性。相较于同时代的人文主义法学家,贞提利更是巴托鲁斯学派忠实的追随者。②虽然他认为罗马法完全不涉及战争法和国际法,并且大量的法律规范是关于私法的,但罗马法却是自然理性的化身,市民法、万民法(ius gentium)和自然法可直接规范主权者(principes)之间的行为。在近代早期的其他法学家笔下,国际法多表述为"国家间的法"(ius inter gentes),而罗马法上的万民法则用于指代涉及商业往来的国际私法规范,这样的区分为国际法的实证立法预留了空间。但在贞提利这里,万民法等同于自然法,也等同于国际法,它是罗马法在主权国家间的适用,是自然理性的体现。在基督教伦理和神圣正义的议题上,贞提利秉持哲学上的怀疑主义,认为人性的堕落导致人类无法认识真正的正义。然而,自然法问题既不属于认识论范畴,也不属于伦理范畴,它本质上是一个法学问题。罗马法作为书面理性的中世纪传统,在贞提利的法学理论(以及国际法理论)中并未丧失其有效性。

---

　　① 　Benedict Kingsbury, "Confronting Difference: The Puzzling Durability of Gentili's Combination of Pragmatic Pluralism and Normative Judgment", *The American Journal of International Law*, vol. 92, no. 4 (1998), p. 716.

　　② 　关于贞提利的法学风格和法学方法论, 主要参见 Guido Astuti, *Mos italicus e mos gallicus nei dialoghi "de iuris interpretibus" di Alberico Gentili*, Nicola Zanichelli Editore, Bologna, 1937; Giovanni Minnucci, *Alberico Gentili tra mos italicus e mos gallicus: l'inedito commentario ad legem Juliam de adulteriis*, Monduzzi Editore, 2002; Giovanni Minnucci, *Alberico Gentili iuris interpres della prima età moderna*, Monduzzi Editore, 2011; Alain Wijffels, "Antiqui et Recentiores: Alberico Gentili—Beyond Mos Italicus and Legal Humanism", in Paul J. du Plessis and John W. Cairns (eds.), *Reassessing Legal Humanism and its Claims*, Edinburgh University Press, 2015, pp. 11–40。

综上所述，贞提利明确反对基于贪婪和欲望的领土扩张与霸权统治，甚至公开号召所有国家将它们视为公敌，并对它们发动预先的防卫战争。与此同时，一切违反自然法的行为在贞提利看来都是外国介入内政、实施人道主义干预的理由，如同类相食、人祭、切断自由迁徙和贸易线路，以及罪行极其恶劣的海盗行为。据此，贞提利既赞成西班牙人对印第安人的战争是正义的，也呼吁英国人协助荷兰人抵抗西班牙人。

以上表面看似矛盾的帝国立场误导了许多学者，他们绝大部分视贞提利为充满原罪的殖民事业的辩护士。而且在后殖民主义学者看来，贞提利这种以罗马法为基础的国际法理论充满了欧洲中心主义的论调（罗马法是"普适"的），依旧陷在亚里士多德古老的"文明对抗野蛮"的解释框架和思维模式中（行为符合罗马法的是文明，违反罗马法的则为野蛮）。

事实上，帝国的正当性和合法性问题并非《论战争法》的主题，贞提利只是在讨论战争理由时常拿同时代的西班牙和奥斯曼帝国作为重要例子和论据。贞提利在《论战争法》的第三卷中说，有人批评西班牙人，连带批评各个时代的各大帝国，这些帝国都是通过战争从渺小成长为强大的。罗马帝国便是如此，它从牧人的茅草屋开始，因其德性（virtute）而成长为帝国。[1]在接下来这一章中，我们将着重分析贞提利的另一本重要著作《罗马人的战争》，它被帕戈登视为"关于罗马帝国扩张正当性"的作品。不同于《论战争法》的理论专题写作，《罗马人的战争》采取了文艺复兴时期独特的对话体裁，以丰富的历史材料先后展示了两位对话者（即贞提利本人？）对待罗马帝国的负面和正面态度，我们尝试从这样的控辩中分析贞提利本人的帝国思想及其背后深意。

---

[1] DJB, III, 4, p. 292: "Romanorum imperium a casis pastorum venit, et virtute factum audimus."

二、作为范式的罗马帝国

（一）帝国正义或战争规范？——《罗马人的战争》的写作意图

《罗马人的战争》出版于1599年，恰好是《论战争法》面世后的第二年。事实上，它的上卷早在1590年就以《关于罗马人战争非正义之诉讼》(De iniustitia bellica Romanorum actio) 为名出版。在1599年《罗马人的战争》的完整版本中，我们找不到任何作者献词信、写作说明和引言，贞提利似乎在刻意避免提供任何有关写作意图的确凿信息。但《关于罗马人战争非正义之诉讼》的开头有一篇献词信，它的致敬对象和《论战争法》一样，都是他的庇护人，埃塞克斯伯爵罗伯特·德弗罗 (Robert Devereux, Earl of Essex)。在伊丽莎白一世统治时期，罗伯特·德弗罗和弗朗西斯·培根 (Francis Bacon) 都主张对不断扩张霸权的西班牙发动预先防卫战争。[①]

在致敬埃塞克斯伯爵这封信的结尾，贞提利透露："事实上，依据既定任务，我们特别希望在该'诉讼'中讨论法律的裁判，并就罗马人在军事上——在最崇高的行为上——似乎被控诉的不公正进行辩论。我用了'似乎'这个词，最卓越的伯爵，因为我已经准备好了为罗马人辩护的文章，以及与此文直接对立的关于罗马人发动战争之正义性的争论。"[②]毫无疑问，贞提利所说的辩护文章便是《罗马人的战争》下卷。

《罗马人的战争》分上下两卷，采取了文艺复兴式的对话体裁。上下两卷的对话者分别扮演法庭控辩双方的角色。控方是一位来自皮切努 (Picenum) 的律师皮切努斯 (Picenus)，而皮切努就是贞提利出

---

① 参见 Alexandra Gajda, *The Earl of Essex and Late Elizabethan Political Culture*, Oxford University Press, 2012, pp. 62–107。

② Alberico Gentili, *De iniustitia bellica Romanorum actio*, 1590: "At vero nos in Actione hac nostra iuris praecipue tractare sententias pro munere nostro voluimus, et de iniustitia disputare, qua argui populus Romanus posse in bellicis, hoc est, in longe nobilissimis gestis suis, videtur. Id utor verbi, Comes excellentissime, quoniam Defensionem Romanorum, et disputationem huic adversariam de ipsorum iustitia bellica paratam habeo."

信奉"国家理性"的理论家,前者出于神学家的道德立场坚持正义战争理论,后者以马基雅维里和新人文主义政治理论家利普修斯代表,主张政治理论中的"必要性"因素和共和式帝国主义(Republican imperialism)。①这两种对立的基本立场恰好反映在《罗马人的战争》控辩双方引用的权威中:控方援引的基督教教父语录与萨拉曼卡学派的观点一脉相承,而辩方则多依赖李维、波利比乌斯(Polybius)等罗马自由与制度的记录者和赞美者。

本文赞同部分学者的观点,即《罗马人的战争》是《论战争法》的延续和补充,但本文认为贞提利的写作目的并不在于论证罗马帝国(或所有帝国)的正当性或非正当性问题,而是借助罗马人的战争实践,为作为国际法重要组成部分的战争法提供一般的范式,即战争的规范性。正如贞提利在给埃塞克斯伯爵的信中提及,他在《关于罗马人战争非正义之诉讼》中最希望讨论的还是法律的裁判(iuris sententias),如"诉讼"(actio)一词所示。也就是说,贞提利讨论的起点是历史,终点是规范。如同《论战争法》的三卷内容所示,贞提利构建的一般战争法理论主要涉及战争的发动(原因)、战争的开展(欺诈、休战、儿童和女性、毁灭和火灾等),以及战后(复仇、惩罚、税收、战俘、灭国、条约等)所须遵守的规范,而《罗马人的战争》所涉及的(依时间顺序排列的)罗马人的战争实践都可以被重新排列组合,纳入战前、战中和战后规范三个范畴当中。比如,贞提利在《罗马人的战争》中严格区分了"统治野心"(libido dominandi)、对其他帝国的嫉妒(invidia imperii)和"恐惧"(timor)这几种主观心理状态,其中只有"恐惧"是战争法的规范性要素或合法性要素,其余的都属于纯粹的意志(voluntas),法律不予考虑。

实际上,贞提利并不关心"帝国"这个概念,也不关心帝国正当性的一般学说,他真正关心的是如何建构一套战争法规范来达到他心

---

① Nikola Regent, "Machiavelli: Empire, 'virtù' and the Final Downfall", *History of Political Thought*, vol. 32, no. 5 (2011), pp. 751–772; Mikael Hörnqvist, *Machiavelli and Empire*, Cambridge University Press, 2004.

争是一场解放西西里人的战争。[1]在辩方看来,罗马人对非盟友的人道主义干预是出于人类共同法(ius commune humanitatis),而非什么特别的好处。他说,一个人不会在邻居家着火的时候还待在家里无动于衷,因为我们人性中的理性希望所有人都好,我们的利益和邻居紧密相连,世界就是如此构造。[2]

(三)必要性作为战争法的规范

帕尼扎认为,马基雅维里的政治理论在许多方面都深刻影响了贞提利的国际法思想。[3]马基雅维里在《君主论》中告诫美第奇的洛伦佐,新君主(il nuovo principe)的德性(virtù)在于维持自己的统治状态(mantenere lo stato),在必要情形下,他不得不背信弃义,不讲仁慈,悖乎人道,违反神法。新君主必须懂得如何走上为非作恶之途。[4]如果说,必要性在马基雅维里这里是新君主德性的建构性要素,那么在贞提利的战争法理论体系中,它就是一种规范性要素,即在满足必要性的规范前提下,罗马人发动的战争是合法的。在这一点上,我们必须承认贞提利是"国家理性"的追随者,并将该政治理论带入国际法的理论当中。

李维在《自建城以来》(Ab urbe condita)中记录了罗马共和国早期的一个英雄事迹:为了解救被伊特鲁里亚人围攻的罗马城,斯凯沃拉(Mucius Scaevola)向元老院主动请缨,独自前往敌方阵营刺杀敌方国王,最终却因误杀国王秘书而遭逮捕。[5]在《罗马人的战争》中,

---

① DAR, II, 8, pp. 230–231.

② DAR, II, 8, pp. 230–231.

③ Diego Panizza, *Alberico Gentili, giurista ideologo nell'Inghilterra elisabettina*, Tip. La Garangola, Padova, 1981; Diego Panizza, "Il pensiero politico di Alberico Gentili: Religione, virtù e ragion di stato", in *Alberico Gentili: Politica e religione nell'età delle guerre di religione*, a cura di Diego Panizza, Milano, 2002, pp. 59–212; Diego Panizza, "Alberico Gentili's De armis Romanis: The Roman Model of the Just Empire", in Kingsbury and Straumann (eds.), *The Roman Foundations of the Law of Nations: Alberico Gentili and the Justice of Empire*, p. 83.

④ 尼科洛·马基雅维里:《君主论》,潘汉典译,商务印书馆2017年版,第85页。

⑤ Livy, *History of Rome*, II, XII, 2–8, trans. by B. O. Foster, Harvard University Press, 1919, pp. 256–257.

控方律师皮切努斯控诉该刺杀阴谋是最不正义的犯罪行为。[①]辩方则辩护道，最极端的危险往往是脱罪的理由。在罗马千钧一发时刻，刺杀敌方僭主行为是被允许的。同理，刺杀僭主的副手也应被允许。[②]拯救危如累卵的罗马城是必要性的体现。在《论战争法》中，刺杀行动被纳入战争开展过程中的法律规范，只是贞提利在这里的观点显得更加犹豫和细化。他首先承认斯凯沃拉行为的非正义性，并认为该行为实质上是让必要性凌驾于正义之上。此外，他不愿意将刺杀行为上升为一项规范，尽管这样的实践在古代史上层出不穷。他引用圣哲罗姆(St. Jerome)的话解释道，人类应该为后代立下善的行为范本和标准，而非阴谋和狡诈。[③]

律师皮切努斯有个一以贯之的控诉逻辑，即罗马帝国从城邦之始就是非正义的，尔后成长的帝国也是非正义的。因此，他给予了罗马建城之父罗慕路斯(Romulus)以最大的控诉篇幅。在皮切努斯看来，罗慕路斯最大的非正义行为就是强夺萨宾人的女儿。贞提利在《论战争法》中就曾以强夺萨宾妇女为例来论证因"必要性"而发动的战争。罗马人的强夺可以基于以下两个理由：萨宾人率先否认了罗马人与萨宾妇女的通婚权；强夺是出于城邦延续的必要。[④]

在《罗马人的战争》中，贞提利才首次对"必要性"展开了法理上的分析。起因是皮切努斯就其控诉理由提出了论证：必要性是暴力的借口吗？必要性不能成为某个行为的借口，除非有先例或某个权威的支持。西塞罗也曾说，必要性不能成为对抗人性的理由。[⑤]辩方极力反驳道，必要性是对人类弱点的最大捍卫。在法律不允许的地方，必

---

① DAR, I, 4, pp. 40–41.

② DAR, II, 4, pp. 188–189.

③ DJB, II, 8, pp. 159–161: "Dixmus exempla multa omnium gentium. Sed tamen non cum ipsis, non cum pluribus, quae quis invenerit, facio definitionem...Sic profecto omnia ad utilitatem, sed non omnia aptat ille ad iustitiam, aut honestatem...ego quidem existimavi, insidias non iustas esse."

④ DJB, I, 17, p. 76.

⑤ DAR, I, 2, pp. 24–27.

要性让事情成为可能。必要性可以立法(necessitas legem facit)。[1]不仅如此，必要性还可以突破习惯。[2]

在这里，必要性作为战争的规范性要素，得到了法理上的解释，即必要性本身可以创造规范，成为先例。但在《论战争法》中，必要性被纳入战争理由的规范中，并且得到了严格的限制。贞提利认为，只有在生命安全遭到威胁的情形下，如地震、火灾、瘟疫等自然灾害，被驱逐，或因邻国的巨大敌意被迫流亡，人们为了获得安身之地才可以发动合法的战争。但是，仅仅凭流亡一方的生存必要不足以证成合法战争，接收国的安全与安宁也必须成为规范性要素，即要保证流亡者不会变得危险。[3]

三、帝国法权作为战后法律规范

（一）罗马帝国的正义统治——德性、共和与公民权

如上所述，贞提利国际法理论的出发点并非帝国的正当性问题，而是战争法规范的创设问题。在《论战争法》第三卷中，贞提利详细讨论了战后的法律规范(ius post bellum)。相比而言，战后的权利与义务分配问题似乎更加重要，它不仅涉及战败国的主权和政体，也涉及私人的人身和财产权利。作为民法学者的贞提利因此也更具备发挥的空间。[4]从这个角度来看，学者们普遍认为的罗马帝国正当性问题就可以转化为一般性的战后法律规范问题，即帝国的统治必须是合法的，帝国的法权也须由战争法规范。

如果我们将《论战争法》第三卷第16章"论法律和自由"(De legibus et libertate)与《罗马人的战争》第二卷第13章进行比较，或

---

① DAR, II, 2, pp. 150–151.

② DAR, II, 2, pp. 156–157.

③ DJB, I, 17, pp. 78–79.

④ Alain Wijffels, "The jus post bellum, Cornerstone of Gentili's 'De iure belli'?", in *Alberico Gentili e lo jus post-bellum. Prospettive tra diritto e storia*, a cura di Luigi Lacché, Vincenzo Lavenia, 2021, pp. 17–35.

许可以得出以下结论：那个罗马辩护人的声音的确是作者贞提利本人的声音，至少这一章是如此。辩护人认为，罗马帝国统治的正当性在于，罗马帝国是罗马人德性（凡人的力量）与命运（神圣的意志）合力的结果。罗马帝国是一个幸福帝国（felix imperium），因为它赋予战败者以罗马公民权，让战败者和罗马人一样享受法律上的平等，甚至允许战败民族继续使用自己的法律与习惯。罗马人保障了帝国境内所有人的自由。自由意味着统一、和平与文明。虔敬、自由、诚信、大度、仁慈、和平、安全、正义皆为罗马人的德性，是罗马帝国统治的正当性所在。①

在所有针对罗马帝国正当性的论证中，法律问题，尤其是罗马法的普遍适用问题似乎是贞提利眼里最为重要的。罗马辩护者骄傲地说，西西里的城邦被纳入了我们的同盟关系和保护之下，他们虽然在战争中被我们征服，但在战后依旧生活在他们原先的法律之下。②而在卡拉卡拉赋予帝国境内所有人罗马公民权后，辩护者说，上帝赋予罗马人全世界的权柄，不同人民的习惯、崇敬、语言、思想和神圣仪式都可以纳入整套法律体系中。③罗马法让人重温罗马治下古老幸福的甜蜜回忆，并以此愉悦抚平悲伤。④

所以在贞提利看来，罗马共和制下的帝国统治无疑是正义的，贞提利试图将罗马帝国的法权抽象成一般战争法体系中的战后法律规范，这一点在《论战争法》第三卷第16章"论法律和自由"中可以得到清晰的证明。贞提利说，臣服于一国的法律并不意味着接受他国的

---

① DAR, II, 13, pp. 334–355.

② DAR, II, 13, pp. 336–357: "Se Siciliae civitates sic in amicitiam, fidemque recepimus, ut eodem iure essent, quo fuissent."

③ DAR, II, 13, pp. 348–349: "Qui sceptra Romae in vertice rerum locasti, sanciens, mundum Quirinali togae servire, et armis cedere: ut discrepantum gentium mores, et observantium, linguasque, et ingenia, et sacra unis domares legibus."

④ DAR, II, 13, pp. 350–351: "retinet tamen mordicus, et rapit sitiens Romanas leges: cum quibus et memoriam dulcem sibi renovet veteris sub imperio Romano felicitatis, et horum temporum tristitiam parte aliqua admista temperet voluptatis."

管辖权，而是意味着接受他国法律的保护。一国臣民原本享受的特权与权利，战胜国君主不得无缘无故地剥夺。战胜国君主必须遵守条约与契约，接受市民法、万民法和自然法的约束。君主对战败国的非臣民不得使用绝对的权力 (potestas absoluta)。如果君主对他人不遵守义务，他人也无须对君主遵守义务，那么这将导致以下结果：君主被禁止或限制从事商业行为，一国之君在他的国内活得像个流亡者。君主可以不受实证法约束，但作为理性造物，他必须受自然理性的约束。君主不应脆弱，以致随时随地使用他绝对的权力，并让臣民感到恐惧。[1]

至此我们可以发现，贞提利眼中的帝国法权与帝国的政治制度密不可分，罗马的帝国统治与罗马的共和制度、德性、自由和法律密不可分。因此，我们有必要在最后一部分讨论贞提利的政治思想，以及他如何将其运用到自己的国际法思想中。

（二）共和式的帝国——贞提利政治思想与国际法思想的联系

贞提利在《论使臣》中热情地赞美马基雅维里，称其为"民主最有力的赞美者和拥护者"，[2]并为《君主论》提供了一种共和主义的解释。[3]彼时的英国清教徒约翰·雷诺斯 (John Rainolds) 极力阻挠提名贞提利为牛津大学民法学的王室钦定教授 (Regius Professor)，他提出，贞提利不仅是一名研究外国法而非英国法的外国人，还是一名马基雅维里主义者。这可能导致贞提利后来极少直接援引马基雅维里。[4]

贞提利说，马基雅维里诞生于一个共和国 (reipublicae statu) 并在那里接受教育，受人尊敬，他是僭政最大的敌人。马基雅维里并不是

---

① DJB, III, 16, pp. 361–365.

② Gentili, *De legationibus libri tres*, London, 1585, III. 9, p. 101: "Machiavellus Democratiae laudator et assertor acerrimus."

③ Annabel Brett, "Roman Law and Roman Ideology in Alberico Gentili", *Huntington Library Quarterly*, vol. 83, no. 3 (2020), p. 450.

④ Davide Suin, *Tra diritto e teologia: il problema del potere nella riflessione di Alberico Gentili*, Genova University Press, 2021, p. 158.

在教导僭主,而是在向他展示受苦的人民和国度。①我们可以发现,贞提利将共和国等同于民主制(古代民主),而它们的对立面就是僭政。贞提利将其出版于1585年的《论使臣》献给了英国伟大的共和主义者菲利普·西德尼(Philip Sidney),后者是贞提利心目中人文主义使臣的典范,他的政治生涯告诉世人,知识和审慎是政治和外交事务中的德性。②在《致女王陛下》(A Discourse to the Queenes Majesty)的信中,我们可以不断地听到西德尼和马基雅维里交互的声音,但那却是一种有限君主制或君主式共和主义的声音。

汉金斯(James Hankins)在一系列作品中批评了以斯金纳为代表的剑桥学派对佛罗伦萨共和主义的误读,认为他们将现代的共和主义和共和主义自由误置在文艺复兴人文主义学者的政治理论中。③依据汉金斯的观点,人文主义学者的自由是一种道德成就,是德性的产物。换句话说,共和制的对立面不一定是君主(共和主义与君主制的对立是19世纪的"发明"),有德性、正义的君主制在人文主义学者看来甚至是最好的政体。萨鲁塔蒂(Coluccio Salutati)就在《论僭主》(De tyranno)中反问道:共和的统治难道不能存在于君主制中吗? 在罗马王政时期难道没有共和统治吗? ④

贞提利也承认,有时候难以区分僭主和君主,因为他们同样都拥有主权。但他依旧提出了简单的区分标准,即君主制下的臣民自愿接

---

① Gentili, *De legationibus libri tres*, London, 1585, III. 9, p. 101: "natus, educatus, honoratus in eo reip. statu: tyrannidis summae inimicus. Itaque tyranno non savet: sui propositi non est, tyrannum instruere, sed arcanis eius palam factis ipsum miseris populis nudum et conspicuum exhibere."

② 参见 Blair Worden, *The Sound of Virtue: Philip Sidney's Arcadia and Elizabethan Politics*, Yale University Press, 1996。

③ James Hankins, "Exclusivist Republicanism and the Non-Monarchical Republic", *Political Theory*, vol. 38, no. 4 (2020), pp. 452–482; James Hankins, "Republicanism, Virtue and Tyranny", in *Al di là del repubblicanesimo. Modernità politica e origini dello stato*, a cura di Guido Cappelli, Giovanni de Vita, UniorPress, 2020, pp. 147–164; James Hankins, *Virtue Politics: Soulcraft and Statecraft in Renaissance Italy*, Harvard University Press, 2019.

④ Hankins, "Republicanism, Virtue and Tyranny", p. 153.

受统治，僭主则强迫人民接受统治。[1]在《罗马人的战争》中，贞提利以罗马共和的德性和自由为罗马人的帝国统治辩护，而在控方律师看来，罗马人毫无疑问实施的是僭政，罗马人的帝国秘密就是残暴的专制（saeva dominatio），其中充满着谋杀、渎神、背信弃义、背叛、屠戮、强夺和贪得无厌的欲望。罗马帝国的强大是因为疯狂的命运（a fortuna insaniente）和最卑鄙的手段（per artes pessimas）。[2]

因此，贞提利政治理论中的共和与僭政更多是在道德层面，而非政治和法律层面。共和不意味着波利比乌斯和西塞罗的混合政体，而是意味着德性——自由、平等、公正和和平。僭政则意味贪婪、残暴和为所欲为，西班牙和奥斯曼土耳其就是僭政的当代范本，所以贞提利极力反对这种帝国。在现实政治中，罗马式的共和帝国似乎尚未出现，贞提利也未将期望寄托在英国人身上，它更是攻击当下帝国霸权的理想型武器。

结论

批评贞提利是帝国主义拥趸的观点，是继承了亚里士多德"文明与野蛮"的解释框架，显然有失公允。因为贞提利本人赞成普遍的人性，赞成任何人群之间的平等；他反对基于经济剥削和武力强权而进行的殖民主义运动；在现实政治层面，他也极力反对西班牙和土耳其的帝国霸权。

帝国的合法性与正当性问题从来不是贞提利国际法思想的核心，只是他在国际法主体问题上并未明确区分现代意义上的主权国家和主权帝国，两者皆可以成为国际法的主体。对于他而言，帝国更像是一个道德主体，而非政治和宪法意义上的主体。因此，帝国出现在他

---

[1] Gentili, *De legationibus libri tres*, London, 1585, II. 7, p. 53: "Ego hic tyrannum a rege non facile separarim: quia in eo, quod quaerimus, paria esse utriusque iura videri possunt. Uterque dominus est, et iure forsitan uterque tenet principatum. Nam ut volentibus imperet rex, invitis tyrannus."

[2] DAR, I, 13, pp. 108–119.

国际法思想的任何论证主题和场域中。

贞提利希望构建一个和谐且普适的人类社会和国际秩序，因此他的理论努力在于，以罗马法为蓝本，建构一套完整的战争法规范。罗马法上的万民法和自然法原本就是人类普遍理性的体现，可以直接援引作为战争法规范。而罗马法上的私法也因这种普遍理性，可以适用于不同主权国家（当然也包含帝国）之间。

作为近代早期的法学家，人文主义思潮深刻影响了贞提利。人文主义带来的怀疑论，马基雅维里的国家理性和共和主义，历史尤其是古代史作为现实规范的论证基础，都体现在贞提利国际法思想的方方面面。罗马人的战争史为贞提利战争法规范的建构提供了完美的历史范式，在这个意义上，帝国统治与帝国法权变成了战后的法律规范。

帝国在战争过后，应该以罗马共和的德性和自由为蓝本，为战败国臣民提供平等的法律保障，不得使用绝对的君主权威任意剥夺臣民的特权与权利，也不得以这种绝对的权力恐吓臣民，帝国提供的应该是一种法律保护，而非管辖权意义上的统治。由此，贞提利的共和主义政治理论与他的国际法思想进行了交融，体现在一种理想的共和帝国之上。

国际金融软法和非国家行为体对伊斯兰金融法的发展

马悦[*]

伊斯兰金融(Islamic finance)是一种符合伊斯兰法的现代金融服务,包括伊斯兰银行业、伊斯兰资本市场和伊斯兰保险业等行业领域。在监管机构对伊斯兰金融业进行监管和市场主体从事伊斯兰金融交易时会产生一系列的法律关系,伊斯兰金融法(Islamic financial law)就是调整包括监管关系和交易关系在内的一系列伊斯兰金融关系的法律的总称。在对伊斯兰金融法进行考察时,可以采取传统伊斯兰法、民族国家法和全球法三种视角。沿着以上三种视角和进路,可以将伊斯兰金融法的主要内容分为以下三个类别:第一类是传统伊斯兰法中对当代伊斯兰金融产生影响的学说和裁决;第二类是当代民族国家制定的涉及伊斯兰金融监管和交易的法律及法规;第三类是非国家行为体(non-state actor)创造的对伊斯兰金融产生影响的软法性质规范。非国家行为体通常指那些在国际事务中参与并发挥重要作用,但性质上不属于国家的实体。这一范畴包括国际组织、非政府

* 马悦,清华大学国际与地区研究院助理研究员,阿联酋沙迦大学人文社科研究院访问研究员。

组织、跨国公司以及国际性的民间团体等。与传统的国家行为体（民族国家）不同，非国家行为体在全球事务中扮演着独特而重要的角色。在全球化背景下，法律也受到全球普遍联系的影响，逐渐突破民族国家的藩篱，在全球范围传播、流动，并且一定程度上出现了趋同化和一体化。国际贸易和国际资本流动推动了金融领域的全球化，也导致了国际金融市场规则的趋同。以国际标准制定组织为代表的非国家行为体在国际金融法领域制定了大量不具有法律约束力但产生了实际效果的规范性文件，这些规范性文件填补了国际金融法领域的法律空白，在国际金融监管和国际金融治理中发挥着重要的作用。本文将借鉴国际金融软法和全球法的相关理论，以伊斯兰金融服务委员会（Islamic Financial Services Board, IFSB）和伊斯兰金融机构会计与审计组织（Accounting and Auditing Organization for Islamic Financial Institutions, AAOIFI）等机构为例，考察以国际标准制定组织为代表的非国家行为体在伊斯兰金融法产生和发展中发挥的作用。

一、非国家行为体在国际金融法律规范发展中的作用

长期以来，作为国际公法来源的国际条约在贸易、投资等全球经济事务中占有特殊地位。在国际贸易法领域，在联合国和世界贸易组织的框架内形成了大量国际条约和协定，如1980年《联合国国际货物销售合同公约》、1994年《世界贸易组织协定》及作为其附录的21个协定。在国际投资法领域，在世界银行等国际组织的框架内也形成了一些国际公约，如1965年《关于解决国家与其他国家国民之间投资争端公约》、1985年《建立多边投资担保机构公约》。国际金融法是国际经济法中的一个较为特殊的领域，相比国际贸易法、国际投资法等领域，具有强制约束力的国际法规范在国际金融法领域非常有限。由于各国对金融主权的保护，在金融领域形成具有强制约束力的国际法规范非常困难。这导致政府间国际组织及其产生的条约、协定等国际"硬法"（hard law）在全球金融监管和全球金融治理方面发挥

的作用非常有限。国际金融领域的政府间组织,如国际货币基金组织(International Monetary Fund, IMF)和世界银行(The World Bank, WB),通常也不制定国际性的监管标准。①政府间国际组织和国际"硬法"在国际金融法领域的缺位,给非政府国际组织和跨国公司等非国家行为体留下了广阔的空间。在这种情况下,非国家行为体在国际金融法律规范的发展中承担着越来越重要的角色。有两种理论可用于分析非国家行为体在国际金融法律规范发展中发挥的作用,一个是"软法"(soft law)理论,另一个是"全球法"(global law)理论。

(一)软法视角的分析

"软法"的概念起源于国际公法领域,弗朗西斯·斯奈德(Francis Snyder)将"软法"定义为"原则上没有法律约束力但可能有实际效果的行为规则"②。埃里克·波斯纳(Eric Posner)则认为"软法"是指没有中央机关创造、解释和执行,但会对人们的行为产生影响的一套规则。③具体到国际金融领域,有国内学者将国际金融软法定义为"调整国际金融监管和交易关系,虽不具有法律约束力但具有某种实际效果的规范性文件的总称"④。

根据以上定义,有学者总结了国际金融领域的软法的三个特征。第一,从制定主体来看,国际金融软法的制定主体非常多样,既包括政府间国际组织如欧盟等,也包括非政府国际组织,如巴塞尔银行监管委员会(BCBS)、国际证监会组织(IOSCO)、国际保险监督官协会(IAIS)等。伊斯兰金融领域国际软法的制定主体主要是非政府国际

---

① C. Brummer, "Why Soft Law Dominates International Finance: and Not Trade", *Journal of International Economic Law*, vol. 13, no. 3 (2010), pp. 623–643.

② Francis Snyder, "The Effectiveness of European Community Law: Institutions, Processes, Tools and Techniques", *Modern Law Review*, vol. 56, no. 1 (1993), pp. 19–54.

③ Eric Posner, "Soft Law in Domestic and International Settings", http://www.j.u-tokyo.ac.jp/coelaw/download/0603Soft%20Law%20in%20Domestic%20and%20International%20Settings.pdf (最后访问时间:2023年4月28日).

④ 漆彤:《国际金融软法的效力与发展趋势》,《环球法律评论》2012年第2期,第153—160页。

组织,如伊斯兰金融机构会计与审计组织、伊斯兰金融服务委员会、国际伊斯兰金融市场(IIFM)等。第二,从表现形式来看,国际金融软法的表现形式非常多元,包括政府间国际组织或非政府组织所制定的各种宣言、建议、意见、指南、标准、原则和最佳实践等,还包括不同国家监管机构之间所达成的有关信息交换和执法合作的国际文件,如谅解备忘录等。伊斯兰金融领域国际软法的表现形式包括标准、指引、守则、技术指南等。第三,从调整范围来看,国际金融软法的调整范围非常广泛。涉及银行业、证券业、保险业、支付体系、会计、反洗钱和反恐融资等领域。在伊斯兰金融领域,国际软法的调整范围也十分广泛,包括伊斯兰银行业、伊斯兰保险业、伊斯兰资本市场、沙里亚(Shari'ah)治理、会计、审计等领域。[①]

非政府国际组织制定的国际金融软法大多涉及金融监管领域,这方面最好的例子是巴塞尔银行监管委员会(以下简称巴塞尔委员会)制定的国际金融监管标准。有学者指出:

> 巴塞尔委员会产生的明显的"软性"规范产出、决策过程的非正式性,以及其宪章规定其决定"不具有法律效力"的事实,都表明很难将巴塞尔条例和标准归入《国际法院规约》第38条所列的任何标准国际公法来源。包括巴塞尔委员会发布的标准在内的国际金融标准,其约束力是由其效果和遵守程度来衡量的。[②]

从效果和遵守程度来看,巴塞尔标准显然获得了巨大的成功:

> "软性的"巴塞尔模式是一种跨国合作的模式,从规范的角

---

① 漆彤:《国际金融软法的效力与发展趋势》,第153—160页。

② E. Milano and Z. Niccolò, "Capturing Commitment in Informal, Soft Law Instruments: A Case Study on the Basel Committee", *Journal of International Economic Law*, vol. 22, no. 2 (2019), pp. 163–176.

度来看是合理的,并且在有效性和合法性方面被证明是普遍成功的。更准确地说,正如创始宪章所明确显示的,巴塞尔模式的目的不是创造国际法(指国际法律义务网络);其目的是在国内产生遵守和实施。换句话说,其目的不是成为国际法的形式渊源,而是成为国内法律和法规的实质渊源。[1]

在这里,"成为国内法律和法规的实质渊源"指的是很多国家和地区接受了巴塞尔标准并将其引入到国内立法中,这种现象被称为"国际金融软法的硬化"。在伊斯兰金融法领域也存在着类似的情况,例如,伊斯兰金融机构会计与审计组织和伊斯兰金融服务委员会制定的相关标准已经被多个司法管辖区采纳,成为强制性的监管规则,这一点将在后文中进一步讨论。

(二)全球法视角的分析

始于20世纪下半叶的法律全球化现象逐渐打破了近代以来形成的国家法—国际法二元法律结构,导致世界法律格局发生了重要的变化。美国学者拉里·卡塔·巴克尔(Larry Catá Backer)在相关研究中指出:

> 全球法可以被理解为无政府状态[2]的系统化,是对松散地交织在一起的自主治理框架的管理,这些框架跨越国界动态地运作,并以治理群体的功能差异为基础。更常规的是,全球法可以被定义为非国家治理系统的法律。[3]

---

① Milano and Niccolò, "Capturing Commitment in Informal, Soft Law Instruments: A Case Study on the Basel Committee", pp. 163–176.

② 巴克尔提到的无政府状态(anarchy)不是混乱(chaos),而是与"本原"(archê)相对的概念,即远离以国家作为秩序的主要权威性和合法性表达的核心现实为基础的秩序概念。

③ L. Catá Backer, "The Structural Characteristics of Global Law for the 21st Century: Fracture, Fluidity, Permeability, and Polycentricity", *Tilburg Law Review*, vol. 17, no. 2 (2012), pp. 177–199.

国外学术界现有的研究中存在多种有关全球法的理论,本文主要参考德国社会理论法学学者贡塔·托依布纳(Gunther Teubner)的全球法理论。①

托依布纳的理论来源有两个,一个是欧根·埃利希(Eugen Ehrlich)的"活法"理论,另一个是尼克拉斯·卢曼(Niklas Luhmann)的系统理论。托依布纳在吸收和改造以上理论的基础上提出"世界社会的法律多元主义"理论,并用该理论阐释了以新商人法(lex mercatoria)为代表的全球法。②托依布纳认为,全球法与传统国家法和国际法有所不同,它并非源自民族国家和国际体制的政治中心,而是由专门化、组织化和功能性的社会网络从社会外缘发展而来的法律形式。③从系统论的观点来看,随着经济系统的横向扩展,法律系统已经跨越了民族国家的边界。然而,由于法律系统在运作中遵循的二元代码与政治系统和经济系统存在差异,因此在全球化的进程中,法律系统呈现出一种独特的形态。简而言之,法律系统的全球化基于功能分化的原则,不同领域(如商业、科技、人权、环境、卫生、艺术和体育等)在功能导向的全球社会中形成各自的全球法形式,例如全球商法、全球卫生法、全球人权法等。④在托依布纳看来,相较于民族国家格局下形成的国内法和国际法,这些全球法形式的形成过程相对脱离了国家法和国际公法的框架。

托依布纳指出,全球法和民族国家法律在边界、法律渊源、独立性和统一性这四个方面具有差别。首先,"全球法的边界不是由维护

---

① 有关全球法的定义和主要特征,参见杨军、盛舒洋:《当代全球法刍议》,《国外理论动态》2019年第6期,第116—126页。

② 参见贡特尔·托依布纳:《"全球的布科维纳":世界社会的法律多元主义》,高鸿钧译,《清华法治论衡》2007年第2期,第255—258页。有关新商人法的定义和主要特征,参见鲁楠:《匿名的商人法——全球化时代法律移植的新动向》,《清华法治论衡》2011年第1期,第164—227页。

③ 参见托依布纳:《"全球的布科维纳":世界社会的法律多元主义》,第247页。

④ 参见泮伟江:《托依布纳法的系统理论评述》,《清华法律评论》2011年第1期,第80—105页。

核心'领土'而形成的……而是由'无形的社团''无形的市场和分店''无形的职业共同体'以及'无形的社会网络'而形成的,它们超越领土边界但却要求以真正的法律形式出现"[1]。传统伊斯兰法并不受民族国家边界的限制,与伊斯兰金融有关的传统伊斯兰法的编纂和标准化工作很难由某一民族国家独自完成。伊斯兰金融机构会计与审计组织等组织的出现,为沙里亚标准的编纂提供了一个全球性的平台。由国际伊斯兰标准制定组织和跨国公司等非国家行为体推动和发展的非官方法律秩序突破了民族国家的边界,全球范围内伊斯兰法学家、律师、市场从业者所构成的职业团体在这些非官方法律秩序的建构中发挥了重要的作用。其次,"全球法是在自组织化的过程生成的,这种过程是法律与日趋高度专门化和技术性的全球化过程的'结构耦合'"[2]。伊斯兰金融法来自高度技术化和专业化的伊斯兰金融实践,体现出宗教、法律与经济和金融全球化过程的"结构耦合"。再次,民族国家法律在制度发展上具有高度独立性,全球法则深度依赖各自专门化的社会领域,在法治和正当程序方面较为薄弱。就伊斯兰金融法而言,由国际伊斯兰标准制定组织和跨国公司推动的全球非官方法律秩序在正当程序方面还有待完善。最后,法律统一性是民族国家法的主要特征,而全球法则需要在全球统一性中维持适度的法律渊源的多样性。国际伊斯兰标准制定组织在推动伊斯兰金融法的全球统一性方面发挥了重要的作用,同时也体现出一些地域的特点。[3]

二、国际一般金融标准对伊斯兰金融监管的影响

(一)巴塞尔委员会及其监管标准

巴塞尔委员会是位于瑞士巴塞尔的国际清算银行(Bank for International Settlements, BIS)之下的常设监督机构。巴塞尔委员会

---

[1] 托依布纳:《"全球的布科维纳":世界社会的法律多元主义》,第249页。

[2] 托依布纳:《"全球的布科维纳":世界社会的法律多元主义》,第249页。

[3] 参见托依布纳:《"全球的布科维纳":世界社会的法律多元主义》,第255—258页。

是银行审慎监管的主要全球标准制定者，为银行监管事务提供了一个国际合作的平台。巴塞尔委员会成立以来推出了一系列重要的银行监管规定。这些银行监管标准虽然不具有法律约束力，但具有"软法"的性质，得到全球多数国家的遵守和实施。在伊斯兰金融较为活跃的司法管辖区中，海湾地区的银行对全球资本市场的依赖度较高。因此，海湾合作委员会国家较早实施了《巴塞尔协议》(Basel Accords)的建议。

自1988年巴塞尔委员会制定初代的《巴塞尔协议1》以来，巴塞尔规则很快发展成为银行业监管领域的国际惯例，在保障银行业稳定性和防范跨国金融风险方面发挥了一定的作用。1997年金融危机暴露出《巴塞尔协议1》的一些缺点和不足。此后，巴塞尔委员会尝试对《巴塞尔协议1》进行修订，并在2004年推出一个更加全面、具体的新协议，即《巴塞尔协议2》。《巴塞尔协议2》确定了银行业监管的三大支柱：第一支柱是最低资本要求，在对银行资产应用风险权重的基础上确定了8%的最低资本充足率；第二支柱是监管部门的监督审查，监管者监测银行内部运行情况，全面审视银行内部资本充足情况和风险管理程序；第三支柱是市场自律，要求银行通过公开披露，使外界了解其财务、管理和风险状况。然而，《巴塞尔协议2》的实施并没有避免2007年到2008年的全球金融危机。全球金融危机的深刻教训促使巴塞尔委员会的成员寻求一套新的国际监管规则的努力，这一努力的结果是2010年《巴塞尔协议3》的问世。《巴塞尔协议3》对《巴塞尔协议2》提出的三大支柱做了进一步优化。在资本充足率方面，《巴塞尔协议3》将一级资本充足率由现行的4%上调至6%，同时将"核心"一级资本率由之前的2%提高到4.5%，总资本充足率要求仍维持在8%。此外，还引入了两个基于普通股的资本缓冲区，即相当于风险加权资产2.5%的资本保护缓冲区和相当于风险加权资产0%至2.5%的逆周期缓冲区。在杠杆率方面，《巴塞尔协议3》规定了最低3%的权益资产比指标，以弥补资本充足率要求下无法反映表内外总资产扩张情况的不足，防止银行过度杠杆化融资。在流动性方面，《巴塞尔协议3》推出了全球第一套最低流动性监管指标。其中，流动性覆盖率（LCR）要求银行持有足够的流动性来应对严重的市场冲击，净稳定资金比率（NSFR）要求银行满足最低限额的长期和结构性资金来源。[1]

（二）《巴塞尔协议》对伊斯兰金融监管的影响

伊斯兰金融虽然发展迅速，但在资本和规模上仍无法与常规金融业相提并论。相较传统银行，伊斯兰银行往往规模较小，而且国际依赖性和跨境网络有限。总体而言，伊斯兰银行不属于巴塞尔委员会定义的全球系统重要性的金融机构。不过，在中东和东南亚的一些国家，伊斯兰银行的重要性逐渐增加，有报告指出，伊斯兰银行业至少在10个国家被认为具有系统重要性。[2]因此，伊斯兰银行不但会受到系统性风险的影响，而且在某些特定情况下还可能引发国内系统性风险。在资本充足率方面，由于伊斯兰银行的资本化程度普遍比常规银行更高，因此很容易满足《巴塞尔协议3》的要求。伊斯兰银行框架不鼓励基于债务的融资，很难筹集通常与利息挂钩的替代性资本（二级资本）。这导致绝大多数伊斯兰银行的资本结构以普通股形式的一级资本为主，通常超过资本资源的80%，很容易满足《巴塞尔协议3》提高资本质量的要求。在杠杆率方面，由于伊斯兰银行对使用杠杆的严格限制，伊斯兰银行一般较少接触杠杆活动。因此，《巴塞尔协议3》的杠杆率要求对伊斯兰银行的影响也很有限。[3]在流动性方面，由于市场上缺乏符合伊斯兰法的流动性工具，流动性对全世界的伊斯兰银行来说都是一个严峻的挑战。伊斯兰银行既缺乏流动性覆盖率所要求的短期流动资产，也缺乏净稳定资金比率所要求的短期内可提取的长期负债。流动性资产主要包括主权债务和一部分高质量

---

[1] 参见巴曙松等：《巴塞尔Ⅲ与金融监管大变革》，中国金融出版社2015年版。

[2] 参见 Islamic Financial Services Industry Stability Report 2021, *Islamic Financial Services Board*, pp. 7–8。

[3] 参见 Sutan Emir Hidayat et al., "Impacts of Basel III on Islamic Finance", *Journal of Islamic Financial Studies*, vol. 4. no. 2 (2018), pp. 123–133。

的公司债务,而主权债务和公司债务往往是基于利息的资产,伊斯兰银行无法使用。在一些西方的司法管辖区,这一问题最为显著。以英国为例,尽管英国已经两度发行主权伊斯兰债券,但远远无法满足市场对于符合伊斯兰法的流动性工具的需求。为了符合《巴塞尔协议3》,伊斯兰银行通常比传统银行持有更多的现金,或者限制自身的短期存款数量,这都导致其最终用户的成本增加。[①]为解决这个问题,英格兰银行早在2015年就开始研究如何帮助伊斯兰银行更灵活地满足其流动性要求。2021年,经过长期全面的咨询和发展过程后,英格兰银行为伊斯兰银行推出了一个符合伊斯兰法的"替代性流动性机制"(ALF)。该替代性流动性机制基于基金的结构并采用伊斯兰金融中常见的委托代理(wakālah)模式。简单地说,参与者的存款将由一个资产基金支持,扣除对冲和运营成本后,将投资回报转回存款人,以代替利息。通过该流动性工具,伊斯兰银行能够持有"非基于利息的环境中的类似储备的资产"。[②]

三、伊斯兰标准制定机构对国际金融标准的改造

(一)伊斯兰金融服务委员会的成立及发展

伊斯兰金融服务委员会成立于2002年11月3日,总部位于马来西亚吉隆坡。作为由金融监管机构组成的国际标准制定机构,伊斯兰金融服务委员会的成立旨在推动伊斯兰金融服务业的国际标准化,并确保其符合伊斯兰教原则。其协定规定了9项基本职责,包括引入新的或调整现有的符合伊斯兰教原则的国际标准、监督伊斯兰金融产品

[①] 参见 Habib Ahmed, "Basel III Liquidity Requirement Ratios and Islamic Banking", *Journal of Banking Regulation*, vol. 16, no. 4 (2015), pp. 251–264。

[②] 参见 Andrew Hauser, "Why Islamic finance has an important role to play in supporting the recovery from Covid – and how the Bank of England's new Alternative Liquidity Facility can help", Bank of England, https://www.bankofengland.co.uk/-/media/boe/files/speech/2020/why-islamic-finance-has-an-important-role-to-play-in-supporting-the-recovery-from-covid.pdf?la=en&hash=58B28008CE026D33B0590F7DB5CDA84DAE723CAD(最后访问时间:2023年8月28日)。

的机构,并为该行业制定适用的风险管理、透明度和市场纪律标准。伊斯兰金融服务委员会的工作重点是与其他国际标准制定组织合作,使伊斯兰金融服务业与国际金融标准保持一致,同时考虑伊斯兰金融的独特性。[1]

伊斯兰金融服务委员会的成立代表着伊斯兰金融行业对国际金融监管标准的回应。伊斯兰金融服务委员会与其他国际标准制定组织并非竞争关系,而是通过合作实现对伊斯兰金融服务领域的规范制定。伊斯兰金融服务委员会与巴塞尔委员会、国际证券委员会等国际标准制定机构合作,使伊斯兰金融服务业与国际金融市场融为一体。

伊斯兰金融服务委员会的成员组成多元,不仅包括伊斯兰金融业参与者,还包括国际金融监管机构和组织,这些成员广泛参与其标准的制定并提供反馈。截至2021年12月,伊斯兰金融服务委员会的成员包括181个监管机构、6个国际组织,以及94个包括金融机构、专业公司、行业协会和证券交易所在内的市场参与者。2004年,中国人民银行以准成员身份代表中国政府加入伊斯兰金融服务委员会。[2]伊斯兰金融服务委员会的成员覆盖了东南亚、西亚北非、非洲、欧洲等多个地区,使得伊斯兰金融标准的制定更具全球性和包容性。

伊斯兰金融服务委员会的工作涉及多个领域,包括风险管理、资本充足率、公司治理、透明度和市场纪律等。这些领域的标准制定旨在确保伊斯兰金融服务机构运作符合伊斯兰教原则,同时满足国际金融监管的要求。伊斯兰金融服务委员会的标准不仅适用于伊斯兰银行业,还覆盖了伊斯兰资本市场和伊斯兰保险业,使得其规范体系更加全面。截至2024年1月,伊斯兰金融服务委员会已经发布了30项标准、8项指导说明和5项技术说明,在风险管理的方法、资本充足率的计算、公司治理的要求等方面提供了细致的指导。通过这些标准,

---

[1] 伊斯兰金融服务委员会,https://www.ifsb.org/objectif.php(最后访问时间:2023年8月28日)。

[2] http://www.pbc.gov.cn/chubanwu/114566/115296/115343/2898125/index.html(最后访问时间:2023年8月28日).

伊斯兰金融服务委员会为伊斯兰金融服务机构提供了具体的操作指南,有助于规范行业内的各项业务的规范化和标准化。

(二)伊斯兰金融服务委员会制定的伊斯兰金融标准

伊斯兰金融服务委员会通过制定一系列伊斯兰金融标准,着眼于不仅确保伊斯兰金融机构遵循伊斯兰教原则,还要与国际金融标准保持一致。这一方面体现在对《巴塞尔协议》等国际金融监管标准的吸收和改造,另一方面包括对伊斯兰银行业、伊斯兰资本市场和伊斯兰保险业的全面涵盖。伊斯兰金融服务委员会制定的标准、指导原则和技术说明不仅涉及伊斯兰银行业,还涉及伊斯兰资本市场和伊斯兰保险业。2005年以来,伊斯兰金融服务委员会在《巴塞尔协议2》和《巴塞尔协议3》的基础上,结合伊斯兰银行业自身的特点,发布了多部符合沙里亚的标准。这些标准同其他形式的国际金融软法一样,尽管不具有直接的约束力,但为监管机构和伊斯兰金融机构提供了重要的参考。

1. 对《巴塞尔协议》第一支柱的改造:《IFSB 资本充足率标准》

伊斯兰金融服务委员会通过伊斯兰金融标准的制定对《巴塞尔协议》进行了改造。首先,在资本充足率方面,伊斯兰金融服务委员会发布了多代版本的资本充足率标准,以适应伊斯兰金融机构的独特性。《IFSB-2》(2005年)[1]基于《巴塞尔协议2》,对伊斯兰金融产品和服务的风险进行了详细指导,确保资本充足率计算符合伊斯兰法要求。随着《巴塞尔协议3》(2013年)的推出,《IFSB-15》(2013年)[2]修订了资本充足率标准,进一步加强了伊斯兰金融机构的综合资本充足率。此外,伊斯兰金融服务委员会在2021年发布的《IFSB-23》[3]继

---

[1]　IFSB-2 (December 2005) Capital Adequacy Standard for Institutions (other than Insurance Institutions) Offering Only Islamic Financial Services (IIFS).

[2]　IFSB-15 (December 2013) Revised Capital Adequacy Standard for Institutions Offering Islamic Financial Services (excluding Islamic Insurance [Takāful] Institutions and Islamic Collective Investment Schemes).

[3]　IFSB-23 (December 2021) Revised Capital Adequacy Standard For Institutions Offering Islamic Financial Services [Banking Segment].

续跟随《巴塞尔协议3》,在最新的改革方案下对伊斯兰金融机构的资本充足率提出了修订要求。

2.对《巴塞尔协议》第二支柱的改造:《IFSB监管审查程序标准》

伊斯兰金融服务委员会还通过制定监管审查程序标准对《巴塞尔协议》第二支柱进行改造。《IFSB-5》(2007年)[1]和《IFSB-16》(2014年修订)[2]关注监督审查过程,采取基于风险的方法,处理伊斯兰金融服务机构在其业务中面临的各类风险。特别是在金融危机后,伊斯兰金融服务委员会在《IFSB-16》中加强了对监管资本要求、内部资本充足率评估程序(ICAAP)、风险管理、公司和沙里亚治理等方面的指导,以适应全球监管形势的发展。

3.对《巴塞尔协议》第三支柱的改造:《IFSB透明度和市场纪律标准》

伊斯兰金融服务委员会通过《IFSB-4》(2007年)[3]、《IFSB-22》(2018年修订)[4]等标准对《巴塞尔协议》第三支柱进行改造,以提高伊斯兰金融服务机构的透明度和市场纪律。《IFSB-4》强调了信息披露的重要性,为不同类型的利益相关方提供了全面的披露建议,特别关注伊斯兰金融机构的风险状况和财务稳健性。而《IFSB-22》扩大了信息披露的范围,重点关注伊斯兰金融集团成员、资本结构、会计和监管合并范围、风险管理过程、伊斯兰窗口业务等方面,以使市场

---

① IFSB-5 (December 2007) Guidance on Key Elements in the Supervisory Review Process of Institutions Offering Islamic Financial Services (excluding Islamic Insurance [Takâful] Institutions and Islamic Mutual Funds).

② IFSB-16 (March 2014) Revised Guidance on Key Elements in the Supervisory Review Process of Institutions Offering Islamic Financial Services (excluding Islamic Insurance [Takâful] Institutions and Islamic Collective Investment Schemes).

③ IFSB-4 (December 2007) Disclosures to Promote Transparency and Market Discipline for Institutions Offering Islamic Financial Services (excluding Islamic Insurance [Takâful] Institutions and Islamic Mutual Funds).

④ IFSB-22 (December 2018) Revised Standard on Disclosures to Promote Transparency and Market Discipline for Institutions Offering Islamic Financial Services [Banking Segment].

参与者更全面地了解伊斯兰金融机构的经营情况。有关沙里亚治理的信息披露要求是伊斯兰金融服务委员会标准与巴塞尔框架第三支柱的另一个关键区别。根据《IFSB-22》的要求,伊斯兰金融机构须披露的定性信息包括具体治理安排、董事会责任、沙里亚委员会意见、违规事件;定量信息包括违规收入、违规次数。此外,还规定了支付天课(zakat)情况的披露,包括计算方法和支付渠道。

4. 对伊斯兰金融领域的全面涵盖

除了对《巴塞尔协议》的改造外,伊斯兰金融服务委员会的伊斯兰金融标准还涵盖了伊斯兰银行业、伊斯兰资本市场和伊斯兰保险业。《IFSB-17》(2015年修订)①关注伊斯兰银行的风险管理和内部控制,强调风险管理框架、内部审计和合规性。在伊斯兰资本市场方面,《IFSB-19》(2017年)②和《IFSB-21》(2018年修订)③提供了对伊斯兰资本市场的监管要求和指导,包括对伊斯兰证券、资产管理、基金等方面的规范。至于伊斯兰保险业,《IFSB-27》(2022年)④关注伊斯兰保险公司的监管、监察和评估,确保其合规运营,同时考虑了伊斯兰法规定的保险原则。

综上所述,伊斯兰金融服务委员会通过制定伊斯兰金融标准,巧妙融合伊斯兰教原则和国际金融标准,为伊斯兰金融服务机构提供了在全球范围内稳健运营的框架和指导。这些标准的制定和不断更新反映了伊斯兰金融服务委员会对行业发展趋势的敏锐洞察,有助于促使伊斯兰金融服务更好地适应全球化的金融环境。

---

① IFSB-17 (April 2015) Core Principles for Islamic Finance Regulation (Banking Segment).

② IFSB-19 (April 2017) Guiding Principles on Disclosure Requirements for Islamic Capital Market Products (Sukūk and Islamic Collective Investment Schemes).

③ IFSB-21 (December 2018) Core Principles for Islamic Finance Regulation [Islamic Capital Market Segment].

④ IFSB-27 (December 2022) Core Principles for Islamic Finance Regulation [Takāful Segment].

四、伊斯兰标准制定机构对传统伊斯兰法的重构

（一）伊斯兰金融机构会计与审计组织的成立及发展

伊斯兰金融机构会计与审计组织是全球伊斯兰金融业的标准制定组织，成立于1991年，总部位于巴林。该组织致力于通过制定和发布标准，统一伊斯兰金融机构的会计和审计政策。截至2022年1月，伊斯兰金融机构会计与审计组织的成员来自全球40多个国家，包括中央银行、监管机构、金融机构、会计和审计公司以及律师事务所。[①]

伊斯兰金融机构会计与审计组织的主要目标包括统一伊斯兰金融机构的会计和审计政策、提高审计和治理标准的质量、促进良好道德做法以及确保沙里亚监督委员会在概念和应用上的一致性。截至2024年1月，该组织已发布126余项相关标准，涵盖沙里亚、会计、审计、道德和国际伊斯兰金融治理等多个领域。伊斯兰金融机构会计与审计组织的沙里亚标准在全球范围内得到广泛接受，已有13个国家或其他类型的司法管辖区将其作为强制性监管要求，其中包括巴林、约旦、吉尔吉斯斯坦、毛里求斯、尼日利亚、卡塔尔、卡塔尔国际金融中心、阿曼、巴基斯坦、苏丹、叙利亚、阿拉伯联合酋长国和也门。

（二）伊斯兰金融机构会计与审计组织的沙里亚标准

伊斯兰金融机构会计与审计组织作为最早的伊斯兰标准制定组织，从成立伊始，就迅速投入到伊斯兰金融标准的制定工作中。伊斯兰金融机构会计与审计组织发布的标准、守则和指导对包括伊斯兰银行、伊斯兰保险和伊斯兰资本市场在内的整个伊斯兰金融业产生了重要的影响，推动了整个沙里亚领域法律和规范的标准化。本节将以伊斯兰金融机构会计与审计组织制定的《伊斯兰金融机构沙里亚标准》(Shari'ah Standards for Islamic Financial Institutions，以下简称《AAOIFI沙里亚标准》)为例，讨论伊斯兰金融机构会计与审计组织对传统宗教法律的重构。

---

① 伊斯兰金融机构会计与审计组织，https://aaoifi.com/（最后访问时间：2023年8月28日）。

1.《AAOIFI 沙里亚标准》的内容和作用：对比《美国法律重述》

《美国法律重述》(Restatements of the Law)指的是美国法学会(American Law Institute)在20世纪二三十年代开始，为解决美国司法中判例法的日益不确定性和过分复杂性所进行的努力成果，其目标是将已存在的大量判例法予以系统化、条理化、简单化，予以重新整编，即重述。[①]

在制定的背景和目标方面，《AAOIFI沙里亚标准》与《美国法律重述》有诸多相似之处。《美国法律重述》的目标是解决美国普通法中的不确定性和复杂性，这两个问题在伊斯兰法中同样存在，甚至更为突出。一方面，传统伊斯兰法是一个非常庞杂的体系，从公元7世纪以来，历代伊斯兰法学家在《古兰经》、圣训和公议的基础上，充分运用类比推理和其他法律演绎的方法，围绕具体的法律问题产生了大量的观点、学说、教法说明和教法判例。在此基础上形成的伊斯兰法律体系在法律渊源、法律思想和法律技术都与普通法和大陆法有着根本的差别，具有高度的复杂性。另一方面，伊斯兰金融是一个现代的产物，无论是《古兰经》、圣训等基础性文本，还是古典伊斯兰法学著作，都无法直接运用到伊斯兰金融的具体实践中。在当代伊斯兰金融实践中，需要由沙里亚监督委员会和伊斯兰法学者对传统伊斯兰法的原则和规则进行解释，再适用到具体的伊斯兰金融交易中。然而，由于伊斯兰教内部学派众多，在具体问题上存在多元的观点，每一个沙里亚监督委员会或独立伊斯兰法学者都可能根据本地区流行的伊斯兰法学流派的观点或本人倾向的观点对伊斯兰金融交易的具体问题进行解释和适用。这样的结果是伊斯兰金融领域法学观点的多元化，直接导致了法律的不确定性，增加了监管和交易的成本，也提升了司法裁判的难度。针对以上问题，伊斯兰金融机构会计与审计组织希望通过制定沙里亚标准尽可能实现沙里亚监督委员会在概念和应用上的一致性或相似性，以避免这些机构的法特瓦(Fatwa)和应用之间的

---

① 薛波等：《元照英美法词典（缩印版）》，北京大学出版社2013年版，第1191页。

矛盾和不一致。伊斯兰金融机构会计与审计组织对沙里亚标准的制定,实际上也是将伊斯兰金融涉及的伊斯兰法律观点、学说和判例进行系统化、条理化和简单化。

在内容方面,《美国法律重述》覆盖了美国普通法的大多数法律部门,而《AAOIFI沙里亚标准》主要侧重于与伊斯兰金融相关的伊斯兰法律原则和规则。具体而言,1923年至1944年的第一次法律重述包括代理法、州际冲突法、合同法、判决法、财产法、归复(restitution)、担保法、侵权法和信托法;自1952年开始的第二次法律重述包括代理法、合同法、州际冲突法、对外关系法、判决法、财产法、土地租佃法、侵权法、信托法;1987年开始的第三次法律重述包括返还与不当得利、遗嘱及其他赠与性转让法、按揭、地役权(servitudes)、律师管理法、美国国际商事仲裁法、连带保证和一般保证法(suretyship and guaranty)、反不正当竞争法、雇佣法、有关国际商事仲裁及投资者与东道国间仲裁的美国法等。伊斯兰金融机构会计与审计组织的每一项沙里亚标准都是单独发布的,目前已发布的61项标准大致可以分为以下几类:第一类是有关各种伊斯兰有名合同和融资方式的标准,如成本加利润销售、租赁及结束后转移所有权的租赁、预付销售及平行预付销售、制造及平行制造、一般合伙及现代公司、隐名合伙、货币化(tawarruq)等;第二类是伊斯兰有名合同之外的合同法领域,如担保、转让(hawala)、代理和未受委托的代理人的行为、突发事件对承诺的影响、信用协议、单边和双边承诺、因未完全履行而撤销合同的选择权、重新考虑的选择、通过行使"冷静期"选项撤销合同等;第三类是具体某类伊斯兰金融业务的标准,如投资型伊斯兰债券、银团融资、伊斯兰保险、伊斯兰银行的银行服务、伊斯兰再保险;第四类是有关商业金融票据和交易方式的标准,如商业票据、金融票据(股票和债券)、跟单信用证、在线金融交易等;第五类涉及沙里亚中的特殊要求和禁令,如天课、宗教基金(waqf)、金融交易中对高度风险和不确定性(gharar)的控制。除了以上几类,还有很多不太容易分类的标准,如金融交易中的利润计算规则、机构框架中的法特瓦规定和道德规范、人员聘用、竞争奖励、仲裁等。可以看出，《AAOIFI沙里亚标准》的很多内容都与合同法有关。但有学者指出，《AAOIFI沙里亚标准》的目的并不是提供一套完整的合同规则。例如，《AAOIFI沙里亚标准》不涉及合同的形成、使合同责任失效的因素（错误、失实陈述、落空等），以及合同违约的救济措施。^①除了合同法以外，《AAOIFI沙里亚标准》还涉及公司法、票据法、证券法等商法的领域，以及劳动法、仲裁法等法律部门。

在作用和影响方面，《美国法律重述》是对美国判例法的系统性归纳和研究——通过对基本法律主体的重申和对法律原则的澄清，提高法律的确定性，为律师和法官提供明确的指引。尽管《美国法律重述》不具有成文法或判例法那样的法律效力，但由于其高度的权威性与说服力，其内容在司法实践中被大量采纳和引用，不仅对美国的司法实践产生了重要影响，也对美国普通法的发展起到了推动作用。有学者指出，《AAOIFI沙里亚标准》发挥着类似于《美国法律重述》的澄清作用，因为这些标准的主要目标是为特定的伊斯兰有名合同和其他商法方面的规则提供一个总体框架。^②不过，与《美国法律重述》不同的是，《AAOIFI沙里亚标准》并不直接影响司法实践。《AAOIFI沙里亚标准》的用途包括三个方面：首先，民族国家的监管机构可以采纳该标准并用作强制性的监管标准；其次，伊斯兰金融机构的沙里亚委员会可以使用该标准作为判断伊斯兰法律问题的重要参考；最后，伊斯兰金融交易的当事人可以将该标准纳入合同中，在发生纠纷的情况下为裁判机构提供确定的裁判依据。从前面提到的多个司法管辖区对《AAOIFI沙里亚标准》的采纳，便足以看出该标准在实践层面产生的重要影响。

---

① 参见 J. Ercanbrack, "The Standardization of Islamic Financial Law: Lawmaking in Modern Financial Markets", *The American Journal of Comparative Law*, vol.67, no. 4 (2019), pp. 825–860.

② J. Ercanbrack, *The Transformation of Islamic Law in Global Financial Markets*, Cambridge University Press, 2015, pp. 197–198.

2.《AAOIFI 沙里亚标准》的制定过程：当代学者的集体伊智提哈德

在法律全球化的背景下，单一民族国家很难胜任传统伊斯兰法——作为一种跨越民族国家边界的法律传统——的法典化工作，尤其是适用于全球伊斯兰金融领域的沙里亚标准的制定工作。全球伊斯兰金融标准的制定，不但需要照顾到各个学派的观点和各个地区的特殊需求，还需要来自伊斯兰法学家之外的其他领域的专家学者的参与。在伊斯兰金融机构会计与审计组织的框架下，能吸收各全球地区、各领域学者共同参与沙里亚标准的制定工作，这一点是单一民族国家立法机构很难做到的。

伊斯兰法作为一种宗教性的法律，理论上只有真主才是绝对的立法者，法学家只是以阐释者的身份出现，负责发现和解释真主的法律。"伊智提哈德"（ijtihād）是伊斯兰法学中的一个重要概念，该词在阿拉伯文中原意为"努力""尽力"，在伊斯兰教的立法实践中，指的是具有独立演绎资格的法学家（mujtahid）根据《古兰经》、圣训等宗教基础文本，综合运用公议、类比等方法，独立演绎出针对新生法律问题的律例。[1]13世纪蒙古入侵之后，伊斯兰法学家为保持伊斯兰法学的纯正性和正统性，提出了"塔格利德"（taqlīd）的观点。"塔格利德"指的是遵循和沿袭先辈法学家的传统，在前人学说的基础上进行解释和运用，而不再通过独立推理创制的方式发展法律。该现象在伊斯兰法律史中被称作"关闭伊智提哈德之门"。从17世纪开始，有一些现代主义的穆斯林学者开始主张重新开启"伊智提哈德之门"，这些学者包括也门的邵卡尼（Imam Al-Shawkani）、埃及的阿布笃（Muhammad 'Abduh）、巴基斯坦的伊克巴尔（Muhammad Iqbal）等。近代以来，重启"伊智提哈德之门"的呼声越来越高，不少学者和改革家呼吁根据现实的情况对经训做出新的解释。[2]在前现代穆斯林社会中，伊智提

---

① 详见《中国伊斯兰百科全书》编辑委员会：《中国伊斯兰百科全书》，四川辞书出版社2007年版，第117页。

② 参见高鸿钧：《伊斯兰法：传统与现代化》，清华大学出版社2004年版，第272页。

哈德通常由某位具有独立演绎资格的法学家独立完成,可以称之为个人伊智提哈德或独立伊智提哈德。在现代社会,出现了一种新的伊智提哈德方式,这种伊智提哈德通常由沙里亚委员会或其他的伊斯兰学者团体集体实施,被称作集体伊智提哈德(al-ijtihād al-jama'i)。在现代社会,集体伊智提哈德具有一些个人伊智提哈德所不具有的优势。首先,集体伊智提哈德(特别是在现有的法学委员会和机构的背景下)是一群学者和实务专家互动、协商和整合的产物,是不同观点和关于伊智提哈德问题的多种意见,这种群体的意见往往比个人的意见更适合穆斯林大众。其次,在现代社会,学科和知识越来越专业化和精细化,即便是伊斯兰学者也会专攻语言学、法源学、法理学等某一个专门学科,兼通多个领域的伊斯兰学者非常稀少。在集体伊智提哈德中,他们可以凭借多样化和专业化的知识,产生更为准确的裁决。最后,在现代社会,新的事物和新的现象充斥在生活的各个方面,由此产生许多伊斯兰法学书籍中从未涉及的事物,伊斯兰金融就是一个重要的例子。在这种情况下,具有集体视野、多种经验和专业知识的集体伊智提哈德更适合解决各类新生事物和问题。

《AAOIFI沙里亚标准》的制定过程反映了学者们的集体伊智提哈德。该过程主要分为五个阶段。第一阶段是工作计划或议程阶段,此时沙里亚理事会与总秘书处协调,起草初步的工作计划或议程,包括新标准的制定或现有标准的审查。工作计划整合了来自国际伊斯兰金融业和沙里亚理事会成员的建议。第二阶段是初步研究或调查阶段,这个阶段会对制定或修订的标准进行初步研究或调查,通常委托具有相关领域专业知识的顾问或学者进行。此阶段考虑了《古兰经》《圣训》和主要伊斯兰法学派的著作,列出了沙里亚的基础和新出现的问题以及当代法学家的观点。第三阶段是咨询说明阶段。在初步研究或调查后,负责人会编写咨询说明,包括新标准的拟议要点或对现有标准的拟议重大修改的概要,提交给沙里亚理事会成员和外部专业学者组成的委员会审查。沙里亚理事会设有四个专门委员会,负责审查咨询说明,并准备提交给理事会的稿件。第四阶段是征求意见阶段。在咨询说明之后,征求意见稿由起草的顾问或学者编写,采用与最终标准相同的格式。征求意见稿在得到沙里亚理事会的同意后,向国际伊斯兰金融业内外发布,公开征求意见和建议。第五阶段是正式发布最终标准。在征求意见稿之后,制定最终标准。最终标准提交给沙里亚理事会讨论,经委员会批准后,正式发布给国际伊斯兰金融业。①

时任伊斯兰金融机构会计与审计组织秘书长梅拉(Hamed Hassan Merah)认为,《AAOIFI沙里亚标准》的主要优势在于沙里亚理事会的集体努力。②理事会成员多样化,包括来自全球各地的20位知名伊斯兰法学者,确保了标准具有全球性,能照顾到不同地域和司法管辖区。成员学术背景多元,代表主要伊斯兰法学派,涵盖司法、法特瓦发布、咨询、研究、著述、法律、经济和金融咨询等专业。沙里亚理事会主席塔基·奥斯曼尼(Taqi Usmani)强调标准制定体现集体伊智提哈德,由理事会多数意见发布,裁决不应归功于个别成员。标准中的大多数条款得到所有成员同意,对于新发生的事件和问题(nawāzil)经常会出现不同的观点,这些没有取得一致的问题将按照程序记录在会议记录中。③

结语

伊斯兰金融服务委员会对巴塞尔标准进行改造,使其更符合伊斯兰金融的特点,同时符合伊斯兰法的原则和规则。伊斯兰金融机构会计与审计组织通过对传统伊斯兰法进行重构,并制定相关的沙里亚标准和会计审计标准,帮助伊斯兰金融机构确保在其业务符合伊斯兰法的同时实施合规的财务报告和审计程序,提高了金融信息的准确性和透明度。除了本文提到的伊斯兰金融服务委员会和伊斯兰金融机构

---

① Shari 'ah Standards for Islamic Financial Institutions. AAOIFI, 2010, p. 11.

② Shari 'ah Standards for Islamic Financial Institutions. AAOIFI, 2010, p. 12.

③ Shari 'ah Standards for Islamic Financial Institutions. AAOIFI, 2010, p. 11.

会计与审计组织,国际伊斯兰金融市场在国际伊斯兰金融标准特别是标准格式合同方面也做出了大量的工作,制定了多项涉及流动性管理和伊斯兰金融衍生品的标准格式合同。在争端解决方面,位于阿联酋的国际伊斯兰和解与仲裁中心(The International Islamic Centre for Reconciliation and Arbitration, IICRA)和位于马来西亚的亚洲仲裁中心(Asian International Arbitration Centre, AIAC)推出了专门针对伊斯兰金融争端的仲裁规则,完善了伊斯兰金融法在争端解决方面的法律规范。国际组织之外的另一种非国家行为体——跨国公司是法律全球化的重要参与者和推动力量,大量来自西方的跨国金融机构参与伊斯兰金融业务,也在伊斯兰金融法的发展中发挥了一定的作用。德意志银行甚至还与一家沙里亚咨询公司合作,开发了一个据称符合沙里亚的衍生品产品标准。[①]

在国际金融法领域,作为一种国际软法或全球法,国际标准制定组织的规范性文件产生了重要的影响。从金融和法律业务的角度来看,国际标准制定组织、跨国公司等非国家行为体,通过制定一系列不具有法律约束力但产生实际效果的规范性文件,填补了伊斯兰金融领域的法律空白,为全球伊斯兰金融市场的运作提供了明确的规则和行为准则,有助于确保全球伊斯兰金融市场的稳定性、透明度和健康发展。从法律发展和演变的角度来看,来自全球各地区的伊斯兰学者和其他相关领域的专家在沙里亚标准的制定过程中展开合作,通过集体伊智提哈德的方式对传统法律进行编纂、更新或重新阐释,使其适应当代社会在经济、金融和其他方面的变化,体现了伊斯兰世界在传统法律现代化方面所做的努力。

---

① Deutsche Bank, "Pioneering Innovative Shari'ah Compliant Solutions", www.eurekahedge.com/news/07_mar_DB_Pioneering_Innovative_Sharia_Compliant_Solutions.pdf(最后访问时间:2023年8月28日).

走向国际社会：20 世纪早期的中国不平等条约问题

卓增华*

近代以来，随着与西方接触的深入，特别是在西方武力的胁迫下，中国的精英阶层和知识分子开始接受和引入欧洲的国际法知识用以处理对外事务。在传统的叙述中，这个学习的过程被看作一种被动的接受。这种看法将中国看作一个被动的接受者，忽视了中国在这个过程中的主动性和创造性。事实上，中国从 19 世纪末以来逐渐形成了一个熟练掌握并使用主流国际法的知识群体，他们能够灵活运用当时主流的国际法理论，积极地在国际舞台上发出中国的声音。中国的声音引起了很多海外学界的关注与讨论，甚至在某种程度上推动了国际法在特定领域的发展。可以说，近代中国在国际法的学习和应用上，与西方进行着复杂的互动。

这种互动在关于不平等条约问题的讨论上得到了非常具体的体现。在废除不平等条约的过程中，中国一方面吸收并运用来自西方的国际法知识，另一方面也在国际舞台中，通过包括在国际大会提出提案、在西方学术机构发表演讲、在国际法期刊发表论文等各种形式发

---

*卓增华，中国社会科学院办公厅助理研究员。

出自己的声音,论证废除不平等条约的合理性和合法性。同时,中国关于不平等条约问题的论述也引起了西方学界的关注。西方国际法学界为了维护在华利益,不得不对中国的诉求进行讨论和回应,对中国的不平等条约展开讨论,对相关的特定问题进行深入分析。这些分析和讨论在国际法的发展过程中也有所体现。可以说,在这个过程中,中国问题以及中国声音逐渐走向国际社会,在国际法的历史中有其位置,而不仅仅是一个无声的角色。本文将以20世纪早期中国的不平等条约为分析对象,探讨这个时期的中国学者如何在西方世界分析这个问题、西方学界做何回应以及其对国际法发展的影响。

一、中国学者在海外发声

从19世纪末开始,越来越多的中国人在欧美学习国际法,从而能够熟练掌握当时主流的国际法理论和知识。这个群体在回国后,一方面将欧洲国际法理论引入国内,翻译外文文献,推动国内国际法教育的发展;另一方面,他们并没有脱离西方的国际法学界,而是结合当时中国的问题,撰写与中国相关的学术论文并在国际期刊发表,在相关国际机构和论坛发表演讲和进行辩论,从而加强与西方学界的交流和互动。他们利用各种渠道和形式,对与中国有关的国际法问题特别是关于不平等条约的问题进行讨论,表达中国学者的立场和观点,让主流国际法社会听到中国的声音。

当时的中国学者在欧美大学学习时,十分注重学习国际法知识并使用这些知识来解决中国面临的国际法问题,其中不平等条约是最核心的问题。不少人都选择以中国的不平等条约作为毕业论文选题,从国际法的角度对此进行分析和讨论。顾维钧[1]、刘师舜[2]和刁敏谦[3]等人在海外学习国际法后,在其博士论文中都从不同角度对中国的不平

---

[1] 顾维钧:《外人在华之地位》,吉林出版集团有限责任公司2010年版。
[2] 刘师舜:《领事裁判权问题》,外交部条约委员会1929年版。
[3] 刁敏谦:《中国国际条约义务论》,商务印书馆1935年版。

等条约问题进行了讨论。顾维钧在美国哥伦比亚大学学习期间，[1]师从当时著名国际法学者摩尔(John B. Moore)，他的毕业论文就以外国人在中国享有的特权为题，并以此来讨论不平等条约和领事裁判权在中国的问题。[2]顾维钧在其论文中指出，在华外国人的数量在不断增加，由此产生的矛盾越来越多，因此外国人在中国的地位问题也就十分重要，尤其应从法律和条约方面厘清外国人享有什么权利和这些权利的界限。[3]他认为外国人在中国享有的权利中，治外法权是最核心的一项权利，因此必须对此问题进行分析。在论文中，他对中国和西方的交往即外国人进入中国的历史，以及外国人在中国获取包括治外法权、租地、旅行、通商和传教等各种权利的内容、方式及历史做了系统的介绍和梳理。在此基础上，他指出外国人在中国通过条约的形式攫取了大量特权，这些特权在其他国家是不存在的，而且这些特权主要通过武力的方式获得。[4]

同样留学美国哥伦比亚大学的刘师舜以中国的领事裁判权为主题撰写毕业论文，他通过回顾领事裁判权本身的历史及其在中国的历史，对废除领事裁判权的前景进行了分析。[5]在系统论述和分析领事裁判权在中国的发展历程的基础上，他指出领事裁判权在中国经过这么多年的发展，已经存在很多问题，带来了很多弊端，并且从十个方面进行了概括。[6]在他看来，领事裁判权的弊端首先就在于侵犯中国的主权。他指出，根据国际法原则，独立的主权国家对于领土范围内的人民和财产都拥有绝对的管辖权，但是领事裁判权在中国的施行导致中国政府对于享有此项特权的主体没有管辖权，这是对中国主权的

---

① 关于顾维钧海外的学习经历，参见 Li Chen, "The Making of China's Foremost Diplomat and International Judge", *Jus Gentium: Journal of International Legal History*, vol.4, no.2 (2019), pp. 527–563。

② Wellington Koo, *The Status of Aliens in China*, Columbia University Press, 1912.

③ 顾维钧：《外人在华之地位》，第 1 页。

④ 顾维钧：《外人在华之地位》，第 209 页。

⑤ 刘师舜：《领事裁判权问题》。

⑥ 刘师舜：《领事裁判权问题》，第 29—30 页。

侵犯。同时,随着中国人民对国家和主权概念的认识日渐深入,对于不平等条约和领事裁判权的限制的排斥心理日渐强烈,这一制度在中国也引起了广大民众越来越强的反感。除此之外,领事裁判权给中国的司法实践和运作也带来了很多弊端和不便,例如领事法官缺乏专业法律知识、适用法律参差不齐以及法院诉讼存在很多分歧等。①

在英国取得博士学位的刁敏谦也将不平等条约作为其博士论文主题。他的论文《中国国际条约义务论》对中国自鸦片战争以来签署的条约进行论述和分析,梳理由这些条约产生的义务。在此基础上,他对中国为何需要修订这些条约进行了进一步的论述,讨论修正条约的必要。②在刁敏谦看来,中西之间的条约大部分都是在武力胁迫下签署的,中国并未在自愿的情况下与外国缔结条约。在这种情况下签订的条约往往在具体内容的语意上十分模糊和隐晦,这种模糊性可能是列强故意的结果,这样其可以随意解释,扩张其条约权利,这会导致在条约的执行过程中,关于外国人在中国享有的权利和其范围都经常引起争议。刁敏谦指出,这些争议导致条约在执行过程中问题重重,虽然目前的争执还没有引起更加严重的后果,但是长此以往将会危及国际和平,因此,修改这些条约是十分有必要的。③对于修改条约的依据,刁敏谦围绕情势变迁原则进行论述。在他看来,修改条约的最主要理由就在于大部分签署的条约都已经存在50多年了,经过这么多年的发展,很多条约缔结时的情形都已经不再存在,而且很多条约上的义务对中国的发展产生了很大的限制作用,甚至已经危及中国的生存,因此这些条约就应该被修改。④刁敏谦毕业后回国在清华大学担任国际法教师,并继续对相关问题展开讨论。1921年,《英国国际法年鉴》(*British Year Book of International Law*)刊登了刁敏谦讨论中国领事裁判权的论文《中国的治外法权及其废除问

---

① 刘师舜:《领事裁判权问题》,第34—39页。
② 刁敏谦:《中国国际条约义务论》,第46页。
③ 刁敏谦:《中国国际条约义务论》,第48页。
④ 刁敏谦:《中国国际条约义务论》。

题》("Exterritoriality in China and the Question of Its Abolition")。在刁敏谦看来，随着中国社会的发展，废除领事裁判权已经不仅仅是一个学术问题，更是一个事关中国生存、位居中国政治实践核心的问题。①他指出领事裁判权在中国的实践已经产生了很多问题，在实际的运作过程中并不能发挥正常作用；而随着中国的发展，特别是在司法系统方面的进步，中国已经有能力自行保护外国人在华的合法权益。②

施肇基则是利用担任驻美大使的机会，在美国多个城市和学术机构发表演讲，为中国废除不平等条约造势，表达中国人的观点。1926年2月21日，施肇基在布鲁克林艺术与科学学院(Brooklyn Institute of Arts And Sciences)发表了题为《中国的不平等条约》(China's Unequal Treaties)的演讲，在演讲中他引用当时的国际法原理和理论为中国废除不平等条约进行正当性论证。他引用了生存权的概念，指出有些权利是一个国家维持生存的基础，没有一个国家会在协议中进行让渡。他指出，国家之间签订的任何条约如果危害了一方的生存，或者否定一方的生存权，这样的条约就是没有效力的，因为没有一个国家会主动放弃自己生存的权利，除非是由于武力威胁、欺诈等原因。在这种情况下，处于不利的一方自然有权利去否定和纠正这种错误。③在关于领事裁判权的问题上，施肇基认为中国在确立这些制度的时候并没有意料到会有这么多外国人进入，并带来这么多的问题，因此条约签订时的情形与当前相比已经发生了很大的变化，应该根据情势变更原则对这些条约进行修改或者废除。④施肇基的演讲在国际法学界引起了不少关注，例如国际法学者伍尔西(L. H. Woolsey)在其题为《条约的单方废除》("The Unilateral Termination of Treaties")的

---

① M. T. Z. Tyau, "Exterritoriality in China and the Question of Its Abolition", *British Year Book of International Law*, vol. 20, no.1 (1921–1922), pp. 133–149.

② Tyau, "Exterritoriality in China and the Question of Its Abolition", pp. 133–149.

③ Alfred Sze Sao-ke, *Addresses*, Johns Hopkins University Press, 1926, p.120.

④ Sze, *Addresses*, p.120.

论文中，便以中国作为重要的讨论对象。而在关于中国的问题中，他大量引用了施肇基演讲的内容。①施肇基在美国的五个演讲后还被集结成书，由霍普金斯大学出版社出版，进一步推动了中国学者观点在国外的传播。

不管是顾维钧、刘师舜、刁敏谦还是施肇基，都十分注重将国际法和中国问题结合起来讨论，通过各种形式来表达中国对不平等条约问题的立场。可以说，从20世纪以来，中国在接受国际法知识的过程中从来不是完全被动的，也不是闭门造车，而是在学习和接受的同时将其与中国的实践和实际需要相结合，并且通过各种渠道与外界进行积极的沟通和交流。中国的学者积极发出中国的声音，表明中国的立场，让全世界知道中国对国际法的理解和认识，推动了中国与世界的沟通。

二、西方学界的关注和讨论

中国在不平等条约方面的外交实践和国际发声，特别是在国联大会提出动议、与列强展开外交谈判等，都对西方学界产生了一定的影响。面对来自中国外交和学界的冲击，西方学界无法忽视不平等条约问题，而是对中国的行为和诉求进行分析。当时的很多国际期刊和学术论坛上，都出现了针对与中国有关的国际法问题的讨论。可以说，与中国相关的国际法问题并不完全是一个边缘性问题，而是受到主流国际法学界的关注。美国国际法学会（American Society of International Law）和很多国际法期刊都在这一时期对中国的不平等条约问题进行了比较广泛的探讨。

（一）美国国际法学会

从20世纪20年代开始，美国国际法学会在多次会议中对中国问题进行了讨论。美国国际法学会虽然不是一个正式的官方机构，但是

①　L. H. Woolsey, "The Unilateral Termination of Treaties", *American Journal of International Law*, vol. 20, no. 2 (1926), pp. 346–353.

在当时的国际法领域具有重要的影响力，可见中国不平等条约的议题已经成为一个国际性话题，受到主流国际法学界的重视。

1922年4月，美国国际法学会围绕华盛顿会议中的中国国际法问题（Principles of International Law and Justice Raised by China at the Washington Conference）进行讨论。第一次世界大战后，由于《凡尔赛和约》未能完全解决当时的国际秩序问题——其中就包括列强在远东太平洋地区特别是在中国的利益冲突——为了进一步协调解决各方利益，在美国的倡议下，列强在华盛顿召开会议，重新划分远东太平洋地区势力范围。中国代表在会上提出废除1915年日本向中国提出的"二十一条"的议案，这一问题引起了国际社会和主流国际法学界的关注和讨论。在会上，约翰斯·霍普金斯大学政治学教授韦罗璧（W. W. Willoughby）做了主题发言。在他看来，中日之间最核心的争议问题就是，在国际法中是否可以基于某项原则而否定主权国家之间协议的有效性。他指出，中国认为中日条约是在双方力量不平等的情况下签订的，因此需要修改或者废除；但是日本方面提出不同意见，日本没有对平等问题进行论述，而是指出如果一项基于条约的权利能够被轻易否定，那么就会产生一个可怕的先例，危害亚洲、欧洲乃至全世界的稳定与和平。①在韦罗璧看来，中国的议题虽然并没有得到明确解决，但是确实给国际法提出了一个需要解决的问题，也就是在什么情况下，一个国家可以基于何种国际法原则对错误的行为进行纠正，或者可以采取什么办法进行救济。他认为，这个问题值得美国国际法学会进行深入的讨论和思考。②韦罗璧的发言并没有局限于中日之间的关系，他认为中国与其他列强之间的关系也是国际法上需要得到重视的一个问题，特别是中国与其他列强之间在关税、最惠国待遇

---

① W. W. Willoughby, "Principles of International Law and Justice Raised by China at the Washington Conference", *American Journal of International Law*, vol. 21 (1922), pp. 19–26.

② Willoughby, "Principles of International Law and Justice Raised by China at the Washington Conference", pp. 19–26.

等方面的协议都十分值得讨论。①可以说,韦罗璧对中国的不平等条约问题进行了十分细致的阐述。

"一战"后,中国作为战胜国开始在国际社会具有一定的发言权,关于中国的问题也进一步受到国际社会的关注。中国在战后积极通过各种方式维护国家利益,特别是主动在国际社会中发声,要求取消自己的不平等待遇。中国关于"二十一条"的抗争引起了国际社会的关注,也促使美国国际法学会对相关问题展开了讨论。虽然此次会议的讨论局限于中日"二十一条"问题,没有过多涉及其他不平等条约以及相关问题,但是也体现了国际社会对中国问题的重视。

在华盛顿会议之后,中国进一步推动不平等条约问题的解决,不仅在国内引起了大量的讨论,而且在国际上也产生了一定的影响。1927年4月,美国国际法学会就以中国的不平等条约为主题,讨论了废约的国际法问题。此次会议由当时著名的国际法学者和国际法律师休斯(Charles Evans Hughes)主持,并且受到了鲁特(Elihu Root)等学者的关注。②加州大学国际法学者欣克利(Frank E. Hinckley)以"新条约下的在华领事裁判权"("Consular Authority in China by New Treaty")为主题进行发言。他指出,有关领事权利的条约并不罕见,美国和英国、日本以及德国等国家都曾签订涉及领事权利的条款,不过与这些国家签订的涉领事裁判条款都是相互的,双方都可以在对方的城市派驻领事,而在中国的领事裁判权由于不平等的性质而受到中国人的反对,因此强行维持在中国的领事裁判权其实意义不大。③可以说,他在一定程度上认识到了中国与列强签订的条约的不平等性。另一学者波特尼克斯(Albert H. Potnex)也以"废除不平等

① Willoughby, "Principles of International Law and Justice Raised by China at the Washington Conference", pp. 19–26.

② Frank E. Hinckley, "Consular Authority in China by New Treaty", *Proceedings of the American Society of International Law at Its Annual Meeting (1921–1969)*, vol. 21 (1927), pp. 82–87.

③ Hinckley, "Consular Authority in China by New Treaty", pp. 82–87.

条约"（"The Termination of Unequal Treaties"）为主题进行发言，他认为目前并没有对不平等条约进行明确的界定，并且在国际法原则中，并没有任何一条赋予不平等条约的一方以废约权利。他指出主要有两种可以废约的情况，要么是在订立条约时存在明显的不正义，要么是条件的改变。他认为只有根据上述两种条件，而不是仅仅由于不平等，才能适当地主张废除条约的权利。对于中国来说，外国领事裁判权条款本身并不足以说明条约是不正义的。[①]

哈佛大学的国际法学者比尔(Raymond L. Buell)指出废除不平等条约问题并不只在中国存在，事实上有很多条约都可以称之为不平等条约，这些条约已经在国际交往中造成了不少困难，而且这些困难还将一直存在。他强调中国利用情势变更原则来维护自己的权益在一定程度上可能导致这一原则被滥用，因此需要建立某种机制来规范这一原则的适用。[②]伊利诺伊大学国际法学者加纳(James W. Garner)也认为，情势变更原则并没有赋予条约的一方以废除条约的权利，而仅仅是给予对条约不满的一方提出修约要求的权利，而这并不能导致条约的废除。例如，在中国和比利时的问题上，他认为比利时并不反对修改条约，分歧点仅仅在于修改的期限，而与情势变更原则无关。他指出，根据他对情势变更原则的理解，这一原则并不给予中国或任何其他缔约方根据自己的要求废除条约的权利。[③]

在20年代，北洋政府通过多种方式和西方列强展开谈判，希望能够进一步解决不平等条约问题。北洋政府的外交实践虽然没有取得实质性的效果，但是对西方学界也产生了一定的挑战。在此背景下，美国国际法学会组织会议对中国不平等条约问题展开讨论，对相关问题进行分析和回应。

---

① 参见波特尼克斯在 Raymond L. Buell, "The Termination of Unequal Treaties", *Proceedings of the American Society of International Law at Its Annual Meeting (1921–1969)*, vol. 21 (1927) 中的发言记录。

② Buell, "The Termination of Unequal Treaties", pp. 90–100.

③ 参见加纳在 Buell, "The Termination of Unequal Treaties" 中的发言记录。

1932年，美国国际法学会围绕中国问题进行讨论，讨论的主题是"情势变更原则"（The Doctrine of Rebus Sic Stantibus）。在当时，情势变更原则不仅仅被中国用来维护国家利益，也被日本试图用于为其在满洲的行为做辩护。不平等条约以及情势变更原则因此进一步在国际社会引起讨论。在美国国际法学会上，一开始，主持人就强调中国的问题不仅仅涉及某个国家的利益，而是一个关涉太平洋两岸乃至全世界和平的问题。[①] 丹尼斯（William Dennis）在讨论中认为，虽然目前国际法学者对情势变更原则还是存在很多争议，但是不能否认这一原则的存在和适用，并且他认为《国际联盟盟约》（以下简称《国联盟约》）第19条已经对这一原则进行了明确的规定。当然，他也指出目前并没有一个确定的机构来适用这一原则，所以还存在一定的模糊性，很多时候需要进一步判断。他还举例说明了哪些情况可以适用这一原则，哪些情况不能适用。而在《九国公约》等条约的对华继续适用问题上，他认为中国虽然已经发生了很大的变化，但并不是根本性的变化，中国这个国家一直存在，也一直被国联承认，因此日本不能否认中国的存续，更不能援用情势变更原则。[②]国际法学者张伯伦（Joseph Chamberlain）则提出了不同的观点，他认为关于情势变更原则的适用还是存在的很大的困难，特别是如何判断是否有根本性的变化。[③]芬沃（Charles G. Fenw）则指出，对于目前的情况要区分政治问题和法律问题，他认为很多条约是在战后等情况下订立的，这是一种政治性条约，而只有法律性条约才可以适用情势变更这一原则。他在这里暗示了中国的条约是一种政治条约。[④]在会议的总结上，加纳进一步强调情势变更原则是目前国际法问题上的一大难题。为了解决

① Stanley K. Hornbeck, "Opening Remarks of the Presiding Officer", *Proceedings of the American Society of International Law at Its Annual Meeting (1921–1969)*, vol. 26 (1932), pp. 69–71.

② William C. Dennis and Joseph P. Chamberlain, "The Doctrine of *Rebus Sic Stantibus*", *American Journal of International Law*, vol. 26 (1932), pp. 53–68.

③ Dennis and Chamberlain, "The Doctrine of *Rebus Sic Stantibus*", pp. 53–68.

④ 参见芬沃在Dennis and Chamberlain, "The Doctrine of *Rebus Sic Stantibus*"中的发言。

这个问题，他提出应该在合约中明确修改条款，这样可以减少这方面的问题，或者将条约的有效期限定得相对短，这样就可以避免在合约期内产生过大的变化。另一个途径就是进一步完善情势变更原则，特别是确立一个能够决定什么时候这一原则可以被适用的机构。[①]可以说，在1932年，中国的问题和与之相关的国际法问题仍然在国际法学界引起讨论。

1936年，美国国际法学会继续以"《盟约》第19条与情势变更原则"（Article 19 of the League Covenant and the Doctrine Rebus Sic Stantibus）为主题进行讨论。关于这一问题，赖特（Quincy Wright）以中国1929年在国联大会的提案为例子指出，中国的这一提案更多的是要求国联大会从政治而不是法律的角度对第19条进行适用。他特别强调情势变更原则是一个法律原则，因此第19条和情势变更原则其实是不能混同的。[②]赖特的观点代表了大部分西方学者，他们认为中国关于不平等条约问题的讨论并没有从国际法理论出发，更多的是一种政治诉求，中国对情势变更原则的使用并不准确，甚至在一定程度上是一种滥用。

可以看出，中国不平等条约的问题受到了美国国际法学会的极大关注，美国国际法学会多次在其年会中将中国的不平等条约问题设为议题。在这些会议上，多位西方国际法学者对中国的不平等条约问题进行了研究，从不同角度、不同方面进行分析讨论。这在一定程度上体现了西方国际法学界对中国不平等条约问题的关注。从这些学者的观点来看，一部分学者对中国的遭遇持一定的同情态度，特别是在日本对中国的侵略问题上，部分学者能够比较中立地进行讨论，支持中国维护国家主权。不过，在关涉列强自身在华利益时，这些学者更

---

① "Conclusion of Discussion of Preceding Papers", *Proceedings of the American Society of International Law at Its Annual Meeting (1921–1969)*, vol. 26 (1932), pp. 187–200.

② Quincy Wright et al., "Article 19 of The League Covenant and The Doctrine Rebus Sic Stantibus", *Proceedings of the American Society of International Law at Its Annual Meeting (1921—1969)*, vol. 30 (1936), pp. 55–86.

多是从维护列强利益的立场出发，倾向于维护现有的不平等条约，否认中国要求修改或者废除相关条约的合法性。

（二）国际法期刊

除了美国国际法学会，其他不少国际法学者也对中国问题十分关注。与不平等条约相关的核心问题就是领事裁判权的废除和情势变更原则的适用，这两个问题在西方学界引起了非常多的讨论，不少国际法期刊都刊登文章对此进行分析。

1924年，加州大学的马如荣（Ng Wing Mah）在《美国国际法研究》（*The American Journal of International Law*）发表了题为《中国的领事裁判权》（"Foreign Jurisdiction in China"）的论文。和大部分西方学者一样，他把领事裁判权和中国司法体制改革联系在一起。在他看来，中国的司法体制经过多年的发展，无疑取得了很多改变和进步。但是他也提出了疑问，即中国司法的进步到底有多少，是否可以满足西方世界的要求。因此他认为中国的领事裁判权废除需要一个渐进的过程。[①]同一期还有丹尼斯的另一篇论文，他对目前关于领事裁判权问题的讨论做了总结，指出目前学者对于这个问题的看法是比较统一的，即大部分学者虽然认同中国的领事裁判权需要被改革或者取消，但是都认为需要等到中国的司法系统改革落实到一定程度才行。[②]1926年，毕晓普（Crawford M. Bishop）对中国领事裁判权的历史进行了梳理，并从商业、婚姻等方面对美国在华的领事裁判体制进行了分析。他认为1921年的华盛顿会议已经奠定了基础，不过中国还需要和每个国家进行谈判，而不是在短时间内全面废除。[③]在1929年的《英国国际法年鉴》上，特纳（Skinner Turner）撰文《治外法权在

[①] N. Wing Mah, "Foreign Jurisdiction in China", *The American Journal of International Law*, vol. 18, no. 4 (1924), pp. 676–695.

[②] William C. Dennis, "Extraterritoriality in China", *The American Journal of International Law*, vol. 18, no. 4 (1924), pp. 781–786.

[③] Crawford M. Bishop, "American Extraterritorial Jurisdiction in China", *American Journal of International Law*, vol. 20, no. 2 (1926), pp. 281–299.

中国》（"Extraterritoriality in China"）对废除领事裁判权问题进行了讨论。他指出英国在中国已经建立起了一套完善的司法体系，完全可以满足现实的需要。当然他也承认，目前的司法系统还是面临着许多问题，有些案件，特别是涉及复杂国籍的案件还是难以解决。不过他认为，即使面临这么多问题，还是不能轻易废除领事裁判权，因为外国人目前对中国的司法系统还是缺乏信心，没有安全感。因此，中国要废除领事裁判权的话，还需要进一步的改革和进步。[①]可以看出，这些学者都十分关注中国领事裁判权的废除问题，并且在态度和观点都比较一致。

　　除了领事裁判权问题，关于情势变更原则的应用也是外国学者讨论中国不平等条约问题的一个重点。1926年，受中比修约的影响，国际法学者伍尔西专门撰文讨论单方面废除条约的问题，在其论文《条约的单方废除》中，他指出中国废除不平等条约的实践引起了国际法学界关于使用情势变更原则来单方面废除条约的讨论。[②]国际法学者加纳在其论文《论情势变更原则》（"The Doctrine of Rebus Sic Stantibus"）中对该原则进行了进一步的讨论，他以中国问题作为例子，指出目前中国正在进行修约活动并且以情势变更原则作为重要的法律武器来论证其合法性。在他看来，国际法学界对情势变更原则在国际法上的地位和内涵存在不同的意见，有些学者认可情势变更原则是一个国际法原则，但是也有一些学者否认这一原则在国际法领域的地位。他在论文中回顾了情势变更原则的发展历程以及当时的使用情况，指出了情势变更原则在内容上的模糊性，特别是对于什么样的情势变化是根本的并没有明确的界定。因此，他认为这一原则在适用上最大的问题在于缺乏一个对于这一原则能够在什么案例中被适用做决定的法官。另外一个问题则在于，对于对条约不满意的一方，这一原则赋予了其什么权利以及多大范围的权利，特别是对条约不满意

---

　　① Skinner Turner, "Extraterritoriality in China", *British Year Book of International Law*, vol. 10 (1929), pp. 56–64.

　　② Woolsey, "The Unilateral Termination of Treaties", pp. 346–353.

的一方是否有权单方面废除条约。①对于这个问题,加纳认为目前国际法中对于情势变更原则缺乏明确的界定,而且也没有一个有效的机构来对这个问题进行判断,因此不应该对这一原则进行过多的使用。②在加纳看来,虽然情势变更原则有其存在的合理性,但是这一原则缺乏明确的界定和执行机构,因此对它的使用要保持谨慎。乔治·基顿(George W. Keeton)也以《中国若干条约中的修订条款》("The Revision Clause in Certain Chinese Treaties")一文对中国不平等条约的修订进行讨论。他总结了当时国际法学界对情势变更原则的认识,认为这一原则并没有受到所有国际法学者的认同。而且在认同的国际法学者里面对这一原则的适用范围和方式也都有不一样的看法,可见这一原则在当时还是引起了很大争议。他回顾了中国关于不平等条约以及情势变更原则的论述和实践,并特别讨论了中比争议中情势变更原则的使用。他认为虽然《国联盟约》第19条有相关的论述,但是它并没有赋予中国单方面废除条约的权利。在他看来,情势变更原则在中国手里成了一个外交工具,用于逼迫其他国家与其修约。③可见,他对中国使用情势变更原则保持着谨慎的态度。

可以看出,在一些重要的英文期刊上也可以看到关于中国不平等条约问题的研究,这些研究主要集中在领事裁判权存废和情势变更原则的问题上,体现了西方国际法学术界的关注重点。从这些学者的观点来看,他们主要还是从维护本国的利益出发进行讨论。对于领事裁判权的问题,虽然大部分学者都觉得这一制度存在问题需要改变,但是他们又都认为不能马上废除领事裁判权,而是要中国加快推进司法改革。只有在中国的司法体制能够完全保护外国人的权益时,才能真

---

① Garner, "The Doctrine of Rebus Sic Stantibus and the Termination of Treaties", pp. 509–516.

② Garner, "The Doctrine of Rebus Sic Stantibus and the Termination of Treaties", pp. 509–516.

③ George W. Keeton, "The Revision Clause in Certain Chinese Treaties", *British Year Book of International Law*, vol. 10 (1929), pp. 111–136.

正废除领事裁判权。对于中国对情势变更原则的使用，大部分西方学者都持反对态度，认为中国以情势变更原则为依据要求废除不平等条约没有合法性，甚至认为中国是在滥用这一原则来实现外交目的。

三、对国际法发展的影响

中国不平等条约的问题在西方学界引起了广泛关注和讨论，这种关注和讨论也对国联和条约法（law of treaties）产生了很大的影响，推动了国际法在20世纪的发展。

（一）《国联盟约》第19条

在20世纪，情势变更开始得到国际法学界的认可，《国联盟约》第19条进一步推动了这一原则的发展。不过，第19条本身只是一个模糊的规定，对于其适用范围、程序、机构以及后果都没有具体说明。相关国家在引用这一条款来处理条约问题的时候，就会面临难以适用的难题。因此，中国在使用第19条来处理不平等条约问题时，也面临着这一难题。为了推动这一条款的使用，中国政府积极在国际会议中提出提案，建议对第19条的内容进行明确，这一努力在国际社会中引起了一定的影响和关注。

"一战"后，中国的外交官们在国际舞台上积极谋求废除或者修改不平等条约，以维护中国的平等地位和合法权益。[1]在1919年的巴黎和会上，中国代表提出《中国希望条件说帖》，要求取消列强在中国的种种特权，包括取消领事裁判权、归还租界租地、恢复关税自主等。中国代表团积极使用国际法来为中国的遭遇辩护，指出外国人在中国享有的特权是极其不公的，包括片面最惠国待遇在内的条款明显违背了国际法原则中的互惠原则。在1921年的华盛顿会议上，中国代表进一步提出了解决中国问题的十项基本原则，要求取消侵犯中国主权

---

① 唐启华：《北京政府与国际联盟，1919—1928》，东大图书股份有限公司1998年版，第69—88页。

的不平等条约。[1]

虽然在这两次会议中,中国关于不平等条约方面的诉求并没有得到满足,西方列强出于种种考量,并不支持中国方面的提案。不过在不平等条约问题上,中国还是取得了一定的进展。1921年华盛顿会议通过一项决议,成立关税和法权两个调查委员会,对中国不平等条约中涉及的关税和法权问题进行调查,以确定是否满足修约的条件。1925年,在关税、法权两会进行期间,为了争取国际社会的支持,中国代表在第六届国联大会上再一次提出修约提案,引用第19条希望国联大会能够支持中国的修约要求。[2]朱兆莘的演讲和动议在国联大会上引起了一定的讨论,并且该动议也得到了通过。1925年国联的月度总结(*Monthly Summary of The League of Nations*)中也对此动议进行了记录:"大会饶有兴趣地听取了中国代表关于根据《盟约》的精神考虑中国现有的国际情况可能性的建议,大会非常高兴获悉与中国问题有利益相关的国家很快就会在中国召开一次会议,对相关问题进行考量,大会表示希望早日达成令人满意的解决办法。"[3]

可以说,朱兆莘在国联大会的努力再一次引起了国际社会对中国的关注。当然,从结果来看,朱兆莘的动议仅仅在一定程度上获得了来自国际社会的同情,并没有取得实质性进展。

1926年,北洋政府希望以比利时为突破口,推动修约的全面进行。在1926年,北洋政府开始要求比利时政府就1865年的《中比和好通商行船条约》进行修订,特别是对条约中涉及的不平等条款进行修订。比利时政府当然不愿意放弃在华的特殊利益,因此在协商不下的情况下,北洋政府只能宣布单方面废除《中比和好通商行船条约》,而比利时则将此争议诉诸海牙常设国际法庭,希望国际法庭介入,维

---

① 王栋:《中国的不平等条约:国耻与民族历史叙述》,王栋、龚志伟译,复旦大学出版社2011年版,第50—68页。

② 《参与国际联合会第六届大会代表呈执政文》,1925年11月1日,《外交档案》,03–38/12(2),转引自唐启华:《北京政府与国际联盟,1919—1928》,第104页。

③ *Monthly Summary of the League of Nations (1925)*, p. 240.

护比利时的利益。在这次事件中，北洋政府认识到《国联盟约》第19条虽然在一定程度上为废除不平等条约提供了依据，但是由于这一条款过于模糊，并没有明确的适用程序，特别是缺乏一个专门的机构来执行这一条款，自身在适用这一条款时面临诸多困难。为了解决这一问题，中国代表伍朝枢在1929年的国联第十次大会上就这个问题提出议案，希望国联能够建立一个委员会来执行第19条。

伍朝枢指出，第19条是《国联盟约》中极为重要的一条，但是一直得不到有效的应用。为了推动这一条款的运用，应该设立一个委员会，国际联盟可以建议条约国双方就某些不再适用的条约进行修订。[①]针对伍朝枢提出的议案，国际联盟认为，目前的国联并没有对第19条进行深入的研究，因此缺乏足够的能力来建立这一机制。但是国联并没有完全否决这一议案，而是提出国联会员国可以在不违反大会议事规则的情况下，根据第19条将争议问题列入大会议程。如果这种提案被提交大会讨论，大会将按照其一般程序，讨论此条款的应用，并且如果大会觉得合适的话，将会给出一方所要求的建议。[②]这在某种程度上其实认可了中国对于第19条的建议，在一定程度上认可了国联大会可以成为第19条的适用机构。

可以看出，由于其自身规定的模糊性导，第19条在实际运用中存在着很多困难。中国方面对这一问题有着清晰的认识。为了推动这一条款在解决不平等条约问题上的适用，中国方面多次尝试在国联大会上发起提案，希望能够对这一条款进行完善。中国的提议得到了国联大会的关注和认可，也在一定程度上推动了国联的行动。

（二）对条约法的影响

中国关于不平等条约的论述不仅仅引起了国际法学界的讨论，而且在某种程度上也推动了国际法的发展，特别是在条约法方面。从20

---

① "Records of the Tenth Ordinary Session of the Assembly, Plenary Meetings", *League of Nations Official Journal*, 1929, p. 99.

② *Monthly Summary of the League of Nations*, vol. 9, Information Section of the League of Nations, p.283, 311.

世纪20年代末开始,国际法学界开始了一股国际法编纂的潮流,并于1930年召开了第一次国联的编纂大会(League of Nation Codification Conference)。为了推动这项工作的开展,哈佛大学法学院的国际法教授赫德森(Manley O. Hudson)在1928年开展了一项工作,为国际法的编纂确定议题和大纲。他组建了一个44人的团队,对相关议题进行草拟,以便在大会上进行讨论。这项工作不仅仅草拟出了相关大纲,而且对大纲中的每一个条款进行了细致的分析。这项工作分为四个阶段,即在1929年、1932年、1935年和1939年分别对国际法中的不同主题进行编纂和讨论。这项工作产生了巨大的成果,被统称为《哈佛国际法研究》(*Harvard Research in International Law*),并且对后来的国际法编纂产生了巨大的影响。[①]

在1935年的工作中,一个重要的主题就是条约法的编纂,当时这个部分的主要负责人是加纳,咨询团队则包括伍尔西等对中国情况比较熟悉的学者。在关于条约法的内容中,情势变更原则被作为第28条写在正式的文本中。[②]在这些学者看来,情势变更原则是国际法中的一个重要原则,应该得到承认。第28条的主要内容与《国联盟约》第19条有很大的相似性,不过在具体内容上对后者进行了发展,特别是针对第19条适用过程中存在的问题明确规定了执行这一条款的主体,即明确国际法庭或者相关的权威机构是这一问题的裁判机关。第28条要求,当一个条约的情况发生了实质变化(essentially change),只有经过一个有权威的仲裁机构或者实体的宣布,该条约下的义务才可以不再有约束力。可见,这一条款一方面承认了情势变更原则的适用性和有效性,另一方面也认识到这一条款的不足和缺陷,进而对其适用方式进行了规定。根据这一规定,对条约不满的一方可以提出修改条约,但是不能单方面以情势变更为依据不履行条约义务,而是必须经过国际法庭或其他权威机构的裁判和决定。

---

① *The Harvard Research in International Law: Original Materials*, vol.1, comp. by John P. Grant and J. Craig Barker, William S. Hein & Co., Inc., 2008, pp 1–20.

② *The Harvard Research in International Law: Original Materials*, vol.1, p.1096.

第28条的产生在一定程度上受到中国实践的影响。在关于这一条款的评论部分，中国在20年代后期废除不平等条约的实践成为其中的重要内容，评论回顾了中国引用情势变更原则废除不平等原则的历史。当然，由于参与编写的都是西方学者，评论的立场和观点主要是对中国的行为进行批评，认为中国对情势变更原则的使用并不是从法律的角度，而更多是从政治的角度出发的。[①]评论部分指出，在很多争议中，虽然中国援用了情势变更原则，但是其实没有对情势的变更进行太多的论证，而是把重点放在平等的问题上；中国对情势变更原则进行了策略性的定义，从而使其符合自己的诉求。因此，中国虽然使用了这一原则，但是中国单方面废除条约更多是基于平等问题，而不是情势的变更。同时，评论部分对中国和比利时就废除不平等条约问题的争论进行了分析。评论指出，中国在中比争议中援引《国联盟约》第19条为自己辩护，声称据此可以以情势发生变化为由要求修订条约，如果对方不同意修约的话，可以单方面否认条约继续有效，但是中国对第19条的理解是有问题的，因为虽然第19条允许条约一方以情势发生变化为由要求修订条约，但是并没有明确规定单方面废约的合法性。[②]

"二战"后，国际社会建立了联合国以替代之前的国联，但是国际法的编纂工作并没有停止。联合国在1947年成立了国际法委员会（International Law Commission）来继续这项工作。该委员会最终的成果由大会第六委员会（the Sixth Committee of the General Assembly）进行讨论和决定，其中就包括条约法的内容，并最终在1966年维也纳会议上进行讨论并且得到通过。国际法委员会的工作在很多地方都继承了30年代《哈佛国际法研究》做的工作，其中条约法的内容在很多部分都承袭了1935年的条约法的内容。不过，经过"二战"之后，国际法也得到了很多发展，因此新的条约法对于1935

---

① *The Harvard Research in International Law: Original Materials*, vol. 1, p. 1115.

② *The Harvard Research in International Law: Original Materials*, vol. 1, p. 1116.

年的版本有继承也有发展。是否允许单方面废除条约以及解决这个问题的制度性机制仍然是讨论的重点。虽然情势变更原则在一定程度上受到承认,但是单方面修订或者废除条约仍然无法被接受。因此国际法委员会在起草的文件中,试图通过建立一个司法仲裁机构来解决这个问题,特别是通过国际法庭来提名一个机构,但是在最终表决的时候没有得到通过。①对于废除条约的问题,国际法委员会把讨论限制在法律范围内,对于道德或者平等等方面的问题不做过多的讨论。②国际法委员会认为这一原则仍然具有意义,但是由于这一原则在内容上过于宽泛,容易被滥用,因此要对其适用进行限制。③特别是,不再使用情势变更这一名词,而是使用根本性变更(fundamental change)来指代。④在相关内容的讨论中,中国在20世纪20年代对这一原则的实践仍然是一个重要的背景,是起草者考虑具体内容时的重要因素。

中国关于不平等条约的实践,特别是对情势变更原则的使用,引起了西方学者对这一原则的关注。从开始编纂到最终的完成,条约法的相关内容在不同程度上受到中国不平等条约问题的影响。在编纂的过程中,起草人员在很多地方都考虑了中国的不平等条约问题,特别是对情势变更原则的适用做了限缩规定,强调情势变更原则不能成为条约一方单方面废除条约的法律依据,并将此融入到条约法的编纂之中。可以说,中国关于不平等条约问题的实践和讨论对国际法学界产生了比较大的影响,在一定程度上促使了对情势变更原则做进一步明确的规定。

可见,虽然中国在近代国际法发展的历程中处于相对边缘的地

---

① W. M. Reisman, "Procedures for Controlling Unilateral Treaty Terminations", *The American Journal of International Law*, vol. 63, no. 3 (1969), pp. 544–547.

② S. E. Nahlik, "The Grounds of Invalidity and Termination of Treaties", *The American Journal of International Law*, vol. 65, no. 5 (1971), pp. 736–756.

③ Riaz Mohammad Khan, "Vienna Convention on Law of Treaties—Article 62 (Fundamental Change of Circumstances)", *Pakistan Horizon*, vol. 26, no. 1(1973), pp. 16–28.

④ *Yearbook of the International Law Commission*, vol. 2 (1966), p258.

位,但是并不宜否认中国也发挥着特定的作用。中国在近代国际法的实践中积极从本国问题出发,在国际法舞台上发出自己的声音,推动相关国际法机制的发展,同时也对一些特定条款的变动和发展产生了一定的作用。中国方面为了推动《国联盟约》第19条在不平等条约问题上的应用,积极在国际联盟等国际组织中发出声音,推动国联建立一定的机制。虽然这一实践最终没有取得预期成果,但是在推动国际联盟改革和国际法理论发展方面都产生了一定的影响。另外,在国际法理论,特别是条约法的发展过程中,中国关于不平等条约问题的实践和讨论也在一定程度上产生了作用。20世纪是条约法发展的重要阶段,中国不平等条约问题中的情势变更原则以及条约终止和胁迫性条约等国际法理论都引起了很广泛的讨论,并在条约法的发展和具体条文的内容中有所体现,这也进一步体现了中国不平等条约问题在国际法发展过程中的影响和作用。

余论：走向国际社会的中国声音

当前国际法史的研究在国际学界已经成为一大潮流,产生了大量优秀的作品,也出现了各种各样的研究范式以及讨论和争议。但是关于中国的讨论却少之又少,在中国学界也没有引起太大的反响,中国以及中国学者在国际法史的研究中存在着一定的缺位。这体现出一直以来,我国的国际法研究存在着主体性缺失问题。[1]总体来说,在国际法的研究中缺乏以中国为核心的研究,甚至在我国的国际法教科书中也缺乏中国的位置,与中国相关的案例很少。[2]这个问题在国际法史的研究中也存在,中国在主流的国际法史研究中也处于失踪者的状态。因此,我们仍然面临一个问题,即应该如何进行国际法史的中国写作,重新找回中国在国际法史中的主体性。强调中国国际法史书

---

[1]　魏磊杰：《我国国际法研究的主体性缺失问题：反思与祛魅》,《学术月刊》2020 年第 8 期, 第 142—156 页。

[2]　Anthea Roberts, *Is International Law International?*, Oxford University Press, 2017, p. 113.

写的主体性要求我们不能忽视中国实践在国际法发展过程中起到的作用。

事实上，近代以来，中国在国际法的发展进程中并不仅仅是一个被动的接受者，也不仅仅是一个被忽视的边缘角色。我们需要认识到近代中国有一大批学人积极地参与到国际法主流社会中，让世界听到中国的声音并且认识和理解中国的立场。另外，中国也没有完全被国际法学界所无视。在20世纪以来，中国的问题一直受到国际法社会的关注，并在西方国际法学界得到很多的讨论。这些影响也不仅仅停留在学术界，在国联和条约法的发展中，中国的声音和实践都贡献了自己的力量。今天，我们要强调中国在国际法中的主体性地位，就必须进一步挖掘近代中国在国际法发展中的身影。

教案的国际法治理机制：从"羁縻"到"修约"

马子政 *

本文所称"教案"，是指晚清以来外国教会势力与中国人之间的冲突中，由中国官方立案的法律案件，是为教案概念的"法律案件说"。所谓"治理"，福山认为，是指"国家制定和实施规则以及提供服务的能力，而不论这个政府民主与否"[1]。就此概念而言，清政府对晚清教案的一系列应对、处理、因应的措施、规则、程序等，可以归纳入"教案的治理机制"这一研究框架进行分析。实际上，1870年曾国藩处理天津教案时，便提出"天津为通商要口而又为京畿门户，治理不得其人，则贻误已深"[2]的观点，明确运用了"治理"的概念和方式，也符合福山对国家治理的定义。

但是，清末的教案问题具有很深的复杂性与多面性，教案的治理机制也因之具有多样性。按照国家治理理论，国家治理机制可分为"单一主体"治理机制和"多元主体"参与治理机制两类。[3]随不平等

---

* 马子政，清华大学法学院博士。

[1] 弗朗西斯·福山：《什么是治理》，刘燕、闫健译，《中国治理评论》2013年第2期，第5页。

[2] 《请以陈钦署天津府折》，载李瀚章编撰，李鸿章校勘：《曾文正公全集》（第3册），同心出版社2014年版，第385页。

[3] 《俞可平阐述国家统治和国家治理的区别》，《党建文汇》2014年7月（下）。

条约而来的外国教会势力以及其背后所依仗的列强势力,便是这种具备相对独立性的治理主体之一。由此,外国教会势力既是清政府国家治理体系下的被治理客体,也是主动参与社会治理的治理主体。所以,清政府在治理教案问题时,其治理教案的国家主导权必然会与作为另一相对独立的治理主体即外国教会发生互动,并在这种互动中共振生成教案治理机制。①

教案的法律治理机制是教案治理机制的重要部分,包括国际法治理机制、国内法治理机制、治理机构和治理程序等内容,本文则主要以教案的国际法治理机制为研究对象展开论述。

一、条约与不平等条约:"条约必须被信守"吗?

清政府在鸦片战争战败以后与列强签订的条约,无疑是晚清教案国际法治理机制的重要一环。但是,国际法学界对何谓"条约"存在争议。汉斯·凯尔森(Hans Kelsen)提出,"条约是两个或两个以上国家,依据国际法正常地缔结的协议"②。法国国际法学家瑞尤特(Reyut)认为,"条约是两个或两个以上国际法主体以国际法规则为准,据以产生法律效力的一致的意思表示"③。我国学者周鲠生认为,"条约是国家间关于它们相互权利和义务关系的书面形式的协议"④。万鄂湘则提出,"国际条约是国际法主体间缔结而以国际法为准,旨在确立其相互间权利与义务关系的国际书面协议"⑤。可见,至少在国际法学界内部,"条约"并不是一个完全统一的概念。

根据1969年《维也纳条约法公约》和1986年《关于国家和国际组织间或国际组织相互间条约法的维也纳公约》,目前相对权威的

---

① 陶飞亚、李强:《晚清国家基督教治理中的官教关系》,《中国社会科学》2016年第3期,第181—203、208页。

② 汉斯·凯尔森:《国际法原理》,王铁崖译,华夏出版社1989年版,第266页。

③ 蒂莫西·希利尔:《国际公法原理》,曲波译,中国人民大学出版社2006年版,第42页。

④ 周鲠生:《国际法》(下册),商务印书馆1976年版,第591页。

⑤ 万鄂湘等:《国际条约法》,武汉大学出版社1998年版,第3页。

"条约"定义是，"条约是指国际法主体之间按照国际法所缔结的确定其相互间权利和义务关系的书面协议"①。根据《国际法院规约》第38条之规定，"国际条约是国际法最主要的法律渊源"②。条约的内容和类型，则包括国际条约、公约、协定、议定书、规约、盟约、宪章、换文、宣言、联合声明等。③而关于缔结条约的制度、原则、规则的总括，则为"条约法"，即"条约之条约"④。

即便在现代条约法关于"条约"的描述中，也没有明确指出条约或缔约双方国际主体的平等性问题。实际上，"国家间主权平等原则"虽在近代条约法、国际关系中已有论及，但该原则被重视是在第一次世界大战以后，而真正被国际法承认并成为各国处理国际关系的一项基本准则，则是在第二次世界大战以后了。⑤因此，晚清政府与列强签订的各类不平等条约以及由此形成的"条约制度"（又称为"条约体系"或"不平等条约体系"），其是否具有历史正当性，是否符合"条约必须被信守"的国际法原则，值得推敲。

（一）"羁縻"与《南京条约》

蒋廷黻先生曾指出："中西的关系是特别的。在鸦片战争以前，我们不肯给外国平等待遇；在以后，他们不肯给我们平等待遇。"⑥而西方列强给中国最不平等的待遇之一，无疑就是"不平等条约"和由此建立的"条约制度"：清政府与列强签订的《南京条约》《黄埔条约》《北京条约》等一系列"国际条约"构建了条约制度，而条约制度的内容与基本框架，便是由这些不平等条约所规定的领事裁判权、协定关税权、通商贸易特权、片面最惠国待遇、租界制度以及传教特权等共

---

① 王晓丽：《多边环境协定的遵守与实施机制研究》，武汉大学出版社 2013 年版，第25 页。

② 王晓丽：《多边环境协定的遵守与实施机制研究》，第 25 页。

③ 姜茹娇编：《国际法学概论》，中央广播电视大学出版社 2008 年版，第 96 页。

④ 姜茹娇编：《国际法学概论》，第 95 页。

⑤ 张建华：《孙中山与不平等条约概念》，《北京大学学报》（哲学社会科学版）2002 年第 2 期，第 115—122、130 页。

⑥ 蒋廷黻：《中国近代史》，北京理工大学出版社 2018 年版，第 9 页。

同构成的。[1]因此，不管是学界还是国人，都对不平等条约的有效性与合法性抱有很大怀疑。

18世纪即有国际法学者对"不平等条约"的概念有所论及，如德国学者沃尔夫(Wolff, 1679—1754)认为，如果缔约过程与方式中不存在"天然的错误"，条约即为有效，而不必虑及平等与否。[2]另一位瑞士法学家瓦特尔(Vattel, 1714—1767)则提出，所谓"平等条约"，是指缔约各方对相同或相等或最终可以公平分配的事物做出彼此间承诺，由此缔结的对各方均为公平的条约；"不平等条约"则指缔约各方彼此之间并非做出相同或相等的承诺，在不公平条件下缔结的条约。[3]18世纪的法学家们虽然略已提及"不平等条约"的概念，但从历史实践中不难发现，彼时对条约平等性或公平性的认定更接近于德国学者沃尔夫的观点，即条约是否具备实质平等性与条约是否具备有效性之间没有必然关系，只要缔结过程中没有显见的错误(如意思表示的错误、误认等)，即可承认条约的合法性与有效性。[4]

但回到晚清的历史现场，清朝君臣对此颇有不同见解。1842年8月底，在道光皇帝终于同意签订《南京条约》的旨意中，他痛苦地表示："览奏愤懑之至！朕惟自恨自愧，何至事机一至于此？于万无可奈之中，一切不能不勉允所请者，诚以数百万民命所关"，"故强为遏抑，各条均准照议办理"。[5]作为清王朝的最高统治者，道光皇帝对批准签订《南京条约》一事展现了极大的愤怒与愧疚，因战败而签订的

---

① 费正清：《费正清中国史》，张沛等译，吉林出版集团有限责任公司2015年版，第289—290页。

② Chiu Hungdah, *Comparison of the Nationalist and Communist Chinese Views of Unequal Treaties*, Harvard University Press, 1972; Jerome Alan Cohen (ed.), *China's Practice of International Law: Some Case Studies*, Harvard University Press, 1972.

③ Chen Lung-Fong, *State Succession Relating to Unequal Treaties*, The Shoe String Press, Inc., 1974.

④ 侯中军：《近代中国不平等条约及其评判标准的探讨》，《历史研究》2009年第1期，第64—84、191页。

⑤ 中国第一历史档案馆编：《鸦片战争档案史料》(第6册)，天津古籍出版社1992年版，第165页。

屈辱性条约，谈何"合法性"。江苏布政使李星沅获悉此约后，也愤然表示："我朝金瓯无缺，忽有此蹉跌，至夷妇与大皇帝并书"，"千秋万世何以善后，不得为在事者宽矣"。①他的态度一方面体现了"天朝上国"的自大心态，但另一方面也确实表达了对《南京条约》及办理该条约官员的不满。定约后，道光认为此乃"中外一体，切念怀柔"②。最后，道光强调，《南京条约》的签订"虽非旧例，然随时变通"，"聊为羁縻外夷之术"。③

此处道光皇帝的观念中，再一次出现了前文已经反复论及的一个关键概念，"羁縻"。所谓"羁縻"，《史记·司马相如列传》中载为："盖闻天子之于夷狄也，其义羁縻勿绝而已。"④也就是说，羁縻首先是"天子"对"夷狄"的态度与措施，是"中国"对"蛮夷"的一种文化观念与治理手段，只要"羁縻勿绝"，即二者保持一定联系即可，不要求进一步的占领与统治。唐代颜师古对《汉书·郊祀志》"天子犹羁縻不绝，冀遇其真"一文所做注释亦云"羁縻，系联之意"⑤，其实也是肯定了前文的羁縻乃联系之义，这也是羁縻的第一种含义。不过，应当注意到，此处的"联系"实际上也有"笼络"的内涵，即《辞海》所云"笼络使不生异心"⑥，其中也蕴含了朝贡体制里"厚往薄来"的意涵。

羁縻的另一种含义，也是一般意义上使用更广泛的含义，出自唐代司马贞在《索隐》中的注释："羁，马络头也。縻，牛缰也。汉官仪'马云羁，牛云縻'，言制四夷如牛马之受羁縻也。"⑦也就是说，所谓"羁"者，指的是马辔头；所谓"縻"者，即牛缰绳；所谓"羁縻"者，意

① 袁英光等整理：《李星沅日记》，中华书局 1987 年版，第 428 页。
② 《上谕》，《筹办夷务始末·道光朝》（四），文海出版社 1996 年版，第 1848 页。
③ 《廷寄》，道光二十二年六月丙戌，载齐思和等整理：《筹办夷务始末·道光朝》（四），中华书局 1964 年版，第 2054 页。
④ 司马相如：《难蜀父老》，载余诚编，吕莹校注：《古文释义》（下），北京出版社 2018 年版，第 305 页。
⑤ 《汉书》卷二五下《郊祀志》注，中华书局 1962 年版，第 1248 页。
⑥ 李伟民主编：《法学辞海》（第 4 卷），蓝天出版社 1998 年版，第 2978 页。
⑦ 《史记》卷一一七，中华书局 1959 年版，第 3049—3050 页。

即天子治理四夷,如同主人控制牛马。故此,有学者论证,羁縻之要,义在"控制"。[①]申言之,羁縻政策是指"中国"(中原王朝)在"怀柔远人"的观念基础上,对"四夷"(边疆地区、少数民族)实行按其"本俗"治理的方针与措施。羁縻政策与"化外人"治理制度,是"怀柔远人"思想的具体实践形式,是中国传统法文化与法制的交融。

据学者考证,羁縻一词在《清史稿》中出现38次,在《清实录》中则出现346次,主要用于指称对边民、少数民族或非中原地区的统治政策。同时,清朝的羁縻政策不同于以往松散的"系联",而是意在加强对羁縻地区和民族的管理与掌控,将"内地化"和"一体化"作为治理边疆和促进多民族国家融合的制度追求。[②]保持联系("笼络")、以夷制夷、改土归流,是羁縻政策在中国古代史手段上的相互补充与内在的层次演进,[③]其最终目的是"政治整合"与"族际整合",即将多元民族整合于同一政治共同体内。[④]

清朝适用羁縻政策的主要目的,一是"理藩",即对非统治主体区域进行治理;二是"安边",即保障地缘政治的安全,从而维护国家的安定。在制度设计上,清朝设立理藩院负责除西藏、西南地区外主要的民族事务并承担部分对外关系的公务;在蒙古地区设立盟旗制和"札萨克制",分散蒙古族势力;在西藏设"噶厦制"和钦差驻藏大臣,由达赖喇嘛主理宗教与政务,以驻藏大臣作为中央政府的代表进行监察;在新疆地区先是实行军府制和"伯克制"(南疆为主),设伊犁将军总辖,1884年后则建省,以郡县制治理。[⑤]

将"怀柔远人"的文化观念、羁縻政策与国际条约的签订结合在

---

① 李大龙:《关于中国古代治边政策的几点思考——以"羁縻"为中心》,《史学集刊》2014年第4期,第10—19、47页。

② 本段考证参见上引李大龙论文。

③ 张文香、刘雄涛:《羁縻政策与民族区域自治制度——从中央与地方关系的视角》,《中央民族大学学报》(哲学社会科学版)2010年第3期,第11—17页。

④ 周平:《多民族国家的族际政治整合》,中央编译出版社2011年版,第50页。

⑤ 郭苏星、孙振玉:《论中国古代的民族羁縻政策》,《内蒙古社会科学》(汉文版)2013年第1期,第55—58页。

一起看，虽然道光帝及其臣下均有颇多不满，但在道光朝的君臣心中，《南京条约》并未被定性为"不平等条约"，而仍然是天下中国观、中华法系中具有柔远与羁縻性质的笼络，是天朝上国对蕞尔岛夷、上对下的"恩赏"。换言之，在这种天下中国观与"怀柔远人"思想中体现出来的，并非近代以来国家与国家之间作为"对等"（彼时尚不完全同于"平等"）主体的外交关系，而是"中国"与"四夷"的不对等也不平等的外交关系。在这种关系中，固然英方与中方缔结的是实质性不平等条约，是西方对中方的一种不平等待遇；但就清廷的文化观念与政治心态而言，又何尝不是中国对"蛮夷"的笼络和怀柔，是天朝在"朝贡体制"内对藩国的"恩赐"，是"以夷制夷"的"羁縻"。[①]对于《南京条约》中的具体条款，在道光朝君臣上下看来，所谓"治外法权"或"领事裁判权"，正是"以夷制夷"的旧法新用，让洋人自己管理洋人内部的事情，乃为"依其本俗法"治理的精神延伸；将协定关税权"赐给"洋人，则是将每种货物该交多少税款明定于条约，倒少了许多的争执与麻烦。他们最不能接受的，是"五口通商"和"割地"：首先是乾隆以来广州"一口通商"的"祖制"遭到破坏；其次，仅广州一地允许贸易往来，已经造成管理洋人的困难，若准许五口通商，岂非难上加难；最后，割地是丢掉列祖列宗打下的江山，自然不能接受。[②]

因此，在道光朝及其后相当长的一段历史时期里，表现出来的是"不平等"与"不平等"之间的对抗与交互，即中国视西方为"蛮夷"，西方视中国为"未开化国家"。这种观念上的纠缠，实质上是"两个文化中心主义"之间的对抗与交互，而这种中外"交流"模式对中国而言是有着悠久传统的。针对这种传统及其造成的对"不平等条约"的认知缺失，有学者评论道："道光年间的中国人，完全不懂国际公法和国际形势，所以他们争所不当争，放弃所不应当放弃的"，"不平等条

---

① 苟德仪：《"怀柔远人"的思想基础及清朝实践》，《西华师范大学学报》（哲学社会科学版）2008 年第 6 期，第 44—49 页。

② 蒋廷黻：《中国近代史》，第 25—26 页。

约的一部分由于我们的无知，一部分由于我们的法制未达到近代文明的水准"。[①]

（二）"怀柔""诚信"与"守约""修约"

"怀柔远人"，又称为"以德怀远"或"说（通'悦'）近来远"。"怀柔远人"一词出自《礼记·中庸》："柔远人则四方归之，怀诸侯则天下畏之。"按照《孔颖达疏》释义，"远人"指藩国的诸侯，"四方"则指藩国。据说孔子在给鲁哀公讲学时，便以这句话讲解如何用怀柔安抚的办法使远夷归顺，从而到达"天下畏之"的目的。[②]可见，怀柔远人的思想之中，区分了"华夏"与"蛮夷"，而后对蛮夷之属采取所谓怀柔的态度与方法。这带有一种居高临下的态度，同时，也与"夷夏之辨"即"华夷观"有着密切关系。

到同治四年（1865年），毛鸿宾（时任两广总督）、郭嵩焘（时任署理广东巡抚）仍在奏折中称："自古怀柔之道，不外恩信。第要求烦而恩易竭，恩竭则怨生；条约密而信易穷，信穷则嫌启"，"所以自强自励之要道，诚不可不急讲"。[③]在两位督抚大员的奏折中，"怀柔""恩信""条约"三种词语与观点紧密交汇在一起。虽然督抚二人的最终目的在于"自强自励"，但观念上，则是始于"怀柔"，用以"恩信"，而"守约"为"恩信"的一环。讲求"守约"，此处体现的不是对国际法原则"条约必须被信守"的认可，而是基于传统的怀柔远人思想，出于天朝上国的恩赐。毛鸿宾、郭嵩焘两位重臣的富国强兵开明思想之中，仍是传统文化的底色。

同治十二年（1873年），御史吴鸿恩奏曰："在外国永敦和好，固不必争此仪节，致启中国臣民之疑；在中国怀柔远人，委曲求全，亦当

---

① 蒋廷黻：《中国近代史》，第26页。

② 《礼记正义》卷五十二，载阮元校刻：《十三经注疏》（下册），中华书局1980年版，第1629—1630页。

③ 梁小进编：《郭嵩焘全集》（四），岳麓书社2018年版，第346页。

稍存体制。"①吴鸿恩一如毛、郭二人，一方面有不与西洋人论争礼仪仪式的务实，但一提及精神内面即对外交往的价值观念，则仍不免怀柔之语，尽管此时的"怀柔远人"已经是"委曲求全"。

在光绪三年（1877年），左宗棠再次提出："邦交之道，诚信为先，彼此实意交孚，而后情顺理周，推之皆准。其一切权变作用、牢笼驾驭之说，非所尚矣。"②左宗棠意识到，用传统的羁縻政策试图笼络、驾驭西方国家已经不复可能，必得以"诚信"相待，方可邦交长久。此处的"诚信"与以往的"恩信"已经有所不同，即从中国传统文化的夷夏观念藩篱中脱出，与西方国家交往已经不再是天朝对蛮夷的俯视，而开始产生平等国家主体之间交往的意识。

不过，虽然国人对不平等条约的认知经历了一个渐进的过程，但终究是认识到了它的危害性。同治二年（1863年），曾经赞同羁縻的署理礼部左侍郎薛焕就认识到了羁縻政策的危害性："始不过侵我权利，近复预我军事，举凡用人行政，渐形干预"，"然使该夷果受羁縻，犹是急则治标之计"。③薛焕虽仍暗示羁縻政策为治标的应急之计，但也承认其终究不治本，长此以往必受挟制。光绪六年（1880年），陈宝琛亦言："自道咸以来，中国为西人所侮，屡为城下之盟，所定条约挟制欺凌，大都出地球公法之外。"④其中明确提到了"地球公法"一词，可见已经意识到中国与列强签订的是不合理、不公平的条约。宣统三年（1911年），时任驻美公使张荫棠明言："向来吾国与列强订结条约，又多在于兵败之后，近于城下之盟，其不得平允公正，固无足怪。海关税权之沦失，领事裁判权之施行，损害独立之权，为有国者所大

---

① 刘岳兵：《近代以来日本的中国观·第三卷（1840—1895）》，人民出版社2012年版，第211页。

② 孙占元：《左宗棠评传》，南京大学出版社1995年版，第422页。

③ 《署礼部左侍郎薛焕奏》，同治二年五月庚戌，载《筹办夷务始末·同治朝》卷16，故宫博物院用抄本1930年影印版，第4页。

④ 《右庶子陈宝琛奏琉案日约不宜遽订折》，光绪六年九月二十五日，载王彦威、王亮辑编：《清季外交史料》（第2册），湖南师范大学出版社2015年版，第451页。

耻。"①此处虽未明确提出"不平等条约"的概念,但已经非常清楚地说出了不平等条约的实质:列强通过发动战争侵略中国,从而订立不公正不公平的条约,获得了领事裁判权和协定关税权等特权,进而损害了中国的独立。此语虽一针见血,但宣统三年,已经离清朝覆亡为时不远。另外,如清末立宪派等智识阶层亦明确提出过"不平等条约"一语,梁启超即曰:"我国与诸国结条约,皆不平等条约也,与日本改正修条前之情形正同。"②由是观之,国人从"怀柔""羁縻"到"条约"再到"不平等条约"以进于"修约",经历了一个观念史上渐次演化的过程。

可见,不仅是西方国家在"观念平等"(从以"未开化国家"转为以"文明国家"看待中国)上任重道远,彼时中国能否转变"天朝"心态、平等正视西方国家,也是一大问题。从中国一方而言,倘若自始便以视西方为蛮夷的心态处理外交关系,那么,也无所谓"平等"或"不平等"条约之别,因为中国本就是"上国",何谈不平等之说。③因此,用"条约必须被信守"这种近现代国际法的思想去理解当时中国的政治、法律观念,似乎并不合宜。从"怀柔远人"真正转化为"信守条约",虽然均采用了"守约"这一形式,但其精神内核却是大不相同,可谓形式耦合,本原各异。

契约精神被认为起源于古罗马的民法理论与实践,后被沿用于国际法,即形成了"有约必守"(又称"条约必须被信守"或"条约必须被遵守")原则。④但现代国际法上的"有约必守"并不是一项绝对的原则,而是强调缔约主体善意履约、遵守规则的精神。如果条约与国际强行法规范冲突,或有情势变更、条约保留等其他抗辩性原则为依

---

① 《使美张荫棠奏敬陈外交事宜并请开缺简授贤能折》,宣统三年九月初四日,载王彦威、王亮辑编:《清季外交史料》(第9册),湖南师范大学出版社2015年版,第4575页。

② 饮冰(梁启超):《中日改约问题与最惠国待遇》,《新民丛报》第85号,光绪三十二年六月。

③ 李育民、余英:《晚清时期"不平等条约"概念的提出及其认识》,《人文杂志》2020年第11期,第37—48页。

④ 王晓丽:《多边环境协定的遵守与实施机制研究》,第26页。

据，也允许例外情况的发生。[1]有论者即认为，晚清时期清政府签订的一系列不平等条约，其条约本身欠缺合法性基础：不平等条约在缔结时即违反了国际强行法，因此是自始无效的"非法条约"。[2]但问题在于，如上文所述，"国家间主权平等"这一原则要到"二战"后才在国际法实践中真正被认可，在19世纪中叶到20世纪前期，清政府与列强签订各种不平等条约的当时，这种"国家平等"原则尚未成为国际强行法。其实，纠结于不平等条约是否合法并没有太大意义，因为不管是否合法，不平等条约都是有效的：中国确实地向列强割让领土、出让利权，国家利益受到极大损失。[3]用现代的道德观念与人权理论去批评当年的"野蛮"，固然充分表现出列强的侵略性与清政府的颠顶无知，但其批评的根基似乎并不在于不平等条约的非法性，而更多的是基于历史正当性与现代人权的普遍性。[4]

二、不平等条约体系中的传教条款：无奈"治理"与主动"修约"

所谓"传教条款"，有学者指出："在诸多的不平等条约甚至在通商条约中都有与基督教直接相关的条款，后人称之为'传教条款'或者'传教条约'，它们与相关章程构成了传教特权制度，成为了近代中国条约体制的重要组成部分。"[5]本文从其定义，并以本节阐述传教条款在教案法律治理机制中的"特殊地位"。

条约制度下，教案法律治理机制的演化可分为三个阶段：1842年《南京条约》缔约后至1860年《北京条约》签署前为第一阶段；1860年《北京条约》缔约后至1901年《辛丑条约》签订前为第二阶段；

---

① 黄秋丰、徐小帆：《国际法学》，对外经济贸易大学出版社2016年版，第284页。

② 王晓丽：《多边环境协定的遵守与实施机制研究》，第27页。

③ 关于不平等条约的类型与危害，参见侯中军：《近代中国不平等条约及其评判标准的探讨》。

④ 关于清朝羁縻政策与不平等条约的关系，亦参见李育民：《清政府应对条约关系的羁縻之道及其衰微》，载王建朗、栾景河主编：《近代中国、东亚与世界》(下册)，社会科学文献出版社2008年版，第77—115页。

⑤ 李传斌：《基督教与近代中国的不平等条约》，湖南人民出版社2010年版，第4页。

1901年《辛丑条约》签署后至清亡,为第三阶段。而传教条款在这一系列不平等条约中,既是条约制度的重要内容,也是对传教士、教会、教务教案等的专门规定。

（一）第一阶段：以《南京条约》《望厦条约》《黄埔条约》为中心

道光二十年五月二十九日（1840年6月28日）,以林则徐"虎门销烟"等为口实,英国发动侵华战争,第一次鸦片战争战争爆发。清军此后时战时和,最终战败。①道光二十二年七月二十四日（1842年8月29日）,清朝特派钦差大臣耆英等中方代表与英国特派全权公使大臣璞鼎查（Henry Pottinger）等英方代表,②在英国军舰"汗华丽号"（此时停泊于南京附近）上签署了后世所称的《南京条约》（又名《江宁条约》《白门条约》或《万年和约》,但缔约时原无专称）,并于道光二十三年五月二十九日（1843年6月26日）在香港交换批准,正式生效。③但《南京条约》未能完全满足中英双方关于通商贸易、外交规则、政治往来等方面的具体需求,因此,双方后续围绕《南京条约》又签署了一系列其他外交文件。

1843年6月26日即《南京条约》正式换约生效当日,中英双方签订了《过境税声明》,准许英方"洋货各税,一切照旧轻纳,不得加增",附于《南京条约》之后。④

道光二十三年八月十五日（1843年10月8日）,清朝钦差大臣耆英与英国公使大臣璞鼎查协商一致,作为"万年和好"的确切证据,双方又签订《善后事宜附粘和约》一册,该善后和约与原《南京条约》效力相同,中英双方均需遵行。该《善后事宜附粘和约》又称"五口通商附粘善后条款",即所谓《虎门条约》（或《虎门附约》）。其中,《虎门条约》实际包括16项条款,另有3款为"小船则例",附在《虎门

---

① 郭廷以：《近代中国史纲》,格致出版社2012年版,第7—9页。
② 王铁崖编：《中外旧约章汇编》（第1册）,生活·读书·新知三联书店1957年版,第30页。
③ 王铁崖编：《中外旧约章汇编》（第1册）,第33页。
④ 王铁崖编：《中外旧约章汇编》（第1册）,第33页。

条约》之后。①

1843年7月22日，《议定广州、福州、厦门、宁波、上海五港通商章程》（即所谓《五口通商章程》）以及《海关税则》在香港已经公布。但是，在缔结《虎门条约》时，将该《五口通商章程》及《海关税则》（下文统称为《五口通商章程》）均视为《虎门条约》的一部分，因此该章程与税则的签署日期与《虎门条约》相同，即1843年10月8日正式签订。②

由此可见，一般所谓"南京条约"，实际上是一系列不平等条约的集合，包括三个部分：一是《南京条约》及附着其后的《过境税声明》，二是《虎门条约》，三是附在《虎门条约》之内的《五口通商章程》。查条约原文，并依据学者考证，该"南京条约"系列并无专门"传教条款"规定"传教特权"（即"教权"）或关于传教活动、传教士、教会等方面的特殊规定，但存在一些"普遍性原则"，客观上为外国教会势力在华传播提供了现实条件与政治、法律保障。③

《南京条约》第1条规定："嗣后大清大皇帝、大英国君主永存平和，所属华英人民彼此友睦，各住他国者必受该国保佑身家全安。"④该条作为《南京条约》的起始条款，看似是寻常的原则性规定，但这原则之中却有深意：第1条前段是外交礼节式的不产生实际法律效力的中英双方"和好亲善"声明，应主要视为政治性宣誓而非法律性规定；至于第1条后段，则提出"必受该国保佑身家全安"。此一后段包含了一种法律规定，即英国人全体的人身权利和财产权利，均须在华得到保障。（当然，依据条约原文，英政府也对中国人负有同等责任，为一"公平条款"。但在实际履行上，因中英情势并不对等，其实主要仍是中方责任。）此种法律规定虽然是总括式的原则性规定，却凸显了英国人"法律精神"的主旨，即此种"权利观念"以及由此而具体

① 王铁崖编：《中外旧约章汇编》（第1册），第39页。
② 王铁崖编：《中外旧约章汇编》（第1册），第50—51页。
③ 董丛林：《晚清教案危机与政府应对》，中华书局2018年版，第36—39页。
④ 王铁崖编：《中外旧约章汇编》（第1册），第30页。

规定的人身权利和财产权利。①英国对权利观念的重视，不仅体现在《南京条约》中，在1840年2月即鸦片战争开战之前，巴麦尊(Henry Palmerston)在《对华条约草案》中即提出："自今以往，（英国）女王陛下与中国皇帝陛下以及两方臣民之间和平敦睦，两方臣民各在对方疆土之内得享人身财产之完全的保障与维护。"②《南京条约》无疑是该草案的落实，二者皆深刻表现了英国的法律精神、权利观念、条约意识，即法律对国民人身财产权利的保护、法律的救济功能、条约对缔约双方的约束力等。但不仅签订《南京条约》的清朝代表们，即便是后续不平等条约的签订者、整个清政府以及被不平等条约体系深刻影响的中国社会，似乎都没有认识到《南京条约》第1条所富含的英国式法律理念。③《大清律例》体现的是严刑峻法、肉刑林立的前现代式"统治"观念，即臣民是被统治的对象，其生杀予夺操之于上，雷霆雨露俱是天恩；相形之下，英国则强调国家对国民的法律与政治保护，重视国民的人身权利与财产权利。观念的转变或许比制度的改革要缓慢，但在中西文化互动与冲突中，最先受到冲击的，恰恰是双方各不相同的法律、文化、政治观念；而这观念的不同，却往往成为冲突的根源。

《南京条约》第2条的前两款规定："自今以后，大皇帝恩准英国人民带同所属家眷，寄居大清沿海之广州、福州、厦门、宁波、上海等五处港口，贸易通商无碍；且大英国君主派设领事、管事等官住该五处城邑，专理商贾事宜，与各该地方官公文往来。"④第2条第1款虽未言明传教士在华居住问题，但英国传教士等教会人士自然属于"英国人民"，也就享有了在五处通商港口"寄居"的权利。第2条第2款则规定，英国有权向通商口岸派遣设立领事官和管事官，建立了领事裁

---

① 张剑：《1840年——被轰出中世纪》，东方出版中心2015年版，第220—222页。
② 宁波市社会科学界联合会、中国第一历史档案馆编：《浙江鸦片战争史料》（上），宁波出版社1997年版，第52页。
③ 张剑：《1840年——被轰出中世纪》，第221页。
④ 王铁崖编：《中外旧约章汇编》（第1册），第31页。

判权制度的雏形，而领事裁判权后来又成为传教士们的重要政治与法律依靠。

《南京条约》第8条规定："凡系大英国人，无论本国、属国军民等，今在中国所管辖各地方被禁者，大清大皇帝准即释放。"[1]这是对在华全体英国人，凡有可能被清政府监禁者，均予以释放的"豁免令"。这也是一种总括式条款，英国传教士等教会人士自然也被包括在豁免令之内。

《五口通商章程》第13条"英人华民交涉词讼一款"规定："凡英商禀告华民者，必先赴管事官处投票……间有华民赴英官处控告英人者，管事官均应听诉……倘遇有交涉词讼，管事官不能劝息，又不能将就，即移请华官公同查明其事……其英人如何科罪，由英国议定章程、法律发给管事官照办。华民如何科罪，应治以中国之法，均应照前在江南原定善后条款办理。"[2]这一条款明确规定了领事裁判权制度，且有日后"观审""会审"制度的雏形：不管是英国人向中国人提起诉讼，还是中国人向英国人提起诉讼，领事官（管事官）均享有一定的司法管辖权，可以受理、审理诉讼。如果是涉及中国人与英国人双方的诉讼案件，则由中英双方共同查明案情，然后英国人按照英国法律判决，中国人按照中国法律判决。可见，此时的"领事裁判权"制度赋予了英国领事官部分的司法管辖特权，既可以审理中国人主动向领事官提起的诉英国人的案件，还可以就涉及中英双方的案件与中国官员形成"会审"，而英国人也不按照中国法律判决，而是按照其本国法律判决。

《虎门条约》第6条第2—3款规定："凡系水手及船上人等，候管事官与地方官先行立定禁约之后，方准上岸。倘有英人违背此条禁约，擅到内地远游者，不论系何品级，即听该地方民人捉拿，交英国管

---

① 王铁崖编：《中外旧约章汇编》（第1册），第32页。
② 王铁崖编：《中外旧约章汇编》（第1册），第42页。

事官依情处罪，但该民人等不得擅自殴打伤害，致伤和好。"①这一条款进一步明确了领事裁判权制度，即对于违背禁约进入中国内地的英国人，该地民人虽有权"捉拿"，但具体定罪量刑却须交英国管事官判处。由此，英国传教士等进入内地，如被捉拿，也应由英国管事官管辖，这就赋予了英国在中国的属人主义司法管辖特权。另外，《虎门条约》第10条也规定："凡通商五港口，必有英国官船一只在彼湾泊，以便将各货船上水手严行约束，该管事官亦即藉以约束英商及属国商人。"②这一条款也赋予了英国管事官在中国领土内管辖英国人的权力。

《虎门条约》第8条规定："向来各外国商人止准在广州一港口贸易，上年在江南曾经议明，如蒙大皇帝恩准西洋各外国商人一体赴福州、厦门、宁波、上海四港口贸易，英国毫无靳惜，但各国既与英人无异，设将来大皇帝有新恩施及各国，亦应准英人一体均沾，用示平允；但英人及各国均不得藉有此条，任意妄有请求，以昭信守。"③本条是著名的"一体均沾"即片面最惠国待遇条款。在该条中，英国一方面表示了同意与其他列强在中国"公平竞争"，其他外国商人也可赴通商口岸贸易；另一方面，如果清朝皇帝对其他国家另有"新恩"，则应当允许英国人一体均沾，以此显示"平允"。对此有英国学者评论道，"任何一个国家在中国已经取得或可能获得的任何特权、豁免或利益，必须给予其他享有最惠国地位的国民一体均沾"，这在"（不平等）条约中具有最深远的后果"。④借此"一体均沾"的条款，其后列强在传教条款方面取得的所有特权，也将为其他西方国家所共享，这对教权、教务、教案等关涉基督教的诸方面问题及其治理，均产生了重大影响。

"南京条约"系列中，规定了对英国人的人身与财产权的普遍性

---

① 王铁崖编：《中外旧约章汇编》（第1册），第32页。本页原注说明："本款英文本无'但该民人等不得擅自殴打伤害，致伤和好'一句。"

② 王铁崖编：《中外旧约章汇编》（第1册），第36页。

③ 王铁崖编：《中外旧约章汇编》（第1册），第36页。

④ 菲利浦·约瑟夫：《列强对华外交1894—1900：对华政治经济关系的研究》，胡滨译，商务印书馆1959年版，第8页。

法律保护及清政府施行此种保护的国家责任，给予英人在通商口岸居住的权利，建立了领事裁判权制度，并形成了片面最惠国待遇原则。这些都对教案的法律治理机制影响重大。[①]

美国人随英国人而来，要求按照"一体均沾"的原则，与中国缔结条约。道光二十四年五月十八日（1844年7月3日），中美双方在澳门望厦村签订《五口贸易章程》及《海关税则》，即《望厦条约》。[②]1845年12月31日，《望厦条约》于广州交换，批准生效。[③]

《望厦条约》第2条规定："如另有利益及于各国，合众国民人应一体均沾，用昭平允。"[④]该条规定了美国亦享有片面最惠国待遇，原则上，英国所享特权也及于美国。

《望厦条约》第4条规定："合众国民人既准赴五港口贸易，应须各设领事等官管理本国民人事宜。"[⑤]本条规定了美国有权在华设置领事官，由领事官管理美国人。《望厦条约》第21条规定："嗣后中国民人与合众国民人有争斗、词讼、交涉事件，中国民人由中国地方官捉拿审讯，照中国例治罪；合众国民人由领事等官捉拿审讯，照本国例治罪。"[⑥]本条与中英《五口通商章程》第13条相似，规定了美国在华领事裁判权，但其权又有扩张：中英《五口通商章程》中尚有中英会同审理的规定，但中美《望厦条约》中，却是美国人直接归美国管辖。《望厦条约》第24条规定："倘遇有中国人与合众国人因事相争不能以和平调处者，即须两国官员查明，公议察夺。"[⑦]这与中英"公同查明"的会审制度基本一致。《望厦条约》第25条规定："若合众国民人在中国与别国贸易之人因事争论者，应听两造查照各本国所立条约办

① 约瑟夫：《列强对华外交 1894—1900：对华政治经济关系的研究》，第8—9页。
② 王铁崖编：《中外旧约章汇编》（第1册），第51页。
③ 王铁崖编：《中外旧约章汇编》（第1册），第57页。
④ 王铁崖编：《中外旧约章汇编》（第1册），第51页。
⑤ 王铁崖编：《中外旧约章汇编》（第1册），第52页。
⑥ 王铁崖编：《中外旧约章汇编》（第1册），第54—55页。
⑦ 王铁崖编：《中外旧约章汇编》（第1册），第55页。

理,中国官员均不得过问。"①该条继续扩张了领事裁判权的适用范围,即美国与其他国家发生纠纷,也由美国与其他国家按照相互之间签订的条约处理,中国无权管辖。

《望厦条约》第17条规定:"合众国民人在五港口贸易,或久居,或暂住,均准其租赁民房,或租地自行建楼,并设立医馆、礼拜堂及殡葬之处。"②该条首次产生了与基督教直接相关的传教条款,即允许美国人在通商口岸租房、租地并设立教堂(礼拜堂)。但是,允许建设教堂,并不等于允许自由传教。即便是在通商口岸,也未明文准许基督教传教。《望厦条约》签订后,军机大臣穆彰阿等上奏道:"臣等伏思设堂礼拜,夷俗固然,但事属不经,见闻易惑,愚民喜新厌故,难免效尤,应由该督咨商各该督抚设法禁谕,不得转相传习,务使沿海居民晓然于夷言之不可效,夷礼之不可行。"③可见,对清廷内部而言,《望厦条约》准许设立教堂一条,仅仅是为了照顾"夷俗",仅允许西洋人自行信教,但并不允许甚至严令禁止向中国人传教。④

《望厦条约》第34条规定:"和约一经议定,两国各宜遵守,不得轻有更改……应俟十二年后,两国派员公平酌办。"⑤该条规定了中美双方12年后对《望厦条约》再行修订,明确了关于修约的规定。

整体而言,中美《望厦条约》保障了美国的片面最惠国待遇,扩张了领事裁判权,允许美国人在华设立教堂,是目前不平等条约中最早的明确化的传教条款,但并没有允许传教士在通商口岸——更不必说中国内地——自由传教。⑥

继美国之后,法国也携军舰叩关。道光二十四年九月十三日

---

① 王铁崖编:《中外旧约章汇编》(第1册),第55页。
② 王铁崖编:《中外旧约章汇编》(第1册),第54页。
③ 中国第一历史档案馆编:《鸦片战争档案史料》(第7册),天津古籍出版社1992年版,第492页。
④ 董丛林:《晚清教案危机与政府应对》,第40页。
⑤ 王铁崖编:《中外旧约章汇编》(第1册),第56页。
⑥ 乔飞:《从清代教案看中西法律文化冲突》,中国政法大学出版社2012年版,第60—61页。

（1844年10月24日），中法双方在广州黄埔签订《五口贸易章程》以及《海关税则》，是为《黄埔条约》。[①]1845年8月25日，《黄埔条约》于澳门换约生效。[②]虽然中美《望厦条约》签署时间早于中法《黄埔条约》，但1845年12月31日《望厦条约》才获批生效，因此《黄埔条约》在法律上的生效时间早于《望厦条约》。

查条约原文，《黄埔条约》在片面最惠国待遇、领事裁判权、通商贸易、协定关税等方面内容，与《南京条约》《望厦条约》基本一致或有所扩张。[③]如《黄埔条约》第28款规定："佛兰西人在五口地方，如有不协争执事件，均归佛兰西官办理。"[④]按此款规定，即便法国人与中国人发生"争执事件"，也都归法国官员管辖，这无疑进一步扩大了领事裁判权的适用范围。

因法国当时采取通过宗教性策略打开法国在华局面的政策，故而在《黄埔条约》第22款中特别规定："佛兰西人亦一体可以建造礼拜堂、医人院、周急院、学房、坟地各项……倘有中国人将佛兰西礼拜堂、坟地触犯毁坏，地方官照例严拘重惩。"[⑤]此条中，除与《望厦条约》相同，规定法国人可在通商口岸租房租地、建设教堂外，还规定了中国地方官员有义务"重惩"破坏教堂的中国人。对此有学者论述，"重惩"义务是对中国司法主权的限制与损害：所谓"照例严拘重惩"，"照例"是指按照《大清律例》依法审判，但"重惩"二字则意味着"从重处理""加重处罚"。[⑥]也就是说，无论案情本身轻重，只要涉及中国人毁坏法国人教堂、坟地的事件，就必须且只能"加重""从重"处置，这无疑是对中国司法主权的限缩与侵害。

关于《黄埔条约》第22款，应当特别说明的是，此款中并无所谓

---

① 王铁崖编：《中外旧约章汇编》（第1册），第57页。
② 王铁崖编：《中外旧约章汇编》（第1册），第65页。
③ 条约原文见王铁崖：《中外旧约章汇编》（第1册），第57—65页。
④ 王铁崖编：《中外旧约章汇编》（第1册），第63页。
⑤ 王铁崖编：《中外旧约章汇编》（第1册），第62页。
⑥ 吴宝晓、吴元元：《法律视角下的晚清反洋教事件善后》，《河北师范大学学报》（哲学社会科学版）2017年第4期，第38—43页。

允许"自由传教"的规定。该款首先是与《望厦条约》相同,规定了法国人在条约口岸建设教堂的权利;此外,该款所加的重惩条款,在法律意义上仍是对教堂的特别保护,但毫无允许自由传教之意。且其时外国人尚未获得进入中国内地的权利,谈何"自由"传教。①

《黄埔条约》第24款规定:"佛兰西人在五口地方(中略),可以延请士民人等教习中国语音,缮写中国文字。(中略)佛兰西人亦可以教习中国人愿学本国及外国语者,亦可以发卖佛兰西书籍,及采买中国各样书籍。"②允许法国人在条约口岸学习中国语言文字、购买中国书籍、贩卖法国书籍,以及教中国人外国语言,客观上为基督教的传教创造了语言文字、各类媒介上的便利,以及中西文化一定程度上的交流。

另外,道光二十七年二月初四日(1847年3月20日),中国与瑞典、挪威(其时两国为"瑞典-挪威联合王国")在广州签订《五口通商章程》以及《海关税则》。③该条约中亦有规定,允许瑞挪国人在通商五口设立"礼拜堂","倘坟墓或被中国人毁掘,中国地方官严拿,照例治罪"。④此处虽谓之"严拿",却是"照例治罪",并无"重惩"等语。

从传教条款的角度而言,在《南京条约》《望厦条约》《黄埔条约》中,虽然对传教问题有普遍性和原则性的规定,也有关于准设、保护教堂的传教条款,但这些条款并没有真正促成基督教在中国的自由传教,其证明就是,在1842—1860年间,据学者统计,教案总数约为68起。⑤这个数目相比可统计的1998起教案而言为数不多,⑥也说明此时处于教案的始发期,民教冲突尚不激烈,这自然与基督教尚未得到大规模自由传播关系密切。因此,第一阶段的传教条款尚未对教案

---

① 此观点亦参见韩铁铮:《〈中法黄埔条约〉有传教特权的规定吗?》,《文教资料》1994年第3期。

② 王铁崖编:《中外旧约章汇编》(第1册),第62页。

③ 王铁崖编:《中外旧约章汇编》(第1册),第71页。

④ 王铁崖编:《中外旧约章汇编》(第1册),第74页。

⑤ 数据统计参见董丛林:《晚清教案危机与政府应对》,第57页。

⑥ 数据统计参见赵树好:《教案与晚清社会》,中国文联出版社2001年版,第7页。

的法律治理机制产生太大影响，在教案的治理上，国内法治理机制仍然发挥着相当的作用。但是，随着第二次鸦片战争的爆发，教案的国际法治理机制将开始对教案治理起到主导作用。

（二）第二阶段：《北京条约》后的自由传教

第二次鸦片战争打响后，咸丰八年五月初三日（1858年6月13日），中俄两国在天津签署了中俄《天津条约》。[①]同年6月23日，中俄《天津条约》于天津换约生效。[②]其中，第8条规定："天主教原为行善，嗣后中国于安分传教之人，当一体矜恤保护，不可欺侮凌虐，亦不可于安分之人禁其传习。若俄国人有由通商处所进内地传教者，领事官与内地沿边地方官按照定额查验执照，果系良民，即行画押放行，以便稽查。"[③]此条属于专门性的传教条款，其最重要的法律性内容为：其一，建立传教士"执照"制度；其二，允许获得执照的传教士由条约口岸进入内地传教。另外，值得说明的是，按照第3章对"天主教"概念的考证，此条所谓天主教并非指罗马天主教，而是基督教的总称，即包括天主教、东正教、新教等。

五天后，咸丰八年五月初八日（1858年6月18日），中美两国也在天津签订了中美《天津条约》（原名《和好条约》）。[④]该条约于1859年8月16日在天津批准生效。[⑤]其中，第29款规定："耶稣基督圣教，又名天主教……嗣后所有安分传教习教之人，当一体矜恤保护，不可欺侮凌虐。凡有遵照教规安分传习者，他人毋得骚扰。"[⑥]此条与中俄《天津条约》第8条相似，但有了进一步扩张：其一，没有在传教条款中提出执照制度，传教士不需要执照即可传教；其二，没有提及传教士应该由条约口岸进入中国内地的规定，实际上默许了基督教在中国

---

① 王铁崖编：《中外旧约章汇编》（第1册），第86页。
② 王铁崖编：《中外旧约章汇编》（第1册），第89页。
③ 王铁崖编：《中外旧约章汇编》（第1册），第88页。
④ 王铁崖编：《中外旧约章汇编》（第1册），第89页。
⑤ 王铁崖编：《中外旧约章汇编》（第1册），第96页。
⑥ 王铁崖编：《中外旧约章汇编》（第1册），第95页。

的自由传播。

咸丰八年五月十六日（1858年6月26日），中英双方于天津签订《天津条约》（又称《中英续约》）。①中英《天津条约》于1860年10月24日在北京换约生效。②其中，第8款规定："耶稣圣教暨天主教原系为善之道，待人知己。自后凡有传授习学者，一体保护，其安分无过，中国官毫不得刻待禁阻。"③此条约与中美《天津条约》基本相同并继续扩张，也是直接规定了允许自由传教、信教，并专门规定中国官员不得禁止阻碍。

咸丰八年五月十七日（1858年6月27日），中法两国在天津缔结《天津条约》（原名《和约章程》）及其附约。④1860年10月25日，中法《天津条约》及附约在北京批准生效。⑤其中，第13款规定："天主教原以劝人行善为本，凡奉教之人，皆全获保佑身家，其会同礼拜诵经等事概听其便，凡按第八款备有盖印执照安然入内地传教之人，地方官务必厚待保护。凡中国人愿信崇天主教而循规蹈矩者，毫无查禁，皆免惩治。向来所有或写、或刻奉禁天主教各明文，无论何处，概行宽免。"⑥此条是对中俄、中美、中英《天津条约》中传教条款的重要扩充：其一，保护基督徒的人身与财产安全，并允许进行自由的宗教活动；其二，领有执照进入内地的传教士，各地方官员负有接待、保护的职责；其三，明确规定，中国人可以自由信仰基督教，不许查禁、惩罚中国人基督徒；其四，将中国原本对基督教的禁教规定一律"宽免"。中法《天津条约》规定的传教条款，是"教权"在中国的一次重要"跃升"，将在很大程度上影响教案法律治理机制的运行。

在"天津条约"签订后，英法仍然没有满足，遂组成联军入侵北

---

① 王铁崖编：《中外旧约章汇编》（第1册），第96页。
② 王铁崖编：《中外旧约章汇编》（第1册），第103页。
③ 王铁崖编：《中外旧约章汇编》（第1册），第97页。
④ 王铁崖编：《中外旧约章汇编》（第1册），第104页。
⑤ 王铁崖编：《中外旧约章汇编》（第1册），第112、114页。
⑥ 王铁崖编：《中外旧约章汇编》（第1册），第107页。

京，并于其后又与清政府签订了一系列不平等条约，包括中英、中法、中俄《北京条约》。其中，咸丰十年九月十二日（1860年10月25日），中法签订《续增条约》（即中法《天津条约》的续增条约），是为中法《北京条约》，与中法《天津条约》同日生效。①中法《北京条约》第6款规定："应如道光二十六年正月二十五日上谕，即晓示天下黎民，任各处军民人等传习天主教、会合讲道、建堂礼拜，且将滥行查拿者，予以应得处分。又将前谋害奉天主教者之时所充之天主堂、学堂、茔坟、田土、房廊等件应赔还，交法国驻扎京师之钦差大臣，转交该处奉教之人。并任法国传教士在各省租买田地，建造自便。"②本款规定继续申明中法《天津条约》第13款中的要求，允许中国人自由传教、信教，保障基督教的宗教活动，并要求归还、赔偿禁教时期没收的教堂、学堂等教产，从而使清政府背负上了对教会教产进行赔偿的责任。其中，"并任法国传教士在各省租买田地，建造自便"这一规定，并不见于该约法本文之中。③因此，其中文本法律效力存疑，关于该款，将在下文详文具书。

以中法《天津条约》和《北京条约》为核心，教权得到极大扩张。再结合领事裁判权制度，外国教会势力在华获得了相当程度的司法特权。这些特权自然也被运用到教案的治理之中，既使得教方获得更多利益，也加深了民教冲突，加剧了社会矛盾。在此第二阶段，教案的国际法治理机制占据了教案治理的主导权，而国内法治理机制，则时常不得不听命于国际法治理机制。这是对中国主权的破坏，但客观上也使得教案的法律治理机制被归入条约制度之下，按照领事裁判权制度、传教条款和教权的要求去运转。

（三）第三阶段：《辛丑条约》后教案国际法治理机制的调整

义和团运动后，1900年列强组织联军入侵中国，清政府战败，于1901年9月7日在北京与列强签订《辛丑条约》。《辛丑条约》中有多

---

① 王铁崖编：《中外旧约章汇编》（第1册），第146页。

② 王铁崖编：《中外旧约章汇编》（第1册），第147页。

③ 王铁崖编：《中外旧约章汇编》（第1册），第147页，页下原注。

个条款涉及教案的国际法治理。①

《辛丑条约》第2款第1项规定："惩办伤害诸国国家及人民之首祸诸臣。"第2款第2项规定："将诸国人民遇害被虐之城镇,停止文武各等考试五年。"②该款两项,对教案中伤害列强国家与人民的群体分为两类:前款规定针对官员的严重处罚,后款规定针对士绅民众的停止科考处罚。

《辛丑条约》第10款第1项规定："永禁或设、或入与诸国仇敌之会,违者皆斩。"③该款禁止中国人设立或加入仇视列强的会党,违犯者直接判决斩刑。该款项以严刑峻法试图消灭中国社会对列强的反抗行为,禁止群体性、组织性、大规模的反抗。第10款第4项则规定:"各省抚督文武大吏暨有司各官,于所属境内均有保平安之责,如复滋伤害诸国人民之事,或再有违约之行,必须立时弹压惩办,否则该管之员,即行革职,永不叙用,亦不得开脱别给奖叙。"④如果说第1项主要针对中国社会的绅民,第4项则是对督抚重臣等上下官吏提出严格要求,命令他们不得违反条约,不得纵容民间的反教、反帝行为,否则将直接革职,且"永不叙用",可谓是对官员们最严重的的政治性惩罚。

此外,《辛丑条约》的十九款附件中,亦有与教案相关的规定。《辛丑条约》附件十五是上述第10款第1项中的相关上谕,其规定为:"各省匪徒借灭洋为名,纠众立会,攻击各国人民","以致焚毁教堂、各国人民各项房产等业","况各国皆属友邦,教民亦系赤子,朝廷一视同仁,毫无歧视。无论民、教,即或果有被欺情事,亦应呈报官司,听候持平判断"。⑤该上谕一方面将大刀会、义和拳等定性为"肆行杀掠",为清廷开脱政治责任;另一方面又提出民教平等,日后再有纠纷

① 王铁崖编:《中外旧约章汇编》(第1册),第1002页。
② 王铁崖编:《中外旧约章汇编》(第1册),第1003—1004页。
③ 王铁崖编:《中外旧约章汇编》(第1册),第1007页。
④ 王铁崖编:《中外旧约章汇编》(第1册),第1007页。
⑤ 王铁崖编:《中外旧约章汇编》(第1册),第1018页。

应当报官处理，避免私斗械斗。《辛丑条约》附件十六是上述第10款第4项的相关上谕，规定了朝廷重臣弹压闹教者的严格政治责任。[①]

总体而言，《辛丑条约》从三方面对教案治理做了严格规定：其一，重惩办事不力或反教的官员（包括宗室、重臣），规定官员"保教"的严格政治责任；其二，针对士绅阶层处以禁止科考的惩罚；其三，全面禁止中国人成立或参与反教组织，禁止各阶层的反教活动。

《辛丑条约》第11款规定，清政府同意与西方各国就"应行商改之处"，与各国再行议商"通商行船条约"。[②]光绪二十八年八月初四日（公元1902年9月5日），中英双方在上海签订《续议通商行船条约》。[③]1903年7月28日，中英《续议通商行船条约》在北京换约生效。[④]其中，第13款规定："教事必须详细商酌"，"倘中国与各国派员会查此事，尽力妥筹办法，英国允愿派员会同查议，尽力筹策，以期民教永远相安"。[⑤]此条款是对教务教案矛盾处理的一种折中，如果其他国家愿意与中国共同就教务教案展开磋商，则英国也同意参与，共同考查商议，共筹民教相安的办法。

中英《续议通商行船条约》第12款还规定："中国深欲整顿本国律例以期与各西国律例改同一律，英国允愿尽力协助，以成此举，一俟查悉中国律例情形，及其审断办法，及一切相关事宜皆臻妥善，英国即允弃其治外法权。"[⑥]按照本条规定，英国愿意有条件地放弃在中国的治外法权，即要求清政府将法律修改至符合西方法律的制度与观念。这为领事裁判权制度在中国的废除规定了条约基础，教务教案作为一种重要的法律案件，是修律所要调整的社会关系、清政府修律的内在动因之一，而调整后的法律关系也将影响教案法律治理机制的运转。

---

① 王铁崖编：《中外旧约章汇编》（第1册），第1018—1019页。

② 王铁崖编：《中外旧约章汇编》（第1册），第1007页。

③ 王铁崖编：《中外旧约章汇编》（第2册），生活·读书·新知三联书店1959年版，第101页。

④ 王铁崖编：《中外旧约章汇编》（第2册），第114页。

⑤ 王铁崖编：《中外旧约章汇编》（第2册），第109页。

⑥ 王铁崖编：《中外旧约章汇编》（第2册），第109页。

　　光绪二十九年八月十八日（1903年10月8日），中美两国于上海签订中美《通商行船续订条约》。①1904年1月13日，中美《通商行船续订条约》在华盛顿换约生效。②其中，第14款规定，教民与平民都是中国人，"自应一体遵守中国律例"；"凡入教者，于未入教以前或入教后，如有犯法，不得以身已入教，遂免追究"；除抽取"酬神赛会"钱款等与基督教信仰相悖的习俗外，教民不能免纳捐税；"教士不得干预中国官员治理华民之权，中国官员亦不得歧视入教、不入教者"。此外，准许美国教会"在中国各处租赁及永租房屋、地基"，等地方官查明地契、盖好印章后，"该教士方能自行建造合宜房屋"。③该款明确规定了传教士不得干预中国司法，而教民也不能以宗教身份为借口，必须遵守中国法律、纳税义务及其他社会习俗。但是，美国教会也正式取得了在中国内地租房租地、建造房屋的权利。

　　从《辛丑条约》签订后直到清朝灭亡（1901—1911年）的11年间，据学者考证，共发生教案约340起。而1895—1900年的6年间，则产生教案约831起。④可见，随着清政府按照《辛丑条约》的规定加大对中国反教势力的管控力度、将反教势力定为"非法"、严格要求各地官员守约保教，以及中英《续议通商行船条约》、中美《通商行船续订条约》等条约的签订使列强放弃部分传教特权，教案的数量有所减少、频率有所降低。教案的国际法治理机制也迎来一定调整，其国内法治理机制开始发挥更加重要的作用。⑤

　　综上，教案的国际法治理机制经历了三个阶段的变化。第一阶段，尽管鸦片战争后签订了《南京条约》《望厦条约》《黄埔条约》等一系列不平等条约，其中关于传教条款的规定却不多且基本局限于条约口岸，教权制度尚处于雏形阶段，国内法治理机制仍保有相当的权

①　王铁崖编：《中外旧约章汇编》（第2册），第181页。
②　王铁崖编：《中外旧约章汇编》（第2册），第191页。
③　王铁崖编：《中外旧约章汇编》（第2册），第187—188页。
④　数据统计见赵树好：《教案与晚清社会》，第247页。
⑤　赵树好：《晚清教案交涉研究》，人民出版社2014年版，第65—66页。

威性与主导权。①第二阶段，以中法《天津条约》和《北京条约》为标志，随着领事裁判权制度在华的确立与迅速扩张，教权制度也快速建立与发展，此阶段教案的法律治理机制基本是在条约制度和不平等条约体系之下运转的，即如教民已经不再仅是中国人，还是受这种条约关系保护、受教案国际法治理机制管辖的行为主体；至于传教士等外国教会势力，更是借领事裁判权和教权制度，动辄请本国领事、公使庇护教会，或自身即与地方官员交涉教案、干预诉讼，这一阶段的教案治理呈现明显的"外交化""中外交涉"特征，②即以国际法（国际条约）为法律治理机制的中心运作，而国内法治理机制则围绕这一中心的展开而发挥有限作用，其权威性与其主导性均在下降。在《辛丑条约》签订以后的第三阶段，虽然条约制度仍在发挥重要作用，但教案治理的内政化、法律化特征日趋明显，朝野上下展开了以"修约"为中心促使教案治理"去外交化"的努力，教案的法律治理机制进入调整期，国内法治理机制开始愈加重要。③

三、教案国际法治理机制的特殊载体：以法国为中心的远东保教权

（一）保教权的起源与发展

14世纪以后，随着文艺复兴、欧洲各国国家主义和民族主义的抬头、罗马教廷的内部斗争，罗马教廷的影响力以及教宗的宗教权威与世俗特权受到很大影响，进入衰退期。④以德国马丁·路德1517年发布的《九十五条论纲》为标志，欧洲展开了宗教改革运动，罗马天主教会势力又受到大幅冲击，在欧洲的发展陷入瓶颈。为打开僵局、重塑权威，借助当时的"地理大发现"，罗马教廷鼓励欧洲各国前往世界各地传播天主教。这一方面是为了扩展天主教在海外的势力范围，在

---

① 乔飞：《从清代教案看中西法律文化冲突》，第59—60页。

② 史晓东：《从外交到内政：清末十年基督教治理》，华中师范大学2022年博士学位论文。

③ 杨大春：《晚清政府基督教政策初探》，金城出版社2004年版，第238页。

④ G. R. 波特编：《新编剑桥世界近代史》（第1卷），中国社科院世界历史研究所组译，中国社会科学出版社1999年版，第16—17页。

新开辟的殖民地上攫取教廷利益、扩张教廷影响；另一方面，当欧洲诸国在海外扩张和殖民活动中产生纠纷时，教宗可以借势成为冲突国家间的"最高仲裁者"，从而保障罗马教廷的最高宗教权威和对世俗事务的权力。[①]有论者指出，罗马教廷通过参与地理大发现以及随之而来的海外殖民活动，既为欧洲列国的殖民活动提供了宗教上的权威性与合法性背书，使殖民活动神圣化和正当化，同时也提高了自身在世俗国家尤其是王权面前的地位，从而保障了"宗教权力对世俗权力"的二元权威制度，并借此积极参与在"新世界"的势力划分与利益分配。[②]

葡萄牙作为最早发起和深度参与地理大发现的国家之一，此后被罗马教廷授予了"王室保教权"（Royal Patronage）。其实，早在 5 世纪，保教权即已出现，其规定的主要权利与义务关系是："保教人"对当地的基督教宗教活动、设施、人员承担保护与扶持义务，同时获得任命（教阶制度意义上）神职人员的特权。但是，因为如上文所述的原因，罗马教廷陷入衰退，而保教权在欧洲也已经衰落。[③]

葡萄牙所获得的近代意义上的保教权，是由一系列条约与教宗谕令所规定而形成的。罗马教廷在 1480 年之前，即已经通过一系列谕令，对葡萄牙授予了关于近代保教权的重要内容，为葡萄牙的海外殖民活动赋予合法性和宗教上的道德性，并规定了葡萄牙对殖民地的征服与占领、通商贸易、传教等垄断特权；而教廷的谕令也通行欧洲诸国，使葡萄牙获得的特权具有"国际法的性质"，其他国家不得破坏这些特权。[④]1479 年，西班牙与葡萄牙签订《阿尔卡苏瓦什条约》，罗马教宗西克斯特四世于 1481 年批准了该条约，葡萄牙的特权进一步扩

---

① 雅依梅·科尔特桑：《葡萄牙的发现》（第二卷），王华峰等译，中国对外翻译出版公司 1995 年版，第 303、364 页。

② 柯毅霖：《晚明基督论》，王志成等译，四川人民出版社 1999 年版，第 39—40 页。

③ 顾卫民：《中国与罗马教廷关系史略》，东方出版社 2000 年版，第 23 页。

④ 张国刚：《明清传教士与中西文化交流》，《博览群书》2003 年第 12 期，第 71—75 页。

张到印度洋。[1]1493年，教宗亚历山大六世发布谕令，以南极或北极为起点，在亚速尔群岛或佛得角群岛附近划定界线，该线以东归于葡萄牙，以西归于西班牙，且两国在各自管辖领域内应当保护与传播天主教，进一步明确了两国在各自势力范围内的近代保教权。[2]葡西两国后就此线发生纠纷，遂于1494年又签订《托尔德西拉斯条约》调整界线，罗马教宗此后认可、批准了该条约。[3]1508年，教宗尤利乌斯二世进一步扩大了葡萄牙的特权，规定葡萄牙国王拥有在海外殖民地提名官员、修建教堂、建立修会及其他宗教设施等"永久特权"。[4]1516年，教宗利奥十世授予葡萄牙王室在印度管理主教任命和宗教活动的权力。[5]1529年，葡萄牙与西班牙又签订了《萨拉戈萨条约》，重新划分两国全球殖民界线，将远东地区划为葡萄牙的势力范围。[6]1530年，《萨拉戈萨条约》得到教宗克莱门特七世批准。1534年，教宗保罗三世同意成立印度果阿主教区，该主教区亦管理中国的教务。1557年，教宗保罗四世将果阿主教区擢升为大主教区（总主教区），并管辖新设立的马六甲、科钦两个主教区。1576年，教宗格里高利十三世又批准成立了澳门主教区，负责管理中国和日本的教务。[7]

由此，通过上述条约与教宗谕令，葡萄牙形成了具有近代国际法意义的远东保教权。该保教权的具体内容包括教会法、国际法、国家法等法律意义上的一系列权利与义务，如修建教堂、修道院等宗教设施，提供各类传教与维持费用，任命高级神职人员，掌理教区税收，接受前往保教区的传教士的宣誓效忠，作为事实上的最高权威统辖保教

---

① 雅依梅·科尔特桑：《葡萄牙的发现》（第三卷），王华峰等译，中国对外翻译出版公司1995年版，第758—759页。

② 雅依梅·科尔特桑：《葡萄牙的发现》（第四卷），王华峰等译，中国对外翻译出版公司1997年版，第939—940页。

③ 科尔特桑：《葡萄牙的发现》（第四卷），第974—975页。

④ 顾卫民：《中国天主教编年史》，上海书店出版社2003年版，第51页。

⑤ 许璐斌：《16—17世纪的远东保教权之争》，浙江师范大学2009年硕士学位论文。

⑥ 桃井治郎：《海盗的世界史》，杨晓钟、吴震译，陕西人民出版社2020年版，第171页。

⑦ 杭州师范大学学术期刊社编：《散焦的历史图像》，复旦大学出版社2012年版，第176页。

区的宗教或世俗事务(甚至可以否决教宗在这些地区的谕令),负责仲裁纠纷、对外交涉,等等。[1]

但是,葡萄牙的近代保教权逐渐引起了罗马教廷的不满:一方面,所有前往亚洲的传教士都必须从葡萄牙里斯本出发,传教士在里斯本被发给葡萄牙护照并宣誓维护葡萄牙的王室保教权,这使得葡萄牙对传教事务拥有了强大特权;另一方面,地理大发现热潮过后,葡萄牙国力逐渐衰退,事实上无力承担保教的职责。因此,随着海外殖民活动的扩张,罗马教廷于1622年设立教廷传信部,负责全球传教事务,开始试图削弱并收回曾给予葡萄牙与西班牙的保教权。[2]1650年,教廷还创立了"宗座代牧制",代牧主教由教宗直接委任,受教廷传信部管理并对教宗直接负责,而不必对葡萄牙王室负责。[3]此后,教廷在远东创建了六大宗座代牧区,包括中国的福建宗座代牧区和南京宗座代牧区。[4]教廷还与法国达成密切合作,支持巴黎外方传教会等修会前往远东地区发展,打破葡萄牙、耶稣会在远东一家独大的局面;法国则提供经费和政治上的支持。由此形成了葡萄牙主导的远东传教区(果阿总主教区为代表)、耶稣会为代表的修会势力以及罗马教廷(传信部、宗座代牧等)"三足鼎立"、多方博弈的局势。[5]而这些教廷与其他修会、欧洲国家及教会势力内部的斗争,也在相当程度上影响了康熙年间"礼仪之争"的走向。在教廷、法国等外部势力冲击与葡萄牙自身国家实力衰落的情况下,1857年,葡萄牙与罗马教廷签订政教公约,放弃保教权,仅保留澳门主教区为辖地。[6]不过,令教廷始料未及

① 顾卫民:《葡萄牙海洋帝国史(1415—1825)》,上海社会科学院出版社2018年版,第92—93页。

② 张国刚、吴莉苇:《中西文化关系史》,高等教育出版社2006年版,第352—353页。

③ 郭丽娜:《巴黎外方传教会与天主教的中国本土化历程》,《汕头大学学报》2006年第1期,第49—52、91页。

④ 张国刚、吴莉苇:《中西文化关系史》,第358页。

⑤ 范若兰:《"保教权"之争:16—18世纪天主教在南海区域初期传播的多重矛盾及影响》,《东南亚纵横》2021年第4期,第29—39页。

⑥ 罗光主编:《天主教在华传教史集》,征祥出版社1967年版,第303页。

的是，法国的入局虽然削弱了葡萄牙的保教权，但法国自身却也在追求和建立着新的保教权。

（二）法国"在华保教权"的形成与扩张

1536年（一说1535年），法国与奥斯曼土耳其帝国缔结条约共同对抗哈布斯堡王朝。此后双方多次修约，于1740年的第七次增约中规定，在土耳其境内的法国人和天主教徒均受到此条约保护。根据该条约，法国取得了"天主教保护权"，并因此认为自己是"近东天主教的保护者"。[①]对此，罗马教廷同意，如果近东地区教会与土耳其发生纠纷，由法国方面代表教会与土耳其方面进行交涉。但是，对于近东地区教会的内部问题，仍由教宗直接派遣的宗教代牧处置。法国在华保教权的形成，可以视为其在近东地区保教权的仿效与延展。但是，法国在华保教权与其近东保教权有所不同：法国长期禁止罗马教廷向中国派出宗座代牧，因而垄断天主教在华的教务、交涉等特权。[②]法国在华保教权与葡萄牙远东保教权也不相同：就其性质与来源而言，葡萄牙远东保教权基于一系列教宗谕令与葡西条约，与传教区国家没有直接关系，但法国的在华保教权却是通过与中国直接缔结一系列条约而形成的"条约特权"。[③]

关于法国对华政策，尤其是保教权、天主教问题的"特殊性"，《黄埔条约》的法方签订者拉萼尼（Théodose de Lagrené）指出："从商业贸易方面来看，英国和美国人并没给我们留下什么事情可做。然而，从精神和文化方面来看，我认为该轮到法国政府运筹决策和采取行动了。"[④]因英美在经济利益方面已经占得先机，且英美重视通商贸易的繁荣和资本主义世界市场的发展，法国在经济竞争方面并无特殊优

---

① 吕颖：《晚清时期法国在华保教权的演变（1844—1907）》，《世界宗教研究》2020年第5期，第135—145页。
② 顾卫民：《晚清政府与罗马教廷关系史略》，载丁日初主编：《近代中国》（第七辑），立信会计出版社1997年版。
③ 罗光：《教廷与中国使节史》，传记文学出版社1983年版，第178页。
④ 卫青心：《法国对华传教政策》（上卷），黄庆华译，中国社会科学出版社1991年版，第316页。

势,甚至存在劣势。因此法国独辟蹊径,借助其"天主教保护者"的特殊身份,通过攫取宗教特权、强化宗教政策和传教,在宗教、文化层面扩大法国在华的影响力,从而最终获得更大的殖民利益。[①]有学者考证,法国依靠扶持天主教在华扩张的政策,取得了两方面的政治、经济利益:一是借助天主教在中国农村地区的传播,法国虽然没有从与中国的对外贸易中获得太多优势,但在中国庞大的农民群体中获得了更多影响力;二是天主教会一跃成为中国农村地区的大地主,其在农村各处攫取了数量庞大的地产、教产,在近代中国,除军阀、官僚资本主义等控制的大地产外,天主教会是另一种大地产拥有者,此乃英美国家、新教团体所远不能比。[②]对此,法国达古伯爵(Bernard d'Harcourt)曾评论道,虽然在商贸方面法国与英美相比居于劣势,但法国在华的"声望","虽不一定高于,但至少应当是和大不列颠相当的。法国需要利用宗教因素,来挽回其在商贸领域上的损失"[③]。

通过比较法国在华保教权取得的"成果"可见,法国虽未获得超过英美的经济利益,但其在中国社会尤其是"教案"中的影响力,确实是占据首要位置。据学者统计,从1845年宁波教案(法国传教士租房案件)[④]开始到1910年长沙教案为止,在65年间,中法之间或法国方面参与的教案高达524起,在同期列强中居于首位。[⑤]这体现了法方对教案的影响力,也是法国在华保教权对教案国际法治理机制影响的一种折射。

法国获得在华保教权的"依据",一般认为是从《黄埔条约》开始

---

① 王晓焰:《19世纪上半叶法国对华政策的主要特征》,《首都师范大学学报》(社会科学版)1999年第2期,第66—71页。

② 王晓焰:《19世纪上半叶法国对华政策的主要特征》,第66—71页。

③ Bernard d' Harcourt, "La Première Ambassade de France en Chine:M.De Lagrenéet L'édit de 1844", Revue des Deux Mondes (1829—1971), Seconde Période, vol.39, no.3 (Juin 1862), p.673.

④ 中国第一历史档案馆、福建师范大学历史系合编:《清末教案》(第1册),中华书局1996年版,第22—23页。以下简称《清末教案》(第1册)。

⑤ 赵树好:《晚清教案交涉研究》,第117—118页。

的。①中法《黄埔条约》的第22—24款就传教问题做了如下规定：其一，允许法国人在条约口岸修建教堂，破坏教堂者将被地方官"重惩"；其二，列强在华领事裁判权制度的普遍性规定，违反禁令进入中国内地的法国人，由法国领事官"收管"；其三，关于法国人在条约口岸学习中文、中国文化，以及允许买卖中西书籍等文化交流、出版媒介方面的普遍性规定。②如上一节所述，此时清朝尚未"弛禁"天主教，而西人也不被允许进入内地，条约中更无关于传教权的只言片语，此时法国所谓的保教权尚处于雏形阶段。③

道光二十五年十二月二十日（1846年1月17日），法国使节向清政府发出照会，请求在中国解禁天主教，并且发还禁教期间被罚没的教堂。④据"军机处上谕档"，道光二十六年正月二十五日（1846年2月20日），道光皇帝发布著名的弛禁天主教上谕，其中规定：其一，天主教并非邪教，不再查禁；其二，将康熙年间以来没收的且尚有原房的"天主堂"，还给该处的"奉教人"；其三，外国人一概不准前往内地传教。⑤据此上谕，原天主教教堂并不发还法方，法方也不享有追索教堂的权利。查据《清末教案》，法方正式要求"索还南北二堂"并发出外交照会的时间是咸丰十年九月二十二日（1860年11月4日）。⑥其后获得上谕朱批的时间，是在第二次鸦片战争后的咸丰十年九月二十六日（1860年11月8日）。⑦各类"还堂案"的高发期，实际是在第二次鸦片战争清政府战败后，尤其是中法《天津条约》《北京条约》后。

此外，还有学者关注到，1846年道光帝"弛禁天主教"上谕中，将

① 吕颖：《晚清时期法国在华保教权的演变（1844—1907）》。

② 王铁崖编：《中外旧约章汇编》（第1册），第62页。

③ 郭卫东：《清朝禁教政策演变的若干问题》，《安徽史学》2000年第1期，第38—44页。

④ 《清末教案》（第1册），第15页。

⑤ 《着两广总督耆英等将旧建天主堂给还奉教之人并地方官不得滥行查拿教徒事上谕》，道光二十六年正月二十五日，载中国第一历史档案馆编：《鸦片战争档案史料》（第7册），天津古籍出版社1992年版，第631页。

⑥ 《清末教案》（第1册），第180页。

⑦ 《清末教案》（第1册），第179页。

"天主堂"还给的是"奉教之人"而非外国教会势力（如教会、传教士等）。考虑到此上谕中又严禁外国人进入内地传教，则此处的"奉教人"只能是指中国信徒。但在实际执行过程中，传教士却要求各地方官员将教堂先转交给法国领事，再由法国领事转交给各地教徒，如此一来，"各地教产实际上变成了法国政府和教会的教产了"，传教士们则充当了这种财产转移的"白手套"。[①]

综上可见，1846年所谓的弛禁上谕，并没有在法理上认可法国的保教权，也未给法国更多的"护教特权"。所谓天主教弛禁，是指内地民人可以信奉天主教，但不代表传教士可以进入内地传教；至于教堂的发还，则是作为一种"内政"去处理的，即将教堂发还给中国内地的基督徒，而非还给外国教会。在这个阶段，法国的保教权并未确立成型或发挥重大作用。[②]

法国的保教权真正在华产生重大影响，应该是在第二次鸦片战争之后，清政府与列强签订的《天津条约》和《北京条约》中。1858年，中法《天津条约》第8款中确定了外国人入境的执照制度，传教士进入内地也需要执照，而天主教传教执照事实上由法国统一发放；第13款则规定，拥有执照的传教士可以进入内地传教，中国人也可以自由信教。[③]

1860年，中法《北京条约》第6款规定：其一，重申中国人可以自由传习基督教；其二，赔偿此前对教会教产的财产性损害，"交法国驻扎京师之钦差大臣，转交该处奉教之人"[④]。此处明确规定了，返还的教产由法国驻京特使转交于各地教徒，这不同于前一阶段即1846年道光弛禁上谕中的规定，返还教产由内政问题逐渐演变为外交、宗教问

---

① 刘正祥：《晚清时期的法国天主教对华传教政策》，《中共四川省委党校学报》2003年第1期，第90—94页。

② 也有学者认为，法国从1846年弛禁天主教上谕中获得了"索回教会地产的权利"。参见吕颖：《晚清时期法国在华保教权的演变（1844—1907）》。

③ 王铁崖编：《中外旧约章汇编》（第1册），第106—107页。

④ 王铁崖编：《中外旧约章汇编》（第1册），第147页。

题,从而给法国保教权的介入留下了广阔空间。

此外,虽然1857年葡萄牙与罗马教廷签订公约放弃自身的保教权,但这个阶段法国在华的保教权并没有受到教廷公开、正式的认可。[①]如学者所论,此时法国的所谓在华保教权既不是罗马教廷公开批示的,也不是国际条约或清朝国内上谕等正式认可的,更多的是法国自封和攘夺的,即凭借自身实力(主要是武力、军事力量)强行从中国掠夺而来的"事实权利",本质上仍是列强侵华而获得一种特权,甚至并非受明文规定的"条约权利"。[②]

关于法国在华保教权的问题,在国际社会与清政府内部,均有要员质疑。李鸿章指出,1858年中法《天津条约》中虽有关于执照的条款,"但指明传教请执照一层,并未载明天主教归法国管辖保护等语"[③]。李鸿章一针见血地批评,关于执照制度,虽然载明传教必须要有执照,但执照发放、传教士管理、天主教会保护等问题,条约中均未约定。德国驻华公使巴兰德(Max von Brandt)同样否定法国在华保教权的条约依据,他强调中法签订的《天津条约》《北京条约》中只规定了法国有权保护自己国家的传教士,并无"法国保护他国在华传教明文"。他还进一步批评,"同治四年中比定约第十五款"与中法《天津条约》第13款相同,莫非比利时也取得了在华保教权不成?[④]就连罗马教廷方面都曾发出过否定法国在华保教权的暗示,其在1885年2月致光绪皇帝的信函中提到:请光绪皇帝"保护欧洲传教士和(中国)教民";"在中华帝国居住并传播福音的教士都是受罗马教宗委派的,教宗赋予他们使命、重托和一切权力"。[⑤]在信中,教廷一方面请求由清朝皇帝庇护天主教,另一方面又指出传教士是由罗马教宗派遣、

---

① 罗光主编:《天主教在华传教史集》,第303页。
② 董丛林:《晚清教案危机与政府应对》,第246页。
③ 顾廷龙、戴逸编:《李鸿章全集》(第34册),安徽教育出版社2008年版,第47页。
④ "中央研究院"近代史研究所编:《教务教案档》(第五辑),近代史研究所1977年版,第14—15页。
⑤ 卫青心:《法国对华传教政策》(下卷),黄庆华译,中国社会科学出版社1991年版,第721页。

对教廷（而非法国）负责的，这不啻对法国在华保教权隐性的不满与排斥。

由此可见，所谓的法国在华保教权，如保护全体在华天主教教会势力、发给天主教传教士护照、代为与中国展开外交交涉等特权，其法理原则和法律根据上存在严重瑕疵。与其说是条约特权，不如说是事实特权，即凭借自身实力攫取，而非由至少在当时看来"合法"的程序所缔造。

（三）法国在华保教权对教案国际法治理机制的影响

尽管存在上述诸种问题，法国在华保教权确实对教案的法律治理产生了重要影响。以光绪二十年（1894 年）法国驻华公使发给其本国传教士林懋德的执照为例，该执照中载明："请烦大清执政大臣及各省文武官员、边疆大吏，自此以后，教士林公在直隶省内来去传教居住，无论何处租买田地、建造天主堂屋宇，均听其便，丝毫不准留难，当以宾礼相待，并望随时照料，切勿袖手傍观。"①区区一名传教士在直隶省内的活动，就需要上至执政大臣、下至封疆大吏的照顾，待以"宾礼"，可见传教士的嚣张气焰和特权地位，也可以看出传教士借本国势力而攫取的教权之烈。传教士们的这些教权、特权，无疑深刻影响了教案法律治理机制的运行和晚清时局，无怪乎陆宗舆在 1905 年时发出哀叹："今中国有一教案，小则革斥地方官，大则牵动督抚。督抚者，天子畀以数千里之地，而予以行政之大权者也。其身系数十兆生民之安危，而以区区一教民引责。是实自开侵侮之门，而放弃一国法政之大权。"②像各省督抚这样的重臣大员，且不说在清代的高级政治身份，按其政治职能而言，也应当负有保全一方百姓与疆土等重任。然而，即便些小教案、一介教民之事也要惊动督抚，这不仅是列强的侵侮，也是对大员们本该承担的军政要职的妨碍。其折射的实质，就在于法国以在华保教权深刻影响中国政治、社会、文化、法律等各方

① 庄建平编：《近代史资料文库》（第六卷），上海书店出版社 2009 年版，第 346—347 页。
② 陆宗舆：《立宪私议》，《东方杂志》1905 年第 2 卷第 10 期，第 167 页。

面的运转。①

综上，法国在华保教权的实质内容可以分为三个部分。其一，作为一种事实权利，由法国向各国天主教传教士发放传教执照，从而几乎垄断了天主教在华的传教权，这其实是一种教务特权。其二，作为一种外交和司法特权，法国在华保教权与其在华的领事裁判权相结合，拥有法律上对天主教教会、教士、教民的管辖权与保护权。因保教权对天主教的保护属性，法国积极运用领事裁判权参与到教案中，对教方予以事实上的保护（袒护）。其三，利用法国作为"保教国"的宗教政治双重身份干预中国事务，以在华保教权为名，以武力为后盾，以国家权力主动参与教案治理，名为保教，实为获利。②

根据这些保教权的内容，领事裁判权与在华保教权互为依托，而教案的国际法治理机制亦深受影响。第一，借助领事裁判权，外国教会势力经常不受中国法律管辖，如传教士在中国犯有民刑事等案件，往往移交该国领事管辖。第二，由于在华保教权规定的法国在发给传教执照等教务问题上的特权，针对在中国引发的教案，天主教会势力不仅可以向本国求助，还可以向法国寻求保护，而法国再动用其领事裁判权，对教方进行保护。第三，由于保教权对于天主教在传教、教务、教产、教士等各方面的"保护"作用，教案或涉案教方当事人移交法国处理后，往往可得到袒护了事，这反而加剧了民教冲突和社会矛盾。③第四，领事裁判权和在华保教权，都是将内政问题外交化，法律问题国际政治化。教案本来是法律案件，应该按照国际法和国内法机制治理，但法国等列强的干涉使得教案从法律案件变成了国际政治事件，将中国对中国教民进行治理的内政问题变成由传教士、领事甚至公使参与的外交问题。而这些国际政治事件和外交问题，如果清政府不能"妥善处理"即做出最大的让步，则有可能演变成武力冲突，如

---

① 顾长声：《传教士与近代中国》，上海人民出版社 1991 年版，第 100—101 页。

② 任继远：《河北天主教史》，宗教文化出版社 2016 年版，第 174—175 页。

③ 王晓焰：《19 世纪上半叶法国对华政策的主要特征》。

第二次鸦片战争即以"西林教案"为借口。①第五，随着领事裁判权和保教权对中国主权的侵蚀，不仅外国教会势力得到列强保护，即便是中国教民，也可以通过信教参与到"条约关系"之中，从而受到清廷的"依约保护"，这进一步降低了清政府的权威。②综上，由于领事裁判权和法国在华保教权等各类列强特权的存在，教案的国内法治理机制运行障碍重重，而国际法治理机制为主导的模式又存在袒护教方、加剧民教冲突、削弱清政府权威的问题，进而影响人心向背，加剧了清末的社会危机。

关于法国在华保教权的结局，1901年，法国议会批准《反教权法案》，与天主教会关系恶化；1904年，法国政府宣布与罗马教廷断交；1905年，法国颁布政教分离法令；1907年，法国认定其在华保教范围仅限于本国教会、教士。③至此，法国在华保教权落下帷幕。

结语

从制度层面考察教案的国际法治理机制，可以将第二次鸦片战争和庚子国变作为两道分水岭，划分出三个阶段。

第一阶段，在《南京条约》签订之后到第二次鸦片战争期间，因外国教会势力被禁止进入中国内地传教，从条约权利的法理出发，行权空间上，教会的宗教活动被限定于各通商口岸之内；行权对象上，仅允许外国人自行信教，未有明文允许教会向中国人传教。在这一阶段，条约制度中关于传教条款的规定不多。其中真正带有外国教会特权即"教权"性质的条款，应属1844年中法《黄埔条约》第22款中的"重惩"规定："倘有中国人将佛兰西礼拜堂、坟地触犯毁坏，地方官照例严拘重惩。"④在本阶段的历史时期中，国内法治理机制对教案的

---

① 宗民：《条约中的近代中国》，人民文学出版社2018年版，第244—247页。
② 任继远：《河北天主教史》，第176页。
③ 乔治·杜比编：《法国史》（下册），吕一民等译，商务印书馆2010年版，第1161—1178页。
④ 王铁崖编：《中外旧约章汇编》（第1册），第62页。

法律治理仍具有主导作用。

第二阶段，清政府因第二次鸦片战争与列强签订了一系列"天津条约"和"北京条约"，传教条款数量大为增加。其中，以中法《天津条约》和《北京条约》为标志，教权获得极大扩张。1858年中法《天津条约》规定：第一，就宗教性质而言，天主教是劝善正教而非邪教；第二，传教士可以凭执照进入内地传教；第三，明确了中国人信奉天主教的宗教权利，而由于这种宗教权利为条约制度所保护，中国人的"信教自由"也成为一种条约权利，受条约法理的约束与管辖；第四，清政府废除所有明文禁教的法律规定，这是对天主教合法性在国内法上的确认。[①]1860年中法《北京条约》则继续对教权做出扩充性规定：第一，重申道光帝1846年弛禁天主教上谕的有效性，为天主教的传习权和各类教产的索赔权确立国内法保障；第二，扩大了"还堂"范围，"赔还"的教产不仅限于教堂，还包括"学堂、茔坟、田土、房廊等件"，这为教会势力滥用索赔权进行勒索、要挟创造了条件；第三，中文本第6款中还以欺诈手段规定了天主教会的"内地置产权"，这既成为一种事实权利，日后更通过"柏尔德密协议""施阿兰协议"等变为"法定权利"。[②]可见，在本阶段，教案的国际法治理机制日益居于主导地位，对教案的法律治理发挥着重大影响。

第三阶段，庚子国变后，清政府与列强签订了《辛丑条约》及一系列"通商行船条约"。[③]根据1901年《辛丑条约》第2、10款等规定，外国教会的特权地位得到了空前强化：第一，严厉镇压国内各类反教势力，对官绅士民的反教行为均予以重惩；第二，禁止中国人成立或参加任何反对、反抗列强势力的会党，从法律根源上认定所有反教行为的非法性，并对违犯者直接处以"斩刑"，用严刑峻法维护列强与教会势力；第三，加强清政府对列强势力、教会势力的保护义务，将对外

---

① 王铁崖编：《中外旧约章汇编》（第1册），第107页。
② 王铁崖编：《中外旧约章汇编》（第1册），第147页。
③ 王铁崖编：《中外旧约章汇编》（第1册），第1007页。

国教会、教权的保护上升为政治和法律责任。[①]根据《辛丑条约》,不平等条约体系在中国攫取的特权达到巅峰,条约制度对教权的规定与维护也日臻极致。不过义和团运动以后,列强也认识到,对教案的治理不能完全依赖于条约制度与教会特权,因此,1902年中英《续议通商行船条约》第12款规定,如果中国可以按照西方法律制度"变法修律",英国愿意放弃治外法权。[②]领事裁判权是外国教会借以维系自身特权地位的重要条约权利:以列强势力为后盾,以条约为法理依据,教会势力不仅拥有不受中国司法管辖的特权,而且可以主动干预各类教案的诉讼、审理、判决等司法活动,因此该项特权对教案的法律治理影响极大。英国在条约中做出放弃领事裁判权的承诺,虽有敷衍意味,但仍客观促进了"清末新政"的实施,影响了中国法律近代化的进程。1903年签订的中美《通商行船续订条约》更是直接规定,"教士不得干预中国官员治理华民之权"[③],对教权做出了限缩性规定,使教案的法律治理机制逐渐重新走向国内法主导的治理模式。

此外,对于教案国际法治理机制的考察,还应注意到法国在华保教权所发挥的特殊作用:不同于英美国家,法国力图凭借天主教的作用取得在华的宗教、文化影响力,以攫取更大利益。因此,法国通过一系列条约、外交交涉和政治策略,逐步确立了其在华的保教国地位,即凡与天主教会相关的教务教案,法国均有予以保护的权利与义务。法国因而极大影响了教案的法律治理,成为与教案关联最大的列强国家。

从文化层面考察教案的国际法治理机制可以发现,中国古代形成了独特的天下观与华夷观,并因之而具备了怀柔远人的思想,产生了羁縻、化外人治理等治理观念、治理模式和治理体系。这种天下中国观的文化传统、由此形成的柔远观念以及其具象化于中华法系各类法律典章中的羁縻制度、化外人之治等法律内容性规定,也沿用于近代

---

① 王铁崖编:《中外旧约章汇编》(第1册),第1007、1018—1019页。
② 王铁崖编:《中外旧约章汇编》(第2册),第109页。
③ 王铁崖编:《中外旧约章汇编》(第2册),第187—188页。

中国以来对条约制度、不平等条约体系的思考、处置与因应之中。晚清政府最初对国际法、条约法尚处于蒙昧的认知之中，便依据华夷之辨的思维而对"远人"进行羁縻；随着时局日益严峻，清廷又从怀柔远人、羁縻夷狄的治理思路，转向诚信、守约，以信守条约为持平处理中外交涉的根据；进而发觉中外所立条约的实质是不平等条约。由此，治理思路和机制便开始由守约而转向修约，力图通过法律近代化改革，废除不平等条约，争取使中国在国际社会中与列强处于平等地位。

纵观清政府对教案治理的沿革变化，先是用怀柔、羁縻、驾驭夷狄等传统文化心理和政治手段予以应对，并长期维持着天朝上国的观念。条约制度在中国逐渐发展成型之后，清政府便结合国际法与国内法对教案予以治理，但因列强势力的干预，教会特权愈发强大，清政府对教案法律治理的努力仍不脱条约制度下的束缚，是为"无奈的治理"。庚子国变以后，清政府施行新政，改革法律与政治制度以求撤废领事裁判权、恢复司法主权，力图让教案从以条约为依据的国际法治理机制的主导下回归到正常的国内法治理机制中，从而使教案治理内政化、法律化。尽管终清一代未能彻底解决教案问题，但应当看到，清政府对教案问题并非仅是逆来顺受、疲于应对，而是努力诉诸各种机制进行治理。

条约设置专家机构的解释权威——以解释共同体为视角

张恺强 *

引言

20世纪以来，随着社会的功能性分化，国际法分成多个高度专业化的自主领域。[①]由于每个领域都形成了自己独特的原则、目标、利益与"精神特质"，[②]为保证该领域的高效运作，需要具备特定专业知

---

* 张恺强，联合国上诉法庭顾问。

① 卢曼（Niklas Luhmann）的"社会系统论"将现代社会随着复杂性提高的演化分为三个阶段：片段式分化（segmentary differentiation）、层级式分化（stratificational differentiation）与功能性分化（functional differentiation）。功能性分化以"社会功能"为导向，形成"运作封闭、认知开放、彼此独立、相互耦合"的各个功能子系统（政治、经济、法律、科学、宗教、教育、艺术等）。参见尼克拉斯·卢曼：《法社会学》，宾凯、赵春燕译，上海人民出版社2013年版。"自主领域"出自国际法委员会（International Law Commission）2006年关于国际法不成体系问题的描述，委员会还把高度专业化的国际法领域形象比喻为"相对自治的盒子（box）"。International Law Commission (ILC), "Fragmentation of International Law: Difficulties Arising from the Diversification and Expansion International Law, Report of the Study Group of the International Law Commission. Finalized by Martti Koskenniemi", UN Doc A/CN.4/L.682 (13 April 2006), para 245.

② ILC, UN Doc A/CN.4/L.682, para. 247. 社会与法律系统的精细分化还带来了"认

识的行为者提供意见和决策。如马克斯·韦伯所言,当社会问题被分配到精细分化的领域处理时,具有特定专业知识的专家将起到越来越重要的作用。[1]在多元功能领域发展的背景下,国家选择在海洋、环境、人权、军控以及医疗卫生等多边条约框架下设置专家条约机构(treaty-based expert body,以下简称"专家机构"),后者通过监管国家对条约的实施与适用,[2]实现海洋治理、环境保护、人权发展、军备控制、疫情防控等目标。

专家机构并非国际组织或其机关,不由各国外交代表组成,而是由在所属领域有高度专业知识及声誉的专家以个人身份任职,因此相对独立于提名国的指示和约束。[3]当前实践较为丰富且运作相对成熟的专家机构有联合国核心人权公约设置的人权条约机构、《联合国海洋法公约》第76条设立的大陆架界限委员会、多边环境条约遵约机制下的遵约委员会、《麻醉品单一公约》第5条设定的国际麻醉品管制局、《禁止为军事或任何其他敌对目的的使用环境致变技术公约》第2条设置的专家协商委员会等。

虽然专家机构的定位是专业的科学机构,且设置初衷是监督条约实施,但他们在适用条约时经常解释法律文本。一方面,部分专家机构在成员的遴选条件中特别要求"一些具有法律经验的人士"的参与,[4]这赋予了专家机构处理法律问题的潜在能力;另一方面,条约解

知碎片化":海洋、环境、人权、军控、外交以及医疗卫生等功能领域逐渐形成独特的运行机制与意识形态,复杂而精细的专业知识让每个领域形成自己的"行话",导致不同领域的行为者愈发难以沟通。

① 参见 John S. Dryzek, *The Politics of the Earth Environmental Discourses*, Oxford University Press, 2013, p. 91。

② 参见 Geir Ulfstein, "Treaty Bodies and Regimes", in Duncan B. Hollis (ed.), *Oxford Guide to Treaties*, Oxford University Press, 2012, p.431。

③ 参见 ILC, Draft Conclusions on Subsequent Agreements and Subsequent Practice in Relation to the Interpretation of Treaties, 2018, pp. 106–107. https://legal.un.org/ilc/texts/instruments/english/commentaries/1_11_2018.pdf (最后访问时间:2022年4月1日)。

④ 例如,《公民权利和政治权利国际公约》第28(2)条;《禁止酷刑和其他残忍、不人道或有辱人格的待遇或处罚公约》第17(1)条;《保护所有人免遭强迫失踪国际公约》第26(1)条;《关于与〈京都议定书〉规定的遵约有关的程序和机制的第24/CP.7号决定》第5节第3

释和适用的不可分割性使得专家机构在行使职权时"不得不"解释法律。[1] 专家机构条约解释的形式多种多样,包括"意见"[2]"建议"[3]"评论"[4]"措施"[5]以及"后果"[6],称呼的差异主要取决于设置该专家机构并赋予其职能的条约措辞。自2018年联合国国际法委员会在《与条约解释相关的嗣后协定和嗣后实践的结论草案》(以下简称《结论草案》)中统称专家机构的条约解释为"声明"(pronouncement)后,[7] 这一称呼被后续学者接纳。[8]

然而,作为条约解释的"新晋主体",专家机构做出的条约解释声明的性质和地位一直模糊不清。首先,专家机构普遍认为自己的解释具有较强的法律效力。例如,人权事务委员自诩为《公民权利和政治权利国际公约》的权威解释者(authoritative interpreter)。[9] 大陆架界限委员会的拉尔文斯·阿沃西卡(Larwrence Awosika)委员在2022

段 (FCCC/CP/2001/13/Add.3);《关于〈奥尔胡斯公约〉审查遵约情况的第I/7号决定》第一节第2段 (ECE/MP.PP/2/Add.8)。

① 参见 Anastasios Gourgourinis, "The Distinction between Interpretation and Application of Norms in International Adjudication", *Journal of International Dispute Settlement*, vol. 2, no. 1 (2011), pp. 31–57。

② 参见《公民权利和政治权利国际公约》第42(7)条;《公民权利和政治权利国际公约任择议定书》第5(4)条;《经济、社会及文化权利国际公约任择议定书》第9(1)条。

③ 参见《消除一切形式种族歧视国际公约》第9(2)条;《儿童权利公约》第45(d)条;《保护所有人免遭强迫失踪国际公约》第33(5)条;《联合国海洋法公约》第76(8)条。

④ 参见《禁止酷刑和其他残忍、不人道或有辱人格的待遇或处罚公约》第19(3)条;《公民权利和政治权利国际公约》第40(4)条;《保护所有移徙工人及其家庭成员权利国际公约》第74条。

⑤ 参见《关于〈奥尔胡斯公约〉审查遵约情况的第I/7号决定》,第11节第36段,第12节第37段;《麻醉品单一公约》第14条。

⑥ 《参见关于与〈京都议定书〉规定的遵约有关的程序和机制的第24/CP.7号决定》第15节。

⑦ 参见 ILC, Draft Conclusions on Subsequent Agreements and Subsequent Practice in Relation to the Interpretation of Treaties, conclusion 13。

⑧ Danae Azaria, "The Legal Significance of Expert Treaty Bodies Pronouncements for the Purpose of the Interpretation of Treaties", *International Community Law Review*, vol. 22, no.1 (2020), pp. 33–60.

⑨ Draft General Comment No. 33 (2nd version, 18 August 2008) (CCPR/C/GC/33/CRP.3), 25 August 2008, paras. 12–21.

年清华大学"法律与科学"系列讲座中自信强调他们"用科学解释法律"[1]。2015年联合国欧洲经济委员会更新了2001年首版的《奥尔胡斯公约执行指南》，详细整理了遵约委员会自成立以来对《在环境问题上获得信息、公众参与决策和诉诸法律的公约》（以下简称《奥尔胡斯公约》）各条的解释，"为决策制定者、立法人员和政府的各级官员提供了重要参考"[2]。然而，其他国际行为者未必认可专家机构如此高的自我定位。例如，英国曾完全反对大陆架界限委员会具备条约解释的权利；[3]2004年至2012年间《奥尔胡斯公约》遵约机构的解释接受率据统计不到41%；[4]对于国际法委员会2018年的《结论草案》中关于专家机构声明对嗣后解释的贡献，大多数国家没有完全采纳。[5]还例如，国际法院虽强调应"极为重视"这些为监督该条约的适用而专门设立的独立机构的解释内容，[6]但也表示"绝无义务"遵循专家机构的意见，也从未明确回答在参考这些解释时应视其为何种依据。[7]

---

① "We do scientific readings of legal provisions." 笔者2022年协助举办了清华大学"法律与科学"系列讲座，该观点是笔者与拉尔文斯·阿沃西卡教授互动时他的原话。

② 联合国欧洲经济委员会：《奥尔胡斯公约执行指南》（第二版），2015年，https://unece.org/DAM/env/pp/Publications/Aarhus_Implementation_Guide_interactive_eng.pdf（最后访问时间：2022年4月7日）。

③ Paper Summarizing the Presentation by the United Kingdom of Great Britain and Northern Ireland to the Commission on the Limits of the Continental Shelf on Points of Legal Interpretation made on 12 April 2010.

④ Gor Samvel, "Non-Judicial, Advisory Yet Impactful? The Aarhus Convention Compliance Committee as a Gateway to Environmental Justice?" *Transnational Environmental Law*, vol. 9 (2020), p. 214.

⑤ ILC, Subsequent Agreements and Subsequent Practice in Relation to the Interpretation of Treaties, Comments and Observations Received from Governments, A/CN.4/712, paras. 121-144. 值得注意的是，中国代表提醒不要高估专家条约机构的声明对解释条约的价值，参见 *Summary Record of the 20th Meeting*: 6th Committee, held at Headquarters, New York, 24 October 2016, General Assembly, 71st session, A/C.6/71/SR.20, para. 70。

⑥ *Ahmadou Sadio Diallo (Republic of Guinea v. Democratic Republic of the Congo)*, Merits, Judgment, ICJ. Reports 2010, para. 66.

⑦ Azaria, "The Legal Significance of Expert Treaty Bodies Pronouncements for the Purpose of the Interpretation of Treaties", p. 34.

可以看出,国际法虽被视为完整的法律体系,[1]但专家机构条约解释的效力似乎在该体系中摇摆不定,并取决于其他决策者(主要是国家和国际性裁判机构)的裁量。[2]本文尝试打破当前理解专家机构条约解释效力的"国家中心"和"司法中心"束缚。专家机构条约解释除了被视为"解释方法"和"发现法律的补充资料"以外,其自身有独立的解释权威。首先,这样的权威不应取决于国家或司法机构的认可;相反,专家机构自身的组成、职能与特征保障了其解释的正当与权威,后者可以要求其他行为者的尊重。其次,本文超越条约解释的规则,将注意力集中在条约解释者的主体间关系:专家机构、国家和司法机构都是适格的条约解释主体,三者之间存在解释权威的竞争与互动。因此,本文以专家机构为切入点,尝试探索国际法中条约解释权威的分配与互动机制。最后,本文主张专家机构在履行条约解释实践时,事实上进入了该领域的条约"解释共同体",并希望通过借用这一概念描述专家机构在多解释主体间的互动过程,探索解释共同体在搭建解释交流的同时如何约束行为者的解释自由,保证条约的清晰、稳定以及规范性。

一、超越规则与权力的解释共同体

《维也纳条约法公约》第31条和第32条被视为条约解释的习惯法,[3]是解释条约的金标准,但它回避了条约解释主体对条约解释的影

---

① ILC, Fragmentation of International Law, p. 299.

② 对于更多专家机构和其他条约解释主体的互动,参见 Kaiqiang Zhang, "The Interpretive Authority of the Expert Treaty Body: From the Perspective of Interpretive Community," 23 July 2023, https://www.ilaparis2023.org/wp-content/uploads/2022/09/Kaiqiang-Zhang_The-Interpretive-Authority-of-the-Expert-Treaty-Body.pdf (最后访问时间:2024 年 7 月 30 日)。

③ ILC, "Draft Conclusions", 2018, conclusion 2.1. 也参见 *Pulp Mills on the River Uruguay (Argentina v. Uruguay)*, Judgment, ICJ. Reports 2010, p. 46, para. 65; *Responsibilities and Obligations Of States Sponsoring Persons And Entities With Respect To Activities In The Area*, case No. 17, Advisory Opinion, 1 February 2011, ITLOS Reports 2011, para. 57; WTO Appellate Body Report, *United States—Standards for Reformulated and Conventional Gasoline (US-Gasoline)*, WT/DS2/AB/R, 20 May 1996, Section III, B。

响。如要探讨专家机构条约解释的权威与效力，就需要超越以规则为中心的条约解释视角，认识到除国家和司法机构之外，依然存在其他有权解释法律的主体，并且这样的主体可以对条约的含义起到建构作用。但这样的条约解释观不是一蹴而就的。国际法学者曾将大量的研究精力放在"来之不易"的《维也纳条约法公约》解释规则上，之后开始反思"解释规则"的不足进而走向探索规则背后"权力话语"的极端。二者的关系近年来才逐渐平衡，即在承认规则重要性的同时，强调多元解释主体间的互动，以及"解释共同体"的桥梁和约束作用。

（一）思想资源：建构主义解释观

形式主义解释观忽略了解释者的能动性和偏好，让解释过程类似精准的科学计算，条约的含义在类似"制宪时刻"（Verfassungszeit）如被拍照一般定格，[①]解释者输入正确的解释公式即可读取正确的文本含义。批判主义站在另一个极端，过分强调法律之外的因素（如政治权力资源）对解释者以及解释过程的影响，忽略法律本身的内在逻辑和价值。建构主义解释观尝试将形式主义的"客观"和批判主义的"主观"有机融合，将条约解释视为"在权力和文本之间反复穿梭"的过程。[②]建构主义探讨具有解释权能的多元主体如何在怀揣利益和偏好的同时，以固定的条约文本为出发点，在互动的解释交流、竞争和妥协中说服他者，并生成条约公共的含义。[③]

建构主义者承认多元的法律解释主体。"法官知法"的司法本位与"谁有权谁解释"的权力本位都无法很好解释多元国际行为者在法律含义塑造中的角色。条约解释的场域逐渐移至国家实践或法庭之外，国际官僚机构（国际组织）、非政府组织、私主体（跨国公司）、媒

---

① Ingo Venzke, *How Interpretation Makes International Law: On Semantic Change and Normative Twists*, Oxford University Press, 2012, p. 30.

② 参见 Detlev F. Vagts, "Treaty Interpretation and the New American Ways of Law Reading", *European Journal of International Law*, vol. 4, no.4 (1993), pp. 472–505。

③ Venzke, *How Interpretation Makes International Law: On Semantic Change and Normative Twists*, pp. 224, 263.

体网络、国际行业协会、专家机构抑或是独立的学者都是条约的解释者与意义的建构者。更重要的是,他们对条约解释的建构意义应当脱离国家中心(如非国家行为体的归责)或司法中心(法庭之友)视角,强调他们在不同层次、不同场域沟通中的意义。在国际法多元主义的背景下,[1]建构主义者并不强调解释主体本身是否被赋予权能(例如是否有条约的明确授权或是暗含权利),[2]尽可能扩大解释者的范围。但另一方面,建构主义承认不同主体解释影响力的差异:正如普通学者和国际法院的解释存在不一样的影响力,而决定这一影响力的因素是行为者的解释权威(interpretive authority)。

"权威"是建构主义在比较"权力"概念后更青睐的词汇。解释者使用权力迫使他人接受自身的解释是霸权行为,完全不考虑法律的独立性和理性,是用"枪杆子"打服别人的过程。[3]但国际社会并非处于无序之中,条约的解释也并非完全取决于强国的意志。因此与批判主义不同,建构主义强调解释是行为者为了自身利益与他者进行的话语斗争,是用"笔杆子"说服他者的过程。在说服他者的过程中,解释者保持着自身的利益与偏好,但向他人兜售的确是"我的解释是正确的"的信念。[4]为了区别于权力,温茨基(Ingo Venzke)使用了"语义权威"(semantic authority)来描述行为者"淡化权力因素后"的影响力。这样的权威可以来某行为体的独立和公正性(如国际组织),也可以来自行为者自身的专业知识与经验(如专家机构),还来自该行为者可代表的民主基础(如非国家行为者)。[5]拥有解释权威的行

---

① 参见 Paul Schiff Berman, "A Pluralist Approach to International Law", *Yale Journal of International Law*, vol. 32, no. 2 (2007), pp. 301–330。

② 参见 Curtis A. Bradley and Judith G. Kelley, "The Concept of International Delegation", *Law and Contemporary Problems*, vol. 71 (2008), pp. 1–36。

③ 参见 L.V. Prott, "Argumentation in International Law", *Argumentation*, vol. 5, no. 3 (1991), pp. 299–310。

④ 参见 Venzke, *How Interpretation Makes International Law: On Semantic Change and Normative Twists*, p. 86。

⑤ 参见 Venzke, *How Interpretation Makes International Law: On Semantic Change and Normative Twists*, p. 247:"民主理念仍然是评估权威合法性的黄金标准。"

为者不仅具备塑造法律含义的能力,还能参与与其他同样具有解释权威的行为者之间的沟通过程。[①]行为者的解释权威越高,说服力越强。

应当注意,对于不同的甚至是相同的条约文本,不同的行为者的解释权威在不同的情境和场域下是变动的。换言之,没有某一解释者可以垄断任意法律文本的解释权威。问题在于,如何在变化中判断谁具有更高的解释权威? 建构主义解释观采纳了形式主义里"解释的客观性"理念,但判断解释的对错不在于客观的文本,也不在于某个强权行为者,而在于由所有具有解释权能的行动者共同组成的解释共同体。[②]在承认个体解释主观的同时,强调集体(共同体)对客观性的维护。[③]

(二)形成基础:共同理解

"阐释共同体"这一概念最早由文学理论家史丹利·费什(Stanley Fish)提出。[④]这一理念突破了文学领域"文本本体论"的依赖,即强调解释权威在文本之外。因此无论是通过文本发掘作者原意还是追求纯粹客观意义的做法,都略显幼稚。相反,读者在自身"阐释策略"(interpretive strategy)的引导下,通过阅读创造了作者的意图和文本的意义。[⑤]但阐释行为在费什眼中又不是完全"读者本位的",因为"同一读者阅读不同文本产生不同理解,不同读者阅读同一文本产生相同解读"的现象意味着在文本和读者之外,[⑥]还存在一种或引导或约束的

---

① 参见 Venzke, *How Interpretation Makes International Law: On Semantic Change and Normative Twists*, p. 63。

② Vagts, "Treaty Interpretation and the New American Ways of Law Reading", p.480. 另请参见 Ian Johnstone, "The power of Interpretive Communities", in Michael Barnett (ed.), *Power in Global Governance*, Cambridge University Press, 2005, pp. 185–204。

③ 参见 Owen M. Fiss, "Objectivity and Interpretation", *Stanford Law Review*, vol. 34, no. 4 (1982), pp. 739–763。

④ 参见 Stanley Fish, *Is There a Text in This Class? The Authority of Interpretive Communities*, Harvard University Press, 1980。为表达区别,文学领域的 interpretive community 翻译为"阐释共同体"(这也符合文学专业的翻译习惯),法学领域的则翻译为"解释共同体"。

⑤ 这是费什在"阐释共同体"理念提出之前一直坚持的"读者反应理论"。

⑥ Fish, *Is There a Text in This Class?*, pp. 2, 24, 171.

力量。这就是费什主张的阐释共同体在发挥作用。

采用同一或相似阐释策略的读者构成阐释共同体,后者是这些读者自然的集合。更确切地说,共同体"不是一群个人共享某种观点,而是某种观点或组织经验的方式共享了一批人……因此这些共同体的成员不再是个人,而是因为他们参与了社群的事业,他们的意识是共同体财产"[1]。是阐释共同体(既非文本也非读者)创造了阐释的客体、主体甚至是意义。

同时,由于读者本身所能进行的思维活动被牢固养成的规范和习惯所制约,因此阐释共同体向读者提供了理解范畴,读者的阅读将理解范畴同所面对的客体相适应。从这个意义上而言,阐释共同体制造了主体。此时,阅读所产生的意义既是主观的,也是客观的。主观是因为文本的意义不仅仅是被"阅读出来"(read-off),而是被读者主观所构建的,客观是因为读者的看法和阅读文本都被共同体的阐释策略形成的社会规范和习惯所约束。

可以说,"解释共同体"概念超越文本意图,承认个体主观,保证集体客观。但费什从未给阐释共同体下过定义,那如何界定阐释共同体的边界?费什的论证是解构且理想主义的:读者没有"正式"加入集体的环节,既没有预先签署契约,也不存在对某一特定权威的钦佩;而是当采取相同阐释策略时,就已经与共同体融为一体,这是"自然而然的事"。[2]此外,费什认为文学领域的阐释共同体不需要外在的约束性规则,因为对读者的约束是先天和结构性的(如先于读者存在的社会规范和习惯)。[3]但这一点遭到其他学者的反对,[4]尤其是将"阐释共同体"引入法律领域的法学家。

---

① Fish, *Is There a Text in This Class?*, p. 15.

② 赵毅衡:《意义标准:探索社群与解释社群》,《文化研究》2015 年第 23 辑,第 109 页。

③ 参见 Fish, *Is There a Text in This Class?*, p. 14. 费什认为,读者个体不被理解成一个独立的实体存在,而是作为一种社会结构,其活动是由向自我提供解释策略的解释共同体所限定的。

④ Fiss, "Objectivity and Interpretation", pp. 739–763; Pierre Schlag, "Fish v. Zapp, The Case of the Relatively Autonomous Self", *Georgetown Law Journal*, vol. 76 (1987), p. 36.

（三）行为标准：约束性规则

史丹利·费什在耶鲁的同事，欧文·费斯(Owen M. Fiss)将阐释共同体的理念引入法学领域，并以美国法官群体作为研究对象，探讨法律解释的群体客观性如何成为可能。与费什相似，费斯秉持着建构主义解释观，一方面反对形式主义，但另一方面又认为"解释虚无主义(nihilism)"太过头了，因此肯定个体解释的主观性时，认为所有的解释者(法官)构成同一个解释共同体，并在约束性规则(disciplining rule)的限制和共同体的权威下造就集体的客观性(objectivity)。[1]对于国内法官在解释共同体内的资格，费斯如此描述："在法律上，解释共同体是一种现实。共同体的身份不是基于任何协定，法官属于共同体也不是因为他们对某一特定的问题观点相同，而是因为他们致力于维护和推进法治的承诺……因为法官知道，如果他们放弃解释共同体的成员资格，或否认其权威，他们就失去了与法律权威对话的权利。"[2]

费什和费斯关于"解释共同体"在法学领域如何运用的分歧颇多，核心质疑是约束性规则的必要性。[3]与文学领域不同，法学的解释掺杂着价值和利益判断，[4]因此对法官的约束不能仅仅依赖共同体成员共有的理解范畴或者共同意识。相反，一套被"公认为对给定机构具有权威性的规则"是必要的，用以保证集体客观性和对抗现实主义。[5]这些规则定义了基本概念，规定了要分配给解释材料(文意、历史、意图、目的)的相关性和权重，规范解释程序以及发生的语境，等等。对于费斯而言，约束性规则类似于"语法"(rule of language)，后者约束语言使用者，提供区别规范(正确)或不规范(错误)使用语言

---

[1] Fish, *Is There a Text in This Class?*, p. 745.

[2] Fish, *Is There a Text in This Class?*, p. 746.

[3] Stanley Fish, "Fish v. Fiss", *Stanford Law Review*, vol. 36 (1984), pp. 1325–1347.

[4] Fiss, "Objectivity and Interpretation", p. 744：" 诗的阐释不同于法律的解释。"

[5] Fiss, "Objectivity and Interpretation", p. 742："约束性规则约束解释者，将解释过程从主观变为客观，并且并提供判断解释正确性的标准。"

规则的集体标准,且甚至构成语言的一部分。[1]

约翰斯通(Ian Johnstone)首次将"解释共同体"引入国际条约解释领域。[2]首先,约翰斯通划定了大小两个解释共同体,小共同体是直接对条约解释负责的主体,即国家的官员,并认为国家在签署条约时,他们就进入了一个解释共同体;大共同体是"由从事与条约实践有关的各种专业活动的所有专家和官员组成的国际社会"。其次,约翰斯通发展了解释共同体带来的主体间性(内部的法律沟通),认为条约解释不是详细论述某一概念的过程,而是在相互沟通中确定彼此都接受的含义。在解释过程中,每个参与者都必须将自己的理解传达给其他参与者,并对他们的理解保持敏感。再次,由于条约承载着缔约国多方的承诺和期望,因此在国家签署条约时,约束它们的不仅是承诺的内容,还有"主体间解释"的过程。解释过程必须被理解为"各方产生、阐述和重新定义共同的理解和期望"关系的持续。[3]最后,对于约束性规则,约翰斯通综合了费什和费斯的学说,认为解释过程受到社会规范和习惯的约束,但没有特别强调具体的解释规则。[4]

在约翰斯通看来,共同体内成员存在解释分歧很常见,但国家不应持续固执己见地"自解释",这是违背条约承诺的。如果国家依然希望条约及其背后可期待的利益得以持续,或者是维护自己的声誉,[5]

---

[1]　Fiss, "Objectivity and Interpretation", p. 745.

[2]　参见 Ian Johnstone, "Treaty Interpretation: The Authority of Interpretive Communities", *Michigan Journal of International Law*, vol.12 (1991), pp. 371–419。

[3]　在此,约翰斯通借用了波斯特玛(Gerald Postema)用"友谊"做的主体间性的比喻:朋友们会试图理解这种特殊关系对"我们"来说意味着什么,不是对我们每个个体,而是对我们彼此……朋友的共同生活会产生共同的感知、共同的视角和共同的话语。友谊的最终特征不是个人的同情,而是共同的深思熟虑。参见 Gerald Postema, "'Protestant' Interpretation and Social Practices", *Law and Philosophy*, vol. 6 (1987), pp. 309–310。

[4]　约翰斯通提出国际条约解释的解释共同体理论后两年,瓦格茨(Detlev F. Vagts)划定了国际法中解释共同体的四个标准:(1)通用或背景共识——分享一种语言和担忧,并参与"相同形式的生活";(2)关于共同体成员共享的实践边界的协议;(3)对实践中"真理"命题的共同认识;(4)对文本的存在和解读达成最低限度的共识。Vagts, "Treaty Interpretation and the New American Ways of Law Reading", pp. 472–505.

[5]　Johnstone, "Treaty Interpretation: The Authority of Interpretive Communities", p. 390.

那么它们就应当且会遵守共同体的规矩。换言之，只要各方继续从事符合条约体系或共同体惯例和宗旨的解释活动，这种关系就继续存在。当一个国家提出了"明显错误的"解释时，他就不被视为共同体的一员。而当国家间的分歧危及条约的存续本身时，条约关系将可能不复存在，解释共同体也会随之瓦解。[①]

（四）知识网络：专业知识作为核心资源

自从约翰斯通用解释共同体的讨论条约解释问题后，这一概念替代了"看不见的国际法学院"(invisible college of international law)，成为描述某一集体关系或成员资格时的方便表达。[②]学者在用"解释共同体"描述不同行为者之间的互动关系时，划定共同体的方式愈发依赖条约关系，即一个条约造就一个共同体。[③]后续随着21世纪对国际法不成体系问题和"自主领域"发展的研究承认，专业知识成为共同意识的基础，解释共同体的构成与专业领域紧密联系。例如安德烈亚·比安奇(Andrea Bianchi)将研究使用武力问题的学者以及"公开表达自己对任何特定问题的立场来影响公众舆论"的知识分子纳入解释共同体范畴。[④]环境领域专家构成的共同体也被重点研究过，这是由"进行环境影响评估的环境专家"构成的网络，存在专业的期刊、组织、会议和研究设施。[⑤]

由于领域对专业知识的要求越来越高，[⑥]以约翰·鲁格(John Ruggie)和彼得·哈斯(Peter Haas)为代表的一众学者开始研究知识

---

① Johnstone, "Treaty Interpretation: The Authority of Interpretive Communities", p. 385.

② Oscar Schachter, "Metaphors and Realism in International Law", *American Society of International Law Proceedings*, vol. 96 (2009), p. 269.

③ Michael Waibel, "Interpretive Communities in International Law", in Anrea Bianchi et al. (eds.), *Interpretation in International Law*, Cambridge University Press, 2015, p. 152.

④ Andrea Bianchi, "The International Legal Regulation of the Use of Force: The Politics of Interpretive Method", *Leiden Journal of International Law*, vol. 22 (2009), p. 651.

⑤ Neil Craik, *The International Law of Environmental Impact Assessment: Process, Substance and Integration*, Cambridge University Press, 2008, p. 220.

⑥ Waibel, "Interpretive Communities in International Law", p. 148: "领域的形成往往伴随着不同的认知和解释群体的出现"。

和专家在共同体中的独特地位，对知识和信息的控制开始被视为权力的重要方面。学者们开始考察基于知识的专家网络及其形成的共同体在阐明复杂问题的因果关系、帮助各国确定其利益、为集体辩论制定问题框架、提出具体政策以及确立谈判要点方面所起的作用。基于此种思考，哈斯提出了"认知共同体"（epistemic community）的概念，后者是"一个由专业人士组成的网络，他们在某一特定领域拥有公认的专业知识和能力，并对该领域或问题领域内的政策相关知识有权威的主张"[①]。在共同体内，除了成员共享主体间的理解，拥有共同的认知方式、推理模式、因果理念、政策和实践项目外，知识为共同体成员提供了一套共同的规范性、原则性信念和共同概念。这些理念提供成员行为的价值基础，并衡量和验证成员行动是否可以提升人类福祉。[②]

可以说，认知共同体丰富了解释共同体的内涵，并为后者带来了以知识为核心资源的理念，强调专业人员在共同体中的作用。拥护认知共同体的学者将国际法研究的视野放在跨国、国家决策者以及国际机构上，认为影响政策变化的核心因素是知识和信念，辩护的渠道是对信息的掌控和散发，主要行为者是认知共同体以及独立的国家。[③]瓦伊贝尔（Michael Waibel）认为认知共同体与自主领域共同演化，前者为后者发展出判断行为和理性的标准。领域内的行为者之间的累计学习和沟通将导致历史、政治和社会背景，偏好以及世界观的共享，这些都潜移默化地影响着条约解释的结果。

建构主义解释观和解释共同体的思想对理解专家机构的条约解释权威至关重要。一方面，只有认识到除了司法机构和国家以外还

[①]　Peter Haas, "Introduction: Epistemic Communities and International Policy Coordination", *International Organization*, vol. 46 (1992), p. 3. 约翰·鲁格对认知共同体的定义是：看待社会现实的主导方式、一组共享的符号和参考、相互的期望和意图的相互可预测性。认知共同体可以说是由相互关联的角色组成的，这些角色围绕着一个"知识"而演变。参见 John Ruggie, "International Responses to Technology", *International Law Organization*, vol. 29, no.3 (1975), pp. 569–570。

[②]　Ruggie, "International Responses to Technology", p. 3.

[③]　Ruggie, "International Responses to Technology", p. 6.

存在条约解释者，并且承认专业知识作为解释互动中的核心资源，才会将以技术官僚为角色的专家机构视为解释主体并探索其解释权威。另一方面，只有将塑造条约规范性的认知从条约制定者切换到解释者间的互动，才能超越传统法渊源的角度，理解专家机构在解释共同体中如何与其他解释主体互动、竞争、相互尊重与妥协。

二、专家机构解释权威的获得

专家机构的条约解释权威不应来自法院对其解释声明的使用或依赖，也不应来自国家的认可或遵循——这两种"效力"建立在描述性的基础上，认为法院和国家（传统国际法的解释主体）对是否尊重专家机构的解释依然具有裁量权，或更准确来说是否决权。但如前所述，本文要探索的是专家机构解释声明的规范性意义。所谓条约解释的规范性，既可以理解为"有效性"（validity），①也可以视为"义务感"（sense of obligation），核心是使规则具有约束力的力量，②是"一个行动者利用制度和话语资源促使他人顺从的能力"③。因此，不是因为国家或司法机构认可专家机构的解释而赋予其效力；相反，专家机构的解释声明因足够权威而要求国家或司法机构予以尊重。

专家机构可被视为多元主体互动的国际社会治理中的行政力量，是"以官僚化的行政方式组织专家来管理条约所规范的领域，并强调多元私主体的参与式民主"的建构。在此种理解下，其条约解释的规范性权威将来自三个方面：专业性、行政理性（可问责性）和民主基础。

（一）专业性

如果将条约解释视为说服的过程，那么专家机构的解释权威首先

---

① Hans Kelsen, *Pure Theory of Law*, UC Berkeley Press, 1967, p. 212.

② Venzke, *How Interpretation Makes International Law: On Semantic Change and Normative Twists*, p. 6.

③ Michael Barnett and Martha Finnemore, *Rules for the World: International Organizations in Global Politics*, Cornell University Press, 2004, p. 5.

来源于其专业性。如前所述，国际法不成体系的发展巩固了自主领域对专业的要求，行为者的专业性将成为解决问题和理解社会现实的决定性资源。[①]被社会学影响的建构主义解释观一直强调思想对社会建构的影响：[②]社会行动基于知识、世界观以及规范和因果信念，影响知识就是影响现实的社会建构，从而影响行动者的行为。[③]马克斯·韦伯在1925年指出，技术官僚参与治理的本质是"用知识行使权威"[④]。而掌握专业知识的专家相信，他们作为知识智囊团应该且能够得到社会的重视和信任。[⑤]他们运用专业知识做出决策和维护秩序，完成所属领域的目标。

在国际法领域，专家机构掌握着国家官员以及法学院培养的法官无法掌握的特有知识资源：地质地貌学之于大陆架界限委员会，环境科学之于遵约委员会，以及社会科学之于人权条约机构。没有经过专门的训练或者不具备相关行业工作经验的解释者，可能无法真正读懂或理解"深海洋脊""环境影响评估"或"少数族裔"。当问题复杂且存在高度不确定性时，格外需要专业知识以辅助判断。以环境科学为例，由于科学不确定性的存在，很多当下的难题甚至无法在科学上给出确定的回答，例如气候系统下的正确反馈机制（目前科学界有20多种气候变化模型）、全球气温上升与温室气体的具体关联和归因、[⑥]转基因作物中的外源基因是否具有向近源物种扩散的可能、转基因食品

①　Ernst B. Haas, *When Knowledge is Power: Three Models of Change in International Organizations*, University of California Press, 1990.

②　参见 A. Wendt, "Anarchy is What States Make of It: The Social Construction of Power Politics", *International Organization*, vol. 46, no. 2 (1992), pp. 391–425。

③　参见 Ruggie, "International Responses to Technology: Concepts and Trends", pp. 569–570。

④　参见 Max Weber, *Wirtschaft Und Gesellschaft*, J. C. B. Mohr (Paul Siebeck), 1925, p. 226。

⑤　参见 Steven Brint, *In an Age of Experts: The Changing Role of Professionals in Politics and Public Life*, Princeton University Press, 1994。

⑥　参见 Antonio G. M. La Vina, "Climate Change, Scientific Uncertainty and International Law", *Philippine Law Journal*, vol. 68 (1993), pp. 17–61。

是否会导致遗传物质的改变或病理性改变,等等。①在面对这些问题时,相比于发展与安全利益优先的国家以及没有环境科学知识的法院而言,专家机构的专业解释更能提供公共产品和公共权威。从司法机构的角度,以国际法院为例,从 2006 年至今,法官注意到他们越来越要面对"大量复杂的技术、科学或技术专业资料"②,并承认"如果不通过合适的渠道诉诸专家,而是强行解释高度专业化的法律条款,法院会错失正确处理涉科学问题争端的机会,自我剥夺全面审议各方提交的复杂科学证据的能力"③。

值得注意的是,对专家机构/技术官僚的法律解释尊重不仅发生在国际层面,随着"行政国家"的兴起和对风险社会治理模式的变化,国内法体系中技术官僚的法解释效力也愈发关键,并分担了曾经具有完全法律解释权的主体——法院的解释权威。美国无疑是行政解释发展较早且较为成熟的国家,其 1944 年的斯基德摩尔案(*Skidmore*)和 1984 年"雪佛龙案"(*Chevron v. NRDC*)是专业行政机构的法解释效力被法院尊重的里程碑式案件。④美国最高法院大法官已经意识到其没有能力解释专业领域的法律,并肯定了技术官僚机构在专业领域作为法律执行者和管理者的能力与智慧。⑤

无独有偶,美国国内对技术官僚法律解释的实践引发了学者的比较研究,他们开始考察其他国家的法律体系中会否也存在类似的法

---

① 参见 Wang Mingyuan, "Environmental Justice in the Context of Scientific Uncertainty on the Safety of Genetically Modified Organisms", *Social Sciences in China*, vol. 39, no. 2 (2018), pp, 58–76。

② Chester Brown, *A Common Law of International Adjudication*, Oxford University Press, 2007, p. 112.

③ 参见 *Pulp Mills on the River Uruguay (Argentina v. Uruguay)*, Judgment, I.C.J Reports, 2010, Joint Dissenting Opinion Judges Al–Khasawneh and Simma, para. 13。

④ Richard J. Pierce, Jr., "Chevron and its Aftermath: Judicial Review of Agency Interpretations of Statutory Provisions", *Vanderbilt Law Review*, vol. 41, no. 2 (1988), p. 301.

⑤ "雪佛龙案"判决中美国联邦最高法院的如下说明值得关注:"法官不是该领域的专家,也不是政府任何一个政治部门的成员……没有选区的联邦法官有义务尊重选民做出的合法政策选择。" *Chevron U. S. A. v. NRDC*, 467 U. S. 837, 865–866, 1984.

律现象,并思考美国技术官僚解释权威的正当性。德国作为老牌大陆法系国家,原则上法院可以全面审查行政机关的法律解释,(最高)法院具有法律解释的终语权。[①]然而德国行政法中存在"判决余地"(Beurteilungsspielraum)的概念,即"独立的、法院不能审查的权衡领域或判断领域;法院必须接受在该领域内做出的行政决定,只能审查该领域的界限是否得到遵守"[②]。"判决余地"多与行政机构的专业性和风险管理能力挂钩。[③]在反不正当竞争领域,欧盟会在事实认定上尊重技术官僚机构的声明,尽管法律的最终解释权依然在欧盟法院。[④]

在判例法国家,加拿大在实践中发展出较为复杂的技术官僚法律解释审查标准。一般而言,法官在判断专家行政机构解释的权重时要考虑以下四个因素:(1)立法在该领域是否明确排除司法审查;(2)立法目的;(3)涉及问题的性质;(4)行政机构的专业性程度。这种实践模式被称为"合理程度标准"(reasonableness simpliciter standard),对行政机构除解释宪法、越权解释、高位阶解释、未授权解释以外的法律解释一般予以尊重。[⑤]在"梅多斯诉司法部案"(*Meadows v. Minister for Justice*)后,爱尔兰行政技术官僚机构逐渐获得与美国同行相似的法解释权威,主要取决于机构的专业性。[⑥]然而,其他普通法

---

① 参见汉斯·沃尔夫:《行政法》(一),高家伟译,商务印书馆 2003 年版,第 312—313 页。

② 哈特穆特·毛雷尔:《行政法学总论》,高家伟译,法律出版社 2000 年版,第 124 页:判决余地概念是巴霍夫于 1955 年提出的。

③ 参见毛雷尔:《行政法学总论》,第 137—138 页。享受"判决余地"的领域包括:(1)考试决定;(2)与考试决定类似的决定,特别是在教育领域;(3)公务员法上的考核;(4)由专家/利益代表人组成的独立委员会做出的判断;(5)环境法与经济法领域的预测性决定和风险评估决定;(6)具有不确定法律概念具体因素的决定,特别是政策性的行政决定。

④ 参见 Maciej Bernatt, "Transatlantic Perspective on Judicial Deference in Administrative Law", *Columbia Journal of European Law*, vol. 22, no. 2 (2016), pp. 275–326。

⑤ 参见章志远、黄娟:《行政法规范解释司法审查标准之架构——一个比较法角度的观察》,《公法研究》2012 年第 1 期,第 36—37 页。另见 Denis Lernieux, "Judicial Deference in Canadian Administrative Law: the Pragmatic and Functional Approach, Pushpanathan v. Canada", *Administrative Law Review*, vol. 54, no. 2 (1998), pp. 757–766。

⑥ 参见 Hilary Biehler, "Curial Deference in the Context of Judicial Review of Administrative Action Post–Meadows", *Irish Jurist*, vol. 49 (2013), pp. 29–48。

系国家并没有形成与美国和爱尔兰相似的司法尊重模式,例如英国、澳大利亚等。①但值得关注的是,澳大利亚最高院大法官认为,即使澳大利亚在实践中没有给予技术官僚的解释以较高地位,但如果其解释有合理性,法院还是应当尊重。②

国内法的比较研究虽然不能证明"尊重具有专业知识的专家机构/技术官僚的法律解释权威"已经是"文明国家所接受的一般法律原则",但至少可以说明在关于解释的"语义斗争"中,专业知识是决定解释权威的强有力资源。③相比于追寻国家利益的"自解释"和懂法律不懂科学的"司法解释",被专业知识背书的解释天然具有"正确性"和"客观性"的吸引力。当专家被塑造为掌握知识而不受党派争论的技术统治者时,④被说服的听众也更愿意相信自己是被正确的理念说服的。⑤

(二)行政理性主义

虽然专业性是专家机构条约解释权威的重要基础,但没有形成集体或行政组织结构的技术专家依然难以对条约解释施加影响。分散或者没有行政权的专家机构更像是民间智囊,而且容易受到财阀或政治团体的腐蚀。⑥因此,专家机构的解释权威也来自其在条约制度中的地位和被赋予的职能——"由以个人身份任职的专家组成的监督条约实施和执行的机构"。换言之,专家机构本质上是条约机构,体

---

① 参见 Nicholas R. Bednar and Barbara Marchevsky, "Deferring to the Rule of Law: A Comparative Look at United States Deference Doctrines", *University of Memphis Law Review*, vol. 47 (2017), pp. 1047–1084; Bernatt, opcit, pp. 275–326。

② 参见 Stephen Gageler, "Deference", *Australia Journal of Administrative Law*, vol. 22 (2015), pp.151–156。

③ 参见 Peter Haas, "Epistemic Communities and International Policy Coordination", *International Organization*, vol. 46, no. 1 (1992), pp. 1–35。

④ 参见 Barnett and Finnemore, *Rules for the World*, p.35。

⑤ 参见 E. B. Haas, "Is There a Hole in the Whole? Knowledge, Technology, Interdependence, and the Construction of International Regimes", *International Organization*, vol. 29, no. 3 (1975), pp. 858–859。

⑥ 参见 Wendy Wagner and Rena Steinzor (eds.), *Rescuing Science from Politics, Regulation and The Distortion of Scientific Research*, Cambridge University Press, 2006。

现了科学、专业化管理机构和官僚机制间的耦合关系。无论是大陆架界限委员会，遵约委员会还是人权条约机构，他们的核心职能之一就是防止国家在海洋、环境和人权等涉及公共利益的领域过分扩张自身利益，并使国家的违约行为无效、[①]责令不遵约国家改正行为，[②]或执行处罚措施。[③]专家机构的管理不仅是为了实现或协调国家利益，而且还通过理性管理（尤其是行政管理）追求被清晰界定的公共目的与公共利益：海底资源利用、环境保护以及人权保障。这样的制度设计安排被称为"行政理性主义"（administrative rationalism）。

以大陆架界限委员会为例，它在《联合国海洋法公约》第76条和附件二的设计中与国家建立了"行政问责"（administrative accountability）关系。在大陆架界限委员会建立之前，国家对于其主权权利行使范围内海域边界的确定有完整的主导权。[④]但在委员会建立后，国家被强制向委员会提交200海里以外大陆架的申请，并且只有委员会在根据《议事规则》审理和投票的基础上做出的划界才是"最终和确定"的。委员会通过类似于国内行政法的运作机理，[⑤]管控住了国家权力的肆意扩张。委员会对《联合国海洋法公约》第76条的解释或者其他行动直接影响国家的利益，并直接影响全球大陆架秩序。[⑥]环境领域的遵约委员会的"报告、核查、遵约评估和不遵约的应

---

① 参见 Michael Sheng-ti Gau, "The Outer Limits of the Continental Shelf Established Not on the Basis of the Recommendations of the CLCS: Japan's Cabi- net Decree No. 302", *Pacific Journal*, vol. 27 (2019), pp.1–13.

② 例如人权条约机构对于国家履约审查的结论性意见。

③ 例如《京都议定书》遵约委员会强制执行机构被授权采取惩罚措施。

④ 参见 Anna Cavnar, "Accountability and the Commission on the Limits of the Continental Shelf: Deciding Who Owns the Ocean Floor", *Cornell International Law Journal*, vol. 42, no. 3 (2009), p. 416。

⑤ 参见 Philip Allott, "Power Sharing in the Law of the Sea", *American Journal of International Law*, vol. 77 (1983), pp. 1–30. 菲利普·阿洛特在《联合国海洋法公约》制定后的第二年开始反思第 76(8) 条可能带来的"行政法原型的问题"（archetypal problem of administrative law），即谁有终语权。是沿海国？大陆架界限委员会？还是根据《联合国海洋法公约》第 15 部分设立的第三方争端解决机构？"

⑥ 参见 Cavnar, "Accountability and the Commission on the Limits of the Continental

对"机制,联合国人权条约机构的"国家报告制度"以及"条约机构审查后得出结论督促整改"的程序也在与国家间建立了类似的"行政问责"关系。[①]

行政理性主义可以理解为解决问题的思考模式,它不仅强调专家而不是公民在社会问题解决中的核心角色,也强调行政等级制而非平等或竞争的社会关系的作用。[②]换言之,行政理性主义追求将科学技术专家放置在官僚化体系当中来解决问题。[③]行政理性主义追求两种等级关系:一是国家服从于机构,人民服从于国家;二是专家作为管理者处于适当的主导地位,用专业特长辩护行政权力,包括条约解释。[④]从这个角度看,专家机构在履行职责时,结构上选择"官僚制机制",动因是公共利益与目标,方法是用专业和经验特长解决问题。

在马克斯·韦伯看来,现代官僚机制追求效率的现象体现了现代世界的"理性化"过程,其特点是具有等级制度的明确专业分工。无论是孤立的国家、社会组织或者是个人,还是过分强调"集体协商一致"的国际组织都无法有效应对社会难题中日益增加的复杂性。"行政国家"概念的兴起体现了国内社会应对复杂性增加的办法是将难题拆分成不同的子集分别处理,但必须有"一些人"统筹监督每个子集内及子集间的活动。而这所谓的"一些人"就是组织官僚制度的顶端结构,是行政决策的大脑。西方社会经历了"古典自由主义—古典干预主义—风险社会的行政"的治理理念变化,[⑤]由最权威的技术官僚

Shelf: Deciding Who Owns the Ocean Floor", p. 415。

① 参见 W. Grant and Robert O. Keohane, "Accountability and Abuses of Power in World Politics", *American Political Science Review*, vol. 99, no. 1 (2005), p. 42。

② 参见 Dryzek, *The Politics of the Earth Environmental Discourses*, p. 92。

③ Dryzek, *The Politics of the Earth Environmental Discourses*, p. 88.

④ 参见 Anna Huggins, "Administrative Procedures and Rules of Law Values in the Montreal Compliance System", in Christina Voigt (ed.), *International Judicial Practice on the Environment: Questions of Legitimacy*, Cambridge University Press, 2019, pp. 339–364。

⑤ 参见王明远:《论我国环境公益诉讼的发展方向:基于行政权与司法权关系理论的分析》,《中国法学》2016年第1期,第57—61页。

"为公共利益"理性决策和管理。[1]

在国际层面,古典"民法型"国际法结构逐渐被"公法型"国际法取代,全球行政法与行政空间的概念在21世纪初兴起,不再聚焦于实体规则的具体权利义务,而是强调行政程序的透明度、参与度、合理性保障,以及综合"程序机制、审查机制和其他机制"的体系。[2]在行政理性主义的框架下,为了保障自身解释行为的权威,专家机构应确保应有的程序正义,例如条约解释过程透明,允许国家、非政府组织等行为者参与并表达意见,充分说明条约解释的理由,接受审查等。[3]可以说,专家机构保持的透明、有参与度、充分说理和充分审查的解释程序,满足了行政理性主义的要求,保证了解释权威。

(三)公共权益与民主

设置专家机构的条约经常旨在描述、确立或者保护某种广泛共享的原则,这些公共权益也加强和保障了专家机构独特的解释权威。从某种意义上,专家机构被视为国际社会利益的监护者以及国际社会价值观的捍卫者而具有"道义权威"。[4]道义权威不仅属于专家机构,政府间国际组织的建构都可以说存在超越国家主义的想象,例如安理会之于安全,人权机构(包括难民事务高级专员署等)之于人权保护,遵约委员会之于自然资源与环境保护等。此种道义权威很大程度上依赖于"与国家保护自身特定利益相反的话语体系":国际性机构在政府间的斗争中被假定为更具有道义性,因为它们代表着国际社会而

---

① 参见 Dryzek, *The Politics of the Earth Environmental Discourses*, pp. 80–90。另见 Benedict Kingsbury et al., "The Emergence of Global Administrative Law", *Law and Contemporary Problems*, vol. 68, no. 3/4 (2005), pp. 15–62。

② 参见 Zerrin Savasan, "Legitimacy Questions of Non–compliance Procedures: Examples from the Kyoto and Montreal Protocols", in Voigt (ed.), *International Judicial Practice on the Environment: Questions of Legitimacy*, pp. 364–388。

③ 参见 Kingsbury et al., "The Emergence of Global Administrative Law", p. 44。另见 Cavnar, "Accountability and the Commission on the Limits of the Continental Shelf", pp. 387–440。

④ 参见 Rodney Bruce Hall, "Moral Authority as a Power Resource", *International Organization*, vol. 51, no. 4 (1997), pp. 591–622。

不是个体的利益。[1]

此外,完全基于专业性和行政理性主义的权威也会因为下列问题遭到质疑。一方面,行政理性主义的基本假设之一是专家为了公共利益运用知识进行管理,但实践中以技术官僚形象出现的专家机构不仅可能利用知识的不对称性为自己谋利,还可能根据自身的信念行动。这种以自我为中心的发展趋势以及自我认知的膨胀甚至是自然形成的,不需要技术官僚的主观故意。[2]人权事务委员会主席公然强调《公民权利与政治权利国际公约》的最终解释权在该委员会而不是国家就是很好的例证,这也是国家创立人权条约机构的时候没有预料到的结果。因此有学者警惕地认为,"依赖基于专业知识的模式的风险在于,它使技术官僚优先于所有利益受到解释影响的人。技术官僚有动机和能力推进他们自己对某一实质性问题领域的规范愿景"[3]。另一方面,几乎没有人喜欢官僚机制,而且完全基于理性设计的自上而下的决策机制与程序可能造成"决策不下达"的情况。更重要的是,行政理性主义必要的前提是,专家作为决策者比民众懂得更多(即在行政结构顶点的专家可以得到更多的信息),但事实上没有人可以站在高处了解事务的方方面面。当知识被分散和碎片化时,官僚化的决策者是无法很好利用这些分散信息的。[4]因此,专家机构条约解释权威的另一基础需要从参与式民主中找到。[5]

---

① 参见 Barnett and Finnemore, *Rules for the World*, p. 33。因为司法机构对抗性的运作方式,以及判决不及第三人的司法设计,虽然国际性裁判机构也对国际法的发展以及国际社会的共同利益做出了贡献,但相比以行政为模式的专家机构(或者此类的国际组织)依然有限。

② 参见 M. Barnett and L. Coleman, "Designing Police: Interpol and the Study of Change in International Organizations", *International Studies Quarterly*, vol. 49, no. 4 (2005), pp. 593–620。另见 Venzke, *How Interpretation Makes International Law: On Semantic Change and Normative Twists*, p. 86.

③ Waibel, "Interpretive Communities in International Law", p. 160.

④ 参见 Dryzek, *The Politics of the Earth Environmental Discourses*, p. 94。

⑤ 就本文目的而言,民主不是过程(如何选举、公平性、党派等),而是处理问题的模式。此外,下文详述的民主参与概念(也是行政决策讨论中的一环),作为硬币的另一面强化专家决策的正当性。

　　参与式民主对行政理性主义模型的补充是"在精英主义的间接代议制民主以及科学主义的专家知识与理性的基础之上,引入平民主义的直接的协商式民主机制"[1]。与行政理性主义强调的国家参与决策和审查程序不同,参与式民主要求广泛参与协商的主体是以个人组成的市民社会,而不是代议制的国家。全球行政法倡议一方面是规范全球行政空间中主体的行为,另一方面是推动全球民主化进程,即通过公众参与行政决策程序来实现更广泛的经济社会群体对行政主体的问责。[2]与行政理性搭建等级体系的"统治"(中心化)相对,以民主为基础的"治理"瓦解这样的等级体系(去中心化),通过平面的网络结构弥补自上而下行政结构所产生的不足。[3]在有市民社会的网络化结构中,市民社会通过听证、列席会议、公众演讲、规则制定、项目发展、媒体调研和政策落实等方法,为技术官僚提供用以决策的信息、资源和反馈。[4]1999 年 12 月,在蒙特利尔世界市民社会大会上,前联合国秘书长安南呼吁:"联合国深刻地认识到,如果全球议程想要得到很好的解决,与市民社会的合作并不是一种选择,而是必需。"[5]

　　最后,专家机构以公共利益和民主为解释权威的基础,将归根于国际法的目的是什么。当国家面对集体非理性导致的全人类利益受损的风险时(资源枯竭、气候变化、核战争等),国际法越来越被呼吁成为"一切人对一切人"的法律,在 21 世纪似乎又找到了其 17 世纪万民法的初衷。[6]因此,如果国际法本身不是目的而是手段,最终的目的

---

　　① 王明远:《科学不确定性背景下的环境正义——基于转基因生物安全问题的讨论》,《中国社会科学》2017 年第 1 期,第 125—142 页。

　　② 参见 Kingsbury et al., "The Emergence of Global Administrative Law", p. 43。

　　③ 参见 Dryzek, *The Politics of the Earth Environmental Discourses*, p.100:"网络结构具有多个穿越参与者的交互作用的节点和复杂路径,而等级制中的沟通只有围绕着定点的上行和下行……酒吧里的从容交谈或许与议会中的演说一样重要。"

　　④ Dryzek, *The Politics of the Earth Environmental Discourses*, p. 102.

　　⑤ 李先波:《主权、人权、国际组织》,法律出版社 2006 年版,第 89 页。

　　⑥ 参见 Martti Koskenniemi, "Histories of International Law: Dealing with Eurocentrism", *Rechtsgeschichte*, vol. 19 (2011), pp. 152–176。

是人的理性与价值,①那么具有民主基础的条约行政机构对条约的理解和决议,将代表更多数人的意愿。与之相反,法院"高高在上的贵族式"审判,②以及精英化的国家决策过程,都无法具有这样的权威基础。

三、专家机构解释权威在共同体中的表达

专家机构一旦开始行使条约解释的权能,就进入了某自主领域(如环境、人权、海洋、贸易等)中由多解释主体构成的解释共同体。国家、司法机构和专家机构是该共同体中主要的解释主体,他们都具备条约解释的权威,三者对特定条款意义的解释进行竞争、沟通和妥协,促使自己的解释被共同体所接受。主体间的解释互动不局限于解释成果(如判决、国家的单方面声明或照会、解释声明等)的沟通,相反,解释性互动渗透在解释主体的决策过程中。解释共同体是去中心化和去顶点化的结构设计,没有任一解释主体有绝对的权威(终语权),后者在共同体本身。但即便如此,专家机构也可以采用特定的解释策略,让自身的解释在特定语境下更有说服力,成为共同体的主流,赢得其他行为者的尊重。此外,行为者并非毫不受约束。约束性规则、行为者的声誉以及共同利益约束着行为者在解释和互动中的自由。"不守规矩"的解释将难以被共同体所接受,这样的解释者将失去与其他行为体沟通的机会和平台。

(一)专家机构-国家-司法机构的三造互动

国家和司法机构在解释权威上的竞争与互动不是新鲜话题。首先,国际司法机构的兴起意味着超越国家主义,体现了20世纪"以规

---

① 参见 Myres S. McDougal, "International Law, Power, and Policy: A Contemporary Conception", *Recueil des cours*, vol. 82 (1953), pp. 137–191。

② 参见 Armin von Bogdandy and Ingo Venzke, "In Whose Name? An Investigation of International Courts' Public Authority and Its Democratic Justification", *European Journal of International Law*, vol. 23, no. 1 (2012), pp. 7–41。

则为基础、以法院为中心"实证主义国际法建构的想象。[1]国际性裁判机构的条约解释权能来自代理/委托理论,[2]解释权威来自"法官知法"、个人良知,[3]以及法官作为国际法体系的捍卫者。[4]司法机构在案件中的解释实践促进了国际法的发展,[5]产生并影响了条约的规范意义。[6]其次,由于国家在绝大多数情况下是条约实施的主体,因此它们在执行条约时会为了保障自身利益、推动本国政策而"自解释"条约,[7]或者通过单方面声明的方式,[8]接受、拒绝或修改司法机构提供的解释。此外,国家还可以通过召开缔约国大会的方式,以媲美条约修改的形式"有权解释"条约,或者是通过嗣后协定与嗣后实践使条约规范性随时代演进。

安西娅·罗伯茨(Anthea Roberts)将国家(自解释)和司法机构(司法解释)之间谁也无法争夺到最终权威的原因归结于国家的两种

---

① 参见 Hans Kalsen, *Peace through Law*, The University of North Carolina Press, 1944; Anne Orford, "A Global Rule of Law", in Martin Loughlin and Jens Meierhenrich (eds.), *The Cambridge Companion to the Rule of Law*, Cambridge University Press, 2021, pp. 538–566。另见 Martti Koskenniemi, "The Ideology of International Adjudication and the 1907 Hague Conference", in Yves Daudet (ed.), *Topicality of the 1907 Hague Conference, the Second Peace Conference*, Matinus Nijhoff, 2008, pp. 127–152。

② 参见 Anthea Roberts, "Power and Persuasion in Investment Treaty Interpretation: The Dual Role Of States", *American Journal of International Law*, vol. 104 (2010), p. 185, footnote 27。

③ 参见 Fiss, "Objectivity and Interpretation", p. 756。另见 Hans Kelsen, *General Theory of Law and State*, Transaction Publishers, 1945。

④ 参见 Gleider Hernandez, "Interpretive Authority and the International Judiciary", in Andreas Bianchi (ed.), *Interpretation in International Law*, Oxford University Press, 2015, p. 172。

⑤ 参见 Roberts, "Power and Persuasion in Investment Treaty Interpretation: The Dual Role of States", p. 188。

⑥ 此处的规范性意义指的其他国际法律行为体倾向于忠实地遵循司法解释。

⑦ 李鸣:《国际法的性质及作用:批判国际法学的反思》,《中外法学》2020 年第 3 期,第 801—825 页:"国际法是解释者的自画像,是强者的自画像。"另见 Iain Scobbie, "Wicked Heresies or Legitimate Perspectives? Theory and International Law", in Malcolm Evans (ed.), *International Law*, Oxford University Press, 2010, p. 70。

⑧ 参见 ILC, Conclusions of The International Law Commission Relating to Unilateral Acts of States, 2006. https://documents-dds-ny.un.org/doc/UNDOC/LTD/G06/629/12/PDF/G0662912.pdf?OpenElement(最后访问时间:2024 年 7 月 30 日)。

身份——既是缔约方又是争端方,因此条约解释的终语权只能在不同场域和情境下,于国家和司法机构间动态平衡。①笔者曾经通过考察国际司法的制度发展史,借助"滑动标尺"(sliding scale)概念描述国家和司法机构自1900年以来在不同时期、不同领域中,话语权此消彼长般的互动关系。②除了司法/国家中心主义的强烈倡议者,③近年来研究"国家-司法机构"解释互动的学者也倾向于认为无论是国家还是司法机构拥有条约解释的最终权威都不利于国际法体系的构建,最好的模式是在二者的解释对话中达到平衡。

专家机构以解释主体的身份介入了国际和司法机构间的解释互动,成为解释共同体的组成部分。国家签署条约不仅意味着对条约内容的承诺,更是对后续解释过程的承诺:条约解释应追求各主体对条约内容的共同理解。④只要条约设定了司法机构以及专家机构并赋予其相应的解释权能,那么就应当追求国家、司法机构和专家机构对条约的理解中谁的有说服力听谁的,不简单假定特定主体在任何情况下都具有终语权。⑤专家机构的出现为解释共同体所在的专业领域的思想共识提供了专业和知识元素。换言之,在对专业性要求越来越高的领域共同体内,专家机构的优势在于用科学讲道理。除此之外他们的行政理性和民主基础也保证了其具备有竞争力的解释权威。在以"专家机构-国家-司法机构"为主要行为者的解释共同体中,任一主体的条约解释声明都具有规范性,且此种规范性并不来自传统渊源理论

---

① 参见 Roberts, "Power and Persuasion in Investment Treaty Interpretation", p. 182。

② 张恺强:《从滑动标尺理论初探国际法秩序发展:以 WTO 上诉机构危机为引》,中国人民大学全球法律与战略 2021 年会"国际主义与权力兴衰"。

③ 追求司法中心主义的学者或者政治家一般被视为"自由主义"的代表,例如凯尔森、威尔逊、劳特派特等。而认为国家是唯一主体的学说可以视为"现实主义"或"批判主义",代表人物如施密特、摩根索等。

④ 参见 Johnstone, "Treaty interpretation", p. 373。

⑤ 这一点也被国际海洋法庭所强调,后者在 2012 年孟加拉湾案中认为"大陆架界限委员会和法庭之间的职能互补,共同保证海洋法公约一致而有效地运行",参见 *Bay of Bengal (Bangladesh/Myanmar)*, para. 373。国际法院认为"应极为重视为监督该条约的适用而专门设立的这一独立机构所做的大量解释性案例法",参见 *Ahmadou Sadio Diallo*, para. 66。

所理解的形式权威,而在于作为沟通的解释的说服力。国家和司法机构对专家机构解释的尊重可以更好地促进实现该领域及其共同体的最终目标和追求:贸易自由、海洋资源利用、环境保护、人权保护、军备控制等。

将专家机构视为解释共同体的一部分,以及将专家机构的条约解释声明视为解释共同体内的沟通,并不是否定共同内大量存在的主体间"解释竞争"和"观点不一致"的现象。相反,强调主体间解释的核心不在于一定要达成"完全一致"的观点,而在于各主体在充分沟通基础上寻求最被共同体接受(也就是最具有说服力)的解释的过程。因此,各解释主体应保持"谦抑"而不是"霸权"的态度,承认其他主体法解释的权威,仔细分析其他行为者提供的解释内容,无论是接受还是拒绝都应给予充分的说理,让条约含义在解释中"迭代"(iterative)发展。这一点在实践中已经有所体现,尤其是国际法院与人权机构的条约解释互动。在解释共同体内的反复互动中,包括专家机构在内的所有主体都没有条约解释的终语权,[1]后者归属于解释共同体整体。解释共同体搭建(channel)了主体间互动的平台,让彼此更有能力"知晓、评估以及回应"其他行为者的解释,从而为创造解释的合意提供可能性。[2]值得注意的是,沟通并不总是以回应他者解释成果的方式进行的,行为者会广泛参与彼此条约解释和决策的过程。

(二)专家机构权威表达的解释策略

解释共同体中的条约解释是"讲理"的过程。专业性、行政理性(可问责性)和民主基础是专家机构解释权威的正当性基础,保障了"讲理"的"理",但还需要专家机构用特定的解释策略将理"讲出来"。换言之,上述三种正当性基础保证了解释权威,但在共同体中专家机构仍要具有相应的解释策略以更好地表达其解释权威,使之被

---

① 参见 Venzke, *How Interpretation Makes International Law: On Semantic Change and Normative Twists*, p. 250。温茨基将此描述为"权威的消融(evaporate)"。

② 参见 Roberts, "Power and Persuasion in Investment Treaty Interpretation", p. 195。

共同体中的大多数所接受。

第一,专家机构应当时刻铭记被赋予的解释权能和范围。解释权能是权威的基础和门槛。专家机构的越权(ultra vires)解释自然不会得到共同体的认可,即使这样的解释满足专业性、行政理性和民主基础的要求。例如,大陆架界限委员会被《联合国海洋法公约》授权解释该公约第76条大陆架条款,但对于委员会可否解释其他条款公约没有明确规定。因此在处理日本的划界申请中,对冲之鸟礁是否属于《联合国海洋法公约》第121条意义上的岛屿从而拥有大陆架的"岛礁定性"问题,委员会认为超出其解释资格,并决定不采取行动。①可以说,作为由地质地貌学和水文学专家组成的大陆架委员会,从科学层面或许完全可以回答冲之鸟礁的大陆架甚至是洋脊问题,但委员会选择拒绝解释,将权限严格限制在第76条的解释和使用上,这是解释权威良好表达的例证。

第二,专家机构应将条约中的专业术语尽可能解释清楚。无论在何种专业领域,专家机构都会面临具有高度专业性、抽象性的法律/专业术语,将这些术语解释清楚则需要专家机构不吝啬自己的说理,充分体现说理的过程。国家由于政治利益的制约,无论在制定条约还是解释条约时都可能"故意含糊",以实现尽快达成共识等目标。专家机构则不存在这样的顾虑,无须"故意含糊",而是应认识到作为解释共同体沟通的一环,要以尽可能清楚说理的方式贡献互动的资源。然而,将条约解释清楚并不意味着否定某一条款可以继续解释的可能性。换言之,解释清楚和解释得"不能再清楚"是两个概念,前者的核心目的是让共同体内的解释互动更有效。

第三,专家机构的解释应保持前后一致和连贯性(coherence)。

---

① 参见 Statement by the Chairperson, Progress of work in the Commission on the Limits of the Continental Shelf, CLCS/74, 30 April 2012, https://documents-dds-ny.un.org/doc/UNDOC/GEN/N12/326/32/PDF/N1232632.pdf?OpenElement(最后访问时间:2022 年 4 月 14 日)。

不提供条约解释的具体方法,而是对解释者的总体要求。其一,善意解释要求行为者不能将条约解释为没有意义。①其二,善意解释要求行为者讲理,不仅是在决策过程中充分说理,还需要在拒绝他者提供的解释时说明原因。②其三,与前后一致的要求相似,善意解释期待行为者营造稳定的行为预期,因此行为者在推理和体系中都要寻求一致性,对于不一致的决策充分说理。③其四,善意解释要求行为者不滥用解释权能和权威,不诋毁、剥夺、减损其他行为者的解释权能。④从这个意义上,国家在无正当理由的情况下一味强调自解释(而否定如专家机构的解释权能),司法机构越权增加或减损条约权利义务、造法甚至解释国内法,⑤都不能被视为"善意解释"。

有学者将"善意解释"和"适当顾及"(due regard)义务联系在一起。⑥适当顾及是海洋法上的概念,意思是一国在行使海洋权利(自由)时,有考虑到他国的权利、义务和利益,并在利益分析平衡中达到适当性的标准。虽然从内容上看,适当顾及和善意解释非常相似,例如不得滥用权利损害他人利益等,⑦但二者还是有根本的不同。适当顾及适用于初始权能分配之后的情形,换言之,是权能主体在行使完

①　参见 Mark E. Viliger (eds.), *Commentary on the 1969 Vienna Convention on the Law of Treaties*, Nartinus Nijhoff Publishers, 2009, p. 425。

②　参见 Markus Kotzur, "Good Faith (Bona fide)", Max Planck Encyclopedias of International Law, 2009. https://eproxy.lib.tsinghua.edu.cn/https/5dTR9IPw9JeHdssIZoLzwlFRSx5nXuondASl9c/view/10.1093/law:epil/9780199231690/law-9780199231690-e1412?rskey=uaBlBg&result=1&prd=MPIL(最后访问时间:2022年1月24日)。

③　Viliger, *Commentary on the 1969 Vienna Convention on the Law of Treaties*, p. 426.

④　参见*Immunities and Criminal Proceedings (Equatorial Guinea v. France)*. Preliminary Objections, Judgement, I. C. J. Reports 2018, p. 292。

⑤　具体可以参见美国对上诉机构的攻击,其中上诉机构越权行使司法职能是美国的核心关切。参见 Pieter J. Kuijper, "From the Board: The U. S. Attack on the WTO Appellate Body", *Legal Issues of Economic Integration*, vol. 34, no. 1 (2018), pp. 1–11。

⑥　参见 Rolf Einar Fife, "Obligations of 'Due Regard' in the Exclusive Economic Zone: Their Context, Purpose and State Practice", *The International Journal of Marine and Coastal Law*, vol. 34 (2019), p. 46。

⑦　参见张卫华:《专属经济区中的"适当顾及"义务》,《国际法研究》2015年第5期,第47—59页。

全甚至排他的权利的情况下对他者利益的照顾。但在条约解释领域，条约解释的初始权能分配并不明确（《维也纳条约法公约》也回避了这个问题），权威的分配和竞争更是如此，因此很难说从一开始某一个条款的解释就专属于（甚至排他分配给）某一行为者。[1]在这样的建构中，用"适当顾及"所体现的礼让原则规范解释共同体内的互动并不恰当。

其次，声誉约束着共同体中解释者的行为。借用亨金（Louis Henkin）在《国家如何行动》中的经典表述，每个行为者的解释策略很大程度上取决于它的信誉，即保持它将履行国际道德和义务的期望。[2]"声誉""荣誉""威望""领导力""影响力""专业能力"等因素在行为者决策中占据重要地位。这些因素通常有利于促进行为者遵守规矩，行为者也通常希望有原则的行为和礼仪能带来体面的名声。因此，只要专家机构、司法机构和国家依然希望在共同体中有良好的声誉，那么他们大概率会采取谦抑和善意的解释，维护共同体的稳定运行。相反，如果某解释者多次主张没有说服力、不被共同体接受的错误解释，那么它就被排除在解释共同体之外，[3]失去与他者互动并构建条约意义的资格。

最后是领域的共同利益。政策定向学创始人麦克杜格（Myres McDougal）一针见血地指出，国家签署条约是因为对条约的实施存在期待，因此共同利益和共同目标、与其他国家互惠的需要以及对报复的惧怕构成了政策制定的驱动。[4]只要行为者依然追求提高人权保

---

[1]　参见 Shotaro Hamamoto, "The Genesis of the 'Due Regard' Obligations in the United Nations Convention on the Law of the Sea", *The International Journal of Marine and Coastal Law*, vol. 34 (2019), pp. 7–24。

[2]　参见 Louis Henkin, *How Nations Behave: Law and Foreign Policy*, Columbia University Press, 1979, p. 52。

[3]　参见 Ian Johnstone, "Treaty Interpretation: The Authority of Interpretive Communities", pp. 371–419。

[4]　参见 Harold D. Lasswell et al., *The Interpretation of Agreements and World Public Order: Principles of Content and Procedure*, Springer, 1994。

护、环境保护和海洋资源和平利用的共同目标，那么共同体内的"解释竞争"就可以缓解。①当然，如果任一行为者（尤其是国家）放弃了这样的共同目标或者是互惠目的，或者肆意坚持违背共同思想假设（underlying assumptions of the community）的解释，解释共同体和其依附的多边条约本身会受到威胁，面临瓦解的风险。相反，只要行为者依然希望从多边条约中获得利益和合理预期，那么常规的解释冲突或者竞争并不妨碍共同体的存在。解释竞争和互动是揭示条约解释曾经的偏见和盲点的绝佳过程，②可以在争论中诞生最具说服力的解释。

结论

条约设置专家机构的兴起体现了国际法体系的两种变化，一是自主领域的形成对行为者专业素养要求的提高，二是通过多边机制追求海洋、环境、人权治理等共同利益的需求愈发强烈。以技术官僚形象出现的专家机构被赋权监督承载共同利益的条约的实施，例如大陆架界限委员会、遵约委员会和人权条约机构，它们在履行职责的过程中积累了大量解释条约的实践。不仅如此，专家机构的出现挑战了传统解释主体——国家与司法机构的解释权威，三者在实践中的解释互动也愈发频繁。作为国际法解释的新晋主体，专家机构的解释权威从何处获得，又如何表达，是本文的核心关切。

专家机构具有解释权威，并非因为这种解释被视为《维也纳条约法公约》的解释方法，或其解释是《国际法院规约》的渊源补充资料。这两种传统解读都站在法院中心和国家中心的视角，暗示专家机构的解释声明只有被法院援引或者国家遵照才有效力。法院和国家作为

---

① 参见 Johnstone, "Treaty Interpretation: The Authority of Interpretive Communities", pp. 371–419。

② 参见 Mark Toufayan, "Human Rights Treaty Interpretation: A Post-Modern Account of its Claim to 'Specialty'", Center for Hum. Rts. & Global Just., Working Paper No. 2, 2005, p. 13。

条约解释的核心主体,对专家机构的解释声明有裁量权。专家机构在解释条约时处于次于法院和国家的地位,其解释声明的效力建立在描述性而非规范性的论证方式上,因此权威难以显示。

第一个突破是建构主义解释观,它将研究视角从"解释规则"移至"解释主体",强调除国家和司法机构外,其他行为者也是条约意义重要的贡献者,解释应当被视为多元主体之间相互说服的过程。第二个突破是解释共同体概念。解释共同体是去中心化和去顶点化的构造,不仅为行为者创造了解释互动平台,让解释者在共同体中反复竞争、沟通与协商,也通过约束性规则、声誉和共同理解与利益约束行为者本身。虽然建构主义与解释共同体打破了终语权的路径依赖,但行为者解释权威越高就越能产生规范性效力,使其解释成为被共同体接受的主流。

专家机构解释权威的主要来源有三。首先,当专业知识成为共同体的核心资源后,专业性是专家机构条约解释权威的首要基础。其次,作为科学系统与官僚体系的结构耦合,专家机构保持的透明、有参与度、充分说理和充分审查的解释程序,满足了行政理性主义的要求,保证了解释权威。最后,专家机构的构建本身意味着对国家单边主义的对抗,具有维护共同利益的道义权威,并在与市民社会的充分合作中保证了民主基础。

当专家机构解释条约时,他们就进入了某自主领域中由多解释主体构成的解释共同体。国家在签署设置司法机构和专家机构的多边条约的时刻,承诺的不仅是条约权利义务这样的实质内容,更是条约解释的过程:多主体对条约含义的共同理解。从这个意义上,专家机构解释声明是"专家机构—国家—司法机构"之间的三造结构的沟通方式。在共同体内解释权威的互动与竞争中,专家机构通过"不越权、清楚、前后一致和因地制宜"等解释策略,可以更好表达具有正当性基础的解释权威,让自身的解释在特定语境下更有说服力。此外,共同体内的解释行为与互动并非毫无约束,解释者应当履行善意解释原则,切实考虑考虑自身的声誉以及共同利益。

　　从解释共同体的视角讨论专家机构的条约解释权威,可以引发如下更有意思的话题与思考。首先,专家机构所在的解释共同体中并非只有"专家机构-国家-司法机构"三造主体,此种构造仅是本文在传统"国家-司法"二元解释构造上的更进一步。引入解释共同的概念为其他多元行为者的参与放开可能性,包括国家法院联盟(国家法院与本国政府在条约解释上未必持统一观点)[①]、非政府组织、民间社团、媒体、跨国公司、科学团体、社交网络等。但值得注意的是,如果坚持将解释权能视为门槛,那么这些群体或许只能成为解释共同体中的听众而不是贡献者。但不得不承认,这些"受众"的声音和话语正越来越强大。他们是否可以享有解释权能和权威? 又如何做到在更多主体之间的解释沟通中维持共同体的一致与稳定? 这些都需要后续的研究来回答。

　　其次,解释共同体的概念部分回应了"谁具有终语权"的争论。在国内法理论影响的中心化视角中,法院应当具有决定条约意义的最终权威。但在现实对抗中,终语权被行为者"迭代"强调:专家机构、司法机构和国家轮番声明自己才是条约含义的最终解释者。这样的解释霸权只会导致领域体系的分散,而不是融合。解释共同体让行为者规避对终语权的争执,强调解释者在体系内的反复沟通互动,最终的解释权威被共同体所有。温茨基借鉴了欧洲法院和国家法院曾经对终语权争论的经验,认为共同体的出现使得条约解释的绝对权威消亡了。[②]然而,目前依然缺乏分析和评估终语权如何消亡的规范框架,

---

　　① 参见 William Burke-White and Anne-Marie Slaughter, "The Future of International Law is Domestic (or, The European Way of Law)", *Harvard International Law Journal*, vol. 47 (2006), pp. 327-352。 另见 William Burke-White, "A Community of Courts: Toward a System of International Criminal Law Enforcement", *Michigan Journal of International Law*, vol. 24 (2002), pp. 1-102; Anne-Marie Slaughter, "A Global Community of Courts", *Harvard International Law Journal*, vol. 44 (2003), pp. 191-220。

　　② 另见 M. Kumm, "Who is the Final Arbiter of Constitutionality in Europe? Three Conceptions of the Relationship Between the German Federal Constitutional Court and the European Court of Justice", *Common Market Law Review*, vol. 36 (1999), pp. 351-386; M. P. Maduro, "Contrapunctual Law: Europe's Constitutional Pluralism in Action", in N. Walker (ed.),

现有的政治或法律理论难以彻底回答"谁应该占上风"的问题。更棘手的是终语权消亡这一认知对于具体案例的解决或许没有帮助,因此关于这点仍可以继续深入挖掘。

最后,与条约解释终语权相辅相成的问题是,国家、司法机构、专家机构间解释的互动对条约规范性意义的构建。"解释创造法律"不是新鲜的话题,但目前对这一问题的研究集中在国家实践和法院判例对条约规范性的影响,即他们的解释在多大程度上改变并发展了条约的意义与规范性。在解释共同体中,由于国家、司法机构、专家机构以及其他行为者处于持续的分歧、竞争、妥协与沟通之中,这些主体间的解释性互动与沟通——而非某一解释者本身——如何多向度影响条约的意义与规范性,以及专家机构在这一过程中又能发挥怎样的作用,可做进一步研究。

Sovereignty in Transition, Oxford University Press, 2003, p. 521。

迈向世界社会宪法的国际私法——以欧盟跨国承认制度为例

杨紫璇[*]

引言

德国学者贡塔·托依布纳(Gunther Teubner)在《宪法的碎片》中提出的"系统间冲突法"(intersystemic conflicts law)[①]引发了21世纪国际私法学者[②]对本学科在跨国治理领域的探索和构建,甚至超越了托依布纳最初的想象。[③]对于托依布纳而言,"系统间冲突法"主要

* 杨紫璇,德国马克斯·普朗克比较法与国际私法研究所(MPI Hamburg)研究员,博士研究生。德国马克斯·普朗克比较法与国际私法研究所所长拉尔夫·米夏埃尔斯(Ralf Michaels)教授与清华大学法学院鲁楠老师的鼓励和支持,使我能够自由写作,在此谨致谢忱。本文系司法部法治建设与法学理论研究部级科研项目专项任务课题"我国法律域外适用的司法路径研究"(课题编号:20SFB4063)的阶段性成果,并受国家留学基金2021年国家建设高水平大学公派研究生项目(项目号:202106210071)资助。

① 贡塔·托依布纳:《宪法的碎片:全球社会宪治》,陆宇峰译,中央编译出版社2016年版,第180页。

② 本文尊重英美法系与大陆法系的不同术语习惯,在述及欧陆时,采用"国际私法"术语;述及美国时,采用"冲突法"术语。但两者内涵相同,都意指国际管辖权、冲突规范、外国判决承认与执行三个领域。

③ Ralf Michaels, "Towards a Private International Law for Regulatory Conflicts",

处理全球社会中功能分化的社会子系统自创生的超国家规范之间的冲突，表现为不同部门法在跨国领域的互动或重叠，[①]与解决主权国家间法律冲突的传统国际私法大相径庭。[②]然而，托依布纳所观察到的超国家体制对主权国家法律秩序的超越，揭示了全球化背景下规范生产的多元和动态。[③]由此形成的多层级规范网络，以横向（主权国家之间）、纵向（主权国家与超国家体制之间）、斜向（不同层面的不同规范之间）方式作用于国际法律秩序。[④]在此背景下，发端于19世纪民族国家间私法冲突的国际私法迎来了新的理论和制度革命。[⑤]如果传统国际私法赖以为基点的主权国家与国家法在全球化过程中发生了改变，国际私法又将面临怎样的范式转型？[⑥]作为一项长期以来处

Japanese Yearbook of International Law, vol. 59 (2016), pp. 175–201; H. M. Watt and D. P. F. Arroyo (eds.), *Private International Law and Global Governance*, Oxford University Press, 2015; Robert Wai, "Transnational Private Law and Private Ordering in a Contested Global Society", *Harvard International Law Journal*, vol. 46, no. 2 (Summer 2005), pp. 471–486; Horatia Muir Watt, "Jurisprudence without Confines: Private International Law as Global Legal Pluralism", *Cambridge Journal of International and Comparative Law*, vol. 5, no. 3 (2016), pp. 388–403.

① Ralf Michaels, "The New European Choice–of–Law Revolution", *Tulane Law Review*, vol. 82, no. 5 (2008), p. 1641; Joost Paulwelyn, "Conflict of Norms or Conflict of Laws?: Different Techniques in the Fragmentation of Public International Law", *Duke Journal of Comparative & International Law*, vol. 22, no.3 (Spring 2012), pp.349–376.

② 事实上，托依布纳并非第一个尝试以"冲突法方法"来解决国际社会中规范冲突的学者。早在1953年，詹克斯（Wilfred Jenks）就曾呼吁类比适用冲突法方法来解决国际条约之间的冲突。杰塞普（Philip Jessup）在其著名的跨国法演讲中，也将国际法院对法律适用的选择与内国法院的法律选择相类比。但他们对冲突法方法的类比适用更多是一种术语借用，由于问题对象的本质差异，最终形成的具体方法和路径也十分不同，不可简单等同。

③ 除历史悠久的商人法（lex mercatoria）之外，体育法（lex sportiva）、建筑法（lex constructionis）、数据法（lex digitalis）都形成了各自领域的跨国法律秩序。

④ 托依布纳：《宪法的碎片：全球社会宪治》，第185页。

⑤ Horatia Muir Watt, "European Federalism and the New Unilateralism", *Tulane Law Review* vol. 82, no. 5 (May 2008), pp.1983–1998; Michaels, "The New European Choice–of–Law Revolution", pp.1607–1644; Johan Meeusen, "Instrumentalisation of Private International Law in the European Union: Towards a European Conflicts Revolution", *European Journal of Migration and Law*, vol. 9, no. 3 (2007), pp.287–306.

⑥ Ralf Michaels, "Globalizing Savigny? The State in Savigny's Private International Law and the Challenge of Europeanization and Globalization", *Duke Law School Legal Studies*

理规范冲突的法律技术,国际私法能否为新的区域化和全球化法律系统提供制度支持?①

　　这些问题在欧盟超国家体制的构建中涌现。具体而言,一系列执行欧盟政策标准的欧盟条例(regulation)、指令(directive)冲击了成员国原有的法律适用秩序;②欧盟一级法律(primary law)赋予欧盟公民的基本权利超越了一国法律的限制,给予私人在跨国领域更大自由。因此,亟须国际私法介入欧盟层面的"宪法"秩序构建,调整私人、国家、欧盟之间的复杂规则关系,国际私法的欧洲化(Europeanization)③引发了21世纪的新欧洲国际私法革命。④欧盟的成立与发展以建立商品、人员、服务、资本自由流动的统一市场为推力。然而,跨国经济系统中的要素自由流动受制于其他系统的秩序边界,需要跨越主权国家间的法律分歧与障碍。在这一背景下,跨国承认(recognition of legal situations)制度要求一国在不审查法律适用的情况下,直接承认在外国形成的法律状况与公共文书的效力,极大便利了欧盟范围内经济要素的自由流动。⑤本文以欧盟成员国的涉外民商事实践为例,通过欧洲法院的一系列判例,分析欧洲法院如何以欧盟公民基本权利和自由为依托,冲击了传统国际私法方法,⑥发展出欧盟范围内的跨国承认

Paper, vol. 74 (September 2005).

　　①　Alex Mills, *The Confluence of Public and Private International Law: Justice, Pluralism and Subsidiarity in the International Constitutional Ordering of Private Law*, Cambridge University Press, 2009.

　　②　Mathias Reimann, *Conflict of Laws in Western Europe: A Guide Through the Jungle*, Transnational Publ., 1995, p.96.

　　③　"欧洲化"已经成为国际通用术语,意指对欧洲各国法律秩序的共同背景与原则的研究,以及欧盟法律规则对成员国法的取代。国际私法的"欧洲化"在这里指各个成员国从自主国际私法向欧盟层面国际私法统一的转型,也可理解为国际私法的"统一化"。

　　④　Michaels, "The New European Choice-of-Law Revolution", p.1641.

　　⑤　Dagmar Coester-Waltjen, "Recognition of Legal Situations Evidenced by Documents", *Encyclopedia of Private International Law*, Edward Elgar Publishing, 2017, pp. 1496–1505.

　　⑥　Marc-Philippe Weller, Die Methodentrias des Internationalen Privatrechts unserer Zeit, *RabelsZ*, vol. 81 (2017), S. 747–780 ff.

制度，形成私人跨国治理的新格局①和欧盟国际私法宪法化②的重要例证。

本文在第一部分介绍欧盟国际私法的宪法化进程，从规范权威分配的横向维度和基本权利保护的纵向维度，厘定本文的理论背景和制度框架；在第二部分梳理和分析欧洲法院在一系列判例中如何基于欧盟法赋予公民的基本权利，超越了成员国国际私法和公共秩序，在姓名、同性婚姻与同性亲子关系领域建立起个人身份地位的跨国承认制度；第三部分将分析这一制度对国际私法理论和方法带来的冲击和影响，探讨建立在欧盟联邦化和宪法化基础上的国际私法新方法向世界社会扩展的障碍与可能路径。

一、从国家到共同体：21 世纪欧洲国际私法革命

纵观国际私法学说发展史，其理论和方法范式很大程度上取决于政治背景。13 世纪，意大利地区城市国家（city state）间的贸易往来与法则冲突十分频繁，然而，由于城市国家没有独立主权，处理各城市间法则冲突的法则区别理论是在罗马共同法（ius commune）框架下运作的。17 世纪，随着主权国家的兴起和罗马共同法的衰落，主权国家间的"礼让说"（comity doctrine）成为国际关系中处理私人民商事关系的基础。19 世纪，市民社会和民族国家的兴起推动了国际私法的"私人化"③与"国家化"④，萨维尼（Friedrich Carl von Savigny）以私人

---

① 黄志慧：《论身份关系跨国承认制度的治理功能》，《清华法学》2022 年第 4 期，第 168—187 页。

② Toni Marzal Yetano, "The Constitutionalisation of Party Autonomy in European Family Law", *Journal of Private International Law*, vol. 6, no. 1 (April 2010), pp.155–194.

③ 国际私法的出发点从"法律条文"转向"法律关系"，关注点从"国家"转向"私人"。萨维尼认为，私人法律关系先于国家存在，私法与国家的特定规制利益与公法利益相分离，因此可以通过抽象、中立和普遍的双边冲突规范指引适用。这一观点区别于中世纪从法条出发确定适用范围的法则区别说，以及 17 世纪荷兰基于主权国家之间"礼让"的外国法适用。

④ 19 世纪国际私法的"（民族）国家化"主要由意大利学者孟西尼（Pasquale Stanislao Mancini）所主导。其着眼于 19 世纪民族国家兴起的高潮，认为一国法律应当为其特定人口制定，国籍是国家存在和国际法的基础，是法律适用的首要连结点。此外，国际私法也从普遍

德国法和法国法对于能否将商品标记为开胃酒（alcoholic liquor）有不同规定：满足法国法15—20%酒精度标准的法国葡萄酒因为未满足德国至少25%的酒精度标准而被禁止在德国市场销售。或是因为各成员国国际私法差异，例如在2002年荷兰航海公司案（*Überseering*）[①]中，航海公司在荷兰注册成立后，将其主要营业地转移至德国。根据德国国际公司法，公司的主要营业地决定其法律适用（即"主要营业地法主义"），因此航海公司在主要营业地转移后变为德国公司。由于其不满足德国公司法要求，在荷兰（即"注册地法主义"）依法注册成立的公司在德国丧失了法人权利能力和诉讼主体资格，必须清算后依照德国法重新设立。此类案件在共同体市场层出不穷，在产品责任、反不正当竞争、国际公司法等领域都出现了因成员国实体法或国际私法差异而阻碍商品、资本跨境流动的现象，要求共同体层面的欧盟法或各国处理涉外关系的国际私法对此做出回应。

1. 欧盟法与国际私法的分与合

在1997年《阿姆斯特丹条约》签署之前，欧盟法与国际私法长期处于并行的状态。[②]从政策目标来看，欧盟法旨在推进共同市场下的制度架构与实体法统一，因此主要通过特定领域的单行条例、指令来统一各成员国实体法，且主要涉及公法与经济法；而国际私法以实体法差异为前提，一旦实体法统一，国际私法的效能与必要性会极大降低。[③]从立法权能来看，欧共体不具有国际私法的立法权限，各成员国根据1957年《罗马条约》第220条保有国际私法立法与条约缔结权。因此，共同体框架下的民事司法合作以国际条约的形式，由各国自主协商、缔结和加入。[④]在这一阶段，各成员国谈判形成了1968年《关

---

① Case—208/00, Überseering BV v. Nordic Construction Company Baumanagement GmbH (NCC), November 11, 2002.

② Jürgen Basedow, "The Communitarization of the Conflict of Laws under the Treaty of Amsterdam", *Common Market Law Review*, vol. 37, issue 3 (2000), pp. 687–708.

③ Mills, *The Confluence of Public and Private International Law*, pp. 176–177.

④ 叶斌：《欧盟国际私法的新发展：权能扩张与欧洲化》，《欧洲研究》2010年第5期，第69—90页。

于民商事管辖权和判决的承认与执行公约》（以下简称《布鲁塞尔公约》）与1980年《关于合同法律适用的罗马公约》（以下简称《罗马公约》）。在共同体法之外以国际条约统一国际私法的方式很快暴露出问题：第一，随着欧共体扩张，每新加入一个成员国，《布鲁塞尔公约》和《罗马公约》都需在全体缔约国谈判批准后予以调整，不断加入的新成员国与漫长的批准程序加重了效率负荷；[①]第二，欧共体颁布的条例在成员国具有直接适用性，其效力优先于成员国国内法，且含有划定自身适用范围的冲突规范，这常与《罗马公约》中的双边冲突规范产生冲突，[②]国际条约与欧盟法之间的复杂关系[③]亟须在共同体层面进行调和；第三，欧共体颁布的指令经成员国转化为国内法后适用，其中也包含为保障成员国最低保护标准的单边冲突规范，后者经各成员国立法转化后呈现出较大的内容差异，与既有《公约》的冲突规范相矛盾，《罗马公约》、共同体指令和转化后的国内法形成复杂的规则迷宫；第四，由于国际条约在各国的解释与适用分歧，各成员国意识到诉诸欧洲法院统一解释《布鲁塞尔公约》与《罗马公约》的需要，但根据1957年《罗马条约》，欧洲法院的解释权仅限于共同体法，而非成员国间缔结的国际条约。[④]

与此同时，欧盟试图统一成员国实体私法的努力大多走向失败。欧洲民法典项目在诸多困难下流产，随着英国等普通法系国家加入欧盟，各成员国实体私法的分歧远超预估。因此，立法者和学者意识到，"相比于统一实体法，统一国际私法更具现实性"[⑤]。作为退而求其次

---

① 郭树理：《回顾与展望：世纪之交的欧盟统一国际私法运动》，载《中国国际私法与比较法年刊》（第五卷），法律出版社2002年版，第22—37页。

② Basedow, "The Communitarization of the Conflict of Laws under the Treaty of Amsterdam", p. 690.

③ 商震：《欧盟法与国际法视角下欧盟对外关系的新实践和新挑战》，《国际法研究》2023年第3期，第145—160页。

④ Bernd von Hoffmann et al. (eds.), *European Private International Law*, Ars Aequi Libri, 1998.

⑤ Mario Giuliano and Paul Lagarde, Report on the Convention on the Law Applicable to Contractual Obligations, *Official Journal C* 282, 31 October 1980. [EU Council of the EU

的方案,统一的管辖权规则和冲突规范保障当事人无论在哪个成员国法院提起诉讼,都能适用同样的法律、得到同样的判决结果,避免了当事人"挑选法院"或"平行诉讼"的产生,增强了当事人法律适用的确定性和预期。在上述航海公司案,若荷兰与德国在国际公司法中都以"公司注册地"作为连结点,公司营业地转移至德国不会导致航海公司法人权利能力的丧失。更重要的是,国际私法以各国私法多样性为前提,统一国际私法并不要求德国、法国、荷兰改变自身的实体法规范以迎合外国产品或公司,这与欧盟的"辅助性原则"(principle of subsidiarity)相一致。根据辅助性原则,欧盟只有在"某项行动的目标无法由成员国充分实现,但在欧盟层面可以更好实现"时才进行干预。①辅助性原则与比例原则被认为是欧盟的两项宪法性原则,②制约着欧盟权限的行使,作为分配规制权威的"次级"规则,它强调了欧盟的"类联邦"而非"超国家"特性,要求在区域一体化和中心化进程中充分保障各成员国的自主性、文化多样性和规则竞争。欧洲议会也明确指出,统一国际私法是一种"在不损害成员国民事实体法情况下增强法律确定性的方法"③。

2. 欧盟国际私法立法权能与扩张

1997年签署的《阿姆斯特丹条约》将"民事司法合作"转移至《欧共体条约》第四编"签证、庇护、移民入境以及关于人员自由流动的其他政策",正式授予欧盟在国际私法方面的立法权能。根据修订后的《欧共体条约》第65条,为实现内部市场正常运作的必要,欧共体机构可以在具有跨国影响的民事司法合作领域采取措施,包括:b.促进成员国冲突法和管辖权适用规则的一致性;c.消除影响民事诉

Document].

① 《欧共体条约》第5条。

② Mills, *The Confluence of Public and Private International Law*, p. 106.

③ Oliver Remien, "European Private International Law, the European Community and Its Emerging Area of Freedom, Security and Justice", *Common Market Law Review*, vol. 38, no. 1 (2001), p.64.

讼正常进行的障碍,必要时促进所适用的成员国民事诉讼规则的一致性。①2009年《里斯本条约》这一欧盟宪法性文件将《欧共体条约》修订为《欧盟运行条约》,在第81条扩展了欧盟的国际私法立法权能,不限于为内部市场运作之必要,使其可能向家事法领域扩张。②此外,《里斯本条约》还将《欧盟基本权利宪章》纳入欧盟法体系,要求欧盟加入《欧洲人权公约》,将基本权利保护确立为欧盟另一个重要政策目标。③

在不断扩张的立法权能下,欧盟国际私法统一立法工作如火如荼地展开:《布鲁塞尔公约》与《罗马公约》由国际条约转化为欧盟法下的欧盟条例,在新加入的欧盟成员国自动生效,欧洲法院拥有对国际私法条例的自主解释权;在跨境破产④、婚姻事项的管辖权与判决承认和执行⑤、婚姻财产、非合同义务、继承等领域均颁布了统一欧盟条例,极大取代了各成员国自有的国际私法权限。以德国为例,根据《德国民法典施行法》第3条,德国国际私法的法律渊源由欧盟国际私法条例、国际私法条约、本国自主国际私法的垂直三层体系构成。其中欧盟条例优先于国际私法条约,只有在欧盟条例和国际私法条约都没有规定时,才适用德国自主国际私法规则。⑥在立法技术上,以"布鲁塞尔条例"命名的为国际民事诉讼法条例,以成员国间司法互信为基础,适用范围仅限于各欧盟成员国之间,如《布鲁塞尔条例I》《布鲁塞尔条例II》的"布鲁塞尔条例体系";以"罗马条例"命名的为冲突

---

① 叶斌:《欧盟国际私法的新发展:权能扩张与欧洲化》,第69—90页。

② Jacqueline Gary, *Party Autonomy in EU Private International Law*, Intersentia, 2021, pp. 40–41.

③ 程卫东:《〈里斯本条约〉:欧盟改革与宪政化》,《欧洲研究》2010年第3期,第1—17页。

④ Council Regulation 1346/2000, On Insolvency Proceedings, 2000 O. J. (L 160) 1.

⑤ Council Regulation, 2201/2003, Concerning Jurisdiction and the Recognition and Enforcement of Judgements in Matrimonial Matters and the Matters of Parental Responsibility, 2003 O. J. (L 338) 1.

⑥ Abbo Junker, Internationales Privatrecht, 4.Aufl. 2021, § 2. S. 20.

规范条例,具有普遍适用性,①如《关于合同之债法律适用条例》(《罗马条例I》)、《关于非合同之债法律适用条例》(《罗马条例II》)、《关于离婚与司法分居法律适用领域加强合作条例》(《罗马条例III》)的"罗马条例体系"②;较为特殊的《欧盟扶养条例》《欧盟继承条例》③则包含了国际管辖权、冲突规范、判决承认和执行等内容,其中的冲突规范普遍适用。⑤

3. 比较与评价

作为欧盟法的统一国际私法条例优先于成员国国内法,使各成员国在涉外民商事领域的规制权威由分散协调走向集中分配,服务于欧盟共同体市场。值得注意的是,即便在美国联邦制下,各州仍然保有冲突法立法权限,不存在联邦层面的冲突法立法。⑥因此,欧盟国际私法的"联邦化"程度甚至高于美国,成为一种由中心向各成员国的统一分配性规范。⑦除上述统一国际私法条例外,共同市场运行的主要法律障碍在于商品、资本、人员跨境流动的"原产国"和"目的地国"之间的法律冲突或重叠规制,欧盟法通过一系列司法判例和指令力图发展出"相互承认原则"(principle of mutual recognition)和"原产国原则"(country of origin principle),两者最初主要适用于公法,但被普遍认为具有国际私法属性。⑧相互承认原则要求成员国之间应当互

---

① 当冲突规范指向第三国法时也同样适用。

② 许凯:《欧盟统一国际私法的经验与未来——"法律趋同化理论"的当代实践》,《政法论坛》2022年第3期,第125–136页。

③ 《欧洲议会和理事会关于扶养义务的管辖权、法律适用、判决的承认与执行及合作的2009年第4号欧盟条例》。

④ 《欧洲议会和理事会关于继承问题的管辖权、法律适用、判决的承认与执行和公文书的接受与执行以及创建欧洲继承证书的2012年第650号欧盟条例》。

⑤ Peter Mankowski, Über den Standort des Internationalen Zivilprozessrechts–Zwischen Internationalem Privatrecht und Zivilprozessrecht, RabelsZ 576 (2018), S. 592.

⑥ Einhorn, "American vs. European Private International Law—The Case for a Model Conflict of Laws Act (MCLA)", p.4.

⑦ Michaels, "The New European Choice–of–Law Revolution", p.1642.

⑧ Peter Mankowski, "Country of Origin Principle", in Jürgen Basedow et al. (eds.), *The Max Planck Encyclopedia of European Private Law*, Oxford University Press, 2012;

相承认产品标准①、机动车行驶证②等经济或行政法及其行为，③后来向产品或服务提供的侵权责任领域扩展。④在上述第戎黑加仑酒案中，欧洲法院明确要求成员国应当互相承认对方的产品标准，因此，德国应当承认葡萄酒原产国法国有关"开胃酒"的产品标准。原产国原则则进一步赋予原产国对其产品或服务排他性的法律适用优先权，以减少供应方查明目的地外国法的负累，避免重叠规制。⑤两者对成员国施加了一种类似于联邦制下的宪法责任，要求承认其他成员国的法律及其适用后果，与美国宪法中的"充分信任和尊重条款"具有可比性。美国最高法院将"充分信任和尊重条款"作为各州承认外州法律适用与判决的重要基础，并以此来平衡各州之间的规制利益。⑥

　　超国家层面的立法编纂增加了超国家体制（欧盟）自身的利益和政策倾向，即促进"内部市场运行"与"基本权利保护"。⑦这区别于先前仅作为各国合意的国际私法条约，也不同于美国各州之间以本州政策偏好为导向的利益分析方法。因此，欧盟立法及其解释可以为了共同体或个人的利益而减损成员国利益，实施超国家层面的实体政策与需求。例如，《罗马条例Ⅱ》第7条涉及环境损害的法律适用，受害方可以在行为地法与损害发生地法之间自由选择。这一偏好受害方法律选择自由的倾向与传统国际私法规则不一致，也并不符合各成员

Ralf Michaels, "EU Law as Private International Law— Reconceptualising the Country-of-Origin Principle as Vested-Rights Theory", *Journal of Private International Law* vol. 2, no. 2 (October 2006), pp.195–242.

　　①　Case 120, Cassio 1626. 79. Joined Cases C-267/91 and C-268/91, Keck et Mithouard 1993 ECR I-6097.

　　②　Directive 2006/126/EC of the European Parliament and of the Council of 20 December 2006 on driving licences (Recast).

　　③　邱奕夫：《论对外国行政行为的承认：理论基础与制度构建》，《经贸法律评论》2022年第6期，第142—158页。

　　④　Horatia Muir Watt, "European Integration, Legal Diversity and the Conflict of Laws", *Edinburgh Law Review*, vol.9, no.1 (2005), p.22.

　　⑤　Mankowski, "Country of Origin Principle".

　　⑥　Ralf Michaels, opcit. p. 1631, "Full Faith and Credit Clause".

　　⑦　Gary, *Party Autonomy in EU Private International Law*, pp.35–41.

国内国利益,但它有助于实现更高等级的欧盟政策目标,[①]即《欧盟条约》第174条规定的环境保护和预防性原则。类似的超越成员国自身利益的政策考量在消费者保护领域、产品责任领域都有体现,欧盟国际私法也愈发成为实施欧盟实体政策的工具。而相互承认原则与原产国原则平行于统一国际私法条例,在无法统一的领域对成员国的法律适用结果做有利于共同体市场自由流通的调整,排除限制性成员国法的适用,是一种结果导向的国际私法新方法。[②]

从近20年来欧盟国际私法的飞速发展来看,欧盟统一国际私法的路径是较为成功的。它保留了成员国实体法的自主和多样性,协调了共同市场中各个成员国之间的法律适用秩序,充当欧盟实体性政策与各成员国实体法政策之间的缓冲器,在欧盟类联邦体制下规制权威的分配中起到了重要的结构性作用。[③]

(二)纵向维度:基本权利与欧洲法院

从主权国家向共同体市场转向,也意味着国家向私人及其权利转向。[④]共同体市场背景下的欧盟国际私法,从横向维度来看是对各成员国规制权威的统一调和与分配,在纵向维度则表现为对私人基本权利保护的增强。在美国联邦制下,基本权利是联邦层面的宪法权利,无论适用哪一州法,联邦宪法权利都同样适用,其效力等级高于各州法。[⑤]欧盟同样赋予了私人以超国家的基本权利与自由。在欧盟语境下,基本权利与自由有两层内涵:第一,建立商品、人员、服务、资本自由流动的内部市场的目标,同时也是欧盟法赋予私人的基本自由,

---

① 杜中华:《让跨国公司为气候变化负责——评"地球之友等诉荷兰皇家壳牌案"》,《法理——法哲学、法学方法论与人工智能》2022年第1期,第393—403页。

② Pierre Mayer, "Les méthodes de la reconnaissance en droit international privé", in Paul Lagarde et al. (eds.), *Le droit international privé: esprit et méthodes Mélanges en l'honneur de Paul Lagarde*, Paris: Dalloz., 2005, p. 549.

③ Mills, *The Confluence of Public and Private International Law*, p. 187.

④ Ralf Michaels, "Public and Private International Law: German Views on Global Issues", *Journal of Private International Law*, vol. 4, no. 1 (April 2008), pp. 121–138.

⑤ Mills, *The Confluence of Public and Private International Law*, p. 124.

通过欧盟的宪法性文件《欧盟运行条约》第18、21、28—37、45—66条成为可明确援引的权利基础；第二，基本权利保护是欧盟的重要目标和宪法性原则，根据《欧盟条约》第6条，《欧盟基本权利宪章》《欧洲人权公约》以及各成员国共同的宪法传统赋予的个人基本权利受到不同程度的尊重和保护，构成欧盟法的一般原则，需要欧盟立法和各成员国在适用时予以遵循。[①]

基本权利和自由是欧盟法的组成部分，主要通过欧洲法院来保障。欧洲法院(European Court of Justice)通过初步裁决(preliminary ruling)对成员国法的适用结果与欧盟法的协调性进行个案审查，若不协调则可排除成员国法在本案的适用。实践中最常出现的情形是：成员国法院依据《欧盟运行条约》第267条，通过移交程序(referral procedure)将涉及本国法与欧盟法协调性的问题移交给欧洲法院，欧洲法院做出初步裁决后，由成员国法院依此重新审理。[②]这一愈发频繁的司法对话[③]极大影响了成员国国际私法的适用与欧盟的国际私法格局。以下将介绍其运行机制及其对国际私法的影响。

1. 经济要素的流动自由

如前所述，共同体市场下的基本自由，涉及商品、服务、人员、资本等经济要素跨境流动后所享有的权利保障，与国际私法密切相关。经济要素的流动自由通过《欧盟运行条约》（即原《欧共体条约》）第28—37、45—66条予以规定，[④]具有直接适用性，构成了对直接或间接阻碍其自由流动的成员国法的审查标准，也是上述相互承认原则进一

---

①　Chiara Amalfitano, *General Principles of EU Law and the Protection of Fundamental Rights*, Edward Elgar Publishing, 2018.

②　如今愈发出现一种趋势，成员国的低级法院通过将案件移交给欧洲法院，来改变本国更高一级法院的判例传统。

③　范继增：《欧盟法院与成员国法院在人权保障中的司法对话》，《武大国际法评论》2017年第2期，第94—117页。

④　《欧盟运行条约》第28—37条为商品、人员流通自由。第45—66条为服务、资本流通自由，其中第49—55条为公司设立自由，第56—62条为服务供应自由。

步发展的权利基础。[1]

商品和服务自由流通领域关涉供应商在其他成员国销售商品和提供服务的基本权利和自由,其法律障碍可能在于目的地国经济管制类的行政法规及私法障碍。欧洲法院在1994年的一个判决涉及反不正当竞争法下的民事责任。[2]雅诗兰黛公司在欧共体市场销售名为Clinique(意为诊所,在我国译为"倩碧")的系列化妆产品,由于德国法禁止在化妆品名称中暗示产品的医疗特性,其在德国只能改称Linique以避免误解。雅诗兰黛公司为了降低商品名称差异带来的包装与广告花费,想在德国也使用Clinique名称,却被德国商业社团依据德国《反不正当竞争法》诉称改名会造成误解。欧洲法院认为,德国《反不正当竞争法》对商品名称的规定,禁止在德国境内销售与在其他成员国销售的化妆品名称相同的化妆品,造成了额外的包装与广告花费,构成商品在共同体内部的自由流动障碍。欧洲法院并在随后系列相似判决中指出,国际私法根据"市场所在地"指向的限制性法律适用与共同市场下的自由贸易不符。随后,欧盟试图在电子商务指令中以"原产国原则"形成新的冲突规范,[3]虽然未完全成功,但欧洲法院判例所确立的原则已经形成欧洲一级法律组成部分,优先于各成员国法适用。

在公司的设立自由领域,欧洲法院也对上述2002年荷兰航海公司案做出判决,指出依照某一成员国法依法注册成立的公司"有权在另一成员国开展业务",德国国际私法要求荷兰航海公司依据德国法

---

① Basedow, "Federal Choice of Law in Europe and the United States—A Comparative Account of Interstate Conflicts", p.2130.

② Case C-315/92, Verband Sozialer Wettbewerb eV v. Clinique Laboratories SNC, 1994 E. C. R. I-317. I-332 to 33.

③ 《2000年6月8日欧洲议会及欧盟理事会关于共同体内部市场的信息社会服务,尤其是电子商务的若干法律方面的第2000/31/EC号指令》(草案)第23条叙述如下:"本指令的目的不是在国际私法领域建立额外的规则,也不涉及法院的管辖权;由国际私法规则决定的适用法律的规则不得限制本指令意义上的提供信息社会服务的自由。"奥地利对该指令进行国内转化时,在其草案第21条第2款规定:"如果其适用的法律限制了信息社会服务的自由流动,则应适用服务提供者所在的成员国的法律。"

清算后重新设立"公然否定了公司在共同体市场的设立自由"。随后,欧洲法院又通过一系列判决巩固和确认"根据《欧盟运行条约》第49、54条,欧盟成员国有义务承认另一成员国依法注册成立的公司在其境内开展业务",使之成为欧盟各成员国处理公司跨国移动的基本原则;这系列判例也推动了部分成员国在国际公司法领域由"经营地法主义"向"注册地法主义"改革,极大扩张了公司在共同体市场的法律选择自由,刺激了各成员国公司法的法律秩序竞争。[①]在此原则的影响下,欧盟成员国可以自由选择:或通过修改本国国际私法规则为"注册地法主义",或通过直接承认在其他成员国合法注册的公司在本国的法人资格,来尊重公司在欧盟法下的设立自由——后者在效果上与两国都采取"注册地法主义"是等同的。因此,跨国承认制度也构成了"统一国际私法规则"的替代性方法。

2. 欧盟公民身份与基本权利

对于个人而言,欧盟法下的"四大自由"最初并不涉及非经济领域,"人员"自由流动是指工人与自雇个人(workers and self-employed persons)的自由流动,旨在"促进欧盟公民在整个欧盟从事各种职业活动"[②]。但随着欧盟自身的目标从经济融合扩大至全面融合,欧洲人民(the people of Europe)不再被仅仅当作经济产生的一个要素,[③]基本权利与自由从经济领域拓展到以"欧盟公民身份"(EU citizenship)为基础的非经济权利,在欧盟宪法性文件《欧盟运行条约》第18、21—24条(原《欧共体条约》第12、17—22条)予以规定,形成了向国际私法其他领域扩张影响的基石。

"欧盟公民身份"与欧盟同时诞生,由1992年《马斯特里赫特条约》正式创设,在《欧共体条约》第二部分"欧盟公民身份"予以规

---

① Junker, Internationales Privatrecht, 4.Aufl. 2021, § 13, Rn.36—60.

② Koen Lenaerts et al. (eds.), *EU Constitutional Law*, Oxford: Oxford University Press, 2021. p.178.

③ F. Mancini, "The Making of a Constitution for Europe", *Common Market Law Review*, vol. 26, issue 4 (1989), pp. 595—614.

被同时援引。[①]从第18条的历史和立法目的来看,其同样发端于共同市场下消除流通障碍的目标,[②]主要是为了保证迁徙到另一成员国经济要素或个人不会受到更加不利的对待。例如,在商品跨国流通中,已满足原产国产品要求的商品不应当在目的地国受到二次规制,因为相比仅需满足本国要求的其他产品,重叠规制给该商品带来了额外负担,有违其在市场的平等待遇。第18条的核心要义为:欧盟公民在同等的情况应被同等对待,在不同的情况下应区别对待。[③]其中最重要的是存在"可比性情形"(comparable situation)。[④]欧洲法院明确指出,"只有在不同的规则适用于可比性情形,或相同规则适用于不同情形时才会产生歧视"[⑤]。因此,"禁止基于国籍的歧视"并非要求所有欧盟公民都被同等对待,而是要界定可比较的基点,以及是否有缺乏正当性的差别待遇。对于国际私法而言,"禁止基于国籍的歧视"引发了学者对传统国籍国法方法的讨论和反思。[⑥]欧陆国际私法传统以国籍为连结点指引准据法的适用,然而,这是否违反了"禁止基于国籍的歧视"的基本原则? 一般认为,适用国籍国法造成的实体法差异并非来自同一个立法系统,而是基于不同国籍双方各自的母国法;国籍标识了个人最熟悉也与其具有最密切联系的法律,是差别对待的正当性基础;公民在立法中的民主参与也保障了其国籍国法适用的正当

---

①　事实上,《欧盟运行条约》第18条很少作为独立的权利基础被援引,而是时常与其他欧盟一级或二级立法的条款相结合。

②　在欧共体成立之初,平等待遇的权利就起到了重要作用,在《罗马条约》第6条即被规定,但主要涉及商品、人员、资本、服务的自由流通领域,旨在消除跨国流通障碍。例如,在人员流通领域,要求消除各成员国内工人之间在就业、薪酬和其他工作条件方面基于国籍的任何歧视和限制。

③　Lenaerts et al. (eds.), *EU Constitutional Law*, pp. 147–149.

④　Päivi Johanna Neuvonen, *Equal Citizenship and its Limits in EU Law*, Hart Publishing, 2016, p. 42.

⑤　Case C–279/93 Finanzamt Koln–Altstadt v. Roland Schumacker 1995 ECR I–225, para. 30.

⑥　Heinz–Peter Mansel, "EU's Prohibition of Discrimination and Free Movement of Persons", in Boele–Woelki et al. (eds.), *Convergence and Divergence in Private International Law—Liber Amicorum Kurt Siehr*, Schulthess, 2010, p. 296.

性。①因此,国籍国法方法满足"不同情况应区别对待"的平等原则,不构成对第18条的违反。在下文涉及个人身份地位的系列案例中,我将进一步阐释其与国际私法的互动。

需要注意的是,欧盟公民身份及其基本权利仅限于欧盟公民,第三国公民并不享有。根据《欧盟运行条约》第20条,拥有欧盟成员国国籍的人才是欧盟公民。因此,无论是第21条"自由迁徙和居留"还是第18条"平等待遇"的基本权利都仅限于欧盟公民在欧盟成员国范围内的迁徙。这与其发源自建立"共同市场"的目标相关,但也体现了欧盟宪制下欧盟公民身份及其基本权利的封闭性。

(三)小结

本节从欧盟国际私法的横向统一与基本权利的纵向保护两个维度介绍了21世纪的欧洲国际私法革命。欧盟超国家共同体的产生,以建立自由流通的共同市场为目标,需要克服不同主权国家之间的法律障碍,统一国际私法为其内部复杂的规则冲突提供了协调工具;与此同时,超国家层面的政策目标也作用于传统国际私法的分配格局。共同体层面的私人基本权利和自由超越国家边界,"四大自由"和"欧盟公民身份"的产生体现了欧盟成员国绝对主权的减弱,国家对经济要素和本国公民的控制降低,让位于共同市场中不断增长的私人自由。②而这一自由也逐步从经济领域扩展到以"欧盟公民身份"为基石的各个领域,不仅诞生了一种新型的成员模型,还形成了跨越国界的普遍性权利。③这一整体框架与美国联邦宪法制下的冲突法有一定程度的可比性,但在许多方面超越了后者对冲突法的影响和控制,形成了21世纪欧洲国际私法联邦化和宪法化的重要例证。

---

① Heinz–Peter Mansel, Die kulturelle Identität im internationalen Privatrecht. in Georg Nolte (Hrsg.), Pluralistische Gesellschaften und Internationales Recht, C.F. Müller., Aufl. 2008, S. 137–214 ff.

② Michaels, "Globalizing Savigny? The State in Savigny's Private International Law and the Challenge of Europeanization and Globalization", pp.24–25.

③ Yasemin Nuhoglu Soysal, *Limits of Citizenship: Migrants and Postnational Membership in Europe*, University of Chicago Press, 1994, p. 304.

二、从迁徙到身份自由：个人身份地位的跨国承认

近20年来，在欧洲法院的审查框架下，《欧盟运行条例》第21条和第18条规定的迁徙自由以公民个人为基点向其他领域辐射，改变了个人身份地位(personal status)领域的传统国际私法适用秩序。个人身份地位是指个人在社会中的基本法律地位，[①]在私法层面区分为个人身份与家庭身份关系。个人身份如自然人的姓名，体现为民法中的人格权；家庭身份关系则涉及因婚姻家庭而产生的身份关系，体现为民法中的身份权。[②]在一国法律秩序中，个人身份地位具有双重面向，一方面，人格权和身份权作为人身权利，标识了个人的法律地位和社会关系，是个人身份(personal identity)利益获得法律保障和社会认可的权利基础；另一方面，姓名和家庭身份关系以一国行政机构和法律秩序的承认为前提，国家对个人身份地位具有管理利益，[③]对身份关系的规制构成一国公共秩序和国家身份(national identity)。各国由于文化传统差异，在个人身份地位领域的实体法分歧较大，出生证明、结婚证书等一国行政行为下的公共文件不当然具有域外法律效力。[④]因此，在个人跨境移动到另一国后，其民事身份地位很可能陷入由不同国家法律规制的"跛脚"境遇，即在A国和B国拥有不同的姓名，或身份关系在A国有效而在B国无效。在欧盟全力推进公民自由流动的背景下，此类个人身份地位"碎片化"现象尤为突出，给欧盟公民行使自由迁徙和居留的基本权利造成了较大负担。

公民个人身份地位的跨境流动及其障碍，和前述经济要素自由流动遇到的法律障碍十分类似。然而，欧盟在个人身份领域的国际私法

---

① A. Ehrenzweig, *A Treatise on the Conflict of Laws*, St. Paul, West Publ., 1962.

② 温世扬：《〈民法典〉视域下身份权的教义重述》，《现代法学》2022年第4期，第3—16页。

③ Francesco Salerno, *The Identity and Continuity of Personal Status in Contemporary Private International Law*, Hague Academy of International Law, 2019, pp. 22—23.

④ 王露：《跨国代孕中出生证明的承认规则》，《华南理工大学学报》（社会科学版）2021年第6期，第90—97页。以出生证明为例，其仅具有确立法定亲子关系的证据效力，接收国仍将依据冲突规则指引的准据法对其亲子关系做重新认定。

统一进程却十分缓慢。目前只有以"加强合作"形式适用于14个成员国的国际离婚和司法分居的《罗马条例III》以及婚姻财产、继承、扶养等财产领域的统一国际私法条例,而在姓名、结婚条件等人身属性更强的领域无法达成统一。因此,由欧洲法院判例确立的跨国承认制度发挥了重要的权利保障和法律协调作用。

(一)个人姓名的跨国承认

姓名是个人身份的基础,是人格的组成部分。姓名中的"姓氏"在许多法律文化中标识着个人与家庭的代际联系,是一种亲属身份归属。姓名是国家对公民个人识别的重要方式,在出入境管理等公共事务中发挥重要作用。姓名还与社会融入有关,外国移民在迁入国可能要依据新的拼写方式调整原有姓名。欧盟各成员国对个人姓名相关的实体法和国际私法有不同规定,因此,跨境移动的个人时常面临其基本权利与一国国际私法所指引的实体法适用之间的矛盾。[①]

2003年的加西亚-阿韦洛案(*Garcia Avello*)开启了欧盟个人姓名跨国承认与国际私法的互动。本案涉及一位具有西班牙和比利时双重国籍的儿童加西亚-阿韦洛的姓氏选择问题。加西亚-阿韦洛因其父亲是西班牙人,母亲是比利时人而拥有双重国籍。该儿童与父母常居在比利时,其在西班牙领事处依照西班牙法中的父母联合姓氏登记姓氏为"加西亚-韦伯"(Garcia Weber),而比利时登记处出具的出生证明则依照《比利时民法典》第335条,依照父姓将其登记为"加西亚-阿韦洛"。为此,父母向比利时当局机关申请依照西班牙法和西班牙护照将儿童姓名改为"加西亚-韦伯"。[②]然而比利时当局依照《比利时民法典》第3条[③]和《海牙关于国籍法冲突的若干问题的公约》

---

① Mathias Lehmann, "What's In A Name? Grunkin-Paul and Beyond", https://doi.org/10.1515/9783866538566.1.135136-137(最后访问时间:2024年7月31日).

② 根据《比利时民法典》第335条,儿童姓氏应当依照父姓(本案中为Avello);而根据西班牙法,儿童可以采用父亲的第一个姓氏(本案中为Garcia)和母亲的姓(本案中为Weber)的联合形式。因此产生法律适用冲突。

③ 《比利时民法典》第3条第3款:(本法)关于个人身份地位和能力的规定应当适用于比利时国民,即使他们居住在比利时境外。此条款与《法国民法典》第3条第3款类似,被

确立的惯例,对具有比利时国籍的双重国籍者优先适用比利时法,只允许依父姓登记为"加西亚-阿韦洛"。本案由比利时最高法院移交欧洲法院。

欧洲法院认为,比利时当局的做法违背了《欧共体条约》第12条"禁止基于国籍的歧视",对有客观差异的情形同等对待。判决指出,具有西班牙双重国籍的比利时人在两个法律体系下使用不同的姓氏,会给当事人私人生活和职业造成严重的不便利;由于当事人同时还拥有西班牙国籍,区别于仅有比利时国籍的比利时公民,不同的情形应当区别对待,比利时法不应当无差别适用于双重国籍者,双重国籍者应当有机会选择依西班牙法下的姓名。[1]本案是欧洲法院首次通过欧盟法的基本权利介入成员国有关姓名的国际私法规则,并判定其因侵犯欧盟公民的基本权利而不予适用。[2]此案引发了欧洲各国国际私法学者的激烈讨论,其突破性在于,第一,欧盟法的介入是基于当事人的欧盟公民身份,而非经济自由或跨国迁徙。[3]本案加西亚-阿韦洛一家长居比利时,只是同时拥有西班牙国籍,但此事实已足以构成与欧盟的联系,此后任何居住在非母国的欧盟公民都可援引欧盟法赋予的基本权利。[4]第二,本案挑战了各成员国关于双重国籍者长期以来坚持的"内国国籍优先"原则,允许当事人适用更具文化认同的母国法。第三,本案被认为赋予了双重国籍者对其姓名法律适用的自由选择权。[5]当事人依两国国籍分别取得不同姓氏,但并不存在何者优先。

认为具有国际私法属性,对个人身份地位和能力适用国籍国法。

① Case C-148/02 Carlos Garcia Avello v. État belge. [2003] ECR I-11613.

② Watt, "European Federalism and the New Unilateralism", pp. 1988-1989.

③ 与上文提到的基于职业理由的1993年康斯坦蒂尼迪斯案中的"营业自由"相比,这进一步扩大了基本权利的援引范围和基础,当事人无须以经济活动或跨越国境的事实来建立与欧盟法的联系。

④ Juliana Mörsdorf-Schulte, "Europäische Impulse für Namen und Status des Mehrstaaters", *IPRax* (2004), p.315.

⑤ Jan-Jaap Kuipers, "Cartesio and Grunkin-Paul: Mutual Recognition as a Vested Rights Theory Based on Party Autonomy in Private Law", *European Journal of Legal Studies*, vol. 2, no. 2(2009), pp. 66-97.

本案当事人也可根据比利时法,向西班牙领事馆要求将其姓氏更改为比利时姓氏,此时相比单一国籍的西班牙人其仍然享有被区别对待的权利,一切取决于当事人选择向哪一国主张其基本权利。①

如果说加西亚–阿韦洛案仅限于双重国籍者的法律选择特权,2008年格林金–保罗案(*Grunkin-Paul*)②则进一步扩大了当事人通过跨国承认的姓名法选择自由。此案涉及一位在丹麦出生和居住的德国籍儿童,在丹麦依照丹麦法以父母联合姓氏登记姓氏为格林金–保罗。在搬回德国后,德国当局拒绝承认该儿童在丹麦登记取得的联合姓氏。依据德国国际私法(《民法典施行法》第10条),自然人的姓名适用国籍国法。儿童具有德国国籍,而德国法不允许采用父母联合姓氏。③德国法院请求欧洲法院对德国国际私法的适用是否违反《欧共体条约》第12条(禁止基于国籍的歧视)和第18条(欧盟公民的自由流动原则)做出初步裁决。

欧洲法院认为,本案当事人在国籍国(德国)使用与其出生和居住国(丹麦)不同的姓氏,会妨碍其行使《欧共体条约》第18条赋予的自由迁徙的基本权利。法院援引了加西亚–阿韦洛案的论述,认为无论是由于当事人双重国籍,还是不同国家连结点不同导致的姓名差异,都会给当事人跨国自由迁徙带来严重的不便。④因此,《欧共体条约》第18条排除了本案中德国国际私法指引的德国法适用。相比加

---

① Yetano, "The Constitutionalisation of Party Autonomy in European Family Law", pp. 158–159.

② Case C–96/04 Standesamt Stadt Niebüll, [2005] ECR I–3561; Case C–353/06 Stefan Grunkin and Dorothee Regina Paul.[2008] ECR I–7639. 本案分别于2006年和2008年两次移交至欧洲法院:2006年因德国法院的程序问题未获最终裁决,但法官雅各布斯申明了可能的处理意见;2008年再次移交欧洲法院后,法院做出了初步裁决。但两者基础事实相同。

③ 本案中儿童的出生和居留国丹麦以居所为连结点,国籍国德国以国籍为连结点。根据德国法,如果父亲和母亲婚后没有使用统一姓氏,儿童只能选择父亲或母亲一方的姓氏,不得使用联合姓氏。

④ 法官在判决中陈述:"德国作为当事人国籍国为其签发护照,而护照上的姓名将与当事人在丹麦所有公共文件上的姓名不同。当事人每一次跨越丹麦和德国边界,都会使用不同的姓名。这将使当事人在每一次涉及身份文件比对的情形下,都面临对其个人身份和文件真实性的质疑,严重阻碍其行使自由迁徙的权利。"

西亚-阿韦洛案，本案进一步扩大了当事人的姓名法选择自由：第一，本案不存在双重国籍问题，单一国籍的德国公民仅因在丹麦出生和居住便排除了本应适用的德国国际私法及国籍国法，而德国当局必须基于公民在欧盟法上的基本权利予以承认，体现了国家对私人自由和另一成员国规制权威的让步、国籍身份对欧盟公民身份的让步；第二，法院在论证中引入了对《欧洲人权公约》第8条"尊重私人和家庭生活"的基本权利的考虑，认为其包括个人的姓名决定权，[1]拓宽了本案的权利基础；第三，欧洲法院尊重丹麦与德国国际私法对姓名采用不同连结点的做法，只是要求在个案中承认对当事人既得姓名的选择，[2]当事人同样可以基于德国国际私法获得的姓名向丹麦当局要求承认。因此，这里形成了平行于各成员国国际私法的个人姓名跨国承认制度。对承认国而言，欧盟公民的基本权利和自由要求其直接承认当事人依照外国法取得的个人身份，而不适用本国国际私法审查。当事人由此获得了选择在哪个成员国获得个人身份并要求承认的自由。

与国际公司法类似，欧洲法院有关姓名的一系列判例确立了个人姓名的跨国承认原则："根据《欧盟运行条例》第21条，在另一个欧盟成员国获得的姓名原则上必须得到所有其他成员国的承认。"[3]这被许多学者认为是国际姓名法中当事人意思自治的延伸和扩张，二者在法律适用的不同阶段，在功能上具有等同效果。[4]当事人意思自治是在法院地国国际私法的适用阶段，允许当事人自由选择其法律关系适用的法律；而跨国承认则直接排除法院地国国际私法的适用，允许当事人自由选择在哪一国法律体系下取得的姓名被承认。[5]与判决承

---

[1]　Case C-94/04, Standesamt Stadt Niebüll (Grunkin-Paul), 2006 E.C.R. I-3561 (opinion of AG Jacobs).

[2]　法官在判决意见中指出，法院并不要求德国对其姓名领域的实体法或国际私法进行改革，只是要求其在更大范围内承认依照另一成员国法合法有效获得的姓名。在这个层面，这不过是欧盟法下相互承认原则从经济领域向民事领域的延伸应用。

[3]　Anatol Dutta, Namenstourismus in Europa?, FamRZ 15 (2016), S. 1213-1219.

[4]　Gary, *Party Autonomy in EU Private International Law*, p.28.

[5]　Lehmann, "What's In A Name? Grunkin-Paul and Beyond", pp.159-161.

认相比,对法律状况的承认不存在内国或在先判决优先的法定规则,[①]由当事人自主决定被承认的法律状况在哪个国家产生。与法律选择相比,跨国承认是承认当事人对一国国际私法及其法律适用结果的选择,被意大利学者保罗·皮科尼(Paolo Picone)称为"整体指引"(Blockverweisung),是承认国对被承认国国际私法适用结果的整体"接纳"(Übernahmen)。[②]承认国摒弃了自己的国际私法判断,站在被承认国的国际私法角度接受其法律适用结果。因此,跨国承认也被称作一种"消极的统一国际私法"方式;[③]与前文所述的"相互承认原则"相类似,体现了各成员国法律系统间的相互信赖与对个人既得权利的尊重和保护。由此,共同体市场的自由流动与个人基本权利在此交汇,给个人身份的法律适用带来了更大自由,形成了平行于传统国际私法的跨国承认制度。

(二)同性婚姻的跨国承认

以个人姓名的跨国承认为起点,跨国承认制度在个人身份地位的其他领域也出现了扩张。个人跨国迁徙后的婚姻状况、亲子关系若无法得到承认,同样构成自由迁徙的障碍。在这一领域,欧洲法院在个人基本权利与成员国法律秩序之间的权衡更加克制与微妙,以下以欧盟范围内同性婚姻的跨国承认为例。

2018年科曼案(Coman)[④]是欧洲法院首次将跨国承认原则拓展到家庭身份关系的领域。本案涉及一位罗马尼亚公民科曼与美国公民汉密尔顿(Hamilton)依据比利时法缔结的同性婚姻在欧盟成员国罗马尼亚的承认问题。根据2004年《欧盟公民指令》,欧盟公民的家庭

---

① 《布鲁塞尔条例 I》第 33、34 条。

② Heinz-Peter Mansel, Methoden des internationalen Privatrechts—Personalstatut: Verweisung und Anerkennung.in M. Gebauer, H.-P. Mansel, G. Schulze (Hrsg.), Die Person im Internationalen Privatrecht. Liber Amicorum Erik Jayme, Mohr Siebeck., 2019.

③ Veerle Van Den Eeckhout, "Promoting Human Rights within the Union: The Role of European Private International Law", *European Law Journal*, vol. 14, no. 1 (January 2008), p.105.

④ Case C-673/16 Coman and Others v. Romania. [2018] ECLI:EU:C:2018: 385.

成员有权取得在欧盟境内长期居留的权利。两人婚后想从比利时迁回罗马尼亚，但由于《罗马尼亚民法典》不承认同性婚姻，汉密尔顿作为第三国公民无法基于"家庭团聚"理由和"家庭成员"身份在罗马尼亚长期居留。罗马尼亚法院请求欧洲法院对此是否违反欧盟公民自由迁徙和家庭生活的基本权利，以及欧盟指令中的"家庭成员"是否包含同性配偶或伴侣做出初步裁决。

欧洲法院判定，成员国当局"仅为是否给予第三国公民派生居留权目的"而拒绝承认其国民与第三国公民同性婚姻的行为违反了《欧盟运行条约》第21条，应当承认本案中同性婚姻构成的家庭关系，给予第三国公民派生居留权。①法院在本案裁决中对欧盟与成员国的权限进行了谨慎区分。第一，家庭法属于成员国权限，各成员国有权自行决定是否允许同性婚姻，欧盟无权干预。但依据格林金-保罗案等判例，成员国行使权限时必须遵循欧盟法中关于欧盟公民基本权利和自由的规定。若因各成员国对同性婚姻的不同规定而导致《欧盟公民指令》中欧盟公民的权利行使取决于各成员国的不同规定，将有违欧洲法院判例，影响公民有效行使其自由迁徙的权利。第二，欧盟公民的基本权利与自由可以基于正当性理由合比例限缩，本案涉及的婚姻制度涉及各成员国公共秩序和宪法秩序，欧盟尊重成员国的国家身份。但作为对公民基本权利的限制，成员国公共秩序须在欧盟制度下严格解释，只有对其社会基本利益造成真实和严重威胁时才适用。第三，本案仅以给予第三国公民派生居留权为目的承认外国同性婚姻，不要求罗马尼亚在本国法中引入同性婚姻制度，不会威胁其公共秩序和国家身份。此外，欧洲法院也考虑了《欧盟基本权利宪章》与《欧洲人权公约》中有关家庭生活受尊重的基本权利，认为同性与异性婚姻同属"私人和家庭生活"保护范畴。在本案判决中，欧洲法院确立了欧盟条例中"配偶"的欧盟法自体概念，超越了各成员国家庭法的分歧规定，使得欧盟公民在各成员国能够统一行使其基本自由；又通

---

① 具体而言，欧盟公民无法在其配偶的陪同下自由迁徙，对其基本权利行使构成障碍。

过目的性限缩将同性婚姻的跨国承认限制在"给予第三国公民派生居留权"范围内,在尊重成员国国家身份与欧盟公民基本权利之间维持平衡,保护了罗马尼亚的内国家庭法和宪法秩序。

2021年潘恰列沃案(*Pancharevo*)①将跨国承认拓展到同性婚姻的亲子关系。本案涉及一对同性夫妇与儿童身份文件及亲子关系的承认问题。保加利亚女士V. M. A想为其在西班牙出生的女儿S. D. K. A申请保加利亚身份文件,保加利亚国籍取得采用血统主义,因此她向保加利亚当局提交了女儿的西班牙出生证明。但由于保加利亚当局不承认西班牙出生证明中"两个母亲"的亲子关系,认为这违反了保加利亚不承认同性婚的公共秩序,②儿童S. D. K. A无法取得保加利亚身份文件。保加利亚法院将此案移交欧洲法院,请求对保加利亚不承认西班牙出生证明和拒绝颁布身份文件是否违反了欧盟公民自由迁徙的基本权利做出初步裁决。欧洲法院沿用了科曼案判决的方法,认为儿童S. D. K. A作为欧盟公民有权获得其母国保加利亚的身份文件(护照)以行使其自由迁徙的基本权利;西班牙出生证明所载的合法亲子关系应当被所有成员国承认;这一承认仅以欧盟公民行使自由迁徙权的目的为限,不会对保加利亚国家身份和公共秩序造成威胁。为此,欧洲法院检察总长科克特(Julian Kokott)细致区分了保加利亚当局签发出生证和护照的义务:保加利亚当局没有义务为儿童签发出生证明,因为出生证是在国内家庭法秩序中确立亲子关系;但其有义务为儿童签发护照,以便利后者行使跨国迁徙自由的权利。保加利亚当局只需承认西班牙法下的出生证明,不需要直接对同性亲子关系做出内国法判断。这也被称为功能主义的承认方法,③明确了同性

①　Case C-490/20V.M.A. v. Stolichna obshtina, rayon 'Pancharevo' [2021] ECLI:EU:C:2021:1008.

②　本案中保加利亚首先通过《保加利亚国际私法》第83条第2款,以儿童惯常居所在西班牙为基础,对其亲子关系适用西班牙实体法;但因为将两位女性登记为儿童的父母违反了保加利亚公共秩序,不适用西班牙法,适用保加利亚家庭法。

③　"Functional Recognition of Same-sex Parenthood for the Benefit of Mobile Union Citizens—Brief Comments on the CJEU's Pancharevo Judgment", https://eapil.

婚姻跨国承认仅限于欧盟公民自由流动的目的,避免将欧盟层面的价值观扩张到成员国私法秩序,以此来保护保加利亚内国法不承认同性婚姻的宪法秩序和国家身份。

(三)分析和评价

欧洲法院的一系列判例展现了欧盟法层面的基本权利和自由如何改变了成员国的国际私法实践,形成了平行于传统国际私法的跨国承认制度,客观上给予欧盟公民在个人身份地位领域的更大选择自由。个人身份地位的跨国承认与经济要素自由流通的适用逻辑是一致的,"个人身份地位"如同商品,可以在欧盟市场不受阻碍地自由流动;[①]但与经济要素相比,欧洲法院在身份关系领域的跨国承认上面临着公民基本自由与成员国公共秩序、公民个人身份与成员国国家身份之间的更加尖锐的矛盾权衡。

欧盟公民基本权利的行使并非不受限制,成员国出于保护公共秩序和国家身份(《欧盟条约》第4条第2款)的目的有权合比例地进行正当限制。2010年萨恩-维特根施泰因案(*Sayn-Wittigenstein*)[②]涉及一位被德国贵族后裔收养的奥地利人,在被收养后其姓氏在德国被登记为"来自萨恩-维特根施泰因的公主殿下"(Fürstin von Sayn-Wittgenstein),而奥地利宪法自1920年起禁止奥地利公民在姓氏中采用贵族头衔。欧洲法院根据《欧盟条约》第4条第2款尊重奥地利的基本宪法秩序和共和制原则,不要求其承认该奥地利公民在德国获得的贵族姓氏与头衔。此外,在一夫多妻制、商业代孕等跨国承认领域,各成员国都仍保有对欧盟公民基本权利进行限制的正当性基础。

---

org/2022/02/03/functional-recognition-of-same-sex-parenthood-for-the-benefit-of-mobile-union-citizens-brief-comments-on-the-cjeus-pancharevo-judgment/(最后访问时间:2024年7月31日)。

    ①   Christian Kohler, Status als Ware: Bemerkungen zur europäischen Verordnung über das internationale Verfahrensrecht für Ehesachen. in H-P Mansel (Hrsg.) Vergemeinschaftung des Europäischen Kollisionsrecht, Hürth: C. Heymanns., 2001 S. 41-53 ff.

    ②   Case C-208/09 Ilonka Sayn-Wittgenstein v. Landeshauptmann von Wien.[2010] ECLI:EU:C:2010:806.

欧盟公民行使其基本权利也要与传统国际私法中的"法律规避"相区分。法律规避意为当事人故意制造连结点以避免本国法的适用,又称"法律欺诈"(fraud on the law),一般不发生适用外国法的效果。[①]欧洲法院为防止当事人滥用其基本权利,也确立了"成员国可以阻止其国民以不正当或欺诈方式利用欧盟法"的原则。[②]因此,在上述案例中,欧洲法院也考察了当事人是否在另一国真实居住(genuine residence)的事实。但不可否认,"自由迁徙和居留"的基本权利自身蕴含的自由主义倾向使得欧洲法院在解释是否具有"规避意图"时十分克制。在跨国公司和个人身份领域,欧洲法院都认为,当事人利用其基本自由适用另一国更宽松法律的行为本身不能构成对"设立自由"或"迁徙自由"的滥用,因为这是基本自由的内在组成部分。[③]当事人只有在虚构法律关系或居留事实时才构成权利滥用。这一法律选择的自由化倾向是欧盟基本权利和自由的自然延伸,既体现了欧盟一体化背景下成员国对其国民控制的减弱,又在实体法不统一的情形下促进了各成员国法律秩序的竞争,增进了共同市场的效率和自由。

三、从欧盟市场到世界社会:封闭抑或开放

欧盟的跨国承认制度自21世纪诞生之初就引发了欧洲国际私法学者的广泛讨论,被认为是如今平行于传统冲突规范的"三大方法"之一,[④]还曾被认为可能取代传统的法律指引方法。[⑤]但通过以上分析,

---

① 王一栋:《"论禁止法律规避"制度的废除——兼论我国国际私法法典相关制度的重构》,《政治与法律》2023年第4期,第130—147页。

② Case C-212/97. Centros Ltd v. Erhvervs- og Selskabsstyrelsen, [1999] ECLI:EU:C:1999:126 para. 24.

③ M. Menjucq, "Liberté d'établissement et fraude en droit communautaire", *Recueil Dalloz* 37 (1999): 550, para. 38.

④ Marc-Philippe Weller, "The Tripartite Method of Contemporary Private International Law: Designation, Recognition and Consideration", *Bol. Fac. Direito U. Coimbra*, vol. 94 (2018), p. 361.

⑤ Erik Jayme and Christian Kohler. Europäisches Kollisionsrecht 2001: Anerkennungsprinzip statt IPR. IPRax 501 (2001), S. 504.

也要认识到跨国承认制度发端于欧盟共同体市场下的基本自由,建立在欧盟各成员国的司法互信基础上。承认范围仅限于欧盟成员国之间,不适用于第三国。①如果没有欧盟共同市场的自由流动,没有欧盟法下司法系统和基本权利的框架搭建,就难以推导出以上一系列建立在欧洲法院判例基础上的跨国承认制度。对于第三国公民而言,针对他们的权利基础和司法执行机制都是欠缺的。因此,也有学者敏锐地意识到,跨国承认制度的建立导致了欧盟国际私法在处理成员国间内部法律冲突与外部法律冲突时的分岔。②即便通过欧洲法院判例的方法发展了承认原则,跨国承认制度始终未能通过欧盟统一立法的形式获得确立。③

这也引发了一个更深层次的问题。哈贝马斯(Jürgen Habermas)曾断言,欧盟是通往世界社会宪制的关键一步。④然而,在欧盟以共同体市场为导向实现了主权国家向"类联邦"的超国家体制转型,通过严密的立法和司法制度构建出"欧盟公民基本权利"与欧洲法院的宪法性体制后,它是否也牺牲了国际私法在这片大陆历史悠久的普遍主义与国际性?这不仅关涉国际私法学科自身的转型,更由于国际私法"处理涉外民商事法律关系"的功能而影响到欧盟各成员国之间、各成员国与第三国之间、欧盟与外部世界之间的规则分配秩序。

(一)国际私法欧洲化:同化与分化

国际私法以各国法律多样性为前提,这一多样性不限于某个区域(如欧洲、美国)的内部多样性,而应以全球各个区域的法律多样性为基准,即保证国际私法的"国际关注"(international focus)。在共同的历史文化传统下,欧洲形成了相对一致的价值传统。随着国际私法

---

① Mansel, "EU's Prohibition of Discrimination and Free Movement of Persons", p. 304.

② Michaels, "The New European Choice—of—Law Revolution", p. 1607.

③ Heinz—Peter Mansel, Methoden des internationalen Privatrechts—Personalstatut: Verweisung und Anerkennung.

④ 尤尔根·哈贝马斯:《欧盟的危机:关于欧洲宪法的思考》,伍慧萍、朱苗苗译,上海人民出版社2013年版,第37页。

变成欧盟法的组成部分,其也从"国际关注"转向"欧洲关注"。宪法化的欧盟国际私法加速了欧盟内部价值同化,也形成了处理内部冲突与对外冲突的路径分化:对内为建立统一的自由、安全与司法区域[1]解决法律冲突,进行共同市场导向的规则分配;对外保护和划定欧盟的界限,表现为一定程度的单边主义。[2]

第一,在欧盟层面形成了超国家的"欧洲公共秩序"和"欧洲强行法规范"。[3]以外国判决的承认和执行为例,在欧盟的"相互信任原则"(principle of mutual trust)和"布鲁塞尔条例体系"的基础上,各成员国之间的法院判决能够相互自动承认,除非违反公共秩序。但欧洲法院通过判例确立,为了保障成员国相互信任,只有在极其例外的情形下才能援引"公共秩序"作为拒绝承认其他成员国判决的理由,这被认为是欧洲公共秩序对成员国公共秩序的吸收和取代。[4]相互信任原则给各成员国施加了承认其他成员国判决的"类宪法性"义务,但也对各成员国自主法律的宪法秩序和价值捍卫造成了挑战。有学者称,"拒绝公共秩序"已然成为一种欧盟政策导向的选择。[5]从上文有关同性婚姻的跨国承认案例也能看到,各成员国的公共秩序让位于"相互信任""自由流动"等更高层级的"欧洲公共秩序"。但对于第

---

① 1999 年欧洲理事会在坦佩雷高峰会议(Tampere European Council)中提出的建立"自由、安全与司法区域"(area of freedom, security and justice, ASFJ)极大影响了欧盟国家在民事和刑事司法程序上的合作。

② Michaels, "The New European Choice-of-Law Revolution", p. 1642; Watt, "European Federalism and the New Unilateralism", p. 1983.

③ Marc-Philippe Weller and Alix Schulz, "Political Private International Law—How European are Overriding Mandatory Provisions and Public Policy Exceptions", in Jan von Hein et al. (eds.), *How European is European Private International Law*, Intersentia, 2019, pp. 285–303.

④ Stéphanie Francq, "Public Policy and Overriding Mandatory Rules as Mirrors of the EU System of Thought and Integration: On the 'Europeanness' of Exceptions and Oddities", in von Hein et al. (eds.), *How European is European Private International Law*, pp. 305–331.

⑤ Francq, "Public Policy and Overriding Mandatory Rules as Mirrors of the EU System of Thought and Integration: On the 'Europeanness' of Exceptions and Oddities", in von Hein et al. (eds.), *How European is European Private International Law*, pp. 305–331.

三国判决而言，各成员国出于对陌生法律系统的不信任和更大的文化差异，对公共秩序及其他承认条件的审核仍然十分严格，形成了"对内无边界，对外强边界"的判决承认格局。

第二，欧盟国际私法以服务共同市场为目标，从诞生起就蕴含着强烈的政策和政治导向。这与前述20世纪美国冲突法革命的实体导向相呼应，但通过欧盟国际私法条例以规则形式更直观地表达。以欧盟国际私法条例中属人法的连结点选择为例，其改变了欧陆国际私法自19世纪以来的国籍国法原则，在许多领域以"惯常居所地"为首要连结点。这一方面是由于在超国家体制下，人员跨境流动愈发频繁，主权国家与国籍逐渐丧失了对个人的掌控和最密切联系的指引力；另一方面是由于与管辖权规则相结合，"惯常居所地"能更多适用法院地法，促进了移民社会的内部融合和司法效率。[1]但这一连结点的转变对于欧盟很多来自仍然秉持国籍国法原则的亚非拉国家第三国移民而言，可能造成对其文化身份的减损和既有法律关系的改变乃至丧失。由于不存在适用于第三国公民的"跨国承认制度"，相比于欧盟公民由基本权利获得的身份延续保障，第三国移民的身份连续利益可能会被欧盟国际私法内部融合的政策利益所牺牲。欧盟立法者以欧盟内视角为导向的国际私法规则构建，忽视了与欧盟外部多元法律体系的调和。以《罗马条例III》第10条为例，根据这一条款，当依据本条例指引的法律以性别为由未给予当事人一方离婚或合法分居的平等机会时，适用法院地法。这一条款被认为是欧盟层面的强行法规范，发端于《欧盟基本权利宪章》第21条的禁止性别歧视，明显指向伊斯兰法中的三休制(talaq)与犹太教法中的离婚书(get)制度——两者都具有丈夫单方提出离婚的性质，但在个案中会有财产补偿与妻子同意来平衡双方利益。在许多伊斯兰法和犹太教法律体系中，三休和离婚书是仅有的被承认的离婚方式。此条款一概排除了所有伊斯兰

---

① Marc-Philippe Weller and Alix Schulz, "Political Private International Law—How European are Overriding Mandatory Provisions and Public Policy Exceptions", in von Hein et al. (eds.), *How European is European Private International Law*, p.289.

法和犹太法的适用,实质剥夺了诸多穆斯林或犹太教移民夫妇的离婚机会,被广泛批判违背了国际私法的中立性原则和各个法律系统平等的理念。①

(二)基本权利的开放可能:人权法规范与既得权复兴

有学者指出,欧盟一体化后呈现出"两个欧洲"的面向:经济联合的欧洲,以及基本权利的欧洲。这与欧盟国际私法宪法化的两个维度相呼应:面向共同体市场的横向维度,以及面向基本权利保护的纵向维度。两者相互影响和塑造,前者表现为经济要素自由流动,后者主要体现在个人身份地位领域。以保护基本权利为基础的个人身份地位的跨国承认,以国际私法和国际人权法价值理念为依托,呈现出向外扩张与开放的可能性。

保护跨国移动后个人身份关系的延续性,尊重个人在另一国法律制度下合法取得的权利,是传统国际私法固有的价值理念。②这也是国际公法对各主权国家的要求,③在英美法系形成了基于国际礼让的"既得权理论"(vested-right theory),在欧陆法系则通过康德的普遍人权理念在国际人权法找到支点。④而这两种机制如今都在欧盟国际私法中有所体现。如前所述,《欧洲人权公约》构成欧盟法的基本原则,虽然不像欧盟法基本权利可在欧洲法院直接援引,但通过欧洲人权法院予以保障,在欧洲法院的论证中予以考量。⑤最为重要的是,

---

① Susanne Lilian Gössl, "Open Issues in European International Family Law: Sahyouni, 'Private Divorces' and Islamic Law Under the Rome III Regulation", *The European Legal Forum* (November 2017), pp. 68–74.

② Salerno, *The Identity and Continuity of Personal Status in Contemporary Private International Law*.

③ Michaels, "Public and Private International Law: German Views on Global Issues", pp.130–132.

④ Jayme, Völkerrecht und Internationales Privatrecht– Eine entwicklungsgeschichtliche Betrachtung, in Leible/Ruffert (Hrsg.) Völkerrecht und IPR, 2006, S. 23 ff.

⑤ Case C–571/10 ECLI:EU:C:2012:233, paras. 60–63. 在坎贝拉伊案(*Kamberraj*)中,欧洲法院判决认为《欧盟条约》第 6 条对《欧洲人权公约》的提及并不要求成员国法院在其国家法与《欧洲人权公约》发生冲突的情况下直接适用该公约的规定,使国家法中不符合该公约的规定失效。在随后的阿克贝格·弗兰松案(*Akerberg Fransson*)中,欧洲法院进一步阐明,

《欧洲人权公约》保障的权利具有普遍效力(erga omnes),其第8条"尊重私人和家庭生活"要求所有缔约国①尊重个人在任何国家获得的个人身份关系。欧洲人权法院也被认为是平行于欧盟法的"个人权利保障的宪法性工具"②。2007年瓦格纳案(*Wagner*)涉及一位卢森堡单身母亲在秘鲁收养儿童的判决承认问题,虽然收养关系发生在第三国,欧洲人权法院认为当事人与儿童的收养关系已经形成了"社会事实",构成第8条保护的"事实"家庭关系,卢森堡法院不得基于本国国际私法的适用结果拒绝承认。③在缔约国法院,《欧洲人权公约》也可被直接援引。2004年英国上诉法院的辛格案(*Singh*)④涉及一对在英国的印度籍居民在印度通过宗教仪式确立的收养关系,英国法院最初不承认宗教仪式下的私人收养。上诉法院以《欧洲人权公约》第8条为由,要求法院承认依照英国法无效但依照仪式举行地(lex loci celebrationis)有效的收养行为与家庭关系,并尤其考虑到尊重"多元文化社会下家庭的多种形式"和保护当事人的文化身份与合法期待。⑤以上案例所涉个人身份关系不限于欧盟范围内部的跨国承认,根据《欧洲人权公约》第1条,任何在欧洲管辖范围内的个人都有权享有公约规定的权利和自由。"管辖"不限于领土范围,"个人"也不限于缔约国国民,由此给欧洲各缔约国带来了更加普遍的跨国承认可能性。

　　相比于人权法规范以公约和法院施加的普遍承认义务,既得权理

只要欧盟没有加入《欧洲人权公约》,其所保障的权利就不被正式纳入欧盟法。因此,欧盟法并不规制《欧洲人权公约》与成员国法律制度之间的关系,也不决定成员国法院在该公约所保障的权利与国家法律规则之间发生冲突时应得出的结论。

　　① 虽然欧盟自身并非缔约国,但《欧洲人权公约》已有46个缔约国,其向所有欧洲国家开放,范围超过欧盟。

　　② ECtHR (Grand Chamber), decision of 12 December 2001, Bankovic v. Belgium, Application No. 52207/99, para. 80.

　　③ ECtHR, Judgement of 28 June 2007, Case No. 76240/01.

　　④ Singh v Entry Clearance Officer, New Delhi, [2004] EWCA Civ 1075, [2005] Q. B. 608.

　　⑤ 判决指出:"男孩和他的养父母来自一个信奉与我们收养观念完全不同的信仰的社会,以至于我们的法律拒绝承认一个在他们眼中具有最深刻的情感,个人、社会切身利益,以及宗教、法律意义的收养仪式。"

论的复兴更多是学者对欧盟跨国承认制度的学理阐释和延展。盛行于19世纪的既得权理论发端于国际礼让，认为内国法院应当承认根据外国法有效取得的权利，除非违反内国公共秩序或国家主权。[①]虽然有诸多理论变体，其核心思想是"法律和权利的分离"：根据严格的国家主权，内国法院不能适用外国法；但出于国际交往中对私人利益的保护，法院应当承认个人在外国取得的权利。[②]因此，其不考虑法律适用问题，只考虑对个人既得权利的保护。[③]这与绕开本国国际私法指引、直接承认私人在另一法律系统里获得个人身份地位的跨国承认制度十分类似。[④]既得权理论在19世纪与政治自由主义思想同期诞生，是主权国家背景下保护私权和私人秩序空间的重要工具，但其长期无法解决的问题是：权利作为国家法的产物无法超越法律，内国法院声称不考虑法律适用直接承认个人在外国合法取得的权利，但无法回答个人究竟是依据哪国法取得的权利；[⑤]承认和执行外国权利必然意味着适用外国法，而是否合法获得权利无法在适用法不确定的情况下做出判断。[⑥]因此，既得权理论由于自身理论缺陷与20世纪国家主义的高潮而黯然离场。然而，在欧盟"后国家时代"背景下，既得权理论通过跨国承认制度的修正获得了重生。共同体市场对主权国家

---

① 李旺：《国际私法》，法律出版社 2011 年版，第 27 页。

② A. V. Dicey, "On Private International Law as a Branch of the Law of England", *Law Quarterly Review*, vol. 6, no. 1 (1890), p. 10.

③ 德国法学家柯克吉（Cocceji）与提特曼（Tittmann）对既得权理论的阐释虽然小众，却对我们理解和阐释跨国承认制度有帮助。根据柯克吉的理论，个人必须遵循其主权下的法律，随之产生的权利跟随他到任何地方，不得被剥夺。个人和统治者之间存在垂直互惠关系，个人承担统治者的法律，由此享受法律带来的利益。这种关系存在于个人和所有主权者之间，其他主权者不应当增加额外的规制，剥夺其权利，而应当基于万民法（ius gentium）要求给予权利以普遍的保护。提特曼认为，个人既得的权利是事实；一国法院剥夺个人在外国法下取得的权利，是对人格权的违反。

④ Michaels, "EU Law as Private International Law—Reconceptualising the Country-of-Origin Principle as Vested-Rights Theory", pp. 221–225.

⑤ Kurt H. Nadelmann, "Wächter's Essay on the Collision of Private Laws of Different States", *American Journal of Comparative Law*, vol. 13, no. 3 (Summer 1964), pp. 424.

⑥ Hessel E. Yntema, "The Hornbook Method and the Conflict of Laws", *Yale Law Journal*, vol. 37, no. 4 (February 1928), pp. 477–478.

的限制推动了私人自由和私权保护在跨国领域的扩张，国家为了跨国流动自由需要限制自己的规制权威，承认私人在外国的既得身份或权利。19世纪的既得权理论诉诸更高一层的国际公法原则，①具有不确定性；21世纪的跨国承认制度则诉诸欧盟法明确规定的共同市场与基本权利，或是更普遍的国际人权法规范，具有明确的国际条约与司法机构保障。跨国承认制度并没有取代传统国际私法制度，而是与既有的国际私法规则并行，其承认的对象是经外国国际私法规则指引法律适用后的结果，因此不存在既得权理论的法律适用逻辑难题。而既得权理论固有的普遍性价值——保护私人法律关系的延续与合法期待，与其超越国家法直接调整国家和个人之间权利保护的理论模型，也丰富了全球化背景下跨国承认制度向外部拓展的理论可能。

总结：迈向世界社会的欧盟国际私法

本文介绍了欧盟国际私法宪法化背景下的跨国承认制度。

国际私法的宪法化，是对国际私法在欧盟"类联邦"体制下欧盟、成员国、个人之间规制权威分配秩序的叙述。通过欧盟宪法性条约②的授权，欧盟统一国际私法从中心向各成员国分配规则秩序，服务于共同体市场自由流动的目标。通过欧洲法院与欧盟公民基本权利，欧盟建立了类似于美国最高法院与宪法基本权利的判例体系，推动了从经济要素自由向个人基本权利的扩张，从经济联合向全面融合的转型。欧盟与成员国之间的统一与多元，成员国与私人之间的规制与自由，欧盟与私人之间的授权与保护，既通过国际私法来协调保障，也作用于传统国际私法的运作。这三组关系呼应了托依布纳对横向、纵向多层级规范网络的描述，具有向世界社会类推延伸的可能。

跨国承认制度，在本文既包括各成员国之间经济要素自由流动的"相互承认原则"，也包括基于自由迁徙权利对个人身份地位的功能

---

① 即 ius gentium 中的一般国际法正义和礼让原则。
② 《里斯本条约》改革后的《欧盟条约》，一直被认为在功能上发挥着欧盟的宪法功能。

性跨国承认方法。两者都以欧盟法的基本权利和自由为依托,通过欧洲法院判例来发展与保障,体现了跨国体制下主权国家对私人权利和自由的让步。这种以经济自由为起点,向个人身份地位扩展的自由,既是以私权保护为核心的私法自然延伸的效果,也证实了托依布纳对跨国家、跨体系规范"斜向"互动的判断。跨国承认制度与传统国际私法并行,以更高一级的欧盟法规范校正成员国国际私法的适用结果。正如萨维尼在19世纪的断言:"当各个法律平行并存时,简单的最密切联系原则决定哪条法律适用;唯一的例外在于,高一级的更宽泛法律中包含了具有绝对性和强制性的特别规定。"① 跨国承认制度即是更高一级欧盟法背景下的国际私法新产物。

欧盟的跨国承认制度尚不能普遍适用,这与其深厚的欧盟国际私法宪法化背景有关,也使得我们重新审视和评估欧盟国际私法宪法化的后果与影响。宪法是传统主权国家的内部秩序构建和基本权利保护机制,欧盟建立在区域一体基础上的国际私法宪法化,不可避免地具有排他和划界效果,以至于折损了国际私法固有的普遍性和中立性价值,这从欧盟对第三国移民的治理失效可见一斑。② 因此,"宪法化的欧盟国际私法"能否带给我们超越观察模板之外的规范价值,能否给世界社会的规则构建做出贡献,一方面取决于欧盟作为全球参与者,在宪法化的下一步如何与外界进行规范互动;另一方面,取决于全球社会自身在基本权利保障、司法机制对话合作方面能否进一步推进。事实上,近年来欧盟已经放缓了区域内部立法的步伐,在2009年斯德哥尔摩项目③的呼吁下加大了对既有国际私法规则的外部司法合

---

① Michaels, "Globalizing Savigny? The State in Savigny's Private International Law and the Challenge of Europeanization and Globalization", p. 24.

② Sabine Corneloup, "Can Private International Law Contribute to Global Migration Governance?", in Watt and Arroyo (eds.), *Private International Law and Global Governance*, pp.301–317.

③ The Stockholm Programme—An Open and Secure Europe Serving and Protecting Citizens, https://eur—lex.europa.eu/legal—content/EN/ALL/?uri=celex%3A52010XG0504%2801%29(最后访问时间:2024年7月31日).

作及国际维度的研究投入。①主要表现为,第一,赋予欧盟对外缔结国际私法条约的专属权能,积极参与海牙国际私法会议的诸多公约谈判和缔结,缔约生效的海牙公约统一适用于欧盟所有成员国和外部缔约国。第二,在具有普遍适用效力的欧盟国际私法条例中纳入更多外部考量,增加全球覆盖。2012年的《欧盟继承条例》不限于法律适用,在管辖权和判决承认与执行方面也适用于第三国,也体现了欧盟向外输出规则标准的全球野心。第三,尊重各成员国与第三国的双边或多边国际条约,并以此为媒介扩大欧盟条例的适用范围。②

综上所述,本文在欧盟国际私法宪法化视野下介绍了欧盟的跨国承认制度,重点在跨国承认制度产生的特殊背景和实践呈现,许多技术细节尚未深入展开。跨国承认制度不同于外国判决的承认和执行,是对外国法律状况(foreign situation)的直接承认和采纳。欧盟的跨国承认制度服务于共同体市场消除法律障碍的目标,若各成员国实体法无法统一,则诉诸统一国际私法条例;若各成员国国际私法无法统一,则诉诸跨国承认制度。一国直接承认在外国法律体系下形成的法律状况,排除本国国际私法审查,功能上达到了统一两国国际私法的效果。对我们而言,不能想当然地认为欧盟的跨国承认制度能够普遍适用于全球范围内所有领域。要厘清其在欧盟特殊语境下的权利基础和司法保障前提,欧盟法下通过欧洲法院保障的欧盟公民基本权利自由,与《欧洲人权公约》通过欧洲人权法院保障的人权是两条不同的权利路径。作为观察对象,欧盟的跨国承认制度为我们呈现了经济系统的跨国推动力在多大程度上能够超越民族国家框架下的政治和文化边界。共同体市场赋予私人更大程度的自由,不但改变了欧盟

---

① Pietro Franzina, "the Relationship between EU Legislation and International Instruments in the Field of Private International Law", in von Hein et al. (eds.), *How European is European Private International Law*, pp.19–52.

② Regulation (EU) 2016/1191 on promoting the free movement of citizens by simplifying the requirements for presenting certain public documents in the European Union 第 19 条第 4 项并不禁止成员国与第三国缔结本条例下的事项。

国际私法的传统分配格局与价值理念，也间接推动了欧洲实体私法的自由化和规则竞争，增进了共同体市场的效率。我们相信，随着全球市场及其秩序的进一步发展完善，以国际私法的开放性和外向性为导向，以国际人权法和既得权理论为依托，跨国承认制度在未来也具有进一步延展的可能性。个人作为私权和基本权利主体，在更大跨国空间中流动引发的一系列私法问题，会给跨国承认制度以更大的作用空间，使其成为构建开放、流动的世界社会私人秩序的有益方法。①

---

① M. Gebauer, H.-P. Mansel, G. Schulze (Hrsg.), Die Person im Internationalen Privatrecht. Liber Amicorum Erik Jayme, Tübingen: Mohr Siebeck, 2019.

全球社会宪治的思想谱系

洪家宸[*]

德国私法学大师贡塔·托依布纳(Gunther Teubner)早年受到严格的民法教义学训练,随后又曾在美国加州大学伯克利分校钻研法律社会学。不过,自1996年发表《全球的布科维纳》(Globale Bukowina. Zur Emergenz eines transnationalen Rechtspluralismus)后,跨国法却渐渐成为他最重要的学术研究议题之一。[①]该文聚焦全球层面涌现的新商人法(lex mercatoria),并为国际商会等机构的国际法实践提供了一套完全不同于传统国际经济法的全新解释框架,体现出了具有颠覆力的创造性。它的英文版在面世几年之后就因突出的引用率而受到热议。

在此基础上,托依布纳又发表了多篇论文讨论国际法和全球治理问题,并于他的专著《宪法的碎片》(*Constitutional Fragments: Societal Constitutionalism and Globalization*)中系统论述了他的"全球社会宪治"思想。书中,托依布纳从社会视角观察,提出全球各社会系统已经演化出"宪法的碎片"。他认为,存在一种通过"反思性

---

* 洪家宸,清华大学法学院博士研究生。

① 贡特尔·托依布纳:《"全球的布科维纳":世界社会的法律多元主义》,高鸿钧译,《清华法治论衡》2007年第2期,第241—279页。

法"(reflexive law)实现去中心化治理的国际社会整合方案。该方案尊重和依赖全球社会的自我治理,在此过程中释放和平衡非国家行动者的功能优势。据此,托依布纳将"以宪法的碎片应对碎片化的世界社会"(以碎片应对碎片)作为他全球治理方案的核心理念,在专家与民主、中心与网络、分化与团结之间寻求中道。

《宪法的碎片》出版后迅速得到国际法学界的广泛关注。一批深受托依布纳影响的国际法学者结合具体案例,对"全球社会宪治"思想进行了理论补充和经验考察,形成了多本论文集或期刊专号。^①时至今日,"全球社会宪治"已介入到几乎所有国际法理论界的权威对话当中,并被视作当代最富想象力的全球治理方案之一。^②与此同时,对"全球社会宪治"的批评随之产生:早在2004年,著名国际法学者、时任国际法院法官的西玛(Bruno Simma)就曾撰文指出,在大部分国际法学者看来,托依布纳绝非国际法学的"主流"研究者,他的"全球社会宪治"是高度个人化的产物。^③而在我国,相较于托依布纳将宪法理论运用于国际法领域的旨趣,法学界对"全球社会宪治"思想的探讨却主要体现在民族国家内部的宪法学领域,其重心在于尚未"全球"化的"社会宪治"思想,实为宪法社会学研究的一种尝试。毋庸讳言,"全球社会宪治"的阐释远未进入我国国际法和全球治理研究的主流视野。^④

---

① 论文集参见 Margaret A. Young (ed.), *Regime Interaction in International Law: Facing Fragmentation*, Cambridge University Press, 2012; K. Blome et al.(eds.), *Contested Regime Collisions: Norm Fragmentation in World Society*, Cambridge University Press, 2016。集中阐发"全球社会宪治"的期刊专刊,参见《印第安纳全球法律研究》(*Indiana Journal of Global Legal Studies*)2013年第20期第2辑专号,以及《法律与社会》(*Journal of Law and Society*)2018年"全球社会宪治"专号。

② 参见 Anne Peters, "Global Constitutionalism", in Michael T. Gibbons (ed.), *The Encyclopedia of Political Thought*, John Wiley & Sons, 2015, p. 1484。

③ 参见 Bruno Simma, "Fragmentation in a Positive Light", *Michigan Journal of International Law*, vol. 25, no. 4 (2004), p. 847。

④ 围绕《宪法的碎片》展开的宪法社会学的代表性讨论,参见陆宇峰:《系统论宪法学新思维的七个命题》,《中国法学》2019年第1期,第82—103页。我国法学界对"全球社会宪治"的讨论多是《宪法的碎片》的书评。

那么，我们该如何理解"全球社会宪治"？它是不是托依布纳个人想象的空中楼阁，因此无法在国际法和全球治理研究的脉络中讨论？为此，本文通过与国际法理论和实践的对话，尝试挖掘"全球社会宪治"思想与国际法基础理论的结合及其对国际法治的启发。这要求我们采取知识社会学的研究策略：托依布纳作为私法学者，为何以及如何转入全球宪治(global constitutionalism)的研究领域？他独特的"全球社会宪治"思想是如何产生的？它借助哪些经验和理论资源，揭示出国际社会什么样的发展趋势，又指向何种全球治理思路？它是否以及如何影响国际法实践？通过回答这些问题，本文试图描绘全球社会宪治的思想谱系。特别是就我国关于全球治理的研究而言，对"全球社会宪治"思想谱系的考察，亦有助于我们把握世界社会的发展脉络和演化趋势，认清国际法在全球治理中的作用与限度，助推全球治理范式的转型升级。

一、通过国际法的全球治理?

2014年3月，国际法院在"南极捕鲸案"中宣判：日本在南极的捕鲸行动并非出于科考目的，因此违反《国际捕鲸管制公约》的规定。[1]该案在法律适用上存在争议：除了《国际捕鲸管制公约》外，捕鲸行动还涉及国际贸易、野生物种保护、生物多样性、海洋法和环境法等多领域的条约。出于不同条约目的和宗旨，它们规定各异，甚至相互冲突。在该案中，若考虑1982年《联合国海洋法公约》的规定，那么无论日本的捕鲸行动是否为科考需要，它都违反了各国保护鲸鱼的合作义务。而国际法院在解释捕鲸公约时拒绝考虑国际法发展整体背景的保守做法受到批评。[2]1946年该公约订立时国际社会没有保护鲸鱼的迫切需要，它已无法在近70年后回应国际社会的治理要求。

---

[1]　参见 *Whaling in the Antarctic* (Australia v Japan) (Merits) (ICJ, 31 March 2014)。

[2]　参见 Margaret A. Young and Sebatisan Rioseco Sullivan, "Evolution through the Duty to Cooperate: Implications of the 'Whaling' Case at the International Court of Justice", *Melbourne Journal of International Law*, vol. 16, no. 2 (2015), p. 311。

为此，特林达德法官(Judge Cançado Trindade)出具个别意见，提出"晚近兴起"的法律适用方法"系统性展望"。它的法律依据是《维也纳条约法公约》第31(3)(c)条。具体而言，"系统性展望"首先"识别国际社会整体就某一议题所表达的各种关切"，接着通过"体制互动"(regime interaction)的方式处理多个相互冲突的条约，以提升国际法对国际社会环境变化的回应性。^①专案法官查尔斯沃斯(Judge *ad hoc* Hilary Charlesworth)则考虑到不少国际公约都设立专门机构以监督条约执行、制定有关政策，甚至在条约适用的过程中进行条约解释。这些机构的决议和解释往往考虑多方诉求、回应国际社会变化，国际法院在判决时应给予重视。就捕鲸案而言，国际捕鲸委员会已通过决议，从国际法发展的整体框架限缩解释捕鲸公约的有关条文，国际法院在审判中本不应将这一条约机构对公约的发展排除在外。^②

围绕"捕鲸案"的争论不仅关乎条约解释方法，也折射出国际法治的困境：首先，国际法如何发展，以回应国际社会的变化？尤其在海洋法、贸易法等领域，多边条约体系历经长久的谈判才得以形成，修改难度颇大。其次，不同于融贯的国内法体系，针对同一国际事项常存在多个目的各异的条约，它们往往不可通约、没有位阶，甚而彼此冲突。最后，专门机构在条约解释和国际法发展中作用巨大，但它们对公约的发展并不基于国家同意，相反面临民主赤字和透明性亏空问题，甚至有专家监守自盗的风险，最终危及国际法的正当性。

1648年以来，"威斯特伐利亚二重奏"将世界想象为主权者的集合，通过国际/国内二分实现全球治理，国际法处理主权者之间的事务，而主权者内部事务则通过国际私法的引致规则交由国内法管辖。

---

① *Whaling in the Antarctic* (Australia v Japan) (Merits) (ICJ, 31 March 2014) at [25] (Separate Opinion of Judge Cançado Trindade).

② *Whaling in the Antarctic* (Australia v Japan) (Merits) (ICJ, 31 March 2014) at [5] (Separate Opinion of Judge *ad hoc* Hilary Charlesworth); Compare *Whaling in the Antarctic* (Australia v Japan) (Merits) (ICJ, 31 March 2014), para. 83.

由此形成的全球秩序发展至今，为何面临这些困境？国际法还是治理国际社会的有效工具吗？

近年来，批判国际法学异军突起，相关学者将国际法治的困境归结为国际法的"碎片化"（fragmentation of international law）。正是它消解了国际法的价值基础和治理功能，令国际法沦为被批判的对象。[①]

国际法"碎片化"指1989年后在全球层面已出现且仍在涌现的大量"专业化且相当自治的社会行动领域和结构"，具体表现为三个方面：首先，国际法内部专门领域激增，海洋法、贸易法、环境法和人权法等纷纷涌现并按彼此的原则和目的发展出极为复杂的规则，但没有统一的全球宪法将它们整合为融贯的法体系；其次，在全球层面，以国际组织、跨国公司、非政府组织为代表的非国家行动者勃兴，国际法以国家行动者为中心，因此缺乏应对，而跨国公司等行动者的"无国籍化"现象则令民族国家法体系捉襟见肘；最后，在国际法渊源之外，以私人体制、合同网络、公司准则、专家机构解释为代表的新型跨国规范大量涌现，它们并非国家创设的法律，但却事实上约束着全球空间中的行动。[②]国际法在全球治理中的有效性因此受到质疑。

在"治理捕鲸行动"这样的具体议题面前，国际法会面临"碎片"间的冲突。出于经济和科研考量应开放捕鲸，而为环境保护则应禁止。由于国际法诸领域力量不均，容易出现一方压倒另一方的现象，如贸易法压倒卫生法、环境法。实践中还出现了将同一争端提交不同国际裁判机构，得出不同结论的案例。[③]此外，相同的国际法规范在不

---

① 参见 International Law Commission, "Fragmentation of International Law: Difficulties Arising from the Diversification and Expansion of International Law" (18 July 2006) UN Doc A/CN.4/L.702。

② 参见 Anne Peters, "Fragmentation and Constitutionalization", in Anne Orford and Florian Hoffmann (eds.), *The Oxford Handbook of the Theory of International Law*, Oxford University Press, 2016, pp. 1011–1032。

③ 参见 Andreas Fischer-Lescano and Gunther Teubner, "Regime-collisions: the Vain Search for Legal Unity in the Fragmentation of Global Law", *Michigan Journal of International*

同裁判机构中的解释适用也会不同。在德国国际法学者彼得斯（Anne Peters）看来，这些问题"关乎国际法的生死存亡"，前述"系统性展望"正是尝试从条约解释角度回应这些挑战。

然而，仅依靠条约解释技术是否足以应对国际法的治理效能挑战？国际法依然坚持以民族国家为中心的治理，但专家机构、跨国公司和非政府组织等非国家行动者已经勃兴。一方面，全球性问题能否化约为一国的领域管辖责任？国家是否有能力约束跨国行动？另一方面，跨国公司等"无国籍化"的全球行动者创设私人权力，甚至已拥有面对国家的能力。公司章程、行为准则、技术标准和隐私政策等私人体制以合同网络的方式在全球播撒，国际社会出现国家管辖之外的治理问题。国际法诉诸国家责任的设计不仅无法直接约束私人行动者，而且在创设和发展国际法的过程中，还会被这些私人行动者的利益左右。

国际法治的现实挑战呼唤全球治理新方案。于是，人们开始重新想象"全球治理"。在此过程中，许多学者不约而同地将国际法治的未来寄托于"全球宪治"的实现。

那么，何为"全球宪治"？它该如何实现？

二、全球宪治的诸方案

面对"碎片化"挑战，国际法学者意识到迫切的整合需求。2006年联合国国际法委员会在报告中指出"法律，在任何权利和义务的背后，都关乎公共利益……没有'系统的整合'，就不能发扬人类的共同善，而它们不可能化约为任何机构或'体制'的善"①。为此，尽管以批判国际法学者为代表的怀疑论者将"国际宪治"视作学术界的想象或思维定式，国际法和国际关系等领域中仍有不少学者围绕"国际法宪

Law, vol. 25, no. 4 (2003), pp. 999–1046。

　　①　参见 International Law Commission, "Draft Conclusion of the Work of the Study Group", UN Doc A/CN.4/L.682/Add.1 (2 May 2006), para. 480。

法化"(constitutionalization of international law)的理论与实践进行了严肃的探索：是否存在或能设计一部"全球宪法"，治理世界社会的各个领域，约束不同类型的行动者？作为对国际法"碎片化"的回应，"全球宪治"遂成为全球治理的关键议题。

简洁地说，"全球宪治"借助宪法学的概念工具观察和重塑国际法和全球治理。[①]虽然德国国际法学者菲德罗斯(Alfred Verdross)早在1926年就已明确提出"国际法宪法化"概念，但直到1990年代冷战结束、全球化勃发、国际法"碎片化"问题凸显，"全球宪治"才渐成理论热点。作为对2006年国际法委员会报告的回应，2009年两部专著的出版影响甚巨，它们分别集结了美国和欧陆国际法学者就"全球宪治"提出的不同方案：(1)美国学者杜诺夫(Jeffrey Dunoff)和特拉彻曼(Joel Trachtman)主编的论文集《治理世界？宪治、国际法与全球治理》[②]；(2)芬兰学者克拉伯斯(Jan Klabbers)和德国学者彼得斯等人写作的专著《国际法宪法化》[③]。两本书呈现了不同观点的争论、借鉴和对话，"全球宪治"的理论发展由此步入巅峰，出现在当时几乎所有国际法重大实践的讨论中。此后十多年间国际法学界并未涌现新的"全球宪治"方案，而是结合对国际法实践的观察，总结、评论和反思既有方案，并探寻如何将它们落实为制度安排。近年来，国际法学者不约而同地感受到国际秩序的深刻变革，于是提出"2015年后的国际法秩序"(post-2015 international legal order)框架，转而从知识社会学角度写作了大量聚焦"全球宪治"理论与现实的作品。"全球宪

---

① 参见王德志：《论宪法与国际法的互动》，《中国法学》2019年第1期，第122—139页。本文使用"全球宪治"的概念统称"国际法宪法化"的诸种方案，这一方面是考虑到我国学术界一般将"国际法宪法化"理论限定为哈贝马斯的世界内政方案，有必要与此相区别；另一方面是与海外国际法学术界通行的表达global constitutionalism接轨。海外学者使用"全球宪治"统称"国际法宪法化""国际宪法性法律"(international constitutional law)等多种全球治理理论与实践。

② 参见Jeffrey Dunoff and Joel Trachtman (eds.), *Ruling the World?: Constitutionalism, International Law, and Global Governance*, Cambridge University Press, 2009。

③ 参见Jan Klabbers et al. (eds.), *The Constitutionalization of International Law*, Oxford University Press, 2009。

治"再次成为国际法基础理论研究的热点,进而还被视为公法学最前沿的理论之一。①

"全球宪治"理论内涵丰富,不同学者侧重从不同角度改造和吸收"宪治"理念与规则,由此发展出各具特色的方案,以实现国际法的整合与协调,提升全球治理效能。德国国际法学者克莱恩林(Thomas Kleinlein)和彼得斯曾总结"全球宪治"所蕴含的七个元素,他们认为各种"全球宪治"方案都是在这些元素的基础上拼接和融合的:(1)各国际组织内部的宪法;(2)《联合国宪章》作为国际法体系的宪法;(3)国际人权法作为国际法体系的宪法;(4)世界贸易组织(World Trade Organization,以下简称WTO)作为宪法化模型,即考察WTO如何整合多种非贸易价值,通过发展司法权实现宪法审查,并试图将WTO的经验推广到其他领域;(5)国际法的等级化,即赋予国际强行法(ius cogens)、对世义务(erga omnes)规范和《联合国宪章》以宪法位阶,同时给予人权规范和反映国际社会共同利益的法律高于其他国际法的位阶;(6)在各领域中发展跨国公共政策,即诉诸国际共同利益实现国际法的宪法化;以及(7)国际法与国家宪法互动,从而在全球空间实现人权保障等宪法功能。②七个元素都兼具描述性和规范性,"全球宪治"的诸方案据此可大致分成三条路径:(1)世界主义(cosmopolitan)方案侧重规范性,试图通过国际法宪法化重构全球秩序;(2)制度主义(institutionalist)方案关注具体的国际组织宪治化倾向,主张通过将宪法原则引入国际法导控这些国际组织权力的行使,从而在国际法中发展国际社会共同利益取向;(3)行政主义(administrativist)方案观察到在国际法实践中已建立的行政法原则,

---

① 参见 Anne Peters, "Global Constitutionalism: The Social Dimension", in T. Suami et al. (eds.), *Global Constitutionalism from European and East Asian Perspectives*, Cambridge University Press, 2018, pp. 277–350。

② Thomas Kleinlein and Anne Peters, "International Constitutional Law", https://www.oxfordbibliographies.com/display/document/obo–9780199796953/obo–9780199796953–0039.xml(最后访问时间:2024 年 7 月 29 日).

遂以"行政"为视角看待全球空间的治理问题,将行政法等约束公权力的规范视为整合与协调的基础。①

（一）世界主义方案

世界主义方案试图打造一部"全球宪法"。其中最具有影响力的观点是哈贝马斯(Jürgen Habermas)的"国际法宪法化"方案和彼得斯的"补偿性宪治"(compensatory constitutionalism)理论。

1. 哈贝马斯的国际法"宪法化"方案

哈贝马斯主张通过国际法的"宪法化"创设全球宪法。具体包括三方面内容。

在哈贝马斯的构想中,政治起到导控作用。只有以新型民主宪治构筑全球政治权力,才能驯服全球资本主义的负外部性。"全球宪法"在三个层面上展开:一是全球层面,以《联合国宪章》为基本框架形成"国际宪法性法律",并赋予国际法院统一的司法管辖权;二是跨国层面,在具有全球行动能力的大国协调下,结成区域性联盟,欧盟就是典例;三是国家层面,各国推行民主法治。其次,哈贝马斯主张,国家作为主要行动者,保留"超越国家进行治理"的机构和程序。最后,他提出,通过构筑全球公共领域、全球范围的调控政策以及全球集体行动者之间的跨国协商体系等举措,实现全球政治过程对社会权力的限制,把民主商谈和决策带回全球治理的中心。②

然而,现实是,即便仅在欧盟内部尝试实现这种方案,也难以获得成功:欧洲始终没有形成哈贝马斯所期待的宪制。2008年以来,欧洲一体化动摇,落实国际法"宪法化"的希望更加渺茫,"碎片化"的

---

① 这一划分受到克拉伯斯教授新作的启发。参见 Jan Klabbers, "Constitutionalism As Theory", in J. Dunoff and M. Pollack (eds.), *International Legal Theory: Foundations and Frontiers*, Cambridge University Press, 2022, pp. 220–239。对于"全球宪治"方案的规范主义、功能主义和多元主义三分法,参见 A. Wiener et al., "Global Constitutionalism: Human Rights, Democracy and the Rule of Law", *Global Constitutionalism*, vol. 1, no.1 (2012), pp. 1–15。

② 尤尔根·哈贝马斯:《分裂的西方》,郁喆隽译,上海译文出版社 2019 年版,第 133—165 页。

趋势则几乎不可遏止。①

首先，哈贝马斯试图复制民族国家的法律等级结构、建构统一的司法权，如赋予国际法院上诉审管辖权的做法，低估了"碎片化"规范相互冲突的程度，有"法律化约论"之虞。从国际治理经验来看，不但统一的司法权付之阙如，国际社会还涌现出越来越多司法或准司法机构。2004年时全球范围内至少有125个司法或准司法机构，它们成为各自领域"规则创生的催化剂"。相较而言，捕鲸案中国际法院显得相当保守。其次，"再政治化"策略将"碎片化"所反映的不同领域冲突简化为纯粹的政治议题，本质上由国家间立法决断。这种做法也面临经验挑战："尤其是考虑到处在南半球的国家的状况，……真正的危险更多是由经济、科学与技术的合理性领域，而非国际政治的动荡变化引起的，是这些经济、科学与技术的合理性领域促发了'合理性'冲突。"因此，"对于全球金融市场、对冲基金、金融投机、制药专利、药品贸易以及生殖性克隆所带来的问题，在一种政治的范式中进行说明，并对政治性解决方案怀有信心，那完全不合时宜"②。最后，国际法宪法化方案仍将国家作为全球治理的主要行动者，这一方面忽视专家机构等非国家行动者的功能优势，另一方面，特别是在信息空间等领域中对国家课责太高。彼得斯评价哈贝马斯的国际法宪法化方案已成"妄念"。③

2. 彼得斯的"补偿性宪治"理论

作为国际法学者，彼得斯意识到哈贝马斯方案的理想性。她的"全球宪法"并不体现为以《联合国宪章》为框架的法律形式，而是由国际法与各国家宪法组成的"宪法网络"。要言之，"补偿性宪治"的具体内容如下。

---

① 相关分析，参见鲁楠：《欧盟正处在十字路口》，http://www.xinhuanet.com//world/2016-07/17/c_129152331.htm（最后访问时间：2023年4月11日）。

② Fischer-Lescano and Teubner, "Regime-collisions: the Vain Search for Legal Unity in the Fragmentation of Global Law", pp. 1006-1007.

③ Peters, "Fragmentation and Constitutionalization", p. 1019.

　　首先,彼得斯发现,全球化和私人化令民族国家宪治暴露不足,国家宪法的角色、地位和功能发生根本变化,因此需要世界社会自身的宪法加以补偿。

　　进而,国际法日渐呈现"宪法化"特征。其一,在彼得斯看来,国际强行法、人权规范和对世义务的涌现,限制了各国主权,成为"国际宪法性法律"。其二,国际法发展出对私人权力的限制性规定,这些规定体现了国际法的公共利益取向。这较为典型地体现在国际投资法等领域,如代表"国际社会关切的基本价值"的"跨国公共政策"(ordre public transnational)为国际投资争端解决中心(The International Center for Settlement of Investment Disputes,以下简称ICSID)等国际组织所解释适用。大多数国际法实践认可将国际强行法、普遍的正义原则以及最低标准的人权概念视为"跨国公共政策"的内容。其三,这些规范在国际法发展的过程中获得优位,与它们相抵触的法律无效,而国际裁判机构通过解释这些规范来发展国际法,因此它们也起到"次级规范"的作用。

　　最后,世界社会的宪法化是"国际法为了弥补全球化所导致的民族国家宪治衰落而日益涌现宪法特征"的过程。"补偿性宪治"并不是用国际法取缔国家宪法,而是针对国家宪法不能实现有效治理的社会领域起到补偿性作用。"全球宪法"就是国际法和国家宪法互动形成的网络。①

　　总之,彼得斯认为"在全球空间中,宪法制度已经建立起来且密度惊人"。她希望通过进一步发展"全球宪法",释放国际法进行全球治理的潜力。相较于哈贝马斯方案,这种思路充分认识到联合国体系下大国的霸权倾向,要求通过国际宪法性法律限制国家主权、保障全球公共利益,实现国际社会的整合与协调。不过,彼得斯与哈贝马斯一样将全球社会化约为民族国家,直接或间接地诉诸国家行动者和政

---

　　① Anne Peters, "Compensatory Constitutionalism: the Function and Potential of Fundamental International Norms and Structures", *Leiden journal of International Law*, vol. 19, no. 3 (2016), pp. 579–610.

治过程进行全球治理,这令"补偿性宪治"在国际法几乎不可遏止的"碎片化"趋势面前蒙受极大的现实冲击。

首先,国家并不是国际法所有领域中的关键行动者,而不同领域的行动者和国际裁判机构对国际宪法性法律(应)为何物的认识完全不同。这意味着国际法在实施和发展过程中实际上具有高度的不确定性。[1]彼得斯没能解释以此为基础的全球宪法如何协调不同领域的差异。

其次,彼得斯可能高估了国际法对各国宪治的"补偿性作用"。一是不同国家的全球化程度不同,而随着逆全球化、反全球化和去全球化现象的出现,作为彼得斯理论前提的全球化前景并不明朗;二是各国宪法趋同的表象不能掩盖趋异的现实,它们在完全不同的语境中运转;三是各国就国际法国内适用的学说和实践差别极大,国际法规范在与国内宪法互动的过程中往往受国家主权的限制;四是彼得斯并未回答按照什么标准"补偿"的根本问题,因此易受非西方国家批评。

最后,彼得斯所构想的"国际法与国家宪法的互动网络"依然是一部统一的全球宪法,它不仅无法创造超越政治的宪法,而且忽视了世界社会的法律多元。

(二)制度主义方案

在制度主义者看来,世界社会的宪法化过程是"起到宪法功能、具有宪法性质,因此可类比为宪法的制度化秩序(institutional ordering)"。克拉伯斯等学者发现联合国、欧盟和WTO等国际组织及其法律秩序已形成"自足体制"(self-contained regime),各体制内部的规则彼此关联、相互参照。在这些国际组织权力行使的过程中,"财产权保护""贸易自由""言论自由"等宪法原则得到全球保障。[2]而

---

① 对此的详细论述,参见陈一峰:《国际法的"不确定性"及其对国际法治的影响》,《中外法学》2022年第4期,第1102—1119页。

② 在克拉伯斯看来,"宪法化"不同于"法律化",再绵密的责任义务和裁判机构网络,也不能构成"宪法秩序"。而所谓"宪法秩序",要符合以下条件:(1)既有构成性作用,也有限制性作用;(2)创设公共权威,但同时限制了公共权威的权力并订立了机构运行的程序;

随着国际组织的"默示权力"(implied power)得到国际法院认可,越来越多的国际组织为实现条约目的和宗旨获得了无须主权国家同意的自由裁量权,不断将基础条约所设定的原则和制度延伸到新场景中,创生新制度,"自足体制"得以发展。国际组织在全球治理中的角色因此日益重要。在此意义上,制度主义者将创设国际组织及其法律秩序的国际条约视作"宪法"。这也得到国际法院的支持:"从形式上看,搭建国际组织的工具是多边条约,但这些工具同时也是一种特殊类型的条约。"①

制度主义者观察到,各国际组织有能力在国际社会的整体背景下考虑各自条约体制的发展,从而吸纳外部意见、考虑公共利益,最终实现国际法各领域的协调、兼顾与演化。为规范这一过程,保障国际组织内部的异议提出领域就尤为重要:通过将国际条约打造为"组织宪法",让代表不同利益的行动者得以参与组织决议过程。

在制度主义者看来,全球宪治的理念是实现国际组织法从赋权法向限权法的转型。传统的"默示权力"理论有赋权倾向。为了避免国际组织在缺乏监督的情况下滥用权力,应通过全球宪法保障组织内部的异议空间。而全球宪法正为国际组织的决策提供了稳定的法律框架。这不仅限制权力滥用,而且提供了不同条约体制互动的多元视角,赋予了组织权力行使的正当性。在此基础上,应进而在各组织内部发展司法审查机制、监督机制和扩大利益相关方参与机制。②

---

(3)包含一系列次级规范(包括应如何创设法律、如何解决纠纷、设立何种机构)以及基本价值类型(一般体现为基本权利),即宪法识别自身的组成部分(somehow identify what it is constitutive of),这些价值往往体现了共同体之关切以及谁基于何原因而被共同体涵括或排除;(4)宪法秩序具有两面性,一面强调法律性,置先验的价值于高位,另一面强调功能性,置于高位的则是治理的目的和功能。值得注意的是,克拉伯斯的"法律化"概念指的是一系列义务和裁判机构的涌现。Klabbers et al. (eds.), *The Constitutionalization of International Law*, pp. 8–10.

① 参见 *Legality of the Use by a State of Nuclear Weapons in Armed Conflict* (Advisory Opinion) [1996] ICJ Rep 66。

② 最新的作品及对制度主义方案的反思,参见 Klabbers, "Constitutionalism As Theory", pp. 220–239。

制度主义者立足国际法的实践经验，提供了较为现实的全球宪治方案，因此颇受关注。但它也存在三个盲点。首先，注重宪治理念、缺乏制度设计。制度主义者没有给出在现行各条约框架下发展组织宪法的具体安排，也没有设计解决各主体间分歧的规则。即使深入考察了部分国际组织实践中可资借鉴的例证，制度主义者还是没能提供具体的推广方案，反而滑向强调既有安排合法性的陷阱。[①]

其次，究其根本，制度主义者缺乏整体思维和理论模型，因此无法解释"体制互动"的发生条件和具体类型，而将视角限缩在国际组织内也无法提炼不同条约体制互动的"共相"机制。这大大限制了该方案的可推广性。

最后，制度主义者忽视外部环境。他们似乎相信只需诉诸国际条约下的组织宪法，就能实现全球宪治。然而他们没有考虑到其他行动者对国际组织的影响。国际法院捕鲸案判决令捕鲸委员会的决议欠缺实效，国家法院也可审查国际组织决议，不同国际组织就同一议题的决议要求冲突规则等现象，[②]都表明仅依靠制度主义方案尚不足以解决国际法"碎片化"挑战。何况，国际组织还远没有在所有国际法专门领域中都成为关键行动者。

（三）行政主义方案

行政主义者拒绝"宪治"这一表述，转而通过"行政"概念来定义全球治理。基于对全球空间公共权力私人化现象的深刻洞察，行政主义方案突破世界主义和制度主义的国家中心取向，主张通过一系列程序和实体规则应对全球治理的"碎片化"挑战。该方案的典型代表是以美国纽约大学为中心的"全球行政法"研究[③]和以德国马克斯·普

---

① 对此的深入批评，参见陈一峰：《全球治理视野下的国际组织法研究——理论动向及方法论反思》，《外交评论》2013 年第 5 期，第 113—125 页。

② 比如全球渔业管理体制中存在至少四个国际组织。参见 Margaret A. Young, "Regime Interaction in Creating, Implementing and Enforcing International Law", in Young (ed.), *Regime Interaction in International Law: Facing Fragmentation*, pp. 85–110。

③ 全球行政法研究的新进展，参见 Benedict Kingsbury, "Frontiers of Global Administrative Law in the 2020s", in J. N. Varuhas and S. Wilson (eds.), *The Frontiers of Public*

朗克比较公法和国际法研究所为中心的"国际公权力"理论，它们的主要观点如下。①

首先，承认国家主权不再垄断国际治理，私人治理和混合治理在全球治理和国际法发展中的角色同样重要。全球行政法将全球治理理解为"公私主体为了处理社会问题而展开的社会－政治－行政干预行动"；而"国际公权力行使"理论将全球治理定义为"国际机构单方面改变他方权利和自由的公权力行使"，国际机构本身是否为政府间组织并非认定公权力的标准。

进而，关注全球空间涌现的大量监管机构，将全球治理现象理解为它们的行政行为，因此将它们称作"全球行政机构"。行政主义方案观察到在各全球行政机构的治理实践中不约而同地涌现出"全球行政法"规范，认为它们能在应对"碎片化"冲突的过程中发挥基础性功能。"全球行政法"指"一系列促进或影响全球行政机构可问责性的机制、原则、实践或起到基础作用的社会认知，用以确保这些机构满足透明性、参与性、决策可论证性和合法性的适当标准，以及对全球行政机构所制定的规则和决策进行有效审查"。其中包含决策透明性原则、多利益相关方参与原则、正当程序原则等程序规则，也包括比例原则和保护合理期待等实体规则。②

据此，行政主义者认为，全球治理的规范资源不限于国际公法，应恢复"万民法"以贯彻民主监督、法治原则和证立原则，从而有效保障国际社会公共利益。

行政主义方案提供了具体的制度设计，至今仍是最有影响力的全球治理思路之一。不过，行政主义者的观察限定于全球行政机构，将

Law, 2020, Hart Publishing, pp. 41–60。

① 经典作品参见 Armin von Bogdandy et al., "From Public International to International Public Law: Translating World Public Opinion into International Public Authority", *European Journal of International Law*, vol. 28, no. 1 (2017), pp. 115–145。值得注意的是，波格丹迪有意用"公权力"概念取代"行政"概念，这是因为他认为"公权力"概念在全球治理中更加准确和全面。但他给出的方案同样重视问责性，实际上与全球行政法的思路大同小异。

② Kingsbury, "Frontiers of Global Administrative Law in the 2020s", pp. 41–60.

它们视作享有行政权的中心化权威，却不足以回应"碎片化"背后的治理现实。它存在如下盲点。

第一，全球空间并不存在"行政""立法"和"司法"的清晰划分，一些全球行动者兼具三者性质，因此仅以"行政"概念定义全球治理活动并不充分。相反，片面适用行政法规则会不断强化行动者既有权力的合法性。特别是在尚未固定人权规范的场合，仅依靠行政主义方案很难实质性地促进国际法治与正义。

第二，行政主义者虽敏锐地发现了"全球行政空间"，由此克服了制度主义方案只关注政府间组织的局限性，但他们却再次陷入特定机构内部宪法的窠臼，同样忽视了外部环境的作用。就此而言，行政主义者尚未提出一套完整的全球宪治方案。何况，并非所有领域都存在中心化的"全球行政机构"。

第三，行政主义者缺乏对全球治理演化过程的动态观察。全球行政法为何涌现？[①]它是特定规制者的有意设计吗？在没有立法者的情况下，如何推广这些规则？对于这些问题，行政主义者尚未做出系统的回答。

总体上，无论是世界主义、制度主义，还是行政主义的"全球宪治"方案，都存在如下三个缺陷。

一是理想主义倾向。三种方案都有规范性内容，力图推动国际法治和全球正义，但对国际法"碎片化"现实的解释和应对却仍有限，因此受到"全球宪治"怀疑论者的抨击。

二是不完整性。相较于世界主义方案，制度主义和行政主义方案更为现实，但它们的不完整性令可操作性也受到质疑。世界主义方案则同样没有形成整套宪法理论，它无法解释人权、强行法或《联合国宪章》如何在"碎片化"的国际法专门领域中获得宪法位阶，而"补偿性宪治"注重裁判机构条约解释的倾向也面临制宪权阙如问题。其

---

① 批评者认为全球行政法对此问题的处理十分不足。参见 Karl-Heinz Ladeur, "The Emergence of Global Administrative Law and Transnational Regulation", *Transnational Legal Theory*, vol. 3, no. 3 (2015), pp. 243–267。

实,从功能上看,民族国家的宪法既是限权法,也是赋权法。在上述全球宪治方案中,世界主义和行政主义试图通过设定民主政治过程保障全球治理的可问责性,实质上将全球宪法视作达成政治目标的工具,因此它们都倾向"限权宪法",对法律自身的演化逻辑和社会构成作用关注不足;①制度主义充分认识到条约体制架构全球经济、卫生等社会过程的作用,从此角度将基础性条约奉为"赋权宪法",却有些低估了这些社会过程的政治面相,未能提供一套完整、有效的"限权"机制。

三是视角的局限性。上述全球宪治方案都试图以国家中心主义的方式应对"碎片化"的治理挑战。世界主义固守国家作为主要行动者的地位,制度主义仅关注政府间组织,而行政主义选择通过国家统治的概念工具来理解和塑造全球治理的规范性内容。它们都认为世界社会的宪法亏空只能通过政治话语填补,并试图打造统一的全球宪法,因此被评为只能是建立在自由主义国家宪治传统上的空谈,否则就有再造"帝国"的危险。

因此,面对国际法治的"碎片化"挑战,国际法学者依然要在理想与现实、限权与赋权、社会与国家、统一与多元、规制与解放之间探索一套兼顾描述性与规范性的全球宪治方案。

在理想主义的全球宪治和它的"解构者"批判国际法之间,以托依布纳为代表的一批学者走出了第三条道路:"全球社会宪治"。与上述方案不同,这一思想正立足于充分因应国际法"碎片化"的现实,系统发展一套"以碎片对碎片"的去中心化治理方案,实现了从国家中心向社会中心的视角转换。若我们考察它的思想谱系,就不难发现,这根源于全球空间要求自我治理和去中心化治理的功能迫令。而视角的转换必然有实践和理论上的支撑。下文将采用知识社会学方法,分析全球社会宪治从国家中心到社会中心的视角转换、从国家统

---

① 参见 Angelo Jr Golia and Gunther Teubner, "Societal Constitutionalism: Background, Theory, Debates", *Vienna Journal on International Constitutional Law*, vol. 15, no. 4 (2021), pp. 357–411。

治到社会治理的宪治经验，以及从国家宪治到社会宪治的理论资源，由此展现全球社会宪治的思想谱系。

三、从国家中心到社会中心的视角转换

（一）全球空间中的治理

既有的全球宪治方案都依循以国家为中心的治理思路，但托依布纳作为法社会学家，在谈论"治理"问题时并不以国家为中心，也没有从国际法出发讨论全球空间中的治理。相反，他将"全球社会宪治"作为一套全球化理论与奈格里（Antonio Negri）等理论家对话。[①]这与国际社会发展的现实情况有关。

"全球化"的核心意涵是"脱嵌"（disembeddedness）。 这一概念最早由经济史家波兰尼（Karl Polany）运用，意指"经济从社会中脱离而出，形成自主系统的历史过程"。[②]源自20世纪40年代条约体系的全球制度，如哈瓦那宪章、《关税与贸易总协定》、布雷顿森林体系等，构筑了跨国经济体制的雏形。20世纪90年代后，伴随冷战结束和信息技术勃发，经济全球化进程加速。"华盛顿共识"提出了全球范围的"新自由主义"理念，滥觞于此的新安排，如国际货币基金组织、世界贸易组织、世界银行等，进一步拆除了民族国家藩篱，开放各国资本市场，搭建自由贸易的"全球市场"，并保障其自治。跨国公司从民族国家解绑，作为"无国籍人"打造全球价值链，民族国家掌控经济的机制已无法跟上截然不同的全球市场之诞生。由此，经济系统率先突破国家边界，引领"非政治的全球化"。

伴随全球化进程深入，全球空间复杂性剧增，逐渐演化为一个大型复杂社会。在经济和贸易之外，科研、互联网、卫生、医药和体育等系统都成为"自我繁衍的'世界体系'"。各社会系统形成"大量片

---

① 参见 Gunther Teubner, "Societal Constitutionalism and the Politics of the Common", *Finnish Yearbook of International Law*, vol. 21, no. 1 (2010), pp. 2–15.

② 关于"脱嵌"与"全球化"关系的系统阐释，参见鲁楠：《全球化时代比较法的优势与缺陷》，《中国法学》2014年第1期，第102—124页。

段化的多元全球社会",各不相同的关系和行动模式充斥全球空间,全球市场、全球互联网社群、全球科研平台与全球竞技等建制涌现,全球互联互通日趋成熟。全球空间的基本单元已从民族国家转变为社会子系统。这是"碎片化"的根本原因,也是国家中心主义国际法的盲点。在全球化和数字化浪潮下,经济、卫生、科研、互联网等系统摆脱民族国家控制,各系统内的行动者按照系统理性开展跨国交往。因此"国际社会"本质上是"世界社会",它不仅是主权者的集合,而是按功能分化为各个超越领土边界的"认知共同体"(global cognitive space),①又演化出全球贸易和卫生体制、科研平台、互联网社群等结构。

世界社会不以任何系统为中心,这要求重新理解"全球治理"的真正含义。事实上,全球化具有"跛脚"特征。不同功能系统"全球化的速度和强度并不一致。宗教、科学和经济已稳固确立为全球系统,但政治和法律仍主要聚焦民族国家"②。这导致全球空间涌现"新宪法问题":"全球子系统之间的相互协调问题更加严峻。一旦各种功能系统成为全球性的系统,它们就从民族国家的政治支配下释放出来,再也没有机构为它们设定界限,防止它们的离心倾向,或规制它们之间的冲突。"③主权国家固然十分重要,但它们无力作为导控全球治理的中心。全球空间中任何行动者都不具有中心地位,不可能仅依靠政治系统的决断实现"善治"。作为一个"社会",世界社会只能诉诸自治。那么,"社会"如何自治?

---

① 有关论述大多集中在比较法和法学理论领域。经典文献参见 Poul F. Kjaer, "The Metamorphosis of the Functional Synthesis: A Continental European Perspective on Governance, Law, and the Political in the Transnational Space", *Wisconsin Law Review*, vol. 2010, no. 2 (2010), pp. 489–533。

② Fischer-Lescano and Teubner, "Regime-collisions: the Vain Search for Legal Unity in the Fragmentation of Global Law", p. 1024.

③ 贡塔·托依布纳:《宪法的碎片:全球社会宪治》,陆宇峰译,中央编译出版社 2016 年版,第 49—50 页。

（二）全球空间中的法

随着欧洲一体化进程演化出"无须政治的法律秩序"，"有社会就有法"的古老格言得以实践。欧盟是以经济、法律和共同价值为三大支柱的一体化，[①]它被有意识地建构为"技术专家治理"的"法律共同体"，将避免各功能系统的政治化作为中心任务。仅当这些功能系统过度扩张时，欧盟才会进行政治干预。因此，"政治和法律在跨国和国家空间中的角色发生了颠倒"[②]。托依布纳将欧盟法视作"脱离国际政治的法律秩序"。

世界社会中是否存在"脱离政治的全球法"？国际法远未实现"从纯粹主权国家条约秩序向独立法律秩序"的转变。[③]日本在捕鲸案后退出管制公约、美国蓄意阻挠WTO上诉机构运转等现象，都暴露出国际法的局限性。对此，功能主义比较法希望推广欧盟实践，通过经济全球化下民族国家的法律移植带动法律统一化，但事与愿违："连各国法律秩序的欧洲化努力，都出人意料地导致了新的趋异。"[④]在托依布纳看来，真正的"全球法"存在于经济、互联网等系统演化出的体制之中，它源于"高度技术化、专门化、通常是组织化并狭窄限定的全球网络的持续自我繁衍，这种网络是经济、文化、学术或技术性的"。因此"全球法"的边界并非领土边界，而是系统沟通的边界；它并不渊源于国家立法，而是在各系统自我组织化的过程中生成，常常表现出"软法"特征。[⑤]世界社会的诸系统只有通过它才能实现自我治理。

"通过全球法的自我治理"必然是去中心化的治理：每个系统都发展出自身的体制，用以稳定系统内行动者的预期，而它们无法汇入

---

① 鲁楠：《欧盟正处在十字路口》。

② Kjaer, "The Metamorphosis of the Functional Synthesis: A Continental European Perspective on Governance, Law, and the Political in the Transnational Space", p. 523.

③ 托依布纳：《宪法的碎片：全球社会宪治》，第58页。

④ 贡特尔·托依布纳：《法律刺激：英国法中的诚信条款或统一之法如何止于新的趋异》，马剑银译，《清华法治论衡》2007年第2期，第314—354页.

⑤ 托依布纳：《"全球的布科维纳"：世界社会的法律多元主义》，第241—279页。

一部融贯的"法典"。"全球宪法"只能表现为"碎片"形式。由于世界社会不存在具有导控能力的政治系统,"全球法"因此同时负有维持系统自治和限制系统扩张的任务。相反,世界社会的治理还面临民族国家政治系统基于领土管辖的阻碍和挑战:"经济沟通是全球性的,但经济宪法以国家为基础;科学宣称普遍真理,但科学宪法仍然是国家的宪法。"[1]

(三)权威与治理者

世界社会的自我治理和去中心化治理面临"政治权力向私人集体行动者转移"的民主危机。[2]大部分全球体制缺乏民主政治的授权,却扮演了全球治理者的角色。

事实上,"全球宪治"的制度主义方案已注意到全球空间治理结构的变异。它意识到国际组织活动不再仅是主权意志的代表,而是逐渐具有独立法律主体对外行使权力的属性。进而,从国际法实践来看,不同条约体制的互动也不依赖于主权国家的明示同意,而是国际组织内部或国际组织之间以正式或非正式方式达成的一系列安排,其中非正式安排往往源自国际组织实现其自身功能的要求。"默示权力"理论正是这些活动的法律基础,因此也是应对国际法"碎片化"的工具:在需要依赖其他条约体制的情况下,国际组织为实现自身功能而行使"默示权力",实际是自由裁量是否学习和回应条约体制外部的事实和规范,在此过程中,国际组织有必要开放"跨平台实验"(cross-forum experimentation),与其他国际组织和非政府组织合作,以充分吸收专家知识和不同利益团体的意见。[3]总之,在制度主义方案的发展过程中,国家中心主义倾向已发生动摇。国际组织被承认为非国家的全球治理者,而它们的许多行动都缺乏民主授权。

仅承认政府间组织作为非国家行动者的治理意义,尚不足以描绘

---

[1]　托依布纳:《宪法的碎片:全球社会宪治》,第51页。

[2]　托依布纳:《宪法的碎片:全球社会宪治》,第2页.

[3]　Young, "Regime Interaction in Creating, Implementing and Enforcing International Law", p. 102.

全球治理的复杂性。事实上,模糊"公共/私人"的区分是全球化最引人注目的效应之一。一方面,全球空间中私人权力崛起。全球市场导致国际关系转向竞争范式,国家法在一定程度上成为跨国市场中的"竞品",国家提供公共品、进行国际治理的垄断地位已经终结。除了国际公法所承认的国际组织外,跨国公司、非政府组织、从事国际业务的律师事务所、各种形式的裁判机构等,都成为全球空间的重要力量,催生全球体制。[①]另一方面,世界社会自我治理必然将私人行动者逐渐卷入规制过程,全球空间规制数量激增,公共和私人行动者间多元治理模式相互竞争。 就此,行政主义者在全球空间中识别出五种治理类型:(1)国际组织的治理;(2)跨国网络和协调安排,主要表现为国家间的非正式合作;(3)分布式行政,主要指国内机构为履行条约义务或其他安排而进行的规制;(4)以国际食品法典委员会(CAC)为代表的公-私主体混合治理;(5)以国际标准化组织(ISO)、国际资金清算系统(SWIFT)等机构为主体的私人治理。[②]不同治理类型的目的、手段和形态各不相同,最终导致全球治理高度复杂,不同力量彼此博弈,甚至出现"合同代替了法律;关系网络代替政治共同体;利益代替领土;被规制者成为了规制者"[③]的现象。行政主义者认为,由此引发的一系列问题,如跨国公司员工工作场所的健康与安全、产品质量和环境保护等传统上由国家公司法进行规制的领域,如今只有通过全球行政法等新的治理工具进行回应。不过,全球行政法将视角锁定于那些中心化的行政机构,却又低估了全球治理的复杂性。事实上,全球空间中的权威不再呈现等级式结构,而是散布在行动者网络之中,因此很难将某一结果归属于特定主体。[④]2003年,联合国经济

---

① Kjaer, "The Metamorphosis of the Functional/Synthesis: A Continental European Perspective on Governance, Law, and the Political in the Transnational Space", pp. 489–533.

② Kingsbury, "Frontiers of Global Administrative Law in the 2020s", pp. 41–60.

③ 托依布纳:《宪法的碎片:全球社会宪治》,第54页。

④ 参见 Oren Perez, "Transnational Networked Authority", *Leiden Journal of International Law*, vol. 35, no. 2 (2022), pp. 265–293。

及社会理事会曾颁布《跨国公司和其他工商业企业人权责任准则草案》，试图设立一个超国家监管机构直接管理跨国公司。它有权依据国际法颁布有约束力的规范且能制裁违规行为。①然而，在利益集团的游说下，这项计划最终改变，取而代之的是无约束力也无制裁性的"建议"文件。②

公私领域模糊进而导致了"软法硬，硬法软"的悖论，表征着全球治理机制的高度复杂性。名义上与事实上的治理者分离。以经济系统为例，一方面，如联合国、欧盟、经济合作与发展组织等国际组织陆续颁布"全球统一"的公司行为要求；另一方面，大量跨国公司出台约束自身的行为准则，并建立企业社会责任部门监督执行。前者作为"公法人"的国际治理手段，只有"建议"效力，而后者作为典型的"全球私人体制"，却成为事实上有约束力的"硬法"规范。③这种现象引发了对"全球社会宪治"的质疑："没有国家的全球法"或可优化内部决策程序甚至保障人权，但无法通过民主标准的检测。对此，宪法学者赫希(Ran Hirschl)批评全球法不过是"政治和经济精英为自我服务的工具"。④这要求"全球宪治"实现对全球法的宪法控制。

面对世界社会多元的利益群体和复杂的权力运作机制，全球社会宪治如何实现这种宪法控制？托依布纳依托何种经验发展不必以国家和政治为中心的治理方案？如果全球空间是一个"社会"，那么它应可在民族国家内找到对应物。因此，托依布纳将目光投向民族国家的治理经验。

---

① 参见 Gunther Teubner, "Self-constitutionalization of Transnational Corporations? On the Linkage of 'Private' and 'Public' Corporate Codes of Conduct", *Indiana Journal of Global Legal Studies*, vol. 18, no. 2 (2011), pp. 617–638。

② 托依布纳：《宪法的碎片：全球社会宪治》，第56页。

③ 参见 Gunther Teubner, "Transnational Economic Constitutionalism in the Varieties of Capitalism", *Global Perspectives*, vol. 1, no. 1 (2020), pp.1–18。

④ 参见 Ran Hirschl, *Towards Juristocracy: The Origins and Consequences of the New Constitutionalism*, Harvard University Press, 2007, chapter 3。

四、从国家统治到社会治理的宪治经验

（一）宪治：在国家与社会之间

民族国家如何治理社会？托依布纳发现，事实上，西方国家历史上的各种宪治理念都可被视为国家政治统治与社会自我治理之间的辩证法，从未出现仅依赖政治系统进行治理的情况。[①]1968年以前出现的自由主义宪治、极权主义宪治和福利国家宪治分别代表了国家对社会的遮蔽、管控和指导，但无论哪种宪治模式，都必须依靠社会自身的力量才能实现治理。肇始于法国大革命的传统自由主义宪治"彻底摧毁了各种中间制度，创造了共同体与公民之间的直接联系"。[②]恰是此种联系蒙蔽了对社会制度多样性的观察和承认。"各种复杂的社会秩序仍然存在，但仅仅被看作个人行动的结果。"[③]即使是20世纪30年代西方的极权主义宪治也必须正视社会制度多样的事实。它将各种社会制度构造为正式组织，再依靠单一政党的力量对这些组织进行政治整合，与政治宪法严格绑定，形成"国家法团主义"的政治控制。不过，在这种宪治模式下，各种不同社会部门仍保持独立的逻辑，单一政党只是通过向它们施加"数量限制、代表垄断、强制性的成员资格条件、对多元主义的政治限制以及法律强制措施的规划"而实现极权统治。[④]福利国家宪治则一方面吸取极权主义宪治教训，国家不再通过直接的政治控制代替社会制度的自主决策；另一方面修正自由主义宪治之失，在教育、科学、广播电视等领域仅保留有限自治，形成"半国家体制"。国家在其他领域仅起到协调、整合全社会的作用。国家宪法被视为面向全社会的"规范性指令"，从而在各社会部门中实行民主决策程序并保护基本权利，形成宪治领域。因此国家在治理中的角色仅限于督促各社会体制保障内部决策过程的民主化。[⑤]

---

① 参见托依布纳：《宪法的碎片：全球社会宪治》，第17—48页。

② 参见托依布纳：《宪法的碎片：全球社会宪治》，第18—25页。

③ 托依布纳：《宪法的碎片：全球社会宪治》，第22页。

④ 参见托依布纳：《宪法的碎片：全球社会宪治》，第25—28页。

⑤ 参见托依布纳：《宪法的碎片：全球社会宪治》，第28—35页。

1968年后，福利国家遭遇困境。[①]在托依布纳看来，这正根源于政治系统的民主决策模式已无法应对其他社会系统的复杂问题，相反将摧毁社会的自我组织潜力，消解不同社会领域的功能差异，最终引发意料之外的后果。因此，20世纪70年代后，伴随全球"去监管化"和"私人化"浪潮，如何释放社会自我治理潜力、如何"规制自我规制"便成为探索新宪治方案的关键议题。

（二）福利国家之后的宪治模式

新的宪治方案均受到经济制度和产业政策的启发，却指向不同方向。"秩序自由主义"（ordo-liberalism）宪治主张国家以最低限度"干预"社会，承认经济系统已具备处理自身问题的机制，如财产权、合同、货币制度和去中心化的市场价格和竞争决策机制等。因此它创造了自身的"社会宪法"，足以实现经济社会的协调与合作。这种机制一旦为法律所稳定化，就转型为纯粹的经济宪法。它与国家宪法同等，从经济理性中获得正当性。唯在一种情况下，国家可正当干预，即当经济运行影响到自身秩序，如卡特尔限制自由竞争时，国家必须以符合法治的形式采取行动。[②]然而，秩序自由主义宪治发展出极端的"经济帝国主义"，引发了2008年前后的金融危机。

正是在金融危机之下，以德国和北欧国家为代表的另一种模式，通过企业联合会、贸易协会和政府间的紧密合作，展现出了"令人振奋的弹性"[③]。"新法团主义"（neocorporatism）宪治主张国家"协调"社会，催生大量社会宪法。(1)承认社会的自治。由各社会系统内具有代表性的组织化利益集团行使"准公共职能"，政府在这些利益集团之间充当协调人而非管控者。(2)各种政治法律安排均是对社会利

---

① 对全球层面宏观趋势的考察，参见邓肯·肯尼迪：《法律与法律思想的三次全球化：1850—2000》，高鸿钧译，《清华法治论衡》2009年第2期，第47—117页。

② 参见 Teubner, "Transnational Economic Constitutionalism in the Varieties of Capitalism", pp.1–18。

③ Teubner, "Transnational Economic Constitutionalism in the Varieties of Capitalism", p. 1.

益的制度化表达，它们以各系统自发形成的"社会宪法"为基础。德国法学家辛茨海默(Hugo Sinzheimer)发展了"劳动宪法"的理念，一方面，它不依赖于任何公法或私法，而是有自身的基础，即以集体劳动合同谈判为典型场合的社会群体，实施与国家法共存的自治法。在这种民主宪法之下，劳动者联盟和雇主协会等联合体以集体行动者的面貌合作。另一方面，国家法律尊重并保障劳动宪法的自治。因此国家只需承认并利用各社会系统的自我组织，即可推动经济发展。可见新法团主义宪治下，社会自我治理优先于国家统治，政府仅起支持和保护作用，如承认法团订立的大型组织合同具有内部管理规范的地位。国家法则将社会自我组织发展出的公平程序等商谈条件稳定化，从而保障不同团体参与商业决策不受市场和权力变动的影响。(3)新法团主义下的"社会宪法"通过"共决权"保障民主。以"劳动宪法"为代表的"社会各部门宪法"通过法团内各方的"共决权"达成利益协调，而"国家制定法与公司、工会的社会自我组织密切协作，法院则不断再调整这种平衡"。[①]

托依布纳早年研究组织法，在国家与社会、国家统治与社会治理关系上积累深厚。在他看来，应在全球空间借鉴新法团主义宪治。(1)应承认社会诸系统自治的潜力，它们能发展出彼此独立的体制，以保障自身的发展；(2)社会宪法不是国家或任何人的有意创设，而是社会系统的自我演化成就，社会治理应尊重各系统运行的实际组织情况；(3)要重视和利用法团及其形成的私人体制在社会治理中的作用；(4)社会宪法中多利益相关方参与决策，体现民主特征。

新法团主义尊重社会自治，但全球空间的治理同样要求协调社会系统间的冲突。那么，社会宪法如何限制系统扩张？

（三）经济宪法对经济理性的限制

托依布纳在比较产业政策的过程中看到经济宪法的"限权"效果。秩序自由主义和新法团主义宪治发展出资本主义的不同形态，导

---

① 托依布纳：《宪法的碎片：全球社会宪治》，第 44 页。

致"资本主义多样性",这典型表现为不同的产业政策。具体而言,以英美、加拿大和澳大利亚为代表的"自由市场经济"(liberal market economies,LME)奉行"秩序自由主义"理念,追求相对去规制化的自由市场;以德国、瑞典、荷兰等欧陆国家为代表的"合作型市场经济"(coordinated market economies,CME)奉行"新法团主义"在经济协会、贸易联合会和政府间的协商安排,因此注重经济民主和社会福利国家。

托依布纳发现二者在市场治理主体和方式、交易周期、社会联合程度和竞争压力上均有明显差异。但社会协调机制的差别更为重要。在"自由市场经济"下,经济体制和其他社会部门的合作仅限于市场压力或国家立法强制要求。而在"合作型市场经济"中,新法团主义的协商安排令企业得以与社会福利国家的规制机构和社会组织合作。以政府-工业联合会-大型企业-法院的协商安排为例,工业联合会与大型企业通过发展技术标准、订立标准合同以及形成争端解决程序等方式,共建市场架构;工业联合会与政府就技术和社会标准进行谈判;法院则课以企业社会责任。经济宪法内部进而发展出"公共秩序"规则,限制经济理性过度扩张。[1]

因此新法团主义下经济系统的自治不是一系列取向于市场效率的经济制度简单加总,相反,在企业培训和技术标准化等内容上,制度生产的过程并不完全依照经济理性,而是渗入了社会整体利益的考虑。在托依布纳看来,这些制度共同组成了相互联锁(interlocked)的自治架构,是经济交往的"游戏规则",既保障经济系统运转,也限制经济理性不当扩张。他将这套作为经济交往框架的制度网络称为"生产体制"(production regime):"生产体制是自治的诸社会系统的结构耦合……必须把它们视为经济和法的双面制度,甚至还经常是和其他社会系统形成的多面制度。"[2]

---

① 参见 Teubner,"Transnational Economic Constitutionalism in the Varieties of Capitalism",pp. 1–18.

② 贡塔·托依布纳:《魔阵·剥削·异化:托依布纳法律社会学文集》,泮伟江等译,

　　"结构耦合"(structural coupling)是托依布纳借用自德国系统论大师卢曼(Niklas Luhmann)的概念,意指"一个系统能够持续地以它的环境的某些特质为前提,并且在结构上信赖于此"。通俗而言,结构耦合就是"两种事物共享一个结构,或一个结构共存于不同的系统之中"。①托依布纳认为"生产体制"中存在经济系统和法律系统的结构耦合,也有经济与政治、科学和教育的结构耦合。因此,结构耦合是一种"双面"乃至"多面"制度。一方面,通过结构耦合,经济系统和其他社会系统紧密交织,"不可分开地发挥作用",彼此协调、兼容。另一方面,结构耦合没有产生新的系统。形成结构耦合的系统仍按照各自特定的理性独立运作,正如经济交易不同于法律合同,财产权不是所有权,企业不等于法人等。②所以经济系统的改变不会直接发生在法律系统中,而是对法律系统演化的"刺激"。如市场变动不会直接改变"共决权"安排,但可能加入新的利益相关方。可见结构耦合虽不能让社会系统同步发展,但可带来"共振",令它们共同演化,实现彼此协调。

　　不过,生产体制尚不等同于经济宪法,而是产生经济宪法的"基质"(substrate)。在托依布纳看来,新法团主义的经济宪法是"具有宪法位阶的反思性法规范与经济实践的反思性过程的结构耦合",存在于通过协商创设经济制度的组织、程序和权限安排中。只有经济宪法能限制经济理性的扩张,起到反思效果。③

　　新法团主义经济宪治的经验表明,(1)存在一套经济自治模式,它通过经济宪法的反思性回应社会整体利益要求;(2)经济宪法是社会自我奠基、自我组织的演化成就,它存在于经济系统与其他系统结构

清华大学出版社 2012 年版, 第 249 页。

　　①　鲁楠:《结构耦合:一种法律关系论的新视角》,《荆楚法学》2022 年第 3 期, 第 90—102 页。

　　②　对此的理论化阐释,参见托依布纳:《魔阵·剥削·异化:托依布纳法律社会学文集》, 第 212—242 页。

　　③　参见 Teubner, "Transnational Economic Constitutionalism in the Varieties of Capitalism", pp.1—18。

耦合的生产体制当中;(3)生产体制既保障系统运作,又限制系统扩张,是经济宪治的主体;(4)经济宪法通过固定决策程序和权限等设计,吸纳异议,保障经济民主。

但是,这些经验是否适用于全球空间? 新法团主义的经济宪法是否有向其他社会系统推广的潜力? 全球法如何发展反思性? 在全球空间改造新法团主义宪治尚需理论准备。

五、从国家宪治到社会宪治的理论资源

理论上,如果"治理"自始不是政治系统单向导控其他系统的实践,如果国家治理也并非单一的政治中心主义,"全球宪治"便也应摆脱国家中心论。那么,民族国家的社会宪治如何转化为全球空间中的治理实践? 作为全球社会宪治的前提,托依布纳须回应三个问题。(1)全球空间在何种意义上是一个"社会"? 扎根于系统论的"世界社会"理论点明了全球空间的"社会"性。(2)社会宪治可以推广到经济系统以外吗? 全球化解放了社会系统,全球的互联网系统和科学系统已不受民族国家的政治导控。美国社会学家休利(David Sciulli)的"社会宪治"理论将经济宪治一般化。(3)全球法如何宪治化? "反思性法"理论对此有精细的阐发。

(一)"全球"作为"社会":"世界社会"理论

"世界社会"理论是"社会系统论"在全球层面的扩展。系统论大师卢曼在《社会中的法律》一书中最早提出"世界社会"理论,随后又在《社会的社会》中展开更深入的讨论。[①]

首先,"社会"是通过沟通形成的系统。社会系统论将社会视作一个系统,它的要素是由信息、告知和理解三部分组成的"沟通"。社会由沟通以及沟通形成的网络组成,它的维持有赖于后一个沟通与前一个沟通的持续衔接。由此,社会沟通网络生产出沟通,而沟通又参

---

① 参见 Niklas Luhmann, *Theory of Society*, Stanford University Press, 2012, pp. 84–99。

与到网络的生产中。[①] 根据不同的沟通可识别出社会的各个子系统，如政治系统、经济系统、法律系统等。这些子系统在社会中共存，令社会成为"多元世界"。子系统也以沟通作为要素，它们依据自身的二值代码运作各自的沟通，彼此之间并无共用的沟通。如法律系统只做合法／非法的判断，经济系统的沟通仅遵循支付／不支付的逻辑。这就是系统的"运作封闭"。

进而，现代社会并非民族国家之内的社会，而是世界社会。这既表明各种"沟通"突破民族国家领土边界，又是关于"世界"的认识论："世界"是各系统内部沟通的建构物。[②]沟通创生了社会，跨境沟通则创生了"全球空间"。在此过程中，地理大发现开启的全球化进程、通信技术迅猛发展的影响自不待言，而在卢曼看来，令跨境沟通得以可能的社会学基础是伴随时区划分出现的"统一世界时间"。时区的划分意味着在世界的任何角落，身处不同地区的人们都可以在各地之间建立起"同时"观念，就同一事件"同时"在场沟通，空间距离被时间化，不再阻碍全球沟通。

最后，我们不可能从整体上描述"全球空间"，而只能在不同系统的区分中观察到它。质言之，只能通过"全球互联网社群""全球科研平台""全球贸易"来理解"全球空间"，可见"全球空间"是系统内沟通的产物，因此，它也就是一个"社会"。

值得一提的是，"世界社会"理论没有忽视国际社会基于领土分化、试图以民族国家导控社会系统的国际政治现实。卢曼承认，领土边界依旧是国际社会的首要分化标准。在他看来，对于经济、科学和技术等功能系统所构筑的世界而言，此种基于政治的领土分化所导致的沟通障碍，将会令一部分人被直接排除出经济等功能系统的沟通。比如，若一国采取闭关锁国的政策，拒绝对外贸易，则本国国民都将无法进入全球经济系统的沟通，甚至可能因此无法获取外国制造的日

---

① 汉语学界的新阐发，参见宾凯：《法律系统的运作封闭：从"功能"到"代码"》，《荆楚法学》2022年第3期，第60—72页。

② 参见 Luhmann, *Theory of Society*, pp. 84—99。

用品。"世界社会"理论的这一遗留问题,即如何将全球人口都涵括到各功能系统之中,受到托依布纳的充分重视。它成为"全球社会宪治"基本权利理论的一个重要主题。[1]

(二)经济宪治的扩展:"社会宪治"理论

民族国家社会宪治的经验主要局限于经济系统。一方面,新法团主义的协商安排"将行业协会和工会改造成政治系统的参与者,并将其制度化的利益协调转换为政治决定";另一方面,新法团主义的实践集中在行业协会、公司和工会的经济宪治中。[2]全球空间要求将"经济宪治"一般化为"社会宪治"。

以美国社会学家休利为中心的"社会宪治"理论进行了一般化努力。首先,"社会宪治"观察到不仅政治和经济,而且各种社会事务领域都存在自身的宪法。[3]不同于"世界社会"立足于功能分化的基本图景,"社会宪治"扎根于对抗现代社会朝向极权主义的演化趋势。休利借助韦伯关于理性化铁笼的分析,认为充斥在社会各领域中的"围绕权力地位和社会影响的激烈竞争"和"高度形式化的社会控制",将令社会最终走向极权主义。[4]必须寻找现代社会抵御极权主义倾向的结构。休利将目光转向了社会中的一些"法团",即"由不同行动者和立场不同的团队所组成的、协商性的职业组织"。他承认这些私人组织或公-私混合团体同样可以创设"宪法",并可能发展出普通法类型的宪治。此种宪治的主要动力在于社会内部的沟通潜能。[5]因此"社会宪法"要保障的并非决策程序,而是各种社会沟通过程。

进而,"社会宪治"要求"宪法"多元。仅能保障各功能系统内部沟通的法律并不是"宪法"。诸社会系统的自治以及在福利国家时期

---

① 参见托依布纳:《宪法的碎片:全球社会宪治》,第159—163页。

② 参见托依布纳:《宪法的碎片:全球社会宪治》,第45页。

③ 参见托依布纳:《宪法的碎片:全球社会宪治》,第18页。

④ 参见托依布纳:《宪法的碎片:全球社会宪治》,第46页。

⑤ 参见 Gunther Teubner, "Societal Constitutionalism: Nine Variations on a Theme by David Sciulli", in P. Blokker and C. Thornhill (eds.), *Sociological Constitutionalism*, Cambridge University Press, 2016, pp. 313–340.

出现的"法律化"现象，都不是"宪法化"的充分条件。在休利看来，现代社会之所以呈现朝向极权主义演化的趋势，其关键在于单一的工具理性在所有社会领域中得到普遍承认。因此须通过"社会宪法"对各系统的工具理性进行抑制，避免其扩张倾向，并将各领域自身的理性加以制度化，从而保障全社会中理性的多样性。[①]因为只有多样的理性才能避免一切形式的极权。据此，所谓"社会宪法"就是在制度化自身理性的同时，抑制此种理性的过度扩张。[②]

在"社会宪治"理论看来，新法团主义宪治有两个缺陷：一是社会组织内部宪法缺乏民主和代表性；二是该模式囿于政治和经济二元论，忽略了其他社会部门。对此，休利提出：(1)通过"社会宪法"保障所有作为相关者的公共组织和私人组织之间的合作，增进各方的谈判能力和妥协能力，从而就某一系列问题达成协议；(2)这些组织作为各自领域内不同的利益代表，如消费者协会、劳工联合会和雇主协会等，应反映各自领域内的不同意见，从而在整体上体现出审议民主的特征。出于上述两点，休利在"私人研究机构、艺术和学术网络以及大学"等不同的社会部门中都发现了"委员会"程序。不同于"私人政府"将所有领域中的利益协调都理解为政治决定，这种制度按自身领域的理性要求，在委员会内部通过民主谈判后形成决策。无疑，"委员会"的成员代表各利益相关方，因此既能顺应领域内的"理性"，又能起到对自身理性的反思作用，抑制单一理性的过度扩张。[③]

休利希望诉诸社会系统中的集体行动者，特别是正式组织来发展社会宪法。托依布纳则看到，协调各种组织的合作特别是发展它们的谈判能力和妥协能力，首先要求民族国家借助权力和认知资源，应对各个子系统内部复杂的协调过程。此外，由于民族国家内部的社会组织往往具有长期合作意愿以及出于长期利益而接受短期妥协的倾向，

---

① 参见 Golia and Teubner, "Societal Constitutionalism: Background, Theory, Debates", pp. 357–411。

② 参见托依布纳：《宪法的碎片：全球社会宪治》，第47页。

③ 参见托依布纳：《宪法的碎片：全球社会宪治》，第44—48页。

因此其协调难度相较于全球空间显然较小。如何在没有统一宪法的全球空间构建起外部压力，令"自治社会子系统内部实现自我限制，从而遏制其负外部性"，成为休利"社会宪治"的遗留问题。[1]

（三）宪治的反思要素："反思性法"理论

"社会宪治"理论注重各社会系统内部的民主协调，但它不仅低估了世界社会各系统内部的协调难度，而且未能充分回应不同系统之间以及各系统与全社会之间的整合问题。为了在脱离民族国家框架的全球空间发现"社会宪法"，托依布纳发展了自己的"反思性法"理论。

托依布纳的"反思性"概念最早以"反思性法"的面貌提出。[2]"反思性法"的目标在于揭示法律和社会如何实现共同演化。它立足功能分化的现代社会图景，又聚焦对法律系统的观察，关注法律在社会治理中的独特作用。通过将"反思性法"扩展为"反思性"的社会理论，托依布纳成功揭示出子系统内的民主过程如何限制系统单一理性、起到反思效果，实现去中心化的社会治理与整合。

首先，"反思性"理论立足关系论视角和系统论思维。以法律与社会的关系为例。"反思性法"将法律系统内部的发展动力与外部社会环境的变化相联系，认为法律是一个自我生产、自我指涉的自创生系统。托依布纳指出，"法只在对自身动力的回应中改变自己……法律秩序只在其自身的元素中再生产自己，但却是在回应环境的需求中这样做"。为了"回应环境需求"，法律系统必须保持"认知开放"，但作为回应的自我改变却只发生在法律系统自身的元素中，因此同时恪守系统"运作封闭"的准则。

其次，社会系统中存在"反思结构"。法律系统之所以能用"运作封闭，认知开放"的方式回应外部环境变化，是因为法律系统内部有"反思取向"的元素。所谓"反思"，就是"同一种属性或行为再次适

---

[1] 参见托依布纳：《宪法的碎片：全球社会宪治》，第48页。

[2] 参见托依布纳：《魔阵·剥削·异化：托依布纳法律社会学文集》，第271—320页。

用于自身"。"反思取向"指法律系统中"规范适用于规范"的现象，它体现为规定如何创设或识别"法律"的组织、程序和职权范围规则等"次级规范"。

复次，"反思性"包含自治、尊重和学习三层效果。以法律系统的反思性为例。第一，"自治"即法律系统"运作封闭"。比如法律有其自身的论证风格和教义学，不能为经济理性等其他系统的理性化约。第二，"尊重"即法律系统尊重其他系统的"运作封闭"，由此，其他社会系统的自治得到保障。因此，反思性的法不以法律直接干预社会，而是通过稳定其他系统内部的程序和组织权限，促进它们自我规制。第三，"学习"。法律系统"认知开放"，借此回应外部环境即其他社会系统的变化，并实现自我创生。此种回应依靠法律系统的"自我指涉"，因此以"运作封闭"为条件。国际投资法上的"跨国公共政策"即是法律"反思性"的典型体现。国际投资法本身并不禁止腐败，因此"反对腐败"是法律系统的外部环境。准确地说，反对腐败是良好的营商条件之一。但在ICSID的一场仲裁案中，仲裁员将其识别为国际投资法规定的"跨国公共政策"，触犯该规则的合同无效。通过"自我指涉"，法律系统得以反思自身的运作，向外部环境"学习"，进而发展出国际投资仲裁中的一整套反腐败规则。[①]

再次，借助"反思性"可实现去中心化的社会治理。通过考察法律系统在全社会治理中的作用，托依布纳将"反思性"从法律理论发展为社会理论，成为"去中心化全球治理"的内核。法律通过自身的反思机制制造对环境的回应性，向外部"学习"，从而实现与社会的协调；而其他社会系统也存在同等功能的反思性机制。"社会宪法"作为法律和其他系统反思性机制的结构耦合，协调全社会。如从经济系统来看，"跨国公共政策"既意味着审慎评估经济交易的成本和奉献，也代表对其他系统理性的尊重，如拒绝使用童工、降低环境损害等，

---

① 参见 Moritz Renner, "Towards a Hierarchy of Norms in Transnational Law?", *Journal of International Arbitration*, vol. 26, no. 4 (2009), pp. 533–555。

最终引发调整公司行为准则、完善审计制度、履行社会责任等经济系统的"自我反思"。以此类推，依托作为各系统反思性机制的"社会宪法"，"所有社会子系统不仅适当地实现自己的功能，而且也作为其他系统的社会环境，为它们在功能和结构上的成效而形成富有意义的协调关系"。由此，"整合机制从整个社会层面转移到子系统层面"。①通过引导社会系统内部反思过程，"社会宪法"在全社会范围内实现"去中心化的整合"——"自治"保障系统自身对全社会的功能，"尊重"意味着不损害其他系统的功能，而立基于此的"学习"则标示了系统在与外部环境不断协调过程中的共同演化。

最后，"反思性法"理论与"社会宪治"理论互补。第一，"社会宪治"理论发现了社会宪法，而"反思性"要求通过发展社会宪法实现治理。前者发现了存在于各社会子系统内的民主化过程，并认为唯有将此民主过程制度化，才能保障系统理性的维持，同时限制系统理性的过度扩张，最终在全社会范围中呈现多样的理性。这恰好对应"自治""尊重"两个层次，意味着"反思"只有通过民主商谈才能实现；而"反思性"理论指出，通过"社会宪法"，可将民主商谈的组织、程序、管理和权限等框架加以制度化。对社会子系统而言，此种制度化保障了各利益相关方的参与，"逼迫"系统限制自身理性，并进行"学习"。比如在制定食品添加剂标准时引入消费者协会进行谈判，就可通过消费者对食品卫生的关切抑制经济理性的过度扩张。由此，"反思性法"解释了系统内部民主如何产生整合全社会的效果。系统内民主的首要功能正是"对社会认同的反思"。第二，"反思性法"为"社会宪治"理论补充了法律理论的面向，从而阐释了"社会宪法"的本质属性。在"社会宪治"理论阐述的"社会宪法"中，法律的作用仅仅是对其他社会系统中的民主结构加以制度化，而在"反思性"理论看来，"社会宪法"同样是法律系统自身的反思。一方面，法律仅"限于设置、修正和重新界定民主的自我调节机制"，而非直接介入。凭此，

---

① 托依布纳：《魔阵·剥削·异化：托依布纳法律社会学文集》，第271—320页。

法律为社会自我调节设定了结构性的条件，又限制了自身理性的扩展。另一方面，法律通过此种设定，也完成了自身的反思。"在不同的社会情境中需要不同的'商谈'组织形式"，法律据此发展出具体的规则。

"反思性法"是"全球社会宪治"的关键机制，凭此才能寻得全球空间中的"社会宪法"。第一，通过"反思性"把握全球社会宪法的本质属性。休利看到"社会宪法"具有限制子系统扩张的功能，因此区别于"法律"。民族国家的治理经验则表明，"社会宪法"处于不同系统的结构耦合之中。① 但仅强调"限制功能"或"结构耦合"都未把握"社会宪法"概念的本质。任何贸易壁垒都可限制经济理性的过度扩张，一切合同都是经济与法律的结构耦合，但它们都不是"社会宪法"。"社会宪法"是法律系统和其他社会系统"双重反思性"的结构耦合。这也符合民族国家政治宪法的概念：政治系统通过宪法中的选举程序、组织权限、立法程序等规定，以形成政治意志的权力过程引导权力的行使过程，从而约束权力不得恣意行使，便是通过"反思"机制的自我调整；对法律系统而言，宪法是关于如何颁布、设置和修改国家法律和行政法规等"初级规范"的规则。通过宪法，法律系统将规则适用于规则，从而约束自身不得任意将各社会领域"法律化"。是故民族国家宪法体现了政治和法律系统的"双重反思性"。

第二，通过"反思性法"构造全球社会宪法的民主领域。休利认为社会宪法的民主正当性体现在社会系统内协商安排所保障的异议可能性。但全球空间没有统一的"世界国家"构筑"全球宪法"，要如何在各功能系统内部保障提出异议的可能性？只有通过提高各社会系统的反思性，使它们对外界环境的刺激更加灵敏，才能在其内部形成"自我抗议"（self-contestation）。 不同于民族国家内通过政治-法律的规范性调整，全球社会宪治诉诸以"软法"形式表现的认知性期待，如公司章程、治理指南、社会责任标准等。

---

① 参见托依布纳：《宪法的碎片：全球社会宪治》，第 121 页。

第三，经由"反思性法"搭建集体身份。国家宪法是享有制宪权的主体通过制宪过程而构筑起的身份认同（identity）。"反思性"机制通过自我指涉的方式建构自我描述。系统的维持有赖于前后沟通的衔接，而"反思"意味着系统的递归性运作，即将自身运作的结果适用于自身，以此检验前后的沟通是否维持了系统封闭运作。

第四，通过"反思性"机制的结构耦合发展宪治结构。民族国家的法律体系内有位阶，宪法具有至高性，因此可进行合宪性审查。全球社会宪法须具备类似的结构。"反思性"机制将社会宪法置于两个系统的结构耦合之内，令二者彼此激扰，调整自身的运作。

第五，以"反思性法"处理宪法间冲突。全球空间中各功能系统都形成自身的"全球社会宪法"，却不存在更高位阶的"宪法的宪法"裁判它们彼此间的冲突。诉诸"反思性法"的学习过程，可形成宪法冲突法。

结语

本文尝试为全球社会宪治立一份"思想前传"。此所谓"前传"，至少具有两方面意涵。一是将全球社会宪治置于全球宪治的研究脉络中，呈现出托依布纳系统论述"全球社会宪治"之前，全球治理相关研究的图景。这不仅是要说明全球社会宪治绝非无本之木，而是建立在与哈贝马斯等人的理论交融和对话之上；而且意在勾勒全球社会宪治的研究背景、思想位置和独特贡献，由此展现它所面对的理论和实践问题、采取的视角和方法及其鲜明特点。

二是围绕托依布纳的论著，考察"全球社会宪治"所立足的观察视角、实践经验和理论资源。我们发现，与其说托依布纳将全球治理转化为社会宪治，不如说他尝试将社会宪治扩展到全球空间。而这既契合民族国家社会治理的经验，也对变迁中的世界社会图景展现出了较强的适应性，因此具有相当的合理性。由此，我们看到托依布纳如何通过"社会宪治"的透镜化解全球治理的难题，独具慧眼地发现了"以碎片对碎片"的全球社会宪治潜力。

　　毋庸讳言，本文仅能为我们深入地理解、研究和发展全球社会宪治补充一些初步的背景性知识。作为一份学术史作品，唯望能使后来者避免歧路与迂回，释放法理学与国际法等学科沟通的潜力，为国际法基础理论研究的繁荣与发展贡献绵薄力量。

法治纵论

论监察机关的职权变迁与功能演进

高一宁 *

引言：双轨惩戒体制与监察机关的处分权

2020年6月，第十三届全国人大常务委员会第十九次会议通过了《中华人民共和国政务处分法》(以下简称《政务处分法》)，并颁布施行。该法对于监察机关给予公职人员政务处分的类型、条件与程序等做出了详细规定，从而为实现《监察法》赋予监察机关的"处置"职责，以及落实《监察法》对于政务处分的规定，提供了详细的法律基础。此外，《政务处分法》对于监察机关以及"公职人员任免机关、单位"之间处分公职人员的权限，做出了基本设定。根据其第2条的规定，《政务处分法》第二、第三章有关监察机关"政务处分"之种类与条件等实体性规定，同样适用于任免机关、单位对于公职人员的"处分"。"处分"的程序、申诉等环节则适用其他法律规范。学界一般认为，《政务处分法》相关条文构造了政务处分与处分并存的双轨惩戒体制。[①]

---

* 高一宁，华东政法大学涉外法治研究院师资博士后。

① 参见陈辉：《〈政务处分法〉双轨惩戒体制下处分主体之间的关系定位》，《甘肃政法大学学报》2021年第3期，第119—120页；任巧：《论对行政公务员的行政处分和政务处

政务处分与处分的双轨体制实际在《政务处分法》颁布前即已存在。全国人大常委会开启监察体制改革试点，以及决定将试点向全国推开时，都没有明确提出政务处分的表述。但在2017年尚处于试点阶段时，试点省份的监察机关在实践中已经用政务处分替换了原有政纪处分的概念。[①]2018年3月《监察法》颁布，其第11条及第45条明确将政务处分确定为监察机关行使处置职责的方式之一，从而将政务处分正式上升为监察权的法定权能。同年4月，中纪委、国家监委制定颁布了《公职人员政务处分暂行规定》（以下简称《暂行规定》），不仅对于政务处分的种类、程序等做出更细致的要求，也维持了公职人员的任免机关、单位对其作出处分的权力，并禁止监察机关与任免机关、单位就同一违法行为分别处分。因此，在《政务处分法》颁布前，双轨体制已广泛实践，并激发了未来立法中如何安置两种惩戒方式的学术讨论。[②]最终，《政务处分法》基本延续并巩固了《暂行规定》所设计的双轨惩戒体制。

但在既有法律规范体系下，双轨惩戒体制仍有制度空白等待填充。其中特别引起学术研究关注者，当数两种惩戒权之间的分工。《政务处分法》虽对两种惩戒机关施以惩戒的种类、标准、程序等方面做出了规定，但对政务处分与处分是否在监督事项方面应有权限分工与侧重点则未有任何表示。部分学者认为两种惩戒之间没有性质差别，无须做出分工。[③]但亦有大量研究持相反观点。如早期对于双轨

双轨机制之间的调适》，《重庆社会科学》2019年第12期，第59—60页。

[①]　参见《积极探索实践 形成宝贵经验国家监察体制改革试点取得实效——国家监察体制改革试点工作综述》，https://www.ccdi.gov.cn/toutiao/201711/t20171105_126202.html（最后访问时间：2024年8月23日）。

[②]　参见朱福惠：《论监察法上政务处分之适用及其法理》，《法学杂志》2019年第9期；秦前红、刘怡达：《制定〈政务处分法〉应处理好的七对关系》，《法治现代化研究》2023年第2期。

[③]　刘艳红、刘浩：《政务处分法对监察体制改革的法治化推进》，《南京师范大学学报》2020年第1期，第9—10页。作者认为"《公务员法》确立的行政纪律惩戒措施和国有企业、公办事业单位的纪律惩戒措施"，已经被吸纳到政务处分中。任巧：《论对行政公务员的行政处分和政务处分双轨机制之间的调适》，第56—57页，作者将《暂行规定》解释为"处分先

体制的研究主张，应当依据公职人员违法行为的性质区分惩戒单位，侵害"社会公益和法律秩序"的行为由政务处分管辖，"侵害本单位管理秩序"的行为则由任免机关、单位施以处分。①还有学者提出了其他的划分标准，如职务违法行为由监察机关监督，一般违法行为由任免机关、单位监督；②由监察机关负责落实"权力责任制"（为人民服务的政治要求），由任免机关、单位负责落实"工作责任制"（反对官僚主义）③；以及违反公职人员"廉洁义务""忠诚义务"的行为纳入政务处分的范围，违反"专业规范要求""服从义务"的行为由任免机关、单位进行监督。④

由上述文献梳理可见，晚近以来有关双轨惩戒体制的研究越来越趋向于认为，政务处分及任免机关、单位的处分应就监督事项有所划分。而这些研究划分惩戒权限的依据则是认为监察权与监察机关在权力性质及职权内容，甚至宪法功能等方面，都有区别于公职人员任免机关的特殊性。换言之，界定政务处分的权限，实质是探明监察机关的性质与特点。本文希望引入历史视角，通过梳理新中国成立以来监察机关处分权限、职权内容、工作方式与重点以及其宪法功能等方面的变化，来回答上述问题。概言之，与1950年代相比，1980年代重建后的监察机关处分权威大为强化。这种强化折射出的是监察机关在职权及其行使方式上的显著改变。监察体制改革接纳而非扭转了这一改变，并将其稳固化。但当我们透过这些变化，深入宪法规范层面时，则会发现监察机关承担的宪法功能展现了其自新中国成立以来

占原则"，即认为依据《暂行规定》，对于公职人员的违法行为，监察机关与任免机关、单位谁先发现谁先处理。

① 徐继敏：《监察委员会政务处分行为探究》，《河南社会科学》2018年第10期，第70页。

② 郭文涛：《〈政务处分法〉双轨惩戒制度之间的衔接适用》，《法学》2020年第12期，第155页。

③ 屠凯：《公职人员双轨惩戒制的宪法基础》，《法学家》2022年第1期。

④ 王思远、毕少斌：《功能适当原则下政务处分与行政性处分的界分——基于〈政务处分法〉第3条展开》，《西南政法大学学报》2022年第5期，第17页。

的延续性。

一、监察机关的处分权限：纠举与处分从分离到合一

如引言部分所述，《政务处分法》以法律方式明确赋予监察机关惩戒公职人员的权力。根据该法第四章对于程序的规定，监察机关在调查与决定政务处分的过程中都独立行使职权。而自新中国成立以来，监督公务人员[1]一直是监察机关的重要职责。例如新中国成立之初在政务院设立的人民监察委员会，其首要任务是："监察全国各级国家机关和各种公务人员是否违反国家政策、法律、法令或损害人民及国家之利益，并纠举其中之违法失职的机关和人员。"[2]尽管如此，监察机关对于公务人员的处分权限却并非自始就已稳固，而是存在逐渐强化的过程。下文将尝试通过梳理相关规范的变迁，以展现这一过程。

在新民主主义革命时期，革命根据地成立的具有监察职责的机关，一度被赋予了较强的处分权能。1932年中华苏维埃共和国决议成立各级工农检察部，并在次年将地方政府中的监察机关改为工农检察委员会。[3]根据1932年《工农检察部的组织条例》的规定，工农检察部有权"建议撤换或处罚国家机关，与国家企业的工作人员"，并且对于"各机关内的官僚主义者和腐化分子……可以组织群众法庭，以审理不涉及犯法行为的案件，该项法庭有权判决开除工作人员"。[4]虽然条文内容尚显粗略，但仍能看到在最初的制度设计中，监察机关同

---

[1]　在监察机关的发展历程中，其监督对象的范围曾多次变化。特别对于是否包括行政机关之外的公职人员，不同时期的规定不同。为行文的方便，以下使用"公务人员"的概念来统称监察机关不同时期的监督对象。

[2]　《政务院人民监察委员会实行组织条例》第2条，载关保英编：《行政组织法史料汇编与点评（1950—1960）》，中国政法大学出版社2012年版，第26页。

[3]　当时的工农检察机关虽以检察而非监察之名称命名，但其职能与后来政府中的监察机关具有明显相似性。许多研究也将其纳入监察机关发展史中予以考察。可参见，例如周磊：《新民主主义革命时期行政监察法制的探索与实践》，《国家行政学院学报》2016年第5期；舒绍福、李婷：《从党内法规到国家监察：建党以来监察制度变迁》，《新视野》2022年第1期。

[4]　《工农检察部的组织条例》第5、12条，载刘宋斌等编：《人事监察》，中国劳动出版社1990年版，第398—399页。

时拥有纠举和处分公务人员的权力。

这种纠举与处分合一的制度设想并没有得到长期延续。在1930年代后期到1940年代成立的边区政府中,"监察与弹劾"公务人员一般是由人民代表直接行使的职权。①直到1948年华北人民政府才设立了专门的监察机关:华北人民监察院。《华北人民政府组织大纲》第9条规定该院的任务包括:"检查、检举并决议处分各级行政人员、司法人员、公营企业人员之违法失职、贪污浪费及其他违反政策、损害人民利益之行为。"而在作成处分决议后,监察机关则须进一步交法院审判,或提请华北人民政府主席将决议交给有关行政机关执行。②可见,此时监察机关仍有完整的纠举权,但处分决议的执行,则必须与司法机关以及对公务人员拥有直接管理权限的行政机关配合进行。③

新中国成立之后,监察机关与司法和行政机关配合的处分模式得以延续。如上文所述,监督公务人员仍是政务院人民监察委员会的重要职责。1950年颁布的《政务院人民监察委员会试行组织条例》(《组织条例》)第2条规定,监察机关的职责包括纠举"违法失职的机关和人员",并有权"接受和处理人民和人民团体对各级国家机关和各种公务人员违法失职行为的控告"。④可见,监察机关的纠举权力完全得到保留。《组织条例》第12条第1款并规定监察机关的工作方法包括检举、纠正、惩处、建议或表扬等。其中虽包括了"惩处",但该条第2款及《组织条例》第13条又要求政务院人民监委办理案件后,必须呈请中央人民政府委员会或政务院核定处理;若涉嫌犯罪则须移送检察

---

① 周磊:《新民主主义革命时期行政监察法制的探索与实践》,《国家行政学院学报》2016年第5期,第87—88页。

② 《华北人民政府组织大纲》第9条,载张希坡:《革命根据地法律文献选辑》(第四辑·第一卷),中国人民大学出版社2019年版,第24页。

③ 对于《华北人民政府组织大纲》第9条类似的解释,参见陈洁、王欢:《华北人民政府廉政法治建设探究》,《河北法学》2022年第10期,第153页。值得注意的是,该条规定并未明确监察机关处分决议对于政府主席与"各行政机关"的效力。

④ 《政务院人民监察委员会实行组织条例》第2条,载关保英编:《行政组织法史料汇编与点评(1950—1960)》,第26页。

机关公诉。①因此，综合来看，中央政府监察机关的权能仍是独立纠举，但处分的批准与执行则须与其他机关配合。

在这种合作体系中，对于不涉及犯罪的行政处分，任免公务人员的机关享有最大的批准和执行处分之权能。1953年政务院专门就行政处分的批准程序下发通知，对于不同类型的公务人员做出不同规定：本机关任免者由该机关首长批准和执行处分；由上级机关任免者则根据处分种类的差异，分别由本机关或上级机关批准与执行。各级监察机关仅负责与政府人事部门共同"管理"处分结果，并不参与处分的批准与执行。②因此，在新中国成立之初，监察机关的权能被设定为纠举与处分相分离。在行政处分的批准与执行过程中，公务人员的任免机关、单位拥有最终的决定权。

这种状况一直持续到1950年代后期。在1954年宪法制定施行后，政务院改为国务院，政务院人民监察委员会改为国务院监察部。1955年颁布的《监察部组织简则》强化了监察机关的纠举及议定处分之权力，其第2条规定监察部的任务包括："受理国家行政机关工作人员不服纪律处分的申诉，并审议国务院任命人员的纪律处分事项。"这两项新增职权都对任免机关的处分决定形成了制度性约束。但监察部仍未获得行政处分的决定与执行权。对于违反纪律的公务人员，监察部仅能在形成处分意见后，"建议其主管部门按照纪律处分批准程序的规定给予纪律处分，或者报请国务院批准予以纪律处分"③。1957年公布的《国务院关于国家行政机关工作人员的奖惩暂行规定》

---

① 《政务院人民监察委员会实行组织条例》第12—13条，载关保英编：《行政组织法史料汇编与点评（1950—1960）》，第28页。

② 参见《中央人民政府政务院关于国家机关工作人员之行政处分批准程序的通知》，《山西政报》1953年第2期，第67—68页。当时政府中人事部门的核心职责是执行公务人员的任免与调配事宜。参见《中央人民政府人事部试行组织条例》第7条、《中央人民政府任免国家机关工作人员暂行条例》第9条，载曹志编：《各国公职人员管理体制》，中国劳动出版社1990年版，第175、180页。

③ 《监察部组织简则》第2、8条，载关保英编：《行政组织法史料汇编与点评（1950—1960）》，第115—116页。

仍延续了上述纠举与处分相分离的模式。监察机关虽被赋予解释该《规定》的权力，但其对于公务人员奖惩工作的管理仍仅限于纠举与议定处分。监察机关不论是主动作成奖惩意见，还是审议上级行政机关交议的奖惩案件，或是评议各部门的奖惩争议案件，以及处理对奖惩的控告、申诉，都仅能向有处分权的机关提出建议，无权自行决定和执行奖惩意见。①此后国务院再未就公务人员处分的权限做出专门规定，且监察部也很快于1959年被撤销。

由上述的规范梳理可见，自新中国成立以来，监察机关始终仅具有纠举公务人员违反法纪之行为以及决议如何处分的权限，处分的决定与执行仍是专属于任免机关与行政人事部门的职权。但在1980年代重建后，监察机关的处分权力得到了十分明显的强化。整个1960至70年代，监察机关长期未予恢复。直至1982年宪法才明确规定了国务院领导与管理监察工作的职责。1986年11月，全国人大常委会决议重新在国务院建立监察部。而在重建伊始，监察机关就被赋予了更强的处分权能。在向全国人大常委会报告设立监察部的方案时，时任国务院副总理乔石强调，在保留监察部以往权能的同时，重建的监察部还将有权直接施以行政处分：监察机关"可以对国家行政机关工作人员和国家行政机关任命的国营企事业单位的领导干部，处以记大过以下的行政处分"。由于在国务院的设计中，重建的监察机关身负"对违反政纪者""专司监察职能"的重任，为其配备更强的处分权能也符合这一制度设想。②

监察机关在正式恢复后很快拥有了更强的处分权。1988年国务院机构改革后，为"推行国家公务员制度，强化政府的人事管理职

---

① 参见《国务院关于国家行政机关工作人员的奖惩暂行规定》第13条，载国务院法制局、中华人民共和国法规汇编编辑委员会编：《中华人民共和国法规汇编（1957年7月—12月）》，法律出版社1958年版，第201页。

② 乔石：《设立国家行政监察机关是健全法制的需要》，载《乔石谈民主与法制》（上），人民出版社、中国长安出版社2012年版，第102—103页。

能"，人事部从劳动人事部中脱离独立。①次年，人事部与监察部经国务院同意后，就彼此在惩戒工作中的分工作出决定：对于违纪违法的监察对象，监察部既可向其主管机关提出处分建议，也有权"直接给予警告、记过、记大过、降级、降职、撤职的处分"；监察部在作出处分决定后，"按照干部管理权限由人事部门按规定办理有关手续"。②也即，监察机关有权直接决定对监察对象作出撤职以下的处分，③处分作成后由人事部门负责执行。监察机关的权力因而不再仅限于处分的建议，且可以作出的处分种类也超过了1986年重建时的构想。当然，作为国务院下属机构，监察部的处分范围仍极大受限于它的宪法地位：对于国务院直接任命的人员，监察部在决议处分后仍须经国务院批准才能下发执行；而对于人民代表机关任命的省部级领导干部，监察部作出处分的限制则更为严格。④并且，监察部无权决定撤职以上的处分。但是，上述规范文件的梳理仍表明，至少在1980年代末，监察机关自恢复之初就迅速拥有了对监察对象纠举与处分合一的权力。监察机关与公务人员任免机关、单位之间共享处分决定权的体制，于此时已逐渐开始成型。

1990年代以来的相关规定完全延续和巩固了共享决定权的惩戒模式。1990年国务院颁布《中华人民共和国行政监察条例》，对于监察机关处分权限的规定维持了前一年监察部与人事部的共识。⑤1993

---

① 《关于国务院机构改革方案的说明》（节录），载马洪等编：《中国改革全书：1978—1991（政治体制改革卷）》，大连出版社1992年版，第229—230页。

② 《监察部、人事部关于在惩戒工作中分工协作问题的通知》，载中央纪委法规室、监察部法规司编：《〈行政机关公务员处分条例〉及相关法律法规》，中国方正出版社2007年版，第102—103页。

③ 国务院于1957年公布的《关于国家行政机关工作人员的奖惩暂行规定》当时仍然有效。根据该《规定》第6条，纪律处分包括警告、记过、记大过、降级、降职、撤职、开除留用察看、开除八种。参见国务院法制局、中华人民共和国法规汇编编辑委员会编：《中华人民共和国法规汇编（1957年7月—12月）》，第199页。

④ 《监察部关于监察机关直接行使行政处分权的程序问题的通知》，载中央纪委法规室、监察部法规司编：《〈行政机关公务员处分条例〉及相关法律法规》，第103—104页。

⑤ 参见《行政监察条例》第24条。

年制定的《国家公务员暂行条例》(以下简称《条例》)则对惩戒的种类与权限做出了调整。在种类方面,《条例》将1957年《关于国家行政机关工作人员的奖惩暂行规定》中确定的八种处分类型简化为六种,即警告、记过、记大过、降级、撤职、开除,取消了降职与开除留用察看。①而对于处分的权限,《条例》仅笼统规定"依法分别由任免机关或者行政监察机关决定",并未提及处分种类简化后,监察机关是否获得了作出撤职以上,即开除处分的权力。但共享决定权的惩戒模式由此正式在行政法规中得以确定。

直至1997年《行政监察法》才明确授予了监察机关完整的处分权。根据该法第24条的规定,对于"违反行政纪律,依法应当给予警告、记过、记大过、降级、撤职、开除行政处分的",监察机关有权作出监察建议或监察决定。建议或决定作出后,"按照国家有关人事管理权限和处理程序的规定办理"②。至此,纠举与处分合一正式上升为监察机关的法定工作方式。监察机关与任免机关共享处分决定权的惩戒模式也由此正式得到法律确认。并且,《行政监察法》清楚规定了监察机关有权作出开除处分,从而让监察机关获得了完整的处分权限。

上文对于公务人员惩戒相关规范的梳理表明,从1950年代初创到1980年代复建,监察机关处分公务人员的权能得到了非常明显的强化。监察权机关对于公务人员的监督权能,从最初仅有权纠举违法违纪行为、审议和作出处分建议,以及与人事部门共同管理处分制度体系,进一步扩充到对处分享有完整的决定权。2016年以来的监察体制改革是上述制度变迁的延续与最终成熟化。通过提升监察权的宪法地位,使其脱离行政机关并与行政权并列,监察机关对公职人员的处分不再仅是行政机关内部的监督,从而更具权威,监督对象的范围也相应扩大。监察权性质的变化,更进一步使得政务处分与任免机关、单位的处分之间不仅名称不同,在权力性质上也产生差别,从而

---

① 参见《国家公务员暂行条例》第33条。六种处分的类型设置一直延续到现行《公务员法》与《政务处分法》。

② 参见《行政监察法》(1997年)第24条。

为双轨制惩戒体系的最终形成奠定了基础。[①]

学界对于双轨制体系的研究往往强调监察体制改革对于惩戒体系的改变。但上文的规范梳理则提醒我们：双轨制惩戒体系建立在监察机关1980年代重建以来的制度基础之上。就监察机关与任免机关在处分上的分工而言，监察体制改革继承了由两者共享处分权的体制，而非对其做出了根本性的改变。下文的历史梳理将进一步尝试论证，监察机关处分权能强化的背后，是监察权权能内容与行使方式的显著改变。

二、监察机关的权能变迁：从保障经济建设到反腐败

与监察机关处分权限的强化相呼应，监察机关的职权行使重点，也从对国家机关及工作人员的广泛监督，逐渐转变为对公务人员个人以反腐败为核心的监督。其职权行使方式中针对监督对象个体的手段也因此得到增强。本部分同样以爬梳相关法规内容的变化为基础，简要地梳理这一变化过程。

最早在新中国成立之初，监察机关的职权即明显表现出针对机关进行广泛监督的特性。1949年设立的政务院人民监察委员会负责"监察政府机关和公务人员是否履行其职责"，其具体任务包括：第一，"监察全国各级国家机关和各种公务人员是否违反国家政策、法律、法令或损害人民及国家之利益，并纠举其中之违法失职的机关和人员"；第二，指导全国各级监察机关工作；第三，处理人民对国家机关与公务人员的控告。而对于监委的职权行使方式，政务院仅规定监委可以参加政务院各直属部门的专业会议，以及对各机关相关材料进行调查、检查。[②]从这些规定中可以看出，监察机关的监督对象同时包括国家机关与个人，且更偏重机关（重视参加会议、检查材料等工作）；监

---

① 任巧：《论对行政公务员的行政处分和政务处分双轨机制之间的调适》，第58—61页。

② 《政务院人民监察委员会实行组织条例》第2、9条，载关保英编：《行政组织法史料汇编与点评（1950—1960）》，第26页。

督内容则只被规定为是否履行职责，因而可容纳的内容相当广泛；并且在行使监督职权时，亦无明确的强制手段可供使用。

监察委员会转为监察部后，针对机关与人员进行广泛监督的方式并未改变，但监督内容的重点则转向了行政机关的财务方面。1955年颁布的《监察部组织细则》（以下简称《组织细则》）规定监察部的任务包括：（一）检查国务院各部门、地方各级国家行政机关、国营企业及其工作人员是否正确执行国务院的决议、命令；（二）监察上述单位执行国民经济计划和国家预算中存在的问题，以及上述机关国家资财的收支、使用、保管、核算情况；（三）受理人民控告，以及国家行政机关工作人员不服纪律处分的申诉。相比于监委，监察部的监督对象增加了国营企业及其工作人员，[①]但任务内容则表现出延续性。其中第一项任务——检查决议、命令的执行状况——类似于前述对监委任务的规定即监督职责履行状况，其能够容纳的内容相当广泛，且前后的规定均为机关与人员并举。而第二项规定则十分鲜明地指向对于行政机关与国营企业财务管理状况的监督。

与其职权内容相适应，监察部的工作方式也继承了过去政务院监委的特点。具体而言，其行使职权的方式包括参加被监察机关的会议，并调阅其内部资料（《组织细则》第3条）；组织突击检查（第4条）；对国有资产（国家资财）的使用进行事先审查（第5条）；向被监察的机关提出工作建议（第6条）。上述几种工作方式很明显都针对行政机关，或是可能处分国家财产的企业团体，而不是针对公务人员个人，且行权方式并不具有明显的强制性，特别是其中监察建议的效力非常有限。前文已述，对于公务人员处分的建议由任免机关最终决定。而其他的工作建议监察部也无权强制执行，如涉及重要内容的建议必须

---

① 但实际上以往人民监察委员会同样有权监督国营企事业单位，只是该项职能在社会主义改造与"一五"计划之前，并没有在法律规范中得到强调。可参见，例如政务院人民监察委员会对于1950年上半年工作的总结："在某些部门和某些地区，特别是某些财经机关与企业部门中不断发生了损害国家财产与人民利益的重大案件。"《中央人民政府政务院人民监察委员会半年工作初步总结及今后工作任务的报告》，载刘宋斌等编：《人事监察》，第591页。

事先报国务院批准，遇到被监察部门不同意建议时也要请国务院出面协调（第7条）。因此，综合来看，1950年代监察机关虽拥有对于公务人员纠举和议定处分的权力，但其监督的主要对象是国家机关与国营企业，对于其行使监督权力时可以使用的强制手段，也缺乏明确的规定与保障。

有关监察部职权的规定中，特别值得注意的一点是其对于经济与财务方面监督的强调。1950年代的监察机关在一定程度上扮演了共和国经济建设守护者的角色。自1950年代初国家工作重点转向社会主义改造与"一五"计划，保障经济建设就成为监察机关的核心职责。如邓小平在1953年的一次政务会议上特别强调，未来一年监察委员会应当将工作重点放在检查经济部门和工矿企业。[1]董必武在1954年的一次政务会议上则将监察机关的职责总结为：一，监督国家机关执行法律、政策；二，保障经济建设；三，处理人民来信。[2]正是在此基础上，1955年的《组织细则》将国营企业也列为监察对象，并特别关注其执行经济计划和预算的状况，以及对于国有资产的合法使用。

彼时监察机关的经济监督职权中，实际包含了大量性质上与审计部门相类的权力。新中国成立之初，财政系统内曾一度设置专门负责审计工作的机关。但审计工作最终的组织形态表现为政务院财经部门负责，以分散化的方式开展。[3]由财经和监察部门共同组织的财经监察机构在其中发挥了重要作用。早在1950年11月，财政部就在各级财政部门中设置了"财政检查机构"，其检查事项包括但不限于："财政政策、法令、制度"是否得到执行；政府机关与公营企业等单位的"预算、决算、编制"等财务状况；以及"审计会计人员"的工作情

---

① 邓小平：《监察机关是有权威的重要机关》，载中共中央文献研究室编：《邓小平文集：一九四九——九七四年》（中卷），人民出版社2014年版，第100页。

② 董必武：《关于人民监察工作》，载《董必武法学文集》编辑组编：《董必武法学文集》，法律出版社2001年版，第226页。

③ 吴新平：《论审计制度》，载张友渔：《宪法论文集》，社会科学文献出版社2003年版，第476—478页；方宝璋：《中国审计史稿》，福建人民出版社2006年版，第547—552页。

况。这些职能与后来的监察部具有明显相似性。①在1952年,政务院
将财经检查部门改为财经机关与国营财经企业的内部监察室,受所
在机关和上级机关监察室双重领导,并受同级监察机关指导。②但根
据次年财政部发布的《各级财政监察工作实施细则》,财经监察部门
的职责绝不仅是对财经系统的内部监督,其监督内容包括而不限于:
"各级机关对于财政政策、法令、制度的贯彻执行";国家机关和国营
企事业单位"预算、决算及财务收支计划的依法编造和执行";"监督、
检查国营企业及合作社机构对于各种财务、会计工作的正确处理及计
算、决算和各种会计报表的及时报送";等等。③

由上述梳理可见,国务院监察部的职责大量继承自财政监察机关
的审计与财务监督权力。此种职权的性质决定了其监督的主要出发
点是受监督机关的财务制度与经济活动,监督手段主要依靠对于相关
材料的调阅检查,而非其他特别具有强制性的手段。对于公务人员个
体的监督,特别是对于贪污腐败行为的监督,无疑是监察工作中极为
重要的内容,但它是总体财政监督的组成部分与必然结果,而非监察
工作的出发点与核心。

监察部与财政监督之间的关联同时揭示了1950年代监察机关职
权的另一特点。新中国成立以来的相关规范始终把监察机关的核心
任务表述为:监督国家机关及公务人员是否履行职责,或是否执行了
法律、法令、政策的规定。这本身是相当宽泛的要求。当监察与不同
的行政工作内容相结合时,往往会表现出不同的具体形态。如监察权
与财政监督相结合后,审计与财务监督成为监察的重要内容,并被监
察机关吸纳为核心权能。但监察机关亦可能与其他行政工作相结合。

---

① 《财政部设置财政检查机构办法》第4条,载刘宋斌等编:《人事监察》,第509—
510页。

② 《省(市)以上各级人民政府财经机关与国营财经企业部门监察室暂行组织通则》,
载刘宋斌等编:《人事监察》,第512页。

③ 陈如龙编:《中华人民共和国财政大事记(1949—1985)》,中国财政经济出版社1989
年版,第78页。

自1952年建立财经监察部门后，各行政部门内均逐步建立了相应的专业监察机关，①如1953年铁道系统中也建立了人民监察室。②次年，政务院决议在铁道部建立人民监察局，受铁道部与政务院监委双重领导，其职权除了对铁道系统的财务监督之外，还包括了对铁道部制定的"各种技术指标和质量标准的完成情况"进行检查。这显然是基于铁道系统内的专业技术所进行的业务监督，其更侧重于保证被监督机关完成工作的质量与效率。如时任监察部副部长刘景范在回顾1954年的铁路监察工作时提到：

> 铁道部监察局……通过事先审核与事后检查，共揭发损失、浪费、不合理开支及少收、漏收730万元，无计划超计划支出83万元……通过事后检查还发出1500余件建议信，企业管理机关根据这些建议，采取了措施，发出有关纠正缺点改进工作的命令和指示490余件……齐齐哈尔铁路管理局根据建议信，建立了不满轴列车统计分析制度，第三季度发出不满轴列车比第二季度减少了1/3。③

同样的现象也体现在其他行政系统的监察工作中。如对内务/内政部门的监察以检查救灾赈灾情况为中心；④对农业粮食部门的监察则特别重视粮食的储藏状况。⑤特别是在1950年代执行经济计划、发

---

① 在1954年宪法制定后，国务院就监察机关与各行政部门对于监察工作的领导关系做出了系统的规定。参见《监察部关于中央和地方财经部门国家监察机关组织设置及对现有监察室（局、司）进行调整的方案》，载刘宋斌等编：《人事监察》，第523—526页。

② 《政务院关于在铁道部建立人民监察局和加强监察工作的决定》，载刘宋斌等编：《人事监察》，第515页。

③ 《关于一九五四年人民监察工作的报告》，《人民日报》1955年6月13日第2版。

④ 如刘景范参与组织了1950年皖北的救灾工作，参见《董必武传》撰写组：《董必武传（1886—1975）》（下），中央文献出版社2006年版，第693页。钱瑛曾向国务院报告了对于1957年广西灾荒事件的检查结果，参见中共中央文献研究室编：《周恩来年谱（1949—1976）》（中卷），中央文献出版社1997年版，第52页。

⑤ 以四川省为例："1956年，省监察厅检查40个县74个粮站的2.6亿公斤储粮，虫粮

展生产的大目标下，监察机关对于不同行政系统负责管理的国营企业，在生产安全、质量与效率方面都进行了广泛的监督。这些监督有其共性：如通过对生产计划和原料储存状况的监督，促进节约与生产增长。但不同部门的企业之监察也表现出各自的特性：如煤炭工业部门监察机关自然重视煤炭生产质量；[①]第一机械工业部的监察机关则重视下辖的汽车工业制造的安全与质量。[②]由此可见，在 1950 年代，除了以审计与财务监督为重点外，1950 年代监察工作的另一特点是非常关注对行政机关以及国营企业工作质量与效率的监督。

上述对监察工作的观察表明，1950 年代相关法律规范对于监察机关职权与行使方式的设定，与监察权的工作内容与特点相辅相成。监察工作的内容以审计与财务监督为重点，广泛地对各行政机关与国营企业的工作质量与效率进行监督。由此，我们也可以理解，为何在法律规范中，监察职权的行使主要针对行政机关而非个人，且并未被赋予非常具有强制力的手段。在这种制度设计下，对公务人员个人的监督虽是监察工作的重要一环，但并非处于最为核心的地位。这也呼应了 1950 年代监察机关在处分权限方面受到的限制。

而在 1980 年代以来，监察机关的职权特点与行使方式发生了非常鲜明的变化，具体体现在以下几个方面。首先，审计监督职权被抽

占 83%，其中广元、丰都、重庆、北碚的 7 个粮站，虫耗损失 5 万公斤，占储粮数的 0.2%；1956 年，绵阳专区监察处检查绵阳县火车站仓库，存粮 2291 万公斤全部生虫，绝对损失 8.97 万公斤。二号仓所存稻谷，每公斤有虫 2 万多头，损失 2.6 万公斤，占存粮数的 1.4%，仓库主任被撤职，粮食局长也受到记过处分。"四川省地方志编纂委员会编纂：《四川省志·粮食志》，四川科学技术出版社 1995 年版，第 174 页。

① "各级国家监察机关今年检查了许多中央和地方国营厂矿企业中的产品质量，发现有些单位产品质量达不到国家指标，有些反比去年下降……由于有些单位煤炭的含矸多、灰分高、水分大，不仅造成煤炭产量的虚假现象，而且浪费了国家的运输力。"《坚决向官僚主义作斗争：监察部部长钱瑛同志的发言》，《人民日报》1956 年 9 月 30 日第 5 版。

② 如中国第一汽车集团有限公司的前身，中国第一汽车制造厂在 1950 年代的监察工作："结合各个时期的中心工作，有计划有重点地进行十七次平时检查和事故检查……发现问题，找出原因……提出处理意见，拟定改进措施……加强工作人员的责任，又建立与健全了各种必要的制度。"第一汽车制造厂史志编纂室编：《第一汽车制造厂厂志第一卷》（下册），吉林科学技术出版社 1992 年版，第 210 页。

离出监察机关独立。在邓小平的表态与支持下，1982年宪法设立了专门的审计机关，[①]这构成了当时国务院机构的重要改革之一。彭真在向第五届全国人大第五次会议报告宪法修改草案时提到："为了加强对财政、财务活动的监督，国务院增设审计机关，依照法律规定独立行使审计监督权。地方各级人民政府也相应地设立审计机关。"[②]可见审计独立被构想为完善国务院财政监督职能的重要举措。1982年宪法第91条作出相应规定：

> 国务院设立审计机关，对国务院各部门和地方各级政府的财政收支，对国家的财政金融机构和企业事业组织的财务收支，进行审计监督。
>
> 审计机关在国务院总理领导下，依照法律规定独立行使审计监督权，不受其他行政机关、社会团体和个人的干涉。

根据此条款，国务院审计署于1983年6月建立，9月开始正式办公，比监察机关的恢复要早了很多。[③]《宪法》没有将审计列入第89条规定的国务院职权之中，以显示审计权力尽管被置入行政系统内部，但却具有某种独立性。上文已经论证，审计和财务监督是监察权在1950年代重要的职责，是监督政府机关和公营企业，推动落实经济计划及保障生产效率、质量的核心权力之一。八二宪法将审计权分离出监察权，无疑极大地改变了监察机关的职权内容。随着审计权力的流失，监察机关检查被监督机关、单位财务资料的工作方式必然会相应减少，从而弱化了监察权针对行政机关进行监督的特性。

---

① 参见《彭真传》编写组：《彭真传》（第四卷），中央文献出版社2012年10月版，第1454页。

② 彭真：《关于中华人民共和国宪法修改草案的报告》，载《彭真文选（一九四一——一九九○年）》，人民出版社1991年版，第480页。

③ 《中国审计年鉴》编辑委员会编：《中国审计年鉴（1983—1988）》，中国审计出版社1990年版，第323页。

　　监察职权的另一显著变化是针对公务人员个人的监督力度明显加大。前文已述，1980年代重建的监察机关被设定为专司政纪监察的机构。因而，自1980年代末辅一恢复，监察机关便拥有了对于公务人员处分的决定权，并进一步在1990年代末期获得了完整的处分权限。除此之外，有关监察机关的法律规定中，与监督公务人员个体相关的，特别是具有一定强制性的内容明显增多。例如1990年的《行政监察条例》第19—20条明确规定，监察机关除了可以对行政机关及其工作人员进行定期或不定期的检查外，还有权对违纪违法案件进行立案调查。第21条明确规定了检查和调查中可以采取的措施，其中颇具强制性的手段包括"扣留、封存"涉案文书，通知金融机构"暂停支付"，以及"责令有关人员在规定的时间、地点就监察事项涉及的问题作出解释和说明"等多项。这些都是1950年代相关规定中从未提及的内容，特别是其中"责令作出说明"一项，后来逐步发展为纪检监察工作中最为重要和有力的手段，即双规（两规）/两指。此外，第23—24条将监察机关根据检查、调查结果的处理区分为决定与建议两类，并且第26条明确规定了两者的效力："监察机关作出的监察决定，被监察部门和有关人员应当执行；监察机关提出的监察建议，有关部门和人员如无正当理由，应当采纳。"上述规定明确和强化了监察机关工作的力度，特别是调查过程中对于公务员个人的强制手段。

　　1997年的《行政监察法》以立法的形式将上述制度变化予以固定。第20—21条重申了监察机关在检查与调查中可采用的强制手段。第19条明确规定了被监察人员配合监察工作的几种义务。[①]此外，该法第25条也延续了《行政监察条例》对于监察建议与监察决定效力的规定。有关两指的内容正式被表述为第20条第1款第3项："责令

---

　　① 虽然这一条对于义务主体的表述是被监察的部门与人员，但就内容而言实质上是对相关人员的要求。第19条规定："监察机关履行职责，有权采取下列措施：（一）要求被监察的部门和人员提供与监察事项有关的文件、资料、财务帐目及其他有关的材料，进行查阅或者予以复制；（二）要求被监察的部门和人员就监察事项涉及的问题作出解释和说明；（三）责令被监察的部门和人员停止违反法律、法规和行政纪律的行为。"

有违反行政纪律嫌疑的人员在指定的时间、地点就调查事项涉及的问题作出解释和说明,但是不得对其实行拘禁或者变相拘禁。"随着1990年代党的纪检与政府监察机关合署办公,特别是1997年《刑事诉讼法》修订后,侦查阶段限制嫌疑人人身自由的时间进一步限缩,双规/两指便成了执纪执法调查甚至职务犯罪侦查工作的重要手段。①上述现象都表明,1980年代恢复后的监察机关,其针对公务人员个人的工作内容明显增多,职权行使方式的强制力也得到极大强化。

监察机关重建后职权变化的第三个显著特点是,既往对于行政机关与国营企业工作安全、质量、效率的广泛监督职责显著弱化,监察工作的重点开始转向以反腐败为核心的廉政监督。具体而言,一方面,1980年代以来的监察相关规范中,还一定程度上保留了既往的监察职能。如1990年《行政监察条例》第2条规定的监察职权仍然包括了对监督对象"执行国家法律、法规、政策和决定、命令的情况……进行监察",在文字上延续了1950年代广泛监督的表述。并且该条例第1条规定的立法目的包括"加强行政监察,改善行政管理,提高行政效能,促进国家行政机关及其工作人员廉洁奉公,遵纪守法",其中提高行政效能的目标甚至被放到了"廉洁奉公"之前。

但另一方面,效能监察并非继续重复1950年代的工作,其对象与内容都发生了明显变化。首先在法律规范层面,1997年《行政监察法》第1条虽保持了促进廉洁与提高效能并论的文字结构,但将"促进廉政建设"放到了"提高行政效能"之前。并且完全删去了对"执行国家法律、法规、政策和决定、命令的情况……进行监察"这一表述,从而使得重建后监察机关的法定职权,在文字呈现形式上彻底告别了1950年代。

此外,重建后行政监察的对象也不再包括国营企业。1990年《行政监察条例》中的监督对象即不包括国营企业。1997年《行政

---

① 参见刘忠:《读解双规:侦查技术视域内的反贪非正式程序》,《中外法学》2014年第1期。

监察法》同样如此,例如,该法对于国务院监察部监督对象的规定是:"(一)国务院各部门及其国家公务员;(二)国务院及国务院各部门任命的其他人员;(三)省、自治区、直辖市人民政府及其领导人员。"虽然第二项可能囊括部分国营企事业单位的领导干部,但对其的监督是对个人的监督而非对其所在单位的工作监督。1990年《条例》第49条尚保留了对于国有企业的监督规定:"全民所有制企业、事业单位可以参照本条例的规定,对本单位非国家行政机关任命的工作人员进行监察。"但上述监督与1950年代具有差别:该条文设定的监督对象是工作人员个人,而非企业生产效能;并且这些企事业单位内也不再设置由所在机关和监察部门双重领导的监督机构。而1997年《行政监察法》则完全删去了企事业单位监察的相关规定。

上述变化表明,对于国营企业生产方面的监督被行政监察机关剥离出去,更多地成为企事业单位的内部监督,监察机关较少对其进行业务上的指导甚或组织上的领导。相应地,1980年代后的效能监察,逐渐表现为纯粹的行政效能监察。1950年代以保障经济建设为中心,以提高生产安全、质量、效率为目标的监察,逐步蜕变为对"行政主体及其工作人员""是否勤政高效"的监察。[1]监察机关领导人在讲话中也不乏对于企业效能监察的安排,但远不及对于廉政监督的强调。[2]有关效能监察的论著仍会将企业监察纳入讨论范围,但往往所用篇幅也非常有限,且基本将其工作内容界定为企业的内部管理。[3]特别是随着社会主义市场经济制度建立,以及我国在世纪之交加入WTO,有关效能监察的研究开始着重强调"加快政府职能的转变",减少"行政权力直接干预企业事务"。[4]这与1950年代监察机关监督生产的工

---

① 毛昭晖:《中国行政效能监察——理论、模式与方法》,中国人民大学出版社2007年版,第157页。

② 例如尉健行:《开展效能监察,促进勤政廉政》,载尉健行:《论党风廉政建设和反腐败斗争》,中央文献出版社、中国方正出版社2009年版,第123页。

③ 刘虹、董秀芬编著:《效能监察》,中国方正出版社2004年版,第一章第三节。

④ 唐琦玉:《刍议行政效能监察》,《行政论坛》2004年第3期,第35页。

作方式无疑形成了鲜明的对照。

与生产监督职能弱化相对的,是监察机关对于反贪反腐职能的强调。在监察机关将要恢复之时,邓小平就设想由监察机关主要处理政府中的腐败问题。①在1980年代后期复建之后,廉政监督很快成为监察机关的重要工作内容。监察机关所面对的第一项重要任务是参与国务院部署的对外经济合同清查工作,检查"对外经济活动中的索贿受贿、贪污和渎职,包括出卖经济情报等行为"②。在1988年的一次讲话中,初代监察部部长尉健行明确指出,为贯彻落实党的十三届三中全会"把廉政工作真正提到领导机关的重要议程上来"之意见,③"各级监察机关要根据现有的条件和力量,把廉政监察作为当前和今后相当一个时期的工作重点"④。在尉健行2002年卸任中纪委书记之前,以廉政监督作为监察工作重点得到了他历年讲话的强调。⑤相对而言,效能监察虽被明确界定为监察机关核心职能之一,但并未被上升到如此高的地位。在新世纪之初论述效能监督时,时任监察部部长李至伦感慨:"过去我们抓廉政抓得紧一些,下的功夫大。"他虽强调要重视效能监督,但仍表示强化效能监察"是深入推进反腐倡廉工作的需要",故而应当坚持"廉政勤政一起抓"。⑥

上述对于法律规范与政治实践的梳理表明,新中国成立以来监察权的职权内容、工作方式与监督重点都发生了明显变化。1950年代

---

① 参见王汉斌:《邓小平同志亲自指导起草一九八二年宪法》,《全国人大》2004年第16期,第17页。

② 尉健行:《提高认识,落实责任,认真开展清查对外经济合同工作》,载尉健行:《论党风廉政建设和反腐败斗争》,第9页。

③ 《在中国共产党第十三届中央委员会第三次全体会议上的报告》,《人民日报》1988年10月28日第1版。

④ 尉健行:《坚持以廉政监察为中点,全面开展监察业务》,载尉健行:《论党风廉政建设和反腐败斗争》,第30页。

⑤ 最简洁的概述,可参见尉健行过世后新华社于2015年8月16日发布的"尉健行同志生平",http://www.xinhuanet.com//politics/2015-08/16/c_1116268610.htm(最后访问时间:2024年8月23日)。

⑥ 参见刘虹、董秀芬编著:《效能监察》,第2—3页。

的监察机关以对国家机关、国营企业及其工作人员的广泛监督作为主要职权,相应在工作方式上以审计监督为核心,更多针对监督机关单位而非工作人员个体,缺少明确具有强制力的手段。特别是其监督工作内容以保证经济建设为中心,进而以对国营企业生产安全、质量、效率的监督为重点。但在1980年代重建后,监察机关不再拥有审计权力,也不再以生产监督为重点。监察职责逐渐转向以反腐败的廉政监督为重心,对公务人员个体的政纪监督,具有强制力的手段也相应得到了显著强化。

2016年以来的监察体制改革完全延续并巩固了上述制度演变的趋势。在职权内容层面,2018年颁布的《监察法》采纳了《行政监察法》的选择,彻底放弃了1950年代"是否履行职责"或"是否执行法律、决议"等较为宽泛的表述。并且《监察法》第3条将监察对象设定为"所有行使公权力的公职人员"。这意味着,一方面,国家机关不再是被监察的对象——《监察法》对于行政机关与企业的效能监察也未做出任何规定;[①]另一方面,监察权的监督目标不再限于行政工作人员或由行政机关任命的人员,范围更进一步扩展。[②]相应地,在监督手段层面,通过吸纳原由检察机关行使的职务犯罪监督权,监察机关的调查权进一步增强。[③]其中,原来的双规/两指监督措施转变为"留置"措施,相关的规定更加细致。[④]最后,在监督内容的重点层面,《监察法》第1条即声明,"深入开展反腐败工作"是重要的立法目的。并且自改革开启以来,监察委员会就是反腐机构得到了多次强调。[⑤]综上

---

① 唯一与效能监察类似的规定是《监察法》第45条第1款第5项:"监察机关根据监督、调查结果,依法作出如下处置:……(五)对监察对象所在单位廉政建设和履行职责存在的问题等提出监察建议。"

② 参见《监察法》第15条对监督对象的规定。

③ 对于监察机关调查权的法规大量吸纳了刑事诉讼法的相关规定,有学者将此称为"监察法规刑事诉讼法化趋势"。程雷:《监察调查权的规制路径——兼评〈监察法实施条例〉》,《当代法学》2022年第4期。

④ 双规到留置转变过程的梳理,参见谭世贵:《监察体制改革中的留置措施:由来、性质及完善》,《甘肃社会科学》2018年第2期,第168—169页。

⑤ 例如王岐山在监察体制改革试点阶段的讲话:"监察委员会实质上是反腐败机构,

可见，在职权的内容、行使方式与工作重点等多个层面上，监察体制改革都接续了1980年代以来监察制度转型的趋势，并逐步将其稳定化。

三、监察机关宪法功能之演进："反官僚主义条款"

本文前两部分的论述表明，不论是在公务人员处分权限，还是在更具一般性的职权内容、行使方式及工作重点等方面，1980年代恢复后的监察机关相比1950年代都发生了明显变化。而监察体制改革在上述诸方面延续了变化之趋势，并将这些制度变革稳固化。但在上述延续性之外，监察体制改革也具有冲击八二宪法原有体系的突破性。通过在组织上整合党的纪检、政府的监察，以及检察机关的反贪反腐部门，监察体制改革重构了原有的宪法监督分工体系，并通过提升监察机关的宪法地位，改变了人民代表大会制度下的权力分工格局。因此，改革的幅度已经超出了八二宪法原有体制能够容纳的边界，"只能通过宪法修改的方式促成宪法与改革的协调一致"[1]。在改革开始后不久，学界就已基本达成上述共识，最终全国人大也确实通过修宪的方式保障了监察体制改革的合宪性。[2]

针对监察体制改革的修宪似乎表明，尽管新设监察机关在职权及其行使方式和工作重点等方面承接了1980年代以来的演进趋势，但是在更深入的宪法层面，革新后的监察体制则突破了既有的宪制框架。本文的第三章尝试论证：尽管监察体制改革重塑了八二宪法的国家机关权力架构，但从宪法功能的视角出发，新造的监察权仍然在八二宪法的既有构想之内。甚至可以说，尽管职权与行使方式等经历

监察体制改革的任务是加强党对反腐败工作的统一领导。"《王岐山：实现对公职人员监察全覆盖　完善党和国家的自我监督》，http://www.xinhuanet.com//politics/2016-11/25/c_1119993502.htm（最后访问时间：2024年8月23日）。

[1]　李忠：《国家监察体制改革与宪法再造》，《环球法律评论》2017年第3期，第91页。

[2]　早期的相关学术讨论可参见，例如童之伟：《将监察体制改革全程纳入法治轨道之方略》，《法学》2016年第12期；任进：《宪法视域下的国家监察体制改革》，《行政管理研究》2017年第3期。

诸多变化,监察权的功能却在宪法中一以贯之——问题的关键或许在于如何理解我国宪法中的"反官僚主义条款"。

在新中国成立以来的宪法性文件中,只有《共同纲领》专用一条对监察机关予以规定:

> 第十九条 在县市以上的各级人民政府内,设人民监察机关,以监督各级国家机关和各种公务人员是否履行其职责,并纠举其中之违法失职的机关和人员。
>
> 人民和人民团体有权向人民监察机关或人民司法机关控告任何国家机关和任何公务人员的违法失职行为。

与此条紧密相关的是第18条:

> 第十八条 中华人民共和国的一切国家机关,必须厉行廉洁的、朴素的、为人民服务的革命工作作风,严惩贪污,禁止浪费,反对脱离人民群众的官僚主义作风。

第18条从正反两个方面规定了国家机关的工作作风,第19条则规定了监察机关的组织、职责,以及人民及人民团体的控告权。由于上述两条是《共同纲领》第二章"政权机关"的最后两条,从法律体系性的视角切入,我们很容易将它们的关系解释为:第19条要求监察机关(也部分包括司法机关)监督国家机关依照第18条规定的作风方式来"履行其职责"。其他的材料也印证上述解释。如时任政务院人民监察委员会主任谭平山在1952年总结新中国成立三年来的监察工作时,明确指出人民监察委员会是根据《共同纲领》第18—19条展开工作的。因此,新中国成立三年来的监察工作之内容是"发动群众",对"一切违法乱纪、贪污、浪费、官僚主义现象不断进行了严肃的斗争"。[①]当然,由于第19条第2款规定司法机关同样有义务受理人民与

---

① 《谭平山文集》编辑组编:《谭平山文集》,人民出版社1986年9月版,第552—555页。

人民团体的控告，因而在上述体系解释框架中监察机关并非独享了监督权，但监察机关仍然是贯彻落实"作风条款"的重要机构。

反贪污、反浪费与反官僚主义，这就是建国之初"三反运动"的主题。因而"三反运动"虽为一项政治运动，但却也具有守护宪法的色彩。监察机关自然也在三反运动中承担了重要功能。党中央在1951年发布的《关于增产节约、反对贪污、反对浪费和反对官僚主义的决定》中，明确要求"党的纪律检查委员会、人民政府的监察委员会、检察机关和司法机关……将这件事做为当前的中心工作"[1]。可见，在承担"三反"任务、贯彻"作风条款"时，监察机关确实并非独占了监督权，而是监督体系中的一个部分。但这并不影响监察机关在落实"作风条款"时的重要性。在"三反运动"结束之后，对监察机关功能的表述仍然延续了此前的措辞。如邓小平在1953年时指出监察机关接下来的重点任务是进行"新三反"：反对官僚主义、命令主义和违法乱纪现象。[2]

五四宪法虽然没有对监察机关做出专门的规定，但仍然继承同时也简化了"作风条款"的内容。

> 第十七条　一切国家机关必须依靠人民群众，经常保持同群众的密切联系，倾听群众的意见，接受群众的监督。
>
> 第十八条　一切国家机关工作人员必须效忠人民民主制度，服从宪法和法律，努力为人民服务。

五四宪法虽然将"作风条款"拆分为国家机关与工作人员各一条，但在内容上则压缩了"三反"的要求。对于国家机关及其工作人员的要求集中在"依靠人民群众"与"努力为人民服务"。与《共同

---

[1]　中共中央文献研究室编：《建国以来重要文献选编》(第2册)，中央文献出版社2011年版，第426页。

[2]　参见邓小平：《监察机关是有权威的重要机关》，载中共中央文献研究室编：《邓小平文集：一九四九——一九七四年》(中卷)，第100页。

纲领》相对比,这实质上是"三反"中的"反对脱离人民群众的官僚主义作风"。不只"反官僚主义条款"承接了"作风条款",并且监察机关贯彻"作风条款"的功能也被五四宪法颁布后的政治实践继承下来。最典型的例证是时任监察部部长钱瑛在1956年党的八大上的报告。在向八大作出的政治报告中,刘少奇代表中共中央委员会提出,将"扩大民主生活,开展反对官僚主义的斗争"作为目前"国家工作中的一个重要任务",并要求"在反对官僚主义的斗争中,国家的监察机关应当充分地发挥它的应有作用"。①钱瑛接续报告,总结了监察机关整顿行政机关官僚主义作风之成果,并表达了进一步完善监察工作的愿望:"使国家监察机关成为各级党委和政府监察政策决议、反对官僚主义的有力武器。"②可见,尽管五四宪法取消了对于监察机关的专门规定,但监察机关落实"反官僚主义条款"的功能却在实质上得以保留。

监察机关的"反官僚主义功能"至少存在以下数个层面的意涵:首先,反官僚主义是一种对于工作方式的直接要求。监察机关应当敦促国家机关"保持同群众的密切联系",同时自身也应当在工作中依靠群众。这在1950年代主要表现为两点:第一,监察机关在工作内容上特别重视对群众检举的处理,如对于人民监察委员会和监察部的相关规定都将受理人民与人民团体的控告单独规定为一项任务;第二,在工作方式上重视基层调查,并通过建立人民监察通讯员制度,使一般群众能够直接参与到监察工作中。③

其次,反官僚主义在更深的层面涉及维护我国的人民民主性质。"中华人民共和国的国家政权属于人民"(《共同纲领》第12条),反

---

① 《中国共产党中央委员会向第八次全国代表大会的政治报告》,《人民日报》1956年9月17日第1版。

② 《钱瑛同志在中共第八次全国代表大会上的发言》,载帅孟奇编:《忆钱瑛》,解放军出版社1986年版,第216—219页。

③ 关于人民监察通讯员制度的运行情况,可参见纪亚光:《新中国成立初期"三位一体"监督体系建设初探》,《当代中国研究》2010年第5期。

对脱离群众不仅意味着在工作方式上联系群众,同时也赋予了国家机关主动保障人民民主不受动摇的职责。在此意义上,监察机关只是整个保障体系中的一环。如刘少奇在八大的政治报告中所言,反对官僚主义,第一要加强党的领导,第二要加强中央与地方人民代表会议对政府的监督,第三才是强化监察机关对于政府的内部监督。①

最后,官僚主义虽在上述两个方面与"人民群众"这一概念紧密关联,但其所能容纳的内容实则非常广泛。周恩来在1963年向中央与国务院直属机关负责干部解释官僚主义时,共提出了官僚主义的20种表现形式。从最为直接的"脱离群众,脱离实际"到"作奸犯科,害党害国",其基本容纳了国家机关在工作中可能出现的所有问题。②因此,相比于"三反运动"中的贪污、浪费两项较为具体的问题,官僚主义实际是更具抽象性、更为上位的概念,足以容纳前两项问题。所以五四宪法虽然仅保留了反官僚主义的规定,但实质上与《共同纲领》的"作风条款"有密切的延续关系。由于官僚主义内容的丰富性,作为"反官僚主义"的重要机构,监察机关监督工作的内容必然极为多样,并会随着国家在不同发展阶段的政策重点而强调不同的面向。

在五四宪法之后的几部宪法虽然都没有对于监察机关的专条规定,并且在1959到1986年之间,监察机关也并不存在,但"反官僚主义条款"都以不同的形式保留了下来。如1975年宪法的规定:

> 第十一条 国家机关和工作人员,必须认真学习马克思主义、列宁主义、毛泽东思想,坚持无产阶级政治挂帅,反对官僚主义,密切联系群众,全心全意为人民服务。各级干部都必须参加集体生产劳动;
>
> 国家机关都必须实行精简的原则。它的领导机构,都必须实

---

① 《中国共产党中央委员会向第八次全国代表大会的政治报告》,《人民日报》1956年9月17日第1版。

② 周恩来:《反对官僚主义》,载《周恩来选集》(下卷),人民出版社1984年版,第418—422页。

行老、中、青三结合。

上述规定的第1款延续了反官僚主义与联系群众和为人民服务之间的关联。特别是要求干部参加劳动,直接体现了作为工作方式的反官僚主义。第2款要求国家机关精简,以及领导机构中合理配置年龄,都可以被解释为反官僚主义的具体要求,这符合官僚主义内容的复杂与多样。此外,"反官僚主义条款"虽在,却不见了监察机关,可见监察机关并不是唯一承担反官僚主义功能的监督机构。如刘少奇在八大政治报告中的排序,反对官僚主义,首先应当强化党对于政府的领导工作。第1款中的"坚持无产阶级政治挂帅"体现了这一点。

后来七八宪法的"反官僚主义"条款之表述增加了一些新的内容:

> 第十五条 国家机关必须经常保持同人民群众的密切联系,依靠人民群众,倾听群众意见,关心群众疾苦,精兵简政,厉行节约,提高效能,反对官僚主义。
>
> 国家机关各级领导人员的组成,必须按照无产阶级革命事业接班人的条件,实行老、中、青三结合的原则。
>
> 第十六条 国家机关工作人员必须认真学习马克思主义、列宁主义、毛泽东思想,全心全意地为人民服务,努力钻研业务,积极参加集体生产劳动,接受群众监督,模范地遵守宪法和法律,正确地执行国家的政策,实事求是,不得弄虚作假,不得利用职权谋取私利。

七八宪法的"反官僚主义条款"恢复了五四宪法的结构,国家机关与工作人员分列两条。两个条文中的具体内容大多取自之前几部宪法的规定,或可以被解释为"反官僚主义"的必然要求。但值得注意的是,条文中首次出现了"提高效能"与"反对官僚主义"连用的情况。单纯地从语句结构的角度解读，我们很容易认为，七八宪法将反官僚主义的内涵转向了对国家机关工作的质量、效率等方面的监督。八二宪法的规定似乎延续了这一转向：

> 第二十七条 一切国家机关实行精简的原则，实行工作责任制，实行工作人员的培训和考核制度，不断提高工作质量和工作效率，反对官僚主义。
>
> 一切国家机关和国家工作人员必须依靠人民的支持，经常保持同人民的密切联系，倾听人民的意见和建议，接受人民的监督，努力为人民服务。

其中不论是"工作责任制""培训和考核制度"，还是"工作质量和工作效率"，都是此前的"反官僚主义条款"中没有出现的表述，其内涵与七八宪法所使用的"效能"一词有明显的相关性。将政府工作效能的要求与官僚主义并用，这引发了一个潜在的解释议题："反官僚主义"的含义是否从强调国家机关的工作联系依靠人民群众，转变到了更加强调用制度化的方式保证工作质量与效率？

本文认为，上述两方面并不存在矛盾，也即八二宪法的反官僚主义条款仍然维持了自《共同纲领》以来的谱系关系。一方面，八二宪法并没有删去——也不可能删去有关联系、依靠人民群众的内容。因此，这一部分的规定，即便在语句结构形式上没有和"反对官僚主义"连用，但不妨碍其在实质上继承了过去宪法对于反官僚主义的要求。另一方面，如前文所述，官僚主义的性质抽象含义极为广泛，因此国家机关的工作质量与效率本身也是反官僚主义应当追求的目标。对于八二宪法第27条第1款的合理解释是：在作为工作形式的"反官僚主义"层面，除了传统的联系群众之外，宪法还要求国家机关以"工作责任制"和"培训"与"考核"等具体方式，来避免出现官僚主义问题。

本文更进一步主张，不仅八二宪法第27条继承了《共同纲领》以来的"反官僚主义条款",并且,虽然宪法未对监察机关予以专门规定,但监察机关在恢复之后自然地如1950年代一样,被重新嵌入到监督体系中去。①一个直接的表征是监察职权中的效能监察以行政工作的效率与质量作为监督目标,从而直接对应了八二宪法第27条中的相关规定:"效能监察,即对国家行政机关和国有企、事业单位及其工作人员的工作、生产、经营管理的效率、效益等方面的监察。"②但强调效能监察与宪法第27条的关系,却会留下一个重要的解释难题:前文提到,重建后监察机关的工作重点明显地偏向了反腐败与廉政监督而非效能监督,那么1980年代以来的监察工作是否与宪法第27条之间互相割裂?

为在理论上消弭这种潜在的裂痕,有必要考虑以下两个方面。第一,如前文所述,承担"反官僚主义功能"的监督机关是多样的。监察机关作为其中之一,不必须将行政工作质量、效率的监督作为最核心职责。并且,即便效能监督在监察工作中不占据主要地位,监察机关也并未完全忽视这一工作。在监察体制改革后,虽然效能监察没有出现在《监察法》中,但也并未被监察机关彻底放弃。直至今日,监察委员会仍常规性地与其他部门配合,监督城市基层治理、乡村振兴、营商环境建设等工作的效能。③因此,即便按照着眼于效能来理解八二宪法的"反官僚主义条款",监察机关也仍与其保持着密切的联系。

第二方面或许才是更为棘手的问题:八二宪法的"反官僚主义条款"并未提到反贪污或廉洁等词,那么当重建的监察机关以反腐败作

---

① 对于《政务处分法》的研究中,已有学者从"反官僚主义条款"的角度分析监察权的性质。参见屠凯:《公职人员双轨惩戒制的宪法基础》。

② 尉健行:《开展效能监察,促进勤政廉政》,载尉健行:《论党风廉政建设和反腐败斗争》,第123页。

③ 例见中央纪委国家监委网站的《湖北随州:设立监测点 监督推动营商环境升级》,https://www.ccdi.gov.cn/gzdtn/dfzf/202306/t20230607_268417.html(最后访问时间:2024年8月23日);《宁波:精准监督保障乡村振兴战略实施》,https://www.ccdi.gov.cn/yaowenn/202306/t20230612_269146.html(最后访问时间:2024年8月23日);《浙江义乌:监督助力基层治理提质增效》,https://www.ccdi.gov.cn/gzdtn/jdjc/202306/t20230607_268405.html(最后访问时间:2024年8月23日)。

为核心工作时,如何证明其承担了"反官僚主义"的功能?首先,上文也曾提及,行政监察机关在使用效能一词时,也时常强调效能监察与廉政监察之间的相互配合关系。效能监察同廉政监察是"互相联系、互相促进的……实际工作中,勤政方面的一些问题往往反映和潜伏着廉政问题、腐败问题,而廉政方面的一些问题实际上也暴露了许多勤政方面的问题"[①]。由此理解,八二宪法"反官僚主义条款"中对工作效能的监督,实际内含了反腐败的要求。其次,由于官僚主义的涵盖内容非常广泛,反腐败几乎必然是反官僚主义的一部分。如我们在前文所做的分析,就将《共同纲领》中反贪污的规定解释为反官僚主义之下的具体任务。在1950年代,"反对经济建设中的各种严重浪费损失现象;反对贪污盗窃"就是监察机关的重要工作。[②]在1980年代,随着改革开放的进程,特别是我国对外经济交往的发展,贪污腐败现象逐渐开始对于我国的社会主义体制产生根本性的破坏力。邓小平在1982年针对经济犯罪问题的讲话深刻地说明了这一点:

> 我们自从实行对外开放和对内搞活经济两个方面的政策以来,不过一两年时间,就有相当多的干部被腐蚀了……犯罪的严重情况,不是过去"三反""五反"那个时候能比的……现在的大案子很多,性质都很恶劣,贪污的或者损害国家利益的,都不止是什么"万字号"……如果把盗窃公家的财产等等都算在内,那就更要多得多。要足够估计到这样的形势。这股风来得很猛。如果我们党不严重注意,不坚决刹住这股风,那末,我们的党和

---

① 尉健行:《妥善处理廉政监察和效能监察的关系》,载尉健行:《论党风廉政建设和反腐败斗争》,第598页。

② 《关于一九五五年监察工作的任务和具体工作的报告》,《人民日报》1955年6月13日。周恩来在向政协大会解释《共同纲领》中设置的监察机关时也提到:政务院下面设立人民监察委员会的目的是建立监察制度,监察行政部门,如公务人员是否执行了政府的决议和政策,是否有贪污腐化等情形。参见周恩来:《关于人民政协的几个问题》,载政协全国委员会办公厅编:《开国盛典——中华人民共和国诞生重要文献资料汇编》,中国文史出版社2009年版,第214页。

国家确实要发生会不会"改变面貌"的问题。这不是危言耸听。[①]

如邓小平所说,随着对外开放与经济发展,贪污案件的涉案数额相比于1950年代发生了爆炸式的增长,如果任由其发展下去,最终可能产生"改变面貌"的危险,即从根本上颠覆我国"人民民主专政的社会主义"(八二宪法第1条)国家性质。如上文所述,这是反官僚主义最深层次的内涵:保卫人民民主。从此意义而言,反腐败与廉政建设等内容即便未明确写入八二宪法,却实则是我国在进入改革开放时代之后反官僚主义最深层的内容。因此,作为反腐核心机构之一的监察机关,自然是落实"反官僚主义条款"的核心机关之一。甚至更进一步而言,监察机关是守护我国人民民主专政的社会主义宪法体制的重要机关——正如它在新中国成立之初承担"三反"功能时那样。

上述对于"反官僚主义条款"的梳理表明,尽管与1950年代相比,1980年代恢复后的监察机关在职权内容、行使方式以及工作重点等方面存在显著变化,但其"反官僚主义"的宪法功能却随着相关条文而草蛇灰线,绵延至今。尽管监察体制改革突破了八二宪法对于人民代表大会制度下权力分工的配置,但却并没有改变监察机关的宪法功能,也继承了"反官僚主义条款"的内容。不仅"反形式主义、官僚主义"是近年来纪检监察机关突出的工作重点[②],习近平总书记也曾简洁生动地指出了反腐败与守护人民民主之间的关系:"不得罪成百上千的腐败分子,就要得罪13亿人民。这是一笔再明白不过的政治账,人心向背的账。"[③]

---

① 邓小平:《坚决打击经济犯罪活动》,载《邓小平文选》(第二卷),人民出版社1994年版,第402—403页。

② "要把纠治形式主义、官僚主义摆在更加突出位置,作为作风建设的重点任务。"《习近平在二十届中央纪委二次全会上发表重要讲话》,https://www.gov.cn/xinwen/2023-01/09/content_5735913.htm(最后访问时间:2024年8月23日)。

③ 《历史的选择,人民的期待——党的十八大以来以习近平同志为核心的党中央治国理政述评》,http://www.xinhuanet.com/politics/2017-01/02/c_1120230862_2.htm(最后访问时间:2024年8月23日)。

在2018年修宪案中,除增加了监察机关相关条款之外,另一重要改动是第27条,即"反官僚主义条款"新增了第3款:"国家工作人员就职时应当依照法律规定公开进行宪法宣誓。"而宪法宣誓词中"忠于中华人民共和国宪法,维护宪法权威,履行法定职责"等等的措辞,[①]自然而然地让人回想起五四宪法的"反官僚主义条款"如何要求国家机关工作人员"效忠人民民主制度,服从宪法和法律"。当2018年同时通过的《监察法》将"维护宪法和法律的尊严"纳入监察职责时,这无疑使得监察机关作为宪法守护者的形象变得更加鲜活起来。

四、结语

本文从国家监察体制改革塑造的双轨制惩戒体系出发,通过历史的考察,阐明了监察机关的惩戒权限,以及职权内容、行使方式和工作重点经历了怎样的变化。相比于1950年代仅具有纠举和议定处分权,1980年代重建的监察机关被赋予了更大的权威,并在监察体制改革之前就已经取得了完整的处分决定权,实现了纠举与处分合一。这背后反映出的是监察机关从1950年代以保证经济建设和促进生产为中心,以机关单位为主要对象,对于行政工作的广泛监督,逐渐转变为以反腐败为中心,以公务人员个人为主要对象,对于其廉洁工作的重点监督。监察体制改革接续并稳固了这种制度转型。但在上述转变之外,监察机关的宪法功能却自《共同纲领》以来相沿至今:它是承担反官僚主义功能的机关,也是守卫人民民主的机关。监察体制对于人民代表大会制度下的权力结构做出了调整,但却并未改变监察机关的宪法功能。

回到本文开头所关心的惩戒分工问题。由于在承担反官僚主义的功能时,监察机关有其监督的核心点,即反腐败,因此它与公职人员任免机关之间的监督内容应当在性质上有所区别。对监督内容完全不做区分,并不符合监察权制度演进的历史逻辑。从原则上来看,

---

① 誓词内容参见《全国人民代表大会常务委员会关于实行宪法宣誓制度的决定》第2条。

监察机关以反腐监督作为核心,那么公职人员任免机关的监督应当更偏向反官僚主义的其他任务,如对于公职人员工作效率与质量的监督。当然,历史的梳理仅能提供极为原则性的启示,现实中还必然存在着许多的细节空白:如监察机关的权能其实并未完全剥离对公职人员工作质量与效率的监督,在这一点上如何设置其与公职人员任免机关的分工? 历史梳理还提醒我们,监察机关与任免机关之间共享处分权的体制早在监察体制改革前已经形成,那么,在其运行过程中事实上是否存在分工? 又是否存在制度性缺陷? 这些问题,只能有待更为细致的历史梳理来予以解答。

豁免婚姻问题与 1920—1930 年代奥地利宪法法院的失败

刘梦琦[*]

一、问题的提出

奥地利宪法法院作为世界首个实质意义上的宪法法院，[①]首创将审查权集中于专门特设机构的违宪审查模式。宪法法院审查模式产生后，被世界其他国家广泛仿效，至今已成为与美国法院的司法审查模式并列的世界两大违宪审查模式之一。不过目前国内学者对于宪法法院的讨论主要集中在德国宪法法院上，对于奥地利宪法法院的研究较为薄弱。

奥地利宪法法院在1920年构建之初，被宪法法院制度的构建者

---

[*] 刘梦琦，北京市执业律师。

① 世界上第一个宪法法院是奥地利宪法法院还是捷克斯洛伐克宪法法院，具有争议。奥地利宪法法院做出的第一个裁决是在 1920 年 12 月 14 日，第一次宣告法律违宪是在 1921 年 6 月 28 日；捷克斯洛伐克宪法法院做出的第一个裁决是在 1922 年 11 月 7 日，却从未做出过关于法律审查的裁决。因此，在实质意义上，奥地利宪法法院要早于捷克斯洛伐克宪法法院。参见王银宏：《世界上第一个宪法法院之争》，《比较法研究》2014 年第 3 期。

们赋予了宪法守护者的职能。[①]"宪法法院之父"汉斯·凯尔森(Hans Kelsen)将宪法法院制度视为自己"最心爱的孩子"[②]。然而奥地利宪法法院在1920年代举步维艰,在1930年代惨遭夭折,并未实现制度设立者最初的愿景。

在凯尔森看来,宪法法院关于豁免婚姻问题(Dispensehen-Kontroverse)的裁决是宪法法院最终被撤销的主要原因,[③]他将其引发的混乱局面视为"奥地利法律史上一个空前的丑闻"[④]。奥地利宪法法院官网也显示,豁免婚姻问题导致了宪法法院的重组。[⑤]由此可见,豁免婚姻问题在奥地利宪法法院的研究脉络中居于枢纽性位置。

相关中文研究文献大致包括三个方面:(1)关于天主教婚姻不可分离原则及婚姻豁免令的相关研究;(2)关于奥地利宪法法院的相关研究;(3)关于凯尔森担任宪法法院法官时期的相关研究。

首先,奥地利豁免婚姻问题,是因天主教婚姻不可分离原则和行政机关婚姻豁免令[⑥]之间的法律规范冲突,致使豁免婚姻法律效力无法确定的问题。总体而言,国内对于天主教婚姻制度的系统研究不足,且主要集中在宗教领域,并无专门就婚姻不可分离原则所衍生出的豁免婚姻问题展开的详细讨论。[⑦]关于奥地利婚姻法的研究主要集

---

① Hans Kelsen, Wer soll Hüter der Verfassung sein?, Die Justiz 6 (1931), SS. 576–628.

② 王银宏:《法治历史中的凯尔森理论及其实践研究》,法律出版社 2021 年版,第 134 页。

③ 张龑:《法治国作为中道:汉斯·凯尔森法哲学与公法学论集》,中国法制出版社 2017 年版,第 44 页。

④ 张龑:《法治国作为中道:汉斯·凯尔森法哲学与公法学论集》,第 47 页。

⑤ https://www.vfgh.gv.at/verfassungsgerichtshof/geschichte/zeitleiste.de.html(最后访问时间:2024 年 1 月 9 日)。

⑥ 在涉及权限冲突时,奥地利《宪法法院法》一般将与行政机构职权相关的行政行为称为命令(Verfügung),将与法院职权相关的司法行为称为决定(Entscheidung)。本文为便于区分行政机关签署的豁免天主教婚姻障碍的行政特许行为与豁免婚姻,统称行政机关的豁免许可为婚姻豁免令。参见汉斯·凯尔森等:《德意志公法的历史理论与实践》,王银宏译,法律出版社 2019 年版,第 21 页。

⑦ 孙琥瑭:《天主教的婚姻观及其当代价值》,《中国天主教》2009 年第 6 期;余方伟:《再思圣经中的婚姻观》,《天风》2020 年第 5 期;李宁:《论基督教婚姻的伦理价值》,《学术研究》2008 年第 7 期;周兰兰:《交流与借鉴——中国婚姻伦理与天主教婚姻伦理之关系浅论》,《理论界》2011 年第 3 期;周兰兰:《天主教的婚姻概论》,《中国天主教》2012 年第 3 期。

中在现代，并未系统讨论1920—1930年代的奥地利婚姻法。①

　　其次是关于奥地利宪法法院方面的研究，依照有关研究的深入程度，中文学术成果大致可以分为三类。第一类为对当今奥地利宪法法院制度的概览式介绍，此类研究停留于制度层面，并未系统深入探寻奥地利宪法法院的内核。②第二类系论述其他问题时提及奥地利宪法法院的创设性贡献，或从纯粹法学领域批判宪法法院违宪审查理论。此类对奥地利宪法法院的研究仅作为论述其他主题的材料而被顺带提及，对于奥地利宪法法院并未详细展开阐述。③特别是以凯尔森为视域对奥地利宪法法院的研究，仅把后者作为凯尔森的理论和实践贡献，然而从个人维度考察制度存在着天然的观察盲区。④第三类是有关奥地利宪法法院的专著。《奥地利宪法法院研究》作为系统研究奥

① 《奥地利普通民法典（2012年7月25日修改）》，周友军、杨垠红译，清华大学出版社2013年版，第1—47页；《奥地利普通民法典（修订截止至2016年1月1日）》，戴永盛译，中国政法大学出版社2016年版，第1—61页；伽布里菈·库齐奥、海尔穆特·库齐奥：《奥地利民法概论：与德国法比较》，张玉东译，北京大学出版社2019年版，第1—15页。

② 邹挺谦：《奥地利宪法法院记略》，《人民法治》2018年第12期；张吉人等：《奥地利司法制度》，《人民法院报》2003年第9期；王洪宇：《奥地利宪法和宪法法院简介》，《人大研究》2011年第4期；谢进杰：《欧洲国家宪法法官制度初论》，《西南政法大学学报》2005年第6期；赫尔贝尔特·哈勒尔：《奥地利宪法法院的管辖权》，刘兆兴译，《环球法律评论》1991年第2期；张立：《欧洲：宪法法院保证法律不违宪》，《检察日报》2005年第1期；陈运生：《违宪法律的效力》，《法学研究》2007年第5期。

③ 董静姝：《对纯粹法学视域下宪法法院违宪审查理论的批判》，《东南法学》2020年第2期；郑戈：《传统中的变革与变革中的传统——德国宪法法院的诞生》，《交大法学》2017年第1期；杨利敏：《关于联邦制分权结构的比较研究》，《北大法律评论》2002年第1期；米歇尔·弗罗蒙、金邦贵：《欧洲宪法司法的多样性——兼及法国之例外》，施鹏鹏译，《厦门大学法律评论》2010年第18期；路易·法沃赫：《西欧一些国家的宪法法院》，王立宪译，《国外法学》1985年第4期；陈运生：《违宪法律的效力》，《法学研究》2007年第5期；林广华：《违宪审查制度研究》，《中国社会科学院研究生院》2002年；谢进杰：《欧洲国家宪法法官制度初论》，《西南政法大学学报》2005年第6期；王学辉：《宪法法院监督模式的形成与发展分析》，《贵州民族学院学报》2002年第3期。

④ 汉斯·凯尔森：《立法的司法审查——奥地利和美国宪法的比较研究》，张千帆译，《南京大学法律评论》2001年第1期；王银宏：《世界上第一个宪法法院之争》；王银宏：《通过宪法法院的宪法审查：凯尔森的理论与实践》，《政法论坛》2015年第4期；王银宏：《追寻最早的"宪法法院"——奥匈帝国时期的帝国法院及其宪法审查传统》，《中国政法大学学报》2016年第5期。

地利宪法法院的专著,系统分析了奥地利宪法法院的创设背景、演变过程、运作程序和宪法法院审查实践,但作者对于奥地利宪法法院的组织、职权与运作程序和违宪审查实践的考察基于的是"二战"后的发展,其研究的主要对象并非创设初期的宪法法院。①

最后,关于凯尔森在1919年至1929年担任宪法法院法官时期的相关研究。王银宏翻译的《宪法法院的守护者:汉斯·凯尔森法官研究》②和专著《法治历史中的凯尔森理论及其实践研究》③介绍了凯尔森担任奥地利宪法法院法官时期的理论与实践,但对豁免婚姻问题仅做概括式论述。王银宏翻译的凯尔森《现行奥地利法中的权限冲突概念》④一文,是凯尔森在宪法法院因豁免婚姻问题遭受广泛批评后的回应解释,有助于厘清间接的积极管辖权冲突概念,但此文仅是宪法法院对于豁免婚姻问题的一个侧面观点,不具有展示豁免婚姻问题全貌的视野。张龑翻译的《凯尔森自传》中,凯尔森对豁免婚姻问题做了简要介绍,明确表示豁免婚姻案是导致奥地利宪法法院重组的主要原因。⑤但彼时的凯尔森,并无相关一手材料佐证。

通过以上文献梳理可以发现,国内现有的对于奥地利宪法法院案例的研究基本停留在宏观的轮廓介绍阶段,不仅缺少具体制度的微观描述,更缺乏对案例具体系统的把握。具体到豁免婚姻问题而言,国内法学界并没有针对奥地利豁免婚姻的专门考察,亦缺乏对宪法法院相关案件的详细梳理。同时,目前亦无系统研究豁免婚姻问题与奥地利宪法法院关系问题的文献。

有鉴于此,本文试图以奥地利20世纪初期豁免婚姻问题为主要研究对象,详细梳理宪法法院针对豁免婚姻问题的相关裁判观点,从

---

① 胡骏:《奥地利宪法法院研究》,第29—36页。

② 罗伯特·瓦尔特:《宪法法院的守护者:汉斯·凯尔森法官研究》,王银宏译,人民日报出版社2015年版,第36页。

③ 参见王银宏:《法治历史中的凯尔森理论及其实践研究》,第111—207页。

④ 凯尔森等:《德意志公法的历史理论与实践》,第5—12页。

⑤ 参见张龑:《法治国作为中道:汉斯·凯尔森法哲学与公法学论集》,第3—66页。

具体判例中分析凯尔森意图将社会问题转化为纯粹法律问题所做的努力，以此探究豁免婚姻问题与1920—1930年代奥地利宪法法院失败之间的关系。

豁免婚姻作为司法争议的核心问题，存在一系列相关裁判，包括众多普通法院判决（区法院判决、地方法院判决、高等普通法院判决）、行政法院判决、最高法院意见和宪法法院判决等相关法律文书。法院裁判的德语案例文献以及裁判所涉及的相关法律法规均是本文重要一手参考资料。但孤立的个案和法规叠加只能作为文本上的法律解释，并不能明确解释豁免婚姻案背后的争议。本文同时重点考察了宪法法院内部会议的会议纪要，法学期刊、报刊对此问题的讨论，以及凯尔森等人对豁免婚姻的评述，力图还原1920—1930年代奥地利在豁免婚姻问题上的混乱情形，呈现出奥地利宪法法院在豁免婚姻问题上所做的努力。另外，本文还讨论了奥地利宪法法院被迫重组直至被关闭的失败过程，并与"二战"后重新设立的宪法法院的运转状况比较，试图回答为什么豁免婚姻问题是战前宪法法院失败的主要原因。

本文共分为以下几个部分，第一节提出问题并进行简单的文献综述。第二节讨论豁免婚姻问题的背景，以格里德尔案为切入点回答什么是豁免婚姻、为什么会出现豁免婚姻的诘问，呈现豁免婚姻带来的争议与婚姻效力不确定的混乱局面。第三节讨论宪法法院对于豁免婚姻问题的裁决，尤其是作为里程碑案件的1927–878号案，并将宪法法院与最高法院对豁免婚姻问题的观点相对比，展示二者的观点冲突。第四节讨论宪法法院因豁免婚姻问题而卷进纠纷，其从核心论点被批评，到自身权威性受质疑，再到被迫重组直至最后被关闭的失败过程。第五节是尾论。

二、奥地利豁免婚姻问题的背景

（一）天主教婚姻障碍与行政机关婚姻豁免令

1919年，奥匈帝国解体，奥地利成为一个新生独立国家，[①]带有某种预示性质的格里德尔案进入大众视野，成为当时法学界最大的争议问题之一。[②]1919年4月，卡尔·伦纳(Karl Renner)担任联邦总理的联合政府批准了工业大亨鲁道夫·格里德尔(Rudolf Gridl)的豁免婚姻申请。[③]豁免婚姻申请是天主教徒为了豁免天主教婚姻障碍(Ehehindernis)，向州以上行政机关请求批准豁免令的申请。奥地利是传统天主教国家，制定于奥地利帝国时期的1811年《普通民法典》(Allgemeine bürgerliche Gesetzbuch，简称ABGB，以下简称《民法典》)深受教会影响。[④]奥地利第一共和国的天主教徒在宗教和法律上均受制于天主教的婚姻不可分离原则，已完成的天主教婚姻只能因死亡而分离。天主教婚姻障碍，是根据天主教教义形成的天主教婚姻不可分离原则和一夫一妻制原则，使天主教徒无法彻底离婚并再婚的障

---

① "一战"后，挑起这场战争的奥匈帝国战败解体，分裂出匈牙利、捷克斯洛伐克、罗马尼亚、克罗地亚等众多新生民族国家，奥地利国土面积和人口锐减。奥地利希望联合同宗的德国成立德意志奥地利共和国（1918—1919），但战胜的协约国为了不增强战败国德国的国家力量，也为了保留能为"一战"结果负责的国家，禁止奥地利归并（《圣日耳曼条约》），要求奥地利共和国必须独立存在。因此，虽然奥地利国内政党一致抵触独立，但是由战胜国人为制造出来的奥地利第一共和国依旧成立。参见埃里希·策尔纳：《奥地利史：从开端至现代》，李澍泖等译，商务印书馆1981年版，第621—633页。

② Ulrike Harmat, Ehe auf Widerruf? Der Konflikt um das Eherecht in Österreich 1918–1938, Aufl. 1999, S. 155.

③ NÖLA/Lreg. Z1.IIIa–346, V–48–b, 1919.

④ 奥地利《普通民法典》于1811年6月1日颁布，并于1812年1月1日在奥地利帝国的领地上生效。帝国的解体对民法典的适用范围没有立即产生影响，在继任国家中，它一开始仍然保持不变。在此之后的百年里，民法典的文本几乎没有被修改。参见 https://www.ris.bka.gv.at/GeltendeFassung.wxe?Abfrage=Bundesnormen&Gesetzesnummer=10001622（最后访问时间：2024年1月9日）。

碍,^①具体规定于《民法典》第111条^②和第62条^③。天主教徒配偶仅可在双方一致同意下申请法院判决合法分居(Trennung von Tisch und Bett),^④以解决婚内财产问题。但法定分居不解除夫妻身份关系,配偶中的任何一方仍不得在另一方在世的情况下与第三者结婚。

在格里德尔案中,格里德尔与阿玛莉·弗里德里克·诺瓦克(Amalie Friederike Novak)于1903年9月依照天主教仪式结为夫妻,六年后双方一致决定离婚,并向玛格丽森地区法院(Bezirksgericht Margareten)申请法定分居。^⑤1909年5月7日,玛格丽森地区法院依据双方申请判决二人法定分居。随后诺瓦克退出奥地利国籍,获得匈牙利国籍。1918年12月,她以匈牙利公民身份在布达佩斯缔结了第二次婚姻。^⑥留在奥地利的格里德尔也计划开始第二段婚姻,但他的再婚之路充满阻碍。^⑦

天主教婚姻障碍在奥地利第一共和国沿用的《民法典》中难以突破,除非利用立法时给予皇帝的特殊豁免权作为例外。根据《民法典》

---

① Harmat, Ehe auf Widerruf? Der Konflikt um das Eherecht in Österreich 1918–1938, S. 13.

② 根据《民法典》第111条的规定,天主教徒之间有效婚姻的纽带只能因配偶之一的死亡而被切断。

③ 根据《民法典》第62条规定,一个男人一次只能娶一个女人,一个女人一次只能嫁给一个男人。任何已经结婚并想再婚的人都必须在法律上证明已经离婚,即婚姻关系完全解除。

④ 合法分居字面意义为离床别席(Trennung von Tisch und Bett),配偶仅分离财产,不分离身份,与既分割财产又分割身份的完全离婚相区别,也不同于当前国内理解的分居。参见薄洁萍:《上帝作证:中世纪基督教文化中的婚姻》,学林出版社2005年版,第186页;让-克洛德·布洛涅:《西方婚姻史》,赵克非译,中国人民大学出版社2008年版,第196页;张龑:《法治国作为中道:汉斯·凯尔森法哲学与公法学论集》,第45页。

⑤ § 103 ABGB: Die Scheidung von Tisch und Bett muß den Ehegatten, wenn sich beyde dazu verstehen, und über die Bedingungen einig sind, von dem Gerichte unter der nachfolgenden Vorsicht gestattet werden.

⑥ 1894年12月9日,弗兰茨·约瑟夫皇帝(Kaiser Franz Joseph)批准了《婚姻法》第31条,匈牙利从此将民事婚姻引入婚姻法。因此,从1895年起,匈牙利对于想要缔结第二次婚姻的奥地利天主教徒而言,被证明特别有吸引力,因为它在民法和公民事务方面被视为"外国",但仍然是哈布斯堡王朝的一部分。Vgl. Fritz Back, Das ungarische Ehegesetz nebst der Rechtssprechung des ungarischen Obersten Gerichtshofes und ausführarliche Erläuterungen, Aufl. 1906.

⑦ Vgl. NÖLA/Lreg. Z1. IIIa–346, V–48–b, 1919.

第 83 条规定,州级及以上行政机关可"基于重要原因"豁免婚姻障碍。[①]但 1810 年立法时,立法者未具体规定"重要原因"的可能情形。因为当时的立法者认为颁发豁免令是皇帝的一种仁慈行为,而人们是不能对皇帝的行为设定条条框框的。[②]这种豁免有恩典的特性,意味着授予个人以法律特权。实际上,在奥匈帝国时期,豁免令仅仅被颁发给极为少数的天主教徒夫妻,而且也仅限于非常有影响的人物。[③]

　　天主教的婚姻障碍和行政机关豁免权的叠加,导致两个截然相反的原则呈现于《民法典》。天主教会秉承的婚姻不可分离原则,与行政机关具有的对天主教婚姻障碍颁发豁免令的权力之间的张力使得法律可以得出两种不同的解释结论。一种解释是:行政机关有权允许一个人再婚,只要此人已经在第一次婚姻中合法分居,并且得到了行政机关授予的婚姻豁免令。另一种完全相反的解释是:行政机关颁发豁免令的权力无法针对天主教婚姻障碍,豁免令无法解除现有婚姻关系的效力。这两种解释虽然完全相反,但均符合解释的基本逻辑。[④]在两种解释都可自圆其说的情况下,法律规范间不可调和的张力必然隐藏着日后的争端,这也为豁免婚姻问题的纷争埋下了伏笔,格里德尔案正是豁免婚姻问题成为奥地利法学界争议最大议题之一的导火索。

　　为能合法地再次缔结婚姻,格里德尔从宗教和法律维度分别寻求解决路径。为了规避天主教婚姻不可分离原则,他首先从宗教上解决了身份问题,他于 1918 年 12 月退出天主教并加入了新教。之后,格里德尔向行政机关寻求法律上的再婚资格,他向下奥地利州政府申请婚姻豁免。[⑤]如果州级及以上地方长官能依照《民法典》第 83 条豁免

---

　　① § 83 ABGB: Aus wichtigen Gründen kann die Nachsicht von Ehehindernissen bei der Landesstelle angesucht werden, welche nach der Beschaffenheit der Umstände sich in das weitere Einvernehmen zu setzen hat.

　　② 张龑:《法治国作为中道:汉斯·凯尔森法哲学与公法学论集》,第 45 页。

　　③ Harmat, Ehe auf Widerruf? Der Konflikt um das Eherecht in Österreich 1918–1938, S. 124.

　　④ 张龑:《法治国作为中道:汉斯·凯尔森法哲学与公法学论集》,第 45 页。

　　⑤ Vgl. NÖLA/Lreg. Z1. IIIa–346, V–48–b, 1919.

婚姻障碍,则意味着州长可授予合法分居者再次结婚的资格。

但行政机关起初未能如格里德尔所愿,下奥地利州政府于1919年1月25日驳回了他的申请。下奥地利州政府在驳回决定中表示,婚姻豁免不影响第一次婚姻的法律效力,但会导致第二次婚姻的缔结,因此与现行法律一夫一妻制的规定相悖。①对于下奥地利州政府的驳回决定,格里德尔于2月25日申请复议,下奥地利州政府将该申请转至联邦内政部。②格里德尔在复议申请中特别强调他的第一任妻子诺瓦克通过更改国籍和分居程序再次结婚的事实,而他想要再次结婚却受到《民法典》第111条婚姻障碍的阻碍。③同时,格里德尔从人口政策的角度为自己辩护:"由于战争引起的人口减少,国家现在对促进婚姻的需求极为迫切",国家尤其需要确保其公民不因"过时的规定"而被迫移民。④最后,格里德尔宣称他的申请符合"预期即将到来的婚姻法改革"的走向,他认为婚姻法改革将会在短期内得以实现。⑤

格里德尔的豁免婚姻申请在1919年4月3日迎来转机,联邦政府首次批准了婚姻豁免。当日,联邦内政部批准了格里德尔豁免天主教婚姻障碍的复议申请,政令由国家办公室主任、国家总理伦纳签署。⑥联邦内政部指出,授予豁免可以避免法律和伦理上的困境,并可解决不同法域之间规定不一致而可能产生的矛盾。同时,内政部解释了《民法典》第83条中的"重要原因":申请人可"以婚姻时间相对较短、

---

① Harmat, Ehe auf Widerruf? Der Konflikt um das Eherecht in Österreich 1918–1938, S. 156.

② Harmat, Ehe auf Widerruf? Der Konflikt um das Eherecht in Österreich 1918–1938, S. 156.

③ Harmat, Ehe auf Widerruf? Der Konflikt um das Eherecht in Österreich 1918–1938, S. 152.

④ Harmat, Ehe auf Widerruf? Der Konflikt um das Eherecht in Österreich 1918–1938, S. 153.

⑤ Vgl. NÖLA/Lreg. Z1. IIIa–346, V–48–b, 1919.

⑥ Thomas G. Olechewski, "The Controversy Surrounding Marriage Law in 20th Century Austria with a Special Emphasis on Constitutional Court Decisions Regarding the 'Dispensation Marriages'", *Krakowskie Studia z Historii Państwa i Prawa*, vol. 10, no. 1 (2017), p. 100.

没有孩子和对婚姻本质的检验为由"申请婚姻豁免权。[1]此外，内政部表示颁发豁免令时还应考虑婚姻豁免带来的影响，确保不会引起金钱或伦理道德以及民法方面的复杂问题。最后，内政部认为婚姻豁免令既体现了对合理的人口政策的关注，又是不回避现代法律发展精神的必要努力，从而确认了婚姻豁免令的必要性。[2]

联邦内政部批准了格里德尔婚姻豁免令，在下级行政机关看来，这是扩大授予婚姻豁免令的信号。半年后，大约5000人因婚姻障碍得到豁免而得以再婚。[3]

然而，虽然豁免婚姻给予天主教徒再婚机会，却并未否认第一次婚姻的效力，两段婚姻共存事实上违反了一夫一妻制度，且涉及民法中的继承、赡养等问题，并有构成重婚罪的可能。因此，内政部批准豁免婚姻的做法引发了法学界关于婚姻豁免的可接受性和后果的激烈讨论，是当时法学界中最具争议的话题之一。[4]

（二）婚姻法改革悬置：行政机关大量豁免天主教婚姻

将天主教婚姻的不可分离原则放入民法，意味着明显放弃了国家法律领域的独立性。[5]奥地利第一共和国成立后，以社会民主党（Sozialdemokrate Partei）为主的自由派决定依照《德国婚姻法》为蓝本改革奥地利婚姻法，尤其是突破天主教婚姻障碍。社会民主党在1919年1月的临时国民议会中提出了婚姻法改革的议案，主张通过法

---

[1] Vgl. AdR Staatsamt des Innern Zl. 4645/1919 und NÖLA/Lreg. Zl. IIIa 600/1919.

[2] Harmat, Ehe auf Widerruf? Der Konflikt um das Eherecht in Österreich 1918–1938, S. 153.

[3] Abert Sever, Wie ich zur Sever–Ehe kam, in: Die Fessel, 1930, Nr. 1/2, SS.159–161.

[4] 法学界对联邦政府豁免格里德尔婚姻的讨论参见 Wilheim Pappenheim, Erlaubnis zur Bigamie?, Juristische Blätter 37/38 (1919), S. 291; Max Hantsch, Dispensehen, Gerichts–Zeitung 2 (1921), S. 25; Otto Weinberger, Die Nichtigkeit der Dispens vom Ehehindernisse des Ehebandes, Gerichts–Zeitung 25–28 (1920), S. 173; Fischier Colbrie, Über die Dispens vom Ehehindernisse des Ehebandes, Juristische Blätter 13/14 (1920), S. 104; Viktor Wall–Wallaschiek, Die Rechtswirkung der, Dispensehen, Notariats–Zeitung 8 (1920), S. 81。

[5] Friedrich Maassen, Unser Eherecht und das Staatsgrundgesetz, Aufl. 1878, S. 25.

律形式明确规定民事婚姻,使包括天主教婚姻在内的所有婚姻均可以合法解除。

受控于天主教的基督教社会党(Christlichsoziale Partei)全力阻挠婚姻法的修改。一方面,他们担心社会民主党、大德意志民族党(Deutschenationale Volkspartei)和大德意志人民党(Großdeutsche Volkspartei)在新的法典中强制执行政教分离,削弱奥地利天主教会的权力。[1]另一方面,他们担心社会民主党和德意志民族主义者在文化政治问题上联合起来。[2]在1919年2月的选举后,社会民主党与基督教社会党联合执政,新政府在婚姻法改革问题上表现得非常谨慎,出于对国家稳定的考虑,党派间对关涉宗教的问题进行了妥协。时任总理伦纳直接表态,议会暂时不会出台任何改革婚姻法的法律。[3]此后整个奥地利第一共和国时期,奥地利的婚姻法改革始终悬置,直至1938年纳粹引入市民婚姻制度,天主教婚姻障碍才得以破解。[4]

民众也对婚姻法迟迟不做修改深感不满。1919年5月22日,伴随着捷克斯洛伐克共和国《关于修正民法关于婚姻合同的形式、婚姻的分离和婚姻障碍的规定》生效,奥地利民间对于政府不作为的批评变得更为激烈,依照《羁绊》(Die Fessel)杂志五月刊的报道,1919年5月29日有2万人上街游行,要求婚姻法改革。[5]

社会民主党代表阿尔贝特·泽韦尔(Albert Sever)认为现有的婚姻法"不人道且不可容忍",致力于婚姻法改革。[6]为了推动婚姻法改

---

[1]　Britta Skottsberg, Der österreichische Parlamentarismus, Aufl. 1940, S. 214.

[2]　Alois Hudal, Der Katholizismus in Österreich, Aufl, 1931, S. 22.

[3]　AdR Parteiarchiv Großdeutsche Volkspartei: 21. Verhandlungsschrift der Sitzung der Großdeutschen Vereinigung vom 15. Mai 1919 (Mitteilung Wabers).

[4]　1938年6月6日,新婚姻法(Gesetz zur Vereinheitlichung des Rechts der Eheschließung und der Ehescheidung im Lande Österreich und im übrigen Reichsgebiet)通过,取代了1811年《民法典》中有关婚姻的相关规定。该法案还废除了行政长官根据《民法典》第83条授予豁免的权力。

[5]　Harmat, Ehe auf Widerruf? Der Konflikt um das Eherecht in Österreich 1918–1938, S. 94.

[6]　Sever, Wie ich zur Sever–Ehe kam, 13.

革,泽韦尔在担任下奥地利州州长期间,利用豁免令的方式大量豁免天主教婚姻障碍。[①]泽韦尔利用《民法典》第83条,将帝国时期仅适用于特权贵族的做法广泛适用于普通天主教徒,使得后者得以合法再婚。[②]泽韦尔意图通过豁免婚姻证明婚姻法改革的紧迫性,并表示如果反对豁免婚姻,那么反对者应投票支持婚姻法改革。[③]行政机关豁免婚姻的方式被一些州效仿,但保守州对此始终难以接受。1920年11月10日,《联邦宪法》(Bundesverfassungsgesetz, BVG)将维也纳从下奥地利州分离出来,由基督教社会党主导的州政府立即停止授予婚姻豁免。另外,蒂罗尔州政府也不接受行政机关应豁免婚姻的观点,表示豁免属自由裁量权范畴,坚持认为根据当前适用的法律再婚不可实现,天主教徒的再婚只能通过修改法律来实现。[④]

1920年10月17日,新选举产生的奥地利议会由基督教社会党和右翼大德意志人民党联盟统治,这比1919—1920年社会民主党的第一届政府更加保守。[⑤]天主教牧师、基督教社会党人伊格纳茨·塞佩尔(Ignaz Seipel)于1922年5月上台担任联邦总理,[⑥]他试图在富有的实业家和罗马天主教会之间建立政治联盟,婚姻法改革更加遥遥无期。[⑦]为了维持新生国家的和平,相对于修改婚姻法中的天主教婚姻不可分离原则,以塞佩尔为代表的基督教社会党人不得不有意识地接受豁免婚姻,作为婚姻法修改悬置的代价。[⑧]在婚姻法改革无法实现

[①] 阿尔贝特·泽韦尔担任下奥地利州州长的任期为 1919 年 5 月至 1920 年 11 月。格里德尔案在下奥地利州被驳回时,泽韦尔尚未任职。

[②] Sever, Wie ich zur Sever–Ehe kam, 19.

[③] Sever, Wie ich zur Sever–Ehe kam, 19.

[④] Harmat, Ehe auf Widerruf? Der Konflikt um das Eherecht in Österreich 1918–1938, S. 177.

[⑤] 胡骏:《奥地利宪法法院研究》,第 46 页。

[⑥] Günter Bischof, *Austrian Lives*, University of New Orleans, 2012, p. 40.

[⑦] Olechewski, "The Controversy Surrounding Marriage Law in 20th Century Austria with a Special Emphasis on Constitutional Court Decisions Regarding the 'Dispensation Marriages'", p. 101.

[⑧] Der Morgen, Die Ehereform wird gemacht!, in: Wiener Montagsblatt, v.32.1–2.1930.

的背景下,豁免婚姻在很短时间内大量出现。据婚姻法改革协会统计,至1920年11月已有超过15000人通过豁免婚姻再婚。①

(三)最高法院出台司法解释:豁免婚姻效力不确定

新成立的奥地利第一共和国虽然面临着巨大创伤,但其司法制度在沿袭了奥匈帝国的基础上依然有创造性的构建。奥地利司法体系可依照权限分为普通法院、行政法院和宪法法院。普通法院又依照层级分为区法院、地方法院、高等法院和最高法院四级,管辖地域不按行政区划而按传统范围划分,负责审理民事、刑事案件。行政法院审查行政行为的合法性,实行一审终审制。宪法法院裁决有关权限冲突、法规合宪性、法令合法性的问题以及对民选官员和政治任命官员的投诉等。②

虽然婚姻豁免令可避免豁免婚姻被认定为通奸罪,但豁免婚姻导致事实上两段婚姻并存,因此第二次婚姻可随时被宣布无效。基于保守势力与自由派势力的冲突,一些普通法院坚持天主教婚姻不可分离原则,即使是具有婚姻豁免令的天主教再婚婚姻也仍旧被认定为无效。不同普通法院和行政法院对豁免婚姻的效力认可不一,使得豁免婚姻效力面临被否决的可能。彼时由基督教社会党控制的联邦政府,通过司法部请求最高法院就豁免婚姻问题颁布司法意见:"如果豁免婚姻有效,特别是如果它与以前的婚姻同时存在,那要么需要采取法律措施来规范豁免权,要么需要制定条款来规范由多次婚姻产生的家庭法、继承法和公务员法关系。在现行法律下,对于豁免婚姻是否有效、是否与以前的婚姻同时存在的问题,属于普通法院的管辖范围。然而就司法部所获悉的情况来看,下级普通法院在判决和理由方面颇

---

① Harmat, Ehe auf Widerruf? Der Konflikt um das Eherecht in Österreich 1918–1938, S. 174.

② 本文为区分普通法院、行政法院与宪法法院,以普通法院指称区法院、地方法院和高等法院。Philipp J. Graf, Österreichs höchste Richter–Der Oberste Gerichtshof, der Verfassungsgerichtshof und der Verwaltungsgerichtshof sind die drei Höchstgerichte in Österreich, in: Öffentliche Sicherheit, 75–81.2006.

有差异。"①

1921年5月11日，最高法院依据司法部请求公布司法意见，表示行政机关在豁免婚姻问题上存在越权行为。②最高法院认为婚姻障碍不得豁免，唯因为将豁免婚姻"无情地连根拔起可能不符合国家利益"③，认定豁免婚姻期间生育的子女不属于非婚生子女。④

1921年最高法院表示，虽然基于豁免的婚姻在形式上是有效的，但它们可以被法院宣布无效："基于婚姻关系的障碍，天主教婚姻不能依据《民法典》第83条给予豁免，因为在此基础上缔结的第二段婚姻会通过豁免逃避无效宣告。但行政豁免和由此产生的第二次婚姻，对第一次婚姻的法律有效性没有任何法律影响。第二次婚姻只要没有被宣告无效，就不是没有法律效力的；然而，针对豁免婚姻提起的法律诉讼很可能导致豁免婚姻自始无效。"⑤最高法院呼吁立法机关对豁免婚姻采取法律防范措施，但立法机关始终在此问题上保持被动。

普通法院依据最高法院司法意见，开始大规模判决豁免婚姻无效。⑥这使得豁免婚姻成了在"被判决无效前"有效的婚姻：只要未向法院申请，豁免婚姻就合法有效；只要申请者诉诸法院，豁免婚姻就会被判决无效。直到1926年，超过1000桩豁免婚姻在奥地利被宣布无效。⑦

---

① Entscheidungen des österreichischen Obersten Gerichtshofes in Zivil– und Justizverwaltungssachen IV, 155 (406).

② Entscheidungen des österreichischen Obersten Gerichtshofes in Zivil– und Justizverwaltungssachen IV, S. 418.

③ Harmat, Ehe auf Widerruf? Der Konflikt um das Eherecht in Österreich 1918–1938, SS. 159–161.

④ Harmat, Ehe auf Widerruf? Der Konflikt um das Eherecht in Österreich 1918–1938, SS. 159–161.

⑤ Vgl. Entscheidungen des österreichischen Obersten Gerichtshofes in Zivil– und Justizverwaltungssachen IV, 155 (407).

⑥ Christian Neschwara, Kelsen als Verfassungsrichter, in: St. L. Paulson/M. Stolleis (eds.), Hans Kelsen. Staatsrechtslehrer und Rechtstheoretiker des 20. Jahrhunderts, Aufl. 2005, S. 365.

⑦ Christian Neschwara, Kelsen als Verfassungsrichter, S. 365.

在凯尔森看来，1921年最高法院的司法解释使得豁免婚姻成了"一场轻浮的游戏，将导致婚姻观念和道德要素的彻底堕落"[①]。通过豁免令缔结婚姻的配偶可以随时解除自身的豁免婚姻，且只需告诉法院其身在豁免婚姻中即可，[②]这使得豁免婚姻的效力如同彩票游戏（Lottospiel）般不可捉摸。[③]婚姻法改革协会主席霍夫哈特·弗朗茨（Hofrat Frantzl）表示，豁免婚姻中的配偶必须承认"对他们来说，没有什么比不确定性更确定的了"[④]。

凯尔森对于豁免婚姻的混乱状况感到满腔愤懑，他将豁免婚姻问题描述为"奥地利法律史上一个空前的丑闻"[⑤]：一方面是行政机关明确允许缔结一个婚姻；另一方面是法院宣布这个婚姻为无效。凯尔森认为这使得国家的权威以最严重的形式受到动摇。[⑥]此后，宪法法院通过将豁免婚姻效力的实质问题转化为不同国家机构间权限冲突的程序问题，介入其中。[⑦]

三、宪法法院介入豁免婚姻问题

（一）1926-726号案：豁免婚姻问题第一案

奥地利宪法法院依据1920年《联邦宪法》创建，是世界第一个实质意义上的宪法法院。凯尔森作为这部宪法的主要起草者，在设计时始终将宪法法院定位为"宪法保障"机构，并赋予宪法法院的裁决撤

---

① 张龑：《法治国作为中道：汉斯·凯尔森法哲学与公法学论集》，第53页。
② 凯尔森在自传中表示："这个事实，被用来进行无耻的勒索。即使是已被行政当局豁免障碍并随后缔结第二次婚姻的配偶，只要他愿意向主管法院寄一张明信片，就可因为他生活在一段豁免婚姻中而解除这段婚姻。" Vgl. Matthias Jestaedt, Hans Kelsen Autobiographie–Hans Kelsen Werke, Aufl. 2007, S. 72.
③ Harmat, Ehe auf Widerruf? Der Konflikt um das Eherecht in Österreich 1918–1938, S. 315.
④ Harmat, Ehe auf Widerruf? Der Konflikt um das Eherecht in Österreich 1918–1938, S. 322.
⑤ 张龑：《法治国作为中道：汉斯·凯尔森法哲学与公法学论集》，第47页。
⑥ 张龑：《法治国作为中道：汉斯·凯尔森法哲学与公法学论集》，第47页。
⑦ 张龑：《法治国作为中道：汉斯·凯尔森法哲学与公法学论集》，第49页。

销性效力。^①宪法法院程序修正案和《一般行政程序法》(Allgemeines Verwaltungsverfahrensgesetz，AVG)^②的颁布为宪法法院的裁决提供了先决条件。^③基于其职能，奥地利宪法法院有权解决国家机构间的权限冲突。^④

豁免婚姻问题的裁决主要针对豁免婚姻效力的认定，涉及行政机关婚姻豁免效力认定的问题，因而案件此前主要集中在普通法院（包括最高法院）和行政法院层面，并未波及宪法法院。直至1926年，申请人请求审查普通法院对于豁免婚姻效力的判决是否与婚姻豁免令存在积极权限冲突，宪法法院才开始介入豁免婚姻问题。1926年10月，宪法法院在1926-726号案中就豁免婚姻问题做出了第一份裁决。^⑤

1926-726号案需要讨论的是，普通法院做出判决时，如果将行政行为视为无效或直接无视，是否合法。一方面，审查婚姻有效性是普通法院的权限范围；另一方面，行政机关的婚姻豁免构成了普通法院判决的预决定（Vorentscheidung）^⑥。因此，案件争议焦点在于：普通

---

① Georg Schmitz, Die Vorentwürfe Hans Kelsens für die österreichische Wien 1981, 298–299.

② Bundesgesetz über das allgemeine Verwaltungsverfahren vom 21. Juli 1925, BGBl. Nr. 274.

③ Harmat, Ehe auf Widerruf? Der Konflikt um das Eherecht in Österreich 1918–1938, S. 288.

④ 《联邦宪法法》第137条至第145条规定了宪法法院的职能。其中第138条规定，宪法法院有权裁决如下机构之间的权限冲突：第一，法院与行政机关之间的权限冲突；第二，行政法院与其他法院之间的权限冲突，特别是行政法院与宪法法院的权限冲突；第三，各州之间以及某个州与联邦之间的权限冲突。Vgl. BGBl. 1920 Gesetz vom 1. Oktober 1920, womit die Republik Österreich als Bundesstaat eingerichtet wird (BVG), Bundesgesetzblatt für die Republik Österreich, 1920, S. 15.

⑤ VfGH 5.11.1927, K 6/27, VfSlg 878.

⑥ Vorentscheidung 指在正式裁决或决定之前做出的初步或预先的决定或裁判，通常用于引导后续法律程序，区别于法院判决的决定（Entsheidung），本文直译为预决定。参见德国《民事诉讼法》(BGBl. I S. 3202; 2006 I S. 431; 2007 I S. 1781)第583条关于预决定的规定，如果有争议的判决是基于同一法院或下级法院在有争议的判决之前做出的裁决，则可提起诉讼对该裁决提出异议。https://www.rechtswoerterbuch.de/gesetze/zpo/583/（最后访问时间：

法院判决豁免婚姻有效性的自由裁量权，是否会因行政机关豁免婚姻而丧失。也就是说，普通法院以婚姻障碍为由宣布豁免婚姻无效，是否超越了普通法院的权限，侵犯了行政当局的权限。[①]

根据 1926 年 10 月 13 日宪法法院内部会议的纪要，凯尔森不认同本案常务负责法官(Ständiger Referent)[②]弗里德里希·恩格尔(Friedrich Engel)提出的案件应被驳回的动议，[③]而是认为普通法院在审查豁免婚姻有效性方面超出了其权限，但他无法获得多数支持。[④]在表决中，除了凯尔森和朱利叶斯·西尔维斯特(Julius Sylvester)，其他人均支持了恩格尔的提议。[⑤]因此，宪法法院驳回了积极权限冲突的申请，认定普通法院是在职能范围内行使职权。虽然行政机关的豁免婚姻特许令构成了普通法院审查婚姻有效性的预决定，但由于婚姻效力的认定属于普通法院的专属职权，即使普通法院的判决忽视了行政机关的豁免特许，判决效力也不受影响。[⑥]

凯尔森对这个裁决结果并不满意。他的学生弗里茨·施赖尔

2024 年 1 月 12 日）.

① Harmat, Ehe auf Widerruf? Der Konflikt um das Eherecht in Österreich 1918–1938, S. 177.

② Ständiger Referent 目前国内有不同译法，此处采常务负责法官。奥地利宪法法院审理模式采用常务负责法官制度，案件一般由宪法法院院长指派一位常务报告人法官负责。常务负责法官的一项重要职责是起草案件文书，起草后交由宪法法院内部会议讨论和表决。参见胡骏：《奥地利宪法法院研究》，第 142 页；瓦尔特：《宪法法院的守护者：汉斯·凯尔森法官研究》，第 36 页。

③ 1926 年 10 月 13 日的宪法法院内部会议出席成员有：主席保罗·维托雷利（Paul Vittorelli），成员弗里德里希·奥斯特利茨（Friedrich Austerlitz）、阿诺德·艾斯勒（Arnold Eisler）、弗里德里希·恩格尔、斯蒂芬·法尔瑟（Stephan Falser）、卡尔·哈特尔（Karl Hartl）、汉斯·凯尔森、朱利叶斯·西尔维斯特（Julius Sylvester）、卡尔·帕维尔卡（Karl Pawelka）和阿道夫·万舒拉（Adolf Wanschura）。Vgl. AdR Verfassungsgerichtshof K 4/26/6: Protokoll der nichtöffentlichen Sitzung des Verfassungsgerichtshofes vom 13. Okt. 1926.

④ AdR Verfassungsgerichtshof K 4/26/6: Protokoll der nichtöffentlichen Sitzung des Verfassungsgerichtshofes vom 13. Okt. 1926.

⑤ ÖStA, AdR, Höchstgerichte 1. Rep, VfGH, Karton 74, K 4/26, S.10.

⑥ Georg Petschek, Indirekter Kompetenzkonflflikt und Bindungskonflflikt, Zentralblatt für die Juristische Praxis 47 (1929), S. 349.

(Fritz Schreier) 于 1927 年 5 月 16 日在社会民主党核心报刊《工人报》(Arbeiter-Zeitung) 上发表了一篇文章,批评宪法法院在 1927-726 号案的裁决,并希望 "再给宪法法院一次机会来表明其对此事的立场"①。

此后,宪法法院对于豁免婚姻裁判观点的改变主要来自凯尔森的推动,他向前来请教自己的学生提出建议,可以通过宪法法院途径解决豁免婚姻的效力问题。②并且,凯尔森作为豁免婚姻问题里程碑案件 1927-878 号案的常务负责法官,撰写了此案的裁判文书,创造了 "间接的积极权限冲突" 概念。

(二) 1927-878 号案:豁免婚姻问题转折点

在 1927-878 号案中,凯尔森迎来了改变先前判决的机会,宪法法院院长保罗 · 维托雷利 (Paul Vitorelli) 任命凯尔森为本案常务负责法官。凯尔森在此案中创造了 "间接的积极权限冲突" 的概念。宪法法院首次确认存在积极权限冲突,肯定了行政机关颁布豁免婚姻特许令的效力,撤销了普通法院的判决。③

本案涉及爱德华 · 纳瓦拉特 (Eduard Nawrat) 与玛丽亚 · 约翰娜 (Maria Johanna) 二人的豁免婚姻效力问题。纳瓦拉特与他人在 1921 年依据民事判决合法分居。1922 年,在维也纳行政机关豁免了婚姻障碍后,纳瓦拉特与约翰娜缔结豁免婚姻。1927 年,维也纳地区普通法院判决豁免婚姻无效,认定行政机关超出了其职权范围。律师上诉至宪法法院,要求宪法法院审查法院和行政机关之间的积极权限冲突。

宪法法院审查法院和行政机关之间是否存在权限冲突,焦点依旧在于民事诉讼和行政行为效力的问题。

首先,宪法法院认定权限冲突不仅基于同一问题,且基于预决定。宪法法院认为如果当事人仅申请婚姻无效,普通法院有权依据申请做

---

① Fritz Schreier, Ein Weg zur Erhaltung der Dispensehen, Arbeiter-Zeitung 134 (1927), S. 134.

② 张龑:《法治国作为中道:汉斯 · 凯尔森法哲学与公法学论集》,第 47 页。

③ VfGH 5.11.1927, K 6/27, VfSlg 878.

出裁判；但如果普通法院的审查是基于州长颁发的豁免特许令而缔结的婚姻的无效性问题，普通法院则必须考虑州长做出的行政行为的法律效力，因为行政行为法律效力构成普通法院裁判的预决定范围。宪法法院认为，此类豁免特许令对于普通法院也应具有法律效力，法院无权对豁免权的合法性问题独立做出裁决。如果普通法院需要审查豁免婚姻的有效性，则必须受到豁免特许令的法律约束，除非豁免特许令已被相关行政机关撤销。如果普通法院主张其有对豁免特许令效力做出独立裁判的权限，则构成积极权限冲突。宪法法院表示，积极权限冲突不仅存在于普通法院和行政机关就同一案件的主要问题做出决定时，也存在于当普通法院想要决定或已经决定了一个预决定，而该预决定已由行政机关做出时。

其次，宪法法院意图根据法律规定证成间接的权限冲突。依据《一般行政程序法》第68条，行政行为只能在行政诉讼中被撤销，因此普通法院对于行政行为的效力不具有管辖权。如果普通法院无视第68条的规定，侵犯了行政当局（包括行政法院和有关上级行政机关）对于行政行为效力认定的管辖权，则构成权限冲突。[①]根据《联邦宪法》第138条第1款，宪法法院有权就权限冲突做出裁决。[②]因此，当两个机构（其中一个当局错误地）就同一事项

---

① § 42 VerfGG (1925): (1) Der Antrag auf Entscheidung eines Kompetenzkon— fliktes, der dadurch entstand, daß ein Gericht und eine Verwaltungsbehörde (Artikel 138, Abs. 1, lit. a, des Bundes—Verfassungsgesetzes) die Entscheidung derselben Sache in Anspruch genommen oder in der Sache selbst entschieden haben (bejahender Kompetenzkonflikt), kann nur solange gestellt werden, als nicht in der HIauptsache ein rechtskräftiger Spruch gefällt ist. (2) Der Antrag ist von der zuständigen obersten Verwaltungsbehörde des Bundes oder eines Landes binnen der Frist von vier Wochen nach Ablauf des Tages zu stellen, an dem diese Behörde von dem Kompetenzkonflikt amtlich Kenntnis erlangt hat. (3) Die Versäumung dieser Frist hat die Zuständigkeit des Gerichtes zur Entscheidung der Rechtssache zur Folge. (4) Die antragstellende Behörde hat sofort dem betreffenden Gericht mitzuteilen, daß sie den Antrag gestellt hat. (5) Das Einlangen dieser Mitteilung unterbricht das anhängige Verfahren bis zur Entscheidung des Verfassungsgerichtshofes.

② Ludwig Adamovich, Handbuch des österreichischen Verfassungsrechtes, Aufl. 1971, S. 440 ff.

做出决定时,存在积极权限冲突,宪法法院应依据《宪法法院法》(Verfassungsgerichtshofgesetz, VerfGG)第42条裁决。

最后,宪法法院结合本案事实予以讨论,并得出结论。宪法法院认为,维也纳普通法院认定纳瓦拉特和约翰纳之间婚姻无效的判决仅基于州级行政机关授予的婚姻豁免权的非法性,系针对预决定的裁判。无论行政行为是否正确,普通法院都无权独立裁判行政行为的合法性,审查这个预决定的机关应是有关行政机关和行政法院。换言之,做出这种裁判是行政当局的权限,普通法院没有相应管辖权。并且,根据《民法典》规定,行政机关有权在其管辖范围内给予纳瓦拉特与约翰娜婚姻豁免权。宪法法院认定,普通法院无权对行政机关颁布的婚姻豁免进行裁决,因此根据《宪法法院法》第51条的规定,[1]维也纳地区普通法院1927年5月12日做出的Cg. IX 54/27号案民事判决与宪法法院的观点相矛盾,该判决应被撤销。[2]

宪法法院在1927年11月5日做出的1927–878号案裁决,对于豁免婚姻问题具有里程碑意义。[3]宪法法院在本案中肯定了行政机关颁布豁免婚姻特许令的效力,撤销了普通法院的裁决,相当于间接确认了豁免婚姻的效力。本案裁决为豁免婚姻配偶开辟了一条途径,即豁免婚姻配偶可以通过向宪法法院上诉,以避免在遇到质疑时豁免婚姻被宣布无效。[4]

然而,1927–878号案在宪法法院法官内部会议中存有不同意见,意见的分歧也预示着之后针对此判决的公共争论。

首先是关于司法和行政机关之间是否构成权限冲突。在1926–

---

① § 51 VerfGG (1925): Das Erkenntnis des Verfassungsgerichtshofes über die Kompetenz hat auch die Aufhebung der diesem Erkenntnis entgegenstehenden behördlichen Akte auszusprechen.

② VfGH 5.11.1927, K 6/27, VfSlg 878.

③ Harmat, Ehe auf Widerruf? Der Konflikt um das Eherecht in Österreich 1918–1938, S. 288.

④ 直至1930年,宪法法院一直遵循该裁决结论。尤其可参见宪法法院裁决汇编中1928年第951、1001、1032号裁决等。

726号案担任常务负责法官并做出驳回权限冲突认定的恩格尔法官表示，在普通法院和行政机关声称要对同一事项做出决定时可以构成权限冲突，但法院在预决定中审查行政行为是否属于权限冲突仍有待商榷。拉麦克认为在本案中，普通法院和行政机关并没有就同一事项做出决定，因为行政机关批准的是豁免，而法院审查的是婚姻的有效性。但凯尔森认为不应否认权限冲突，因为已经存在关于豁免裁决的具有法律效力的裁决，行政机关已经合法地给予了豁免，并非只有法院和行政机关就同一事项做出决定才存在权限冲突。他表示，宪法法院最近在涉及道路问题的案件中均认定存在权限冲突。凯尔森认为，道路问题案件与豁免婚姻案件的法律状况相同，[①]但这种观点并未被全体法官接受。[②]

其次，《民事诉讼法》(Zivilprozeßordnung, ZPO) 第190条也是备受讨论的问题之一。《民事诉讼法》第190条规定了诉讼中止程序，[③]诉讼只有在预决定后才能继续，因此行政行为是否属于裁决的问题被呈现出来。拉麦克认为机关的决定不应被称为裁决，只有法院的裁决才能被理解为裁决。凯尔森认为行政行为存在裁判的法律效力，可以被视作裁判，如果法院打破这种法律效力，行政行为就不能被视为具有法律约束力。

最后，凯尔森的动议虽以多数票获得通过，但票数相当接近。其

---

①　Rudolf A. Métall, Hans Kelsen: Leben und Werk, Aufl. 1969, S. 52ff.

②　VfGH 5.11.1927, K 6/27.

③　§ 190 ZPO: (1)Wenn die Entscheidung eines Rechtsstreites ganz oder zum Theile von dem Bestehen oder Nichtbestehen eines Rechtsverhältnisses abhängt, welches Gegenstand eines anderen anhängigen gerichtlicherVerfahrens ist, oder welches in einem anhängigen Verwaltungsverfahren festzustellen ist, so kann derSenat anordnen, dass das Verfahren auf so lange Zeit unterbrochen werde, bis in Ansehung diesesRechtsverhältnisses eine rechtskräftige Entscheidung vorliegt. (2) Eine solche Unterbrechung kann der Senat auf Antrag auch im Falle des Streites über die Zulässigkeiteiner Nebenintervention, sowie dann anordnen, wenn beide Parteien wegen des von einem Dritten aufden Gegenstand des Rechtsstreites erhobenen Anspruches gemeinschaftlich beklagt werden. (3) Nach rechtskräftiger Erledigung des bezüglichen gerichtlichen Verfahrens oder Verwaltungsverfahrens ist das Verfahren in der Hauptsache auf Antrag oder von amtswegen aufzunehmen.

中，支持凯尔森观点的法官包括社会民主党人恩格尔、艾斯勒、奥斯特利茨、哈特尔，大德意志人民党提名任命的法官西尔维斯特，以及无党派的法官拉耶和门泽尔；五名与基督教社会党有关联的法官法尔瑟、克里、帕维卡、拉麦克和万舒拉投票反对。[1]这个表决结果不仅是法律观点分歧的体现，也是政治派别观点的呈现，此后关于豁免婚姻问题的讨论也多以政党立场的视角展开。

（三）豁免婚姻问题的司法冲突：宪法法院与最高法院意见对立

宪法法院裁决普通法院无权撤销豁免婚姻的观点并不容易获得普通法院的认可，一些普通法院仍旧坚持判决豁免婚姻无效。1928年2月27日，宪法法院在1928–951号案中，再次审理一起认定豁免婚姻无效的普通法院判决。凯尔森在此案中又一次担任常务负责法官，并得出与1927–878号案相同的结果。[2]

1927年12月18日，维也纳高等地区法院作为二审法院判决一桩豁免婚姻无效。在此判决中，维也纳高等地区法院虽然承认普通法院无权审查行政机关豁免权的有效性，但表示即使豁免特许权有效，这也并不意味着豁免婚姻有效。如果豁免婚姻违反了具有约束力的法律，例如违反了禁止一夫多妻的禁令，那么即使豁免特许令有效，豁免婚姻也无效。宪法法院在此案中将高等地区法院的立场描述为"站不住脚"，认为豁免特许令的有效性必然意味着它所特许的豁免婚姻也是有效的。[3]

此后，任何律师在涉及豁免婚姻被认定无效的案件中，都可以向宪法法院提出申诉。而宪法法院均以相同的方式做出裁决，宣布普通法院无权宣告婚姻豁免的行政行为违法，并撤销法官对豁免婚姻的无

---

[1]　Harmat, Ehe auf Widerruf? Der Konflikt um das Eherecht in Österreich 1918–1938, S. 288.

[2]　VfGH 27.02.1928 K 14/27.

[3]　Harmat, Ehe auf Widerruf? Der Konflikt um das Eherecht in Österreich 1918–1938, S. 297.

效宣判。^①

这项判决被社会民主党人士视为市民婚姻法对教会婚姻法的胜利,但遭到了基督教社会党的反对。基督教社会党指责宪法法院提倡重婚,把自己降级为"绕过法院的法院"。^②

面对宪法法院裁决以及众多意见分歧,1928年4月3日,最高法院全体会议应其主席团的要求再次对豁免婚姻效力问题出具司法意见。最高法院在补充意见中再次确认1921年司法意见的有效性,并增加了部分新内容。另外,最高法院还提醒宪法法院注意其在1926年认定不构成积极权限冲突的裁决。^③

依照最高法院1928年的补充意见,普通法院仅在正式生效的行政行为得到法律授权的情况下,才能在审理豁免婚姻障碍的有效性时受到约束。但婚姻豁免令没有正式法律效力,因为婚姻豁免是绝对无效的行政行为。当事人可以通过上诉撤销这些绝对无效的行政行为,但取消仅具有声明性特征,这意味着在正式取消之前,此类绝对无效的行政行为也不具有法律约束力:"它们是法律上的虚无,没有法律效应,也没有必要遵守。"^④最高法院表示,行政机关的婚姻豁免令必然导致认可双重婚姻,与整个奥地利法律体系不相容,所以婚姻豁免令具有绝对无效性。"如果现行法律的解释导致了与解除婚姻障碍的整个其他法律体系不相容的结果,那么是否普遍公认、明显或已经多次被忽视就不重要了。"^⑤

最高法院明确表示,普通法院对豁免婚姻问题具有自由裁量权,

---

① Harmat, Ehe auf Widerruf? Der Konflikt um das Eherecht in Österreich 1918–1938, S. 341.

② Harmat, Ehe auf Widerruf? Der Konflikt um das Eherecht in Österreich 1918–1938, S. 305.

③ Harmat, Ehe auf Widerruf? Der Konflikt um das Eherecht in Österreich 1918–1938, S. 317.

④ Harmat, Ehe auf Widerruf? Der Konflikt um das Eherecht in Österreich 1918–1938, S. 318.

⑤ OGH, 1928. Nr. 51. S. 116.

不采纳宪法法院的观点。但最高法院也提出，出于司法体系裁判的统一性考虑，司法体系对于个案的裁决应保持一致，因此最高法院不审查宪法法院的裁决是否无效，因为宪法法院的裁决具有个案约束力。[1]

质言之，最高法院认为依据现行《民法典》第62条的规定，一夫一妻制婚姻障碍是无法突破的，即使因行政当局批准豁免而缔结的第二次婚姻也无法解除在分居情况下仍然存在的婚姻关系。只有当宪法法院审理裁决普通法院超出法定权限审查豁免令的有效性时，才能否定普通法院对豁免令及豁免婚姻效力的判决。在宪法法院撤销普通法院判决前，普通法院对于豁免婚姻无效的判决具有效力。

此外，最高法院的意见直接指向了凯尔森。最高法院反驳了凯尔森的观点，强调"只有当两个国家当局在同一问题上发生冲突时，才可能存在权限冲突。但如果对其中一方而言，这只是一个预决定，情况就不是这样了"[2]。最高法院还表示，婚姻豁免令对婚姻障碍的豁免无效，更为严重的是它违反刑法。最高法院甚至引用了凯尔森关于1914年国家不法行为的文章，文章表示根据《普通行政程序法》第68条，无可救药的无效法律行为不需要被废除，因为它们在法律上从一开始就不存在。[3]

最高法院的补充司法意见直接导致豁免婚姻面临着不同的处理结果：豁免婚姻如果经宪法法院审查裁决则有效；如果未被宪法法院调查则可认定为无效。司法部仅在司法公报上发表了最高法院的补充意见，表示下级法院一般会遵循最高法院的意见。"这样一来，宪法法院被要求对普通法院的裁决进行审查并撤销其裁决将成为日常现象。如果这成为一般规则，其后果将是豁免婚姻不会被宣布为无

---

[1]　Harmat, Ehe auf Widerruf? Der Konflikt um das Eherecht in Österreich 1918–1938, S. 126.

[2]　Harmat, Ehe auf Widerruf? Der Konflikt um das Eherecht in Österreich 1918–1938, S. 321.

[3]　Harmat, Ehe auf Widerruf? Der Konflikt um das Eherecht in Österreich 1918–1938, S. 319.

效。"①在下级普通法院对案件做出判决后，如果申请人上诉至最高法院，且最高法院已经判决豁免婚姻无效，案件便无法诉诸宪法法院。除非豁免婚姻的辩护律师要求宪法法院介入，或者案件在最高法院判决前就被阻断，否则豁免婚姻只有在最高法院判决无效后才能被宣布无效。至此，最高法院和宪法法院的观点陷入公然对立的局面。

1928年5月，婚姻法改革协会代表罗恩扎尔·克拉尔（Ronzal Klar）在婚姻法改革协会与奥地利人权联盟共同举办的会议中表示，最高法院的意见无法阻止受质疑的豁免婚姻被送至宪法法院，豁免婚姻依旧可以通过宪法法院免于被宣告无效。②最高法院的补充意见被《帝国邮报》（Reichspost）视为绕过法律的邀请。《帝国邮报》认为最高法院的补充意见是对宪法法院裁决的"道德处决"，在这种"文化战争和分裂煽动的有毒氛围"中，任何期待成效的讨论都是"无比幼稚的"。③人们希望混乱局面能让基督教社会党人意识到婚姻法改革的必要性，但这种希望在奥地利第一共和国时期始终落空。④

四、1920—1930年代奥地利宪法法院的失败

（一）间接的积极权限冲突受质疑

凯尔森在1927-878号案中创造性地提出了间接的积极权限冲突概念，认为两个机构不仅对同一个主要问题可能构成权限冲突，对预决定也可构成权限冲突。然而这种对积极权限冲突的解释受到了大量质疑。

为详细论证间接的积极权限冲突概念，凯尔森的《奥地利现行法中权限冲突的概念》探讨了权限冲突的认定和处理问题。⑤其一，凯

---

①　Vgl. AVA BM für Justiz ZI. 11703–1/1928.

②　Das Eherehtschaos und der Nationalrat, Arbeiter–Zeitung 10.(1928), S. 8.

③　in: Reichspost,1928, vol. 28, S. 1.

④　Harmat, Ehe auf Widerruf? Der Konflikt um das Eherecht in Österreich 1918–1938, S. 319.

⑤　王银宏：《法治历史中的凯尔森理论及其实践研究》，第19页。

尔森着重强调了同等性概念和法律规范的比较。两个机构对同一事务做出决定时会构成权限冲突。"同一"指事务间的同等性,而并非仅指"相同"事务。因此,权限冲突不仅存在于两个机构对同一事务做出决定的情况中,还存在于一个机构对需要预先解决的问题做出决定而另一个机构已经将其作为主要问题做出决定的情况中。其二,仅具备同等性不足以构成权限冲突,两个机构所援引的法律规范也是判断是否构成权限冲突的标准之一。《民事诉讼法》第190条确认普通法院有权将某一法律关系作为预决定做出判决,但对预决定的审查也应在普通法院权限内。若普通法院在对依据预决定作出的判决中认为某个生效的行政行为违法,则表明普通法院将其判决建立在该行政行为的违法性基础之上,此时普通法院违反实证法并侵入了行政机关的职权领域。其三,凯尔森解释了豁免婚姻问题中宪法法院的裁决。[①]当事人向普通法院申请确认经行政行为确认的行为无效,普通法院将行政行为作为判决的预决定审查,依据《宪法法院法》第37条第4款,普通法院的这种做法侵犯了行政法院的职权。有权机关应尊重行政机关行政权,普通法院不仅侵犯了行政机关的职权,还存在未统一处理法律事务,造成行政机关与司法机关对相同问题不同处理的混乱状况。当行政机关已做出具有法律效力的决定时,普通法院对预决定做出判决时应受其约束,否则会违反司法权与行政权分立的原则。[②]

凯尔森极力为宪法法院正名,因为宪法法院裁决豁免婚姻问题,不仅是就法律问题做出裁决,而且"最终目的是确立行政权和普通司法权之间的平等地位"[③]。最高法院不能仅因为豁免婚姻的合法性存在争议,就认定豁免婚姻绝对无效。

然而,凯尔森这种权限冲突的观点并不被主流认可,反而招致大量严厉批评。格奥尔格·佩茨克(Georg Petschek)对"间接的积极权

---

① 《宪法法院法》第37条第4款规定,宪法法院应将针对行政机关的决定而提起的诉愿与基于公法上的公务雇佣关系而产生的诉讼联系起来,从而对相关诉求做出裁决。

② 王银宏:《法治历史中的凯尔森理论及其实践研究》,第19—29页。

③ 王银宏:《法治历史中的凯尔森理论及其实践研究》,第33页。

限冲突"概念提出强烈反驳意见,他在《间接的权限冲突与效力冲突》一文中表示,如果一个有权机构审查的主要问题对另一个有权机构而言只是一个预决定,则并不构成权限冲突。[①]佩茨克声称凯尔森对程序法的研究不够透彻:虽然根据《一般行政程序法》第68条,不可上诉的行政决定只能在非常有限的情况下由行政当局提出修改,但如果有关决定在实质上违反了法律,那么其他有关机关则有权且有义务考虑其合法性问题。佩茨克指出,整个间接权限冲突的概念"只是不精确术语的结果"[②],它将预决定的简单答复提高到决定层面,从而将普通法院是否受行政决定约束这一判断从事实问题的法律评估领域转移到了决定层面。[③]佩茨克认为,所谓"间接的权限冲突"实际上与权限冲突无关,而是与对主要事项进行裁决的冲突有关,对主要事项裁决的权限并无争议。对预决定所做出的裁决拘束力,是否取决于行政机关对主要事项所做出的决定,属于效力冲突而非权限冲突。佩茨克强调权限冲突和效力冲突的区分,表示尽管对预决定的重要性仍有疑问,但在理论和司法实践中对效力冲突和权限冲突的区别认定几乎是没有疑问的,宪法法院并未履行其审查权限冲突的法院职能。[④]

　　凯尔森与宪法法院对豁免婚姻问题的裁决也遭到了罗伯特·瓦尔特(Robert Walter)的批评。[⑤]瓦尔特首先分析了行政豁免令的法律效力。行政机关做出豁免决定时,通常不要求原婚姻的夫妻作为双方当事人参与豁免程序,且不向双方送达行政决定。只要豁免的文件未送达给所有当事人,就必须否认其法律效力。瓦尔特认为,如果行政机关豁免行为本身不具有法律效力,则不能认为普通法院无视了具有法律效力的行政决定。因此,依据《一般行政程序法》第68条提起上诉缺乏法律依据,因为上诉即意味着行政决定对相关当事人均有法律

---

①　Petschek, Zentralblatt für die Juristische Praxis, S. 349.
②　Petschek, Zentralblatt für die Juristische Praxis, S. 362.
③　Petschek, Zentralblatt für die Juristische Praxis, S. 371.
④　瓦尔特:《宪法法院的守护者:汉斯·凯尔森法官研究》,第111页。
⑤　瓦尔特:《宪法法院的守护者:汉斯·凯尔森法官研究》,第111页。

约束力。其次,瓦尔特认为豁免决定的法律效力问题还与其他问题相联系,例如当事人申请宪法法院就普通法院与行政机关的权限冲突做出裁决时,应保证主要问题不存在具有法律效力的裁决。接下来,瓦尔特分析了宪法法院在处理权限冲突问题时的裁决权限。根据《宪法法院法》第 42 条第 1 款规定,向宪法法院申请权限冲突审查的前提是没有已经生效的裁判,而生效的裁判是否仅指法院的判决是具有争议的,1927–878 号裁决使这个问题更加悬而未决。最后,瓦尔特指出了凯尔森在豁免婚姻问题的两项问题。虽然凯尔森在道路法案件中援引预决定是可接受的,但瓦尔特认为裁决结果并不令人满意。凯尔森1927–878 号裁决中表述 "动议以绝对多数获得通过" 也不符合实际,该裁决实际以 8:5 通过,且宪法法院后来对同类案件的裁决基本上也呈现同样的表决比例。

凯尔森曾公开表示对宪法法院在豁免婚姻问题的裁决结果负责,[①]他表示宪法法院认定存在权限冲突,因为豁免婚姻问题不仅仅是普通法院介入行政领域的问题,而且最为重要的是,普通法院介入了行政司法领域的权限范围。凯尔森意识到了他在豁免婚姻问题上的立场可能产生的境况,尤其是可能招致的不利影响,但他更重视司法机关和行政机关相左的态度对国家权威造成的伤害。他尤其因普通法院对行政机关决定,甚至是宪法法院裁决的无视而深感不安。[②]

(二)宪法法院权威性受动摇

直到 1929 年底,奥地利宪法法院在大约 170 个案件中坚持 1927–878 号案的判例路线。但最高法院将豁免权视为绝对无效的行政行为,认为它们使重婚成为可能。因此,虽然普通法院无法审查行政机

---

① 1928 年 4 月 23 日和 24 日,德意志宪法学教授大会在维也纳召开,会议讨论了普通法院对行政行为进行审查的问题。凯尔森本人也参加了讨论,并表示对宪法法院在豁免婚姻问题的司法裁决承担全部责任。参见 Olechewski, "The Controversy Surrounding Marriage Law in 20th Century Austria with a Special Emphasis on Constitutional Court Decisions Regarding the 'Dispensation Marriages'", p. 108。

② 瓦尔特:《宪法法院的守护者:汉斯·凯尔森法官研究》,第 115—117 页。

关的豁免行为,但除了宪法法院已经确定存在权限冲突的案件,普通法院仍然可以宣布豁免婚姻无效。①豁免婚姻问题成为奥地利的丑闻,且事关国家合法性:"同一个国家,通过其行政机关明确允许缔结新婚姻,却通过其法院宣布该婚姻无效。国家的权威几乎无法受到更严重的动摇。"②

宪法法院院长维托雷利写信给总理塞佩尔,表明《帝国邮报》这份在政治上与联邦政府保持一致的报纸正在进行一场"系统性运动",旨在"在公众眼中贬低宪法法院"。③尽管豁免婚姻问题表面上是法律问题,但并未止步于法律问题,最终评判往往是对某种代表政治意识形态之立场的谴责或支持。正如最高法院的意见书一样,宪法法院的裁决也不仅是从法律角度评判的,更多是从当时的政治角度来评价,或者说这个决定本身被判断为一个政治决定。④宪法法院的权威和地位因其在豁免婚姻问题上的立场遭到了严重削弱,对其后续发展也埋下了隐患。

基督教社会党人、维也纳商事法院法官卡尔·瓦勒(Karl Wahle)在写给联邦总理塞佩尔的信中表示了对宪法法院组成人员的不满,认为宪法法院人员组成结构决定了宪法法院在豁免婚姻问题上的立场。信中,瓦勒抱怨道:"如果执政党对宪法法院的任命给予应有的重视,那么宪法法院这样的裁决结果绝不会出现。只有右翼党派派往宪法法院的成员法学水平较低,才使这种认识成为可能。只有在这种没有任何平衡的状况下,社会民主党和那些在文化政策上接近他们的宪法法院成员的诡辩才能够胜利,将现行法律颠倒过来,在实践中通过宪

---

① https://www.vfgh.gv.at/verfassungsgerichtshof/geschichte/zeitleiste.de.html(最后访问时间:2024年1月4日).

② Jestaedt, Hans Kelsen Autobiographie–Hans Kelsen Werke, S. 107.

③ Harmat, Ehe auf Widerruf? Der Konflikt um das Eherecht in Österreich 1918–1938, S. 235.

④ Olechewski, "The Controversy Surrounding Marriage Law in 20th Century Austria with a Special Emphasis on Constitutional Court Decisions Regarding the 'Dispensation Marriages'", p. 111.

法法院实现他们鉴于议会的组成和大多数人的心态而永远无法实现的目标。"①

在瓦勒看来,如果宪法法院认定的基本原则得到公认,维也纳的社会民主党政府将有可能从事实上破坏所有联邦法律。瓦勒认为,凯尔森的社会主义警察国家的理想将国家和法律联系在一起,否定了神圣和自然法作为法律秩序的基础。这种否定并不是由立法机构发话,而是由最低级的行政机关直接实现的,只要上级机关没有撤销其命令,就可以做出最荒谬和最不道德的决定,并具有约束力。②如果普通法院毫无例外地受到行政当局决定的约束,那么即使这些决定看起来是不合适甚至非法的,公民的个人自由也会受到威胁。

(三)宪法法院被迫重组

基于对宪法法院组成人员的不满,1929 年宪法修正案引入了新的任命模式和 70 岁的年龄限制,使宪法法院全体法官被迫解散。根据 1929 年 12 月 7 日公布的宪法修正案,本应是终身任职的宪法法院法官们须在 1930 年 2 月 15 日之前全部离职,以便新的任命程序能够迅速、全面地实施。③在新的宪法法院组成中,保守派法官明显占据多数,社会民主党的影响大幅减少。④在所有前任宪法法官中,只有万舒拉和恩格尔留任。政治和政党左右着宪法法院,宪法法院法官做出裁决时首先考虑的是相关政党的利益,甚至"完全是基于政党政治的原因"。⑤

---

① Harmat, Ehe auf Widerruf? Der Konflikt um das Eherecht in Österreich 1918–1938, SS. 306–308.

② Harmat, Ehe auf Widerruf? Der Konflikt um das Eherecht in Österreich 1918–1938, SS. 306–308.

③ Adolf Julius Merkl, Der entpolitisierte Verfassungsgerichtshof, in: Der österreichische Volkswirt, 1930.

④ https://de.wikipedia.org/wiki/Verfassungsgerichtshof_(%C3%96sterreich)#Die_%E2%80%9EEntpolitisierung%E2%80%9C_des_Verfassungsgerichtshofs1930(最后访问时间:2024 年 1 月 4 日).

⑤ Klaus Berchtold, Verfassungsgeschichte der Republik Österreich I: 1918–1933 Fünfzehn Jahre Verfassungskampf, Aufl. 1998, S. 752.

　　失去了自主权的宪法法院在豁免婚姻问题上也改变了立场。^①重新组成的宪法法院颠覆了1927-878号案所沿袭的观点，否认存在权限冲突，回到了1926-726的判例结论。在1930年7月7日的1930-1341号裁决中，^②恩格尔作为常务负责法官，试图继续沿用存在权限冲突的观点。为了"挽救"先前判决的基本观点，他甚至认为构成权限的直接冲突，即普通法院和行政机关就同一主要问题做出了决定。但新任法官老路德维希·阿达莫维奇(Ludwig Adamowich Sr.)^③反对这一观点，并提出了一份预先写好的意见，表示间接的权限冲突不属于宪法法院的管辖范围。他认为根据《民法典》第138条第1款a项和《宪法法院法》第42条第1款的规定，如果法院没有将行政机构已经解决的行政法问题作为其决定的对象，而仅在其有权审理其他案件的框架内将其作为先决问题进行审查、评估和解决，法院与行政机构之间存在积极的权限冲突是不成立的。大多数法官都听从了阿达莫维奇的意见，该起豁免婚姻案被驳回。^④

　　依据凯尔森的纯粹法理学，当议会不正确地解释宪法，则法律可能违宪，诉诸宪法法院可确定法律的合宪性。宪法法院作为"消极的"立法者，其职能与作为积极立法者的议会之间存在一定张力。因此宪法审查并非理所当然、不言自明的，尽管其对于现代法治国家是必不可少的。^⑤然而在婚姻豁免问题上，重组后的宪法法院表示其在婚姻豁免问题中因缺乏管辖权而无法处理，不仅使间接的积极权限冲突概念成为过去，且并未承担宪法审查的责任。

---

①　王银宏：《法治历史中的凯尔森理论及其实践研究》，第134页。

②　VfGH 07.07.1930, K 1/30 und K 102/29, VfSlg 1341 und 1342.

③　阿达莫维奇1930年被选为新组建的宪法法院法官，并参与了1930年7月的裁决，否认了权限冲突的存在。Vgl. Ludwig Adamovich, Die Rechtsprechung des Verfassungsgerichtshofes 1919–1951, Aufl. 1952, S. 14.

④　Olechewski, "The Controversy Surrounding Marriage Law in 20th Century Austria with a Special Emphasis on Constitutional Court Decisions Regarding the 'Dispensation Marriages'", p. 107.

⑤　瓦尔特：《宪法法院的守护者：汉斯·凯尔森法官研究》，第2页。

在凯尔森的宪法法院制度设计中,宪法法院应不仅能保障法律规范体系的统一性,还能保障不同的国家机构依法行使职权、履行职能。宪法法院应排除政党政治的影响,具有中立性和不依附于议会的客观公正性。^①宪法法院应当是少数派防止多数人专政的"非凡的杰作"和"有效的工具";^②可以防止立法权的滥用和专制民主所带来的危险,也可以作为一个国家维护政治和平的最后保障。^③凯尔森希望通过这种宪法法院制度,将政治争议转化为法律争议,政治生活也可以由此从诸多权力冲突中解脱出来,从而确保政治生活的稳定。^④

然而从宪法法院对豁免婚姻问题的立场变迁可见,在动荡的社会中希冀宪法法院一锤定音式地解决纠纷和守护宪法,只能是无法实现的美好愿景。虽然凯尔森认为1927–878号案的裁决是在力图恢复国家权力,因为当时国家权力因法院与行政部门之间的公开冲突而受到威胁,但是宪法法院的立场却导致了宪法法院的解散,重组后的宪法法院成为了政治的附庸。

围绕豁免婚姻问题的冲突恰好发生在奥地利政治气候明显恶化的时期。在20世纪20年代,奥地利的政治和经济环境面临着巨大的压力和挑战。^⑤"一战"后,奥地利作为新生的独立国家,内外交困,政治上出现许多派别和复杂的分裂现象,经济也受到战争和帝国主义的

---

① Hans Kelsen, Wesen und Entwicklung der Staatsgerichtsbarkeit, Aufl. 1929, S. 55.

② Kelsen, Wesen und Entwicklung der Staatsgerichtsbarkeit. S. 81.

③ Kelsen, Wesen und Entwicklung der Staatsgerichtsbarkeit. S. 87.

④ Walter Antoniolli, Hans Kelsen und die österreichische Verfassungsgerichtsbarkeit, Aufl. 2003, S. 75.

⑤ 奥地利作家茨威格在《昨日的世界》中,描述奥地利在 1920 年代陷入了狂野的状态,无政府主义大肆泛滥;随着货币大幅贬值,奥地利和德国的一切都价值大跌。"这是一个人们兴奋得心醉神迷的时代,是无所顾忌的骗局连连的时代,是焦躁不安和极端主义的独特混合。一切非常规的、无法掌控的东西,都在经历黄金时代:通神学、神秘学、招魂术、催眠术、人智学、手相术、笔相学、印度的瑜伽学说、巴拉塞尔士的神秘主义。一切能够带来超出现有兴奋程度的东西,吗啡、可卡因、海洛因,任何形式的麻醉品,都有令人瞠目结舌的好销路。在戏剧作品中充斥着乱伦和弑父的情节;在政治方面,唯有共产主义和法西斯主义是人们所渴望的极端,与之相反的任何形式的中规中矩与温和折中都会遭到鄙视。"参见史蒂芬·茨威格:《昨日的世界》,徐友敬译,上海译文出版社 2018 年版,第 300—301 页。

严重破坏,失业率高涨,社会矛盾加剧,深陷于不稳定的泥沼中。[①]在这种环境下,宪法法院的权威性必然受到威胁。宪法法院在政治和社会力量的施压下确保其公正性和中立性已极为艰难,其关于豁免婚姻问题的立场更加剧了政治和社会上的不满和反对,从而进一步削弱了自身的地位。

此后的整个20世纪30年代,以基督教社会党为代表的奥地利右翼势力占据政府的主导地位,并逐渐开始向德国法西斯靠拢。随着奥地利政府逐渐法西斯化的倾向,新出台的法规导致包括院长和副院长在内的超过半数的法官不能参与案件的审判,直接致使宪法法院无法形成有效决议。最终,多尔弗斯(Engelbert Dollfuss)联邦政府[②]以1934年"五月宪法"为基础废除了1920年宪法,宪法法院同时被彻底关闭。[③]

五、尾论

奥地利作为天主教国家,其婚姻法的规定至奥地利第一共和国时期始终包含着天主教的色彩。天主教婚姻不可分离的教义被明确规定在1811年《民法典》中,天主教徒无法彻底离婚、再婚。"一战"后诞生的奥地利第一共和国各党派对于天主教婚姻问题持不同立场。面对天主教徒再婚需求的增加,以社会民主党为代表的自由党派意图修改婚姻法,与天主教渊源颇深的基督教社会党则维护天主教义,婚姻法因政党间的妥协未能修改。为满足天主教徒再婚需求,行政机关通过豁免令的形式大量豁免婚姻障碍,为再婚提供可能路径。婚姻豁免令的广泛采用,使帝国时期仅作为皇帝恩典而适用于少数人的特权逐渐普及,惠及数万天主教徒。但豁免婚姻无法规避现行法律中的问题:虽然天主教徒能够再婚,第一段婚姻的效力却并未被否认,致使两

---

① 史蒂芬·贝莱尔:《奥地利史》,黄艳红译,中国大百科全书出版社2009年版,第196—219页。

② 1932年5月,基督教社会党人恩格尔伯特·多尔弗斯出任联邦总理兼外长。

③ 胡骏:《奥地利宪法法院研究》,第104页。

段婚姻实质上并存,违反一夫一妻制原则,且引发民法上的继承、赡养等问题,甚至刑法上的重婚罪。豁免婚姻效力因此存在广泛争议。

最高法院在 1921 年法律意见书中认定,普通法院有权判决豁免婚姻无效。然而基于行政机关豁免令缔结的豁免婚姻有效,豁免婚姻因此成了被普通法院判决无效前有效的婚姻。行政机关与司法机关的权限因豁免婚姻问题形成巨大张力,国家权威大打折扣。宪法法院作为世界首个实质意义上的宪法法院,在构建之初被寄予了定分止争的期望。凯尔森意图通过积极权限冲突的程序问题解决豁免婚姻效力的实质问题,创造出"间接的积极权限冲突"概念。然而最高法院再次出台法律意见书,坚持认定普通法院有审查豁免效力的专属权限。虽然最高法院表示为了维持司法机构的统一性,案件如果进入宪法法院,则依其观点裁决,但这无法掩盖宪法法院与最高法院就豁免婚姻问题站在了对立面的事实。宪法法院因豁免婚姻问题的立场被质疑中立性和公正性,间接的积极权限冲突概念也大受质疑,1930 年宪法法院全体法官被迫提前退休,凯尔森也因其对豁免婚姻问题的观点饱受诟病。重组后的宪法法院不再正常运作,1934 年被迫关闭,凯尔森希冀的宪法法院作为宪法守护者的愿景在 20 世纪初的奥地利并未实现。

1927-878 号案是凯尔森担任奥地利宪法法院法官时期负责的关于豁免婚姻问题的典型判决。凯尔森作为此案常务负责法官,一改宪法法院之前同类案件的判决结论,创设出"间接的积极权限冲突"的概念,通过认定普通法院与行政机关存在权限冲突,肯定行政机关颁发豁免婚姻令的行为,间接支持了豁免婚姻。但是,将豁免婚姻效力的实质问题转化为不同国家机构间权限冲突的程序问题,无法实际解决社会冲突,这种将分歧极深的社会问题转化为纯粹法律问题的方式无异于隔靴搔痒,且让宪法法院与凯尔森本人陷入争议的漩涡中。凯尔森因在豁免婚姻问题中极具争议性的观点,成为政界和新闻界的一个主要攻击对象。他被批评鼓励民众再婚,是"后宫饲养员"①和"怂

① Harmat, Ehe auf Widerruf? Der Konflikt um das Eherecht in Österreich 1918–1938, S. 305.

愚离婚罪的罪魁祸首"①。在1929年的宪法修正案中,宪法法官的任命程序被改变,凯尔森因此失去了宪法法院法官职位,于1930年离开奥地利,②之后被迫流亡国外。③

"二战"后,奥地利宪法法院重新建立,新的宪法法院权限不再局限于程序性审查,开始进行实质性违宪审查。此后至今,奥地利宪法法院始终运转良好,其在获得实质的权限扩张的同时,严谨地履行其本分,承担其宪法守护者的职责,权威得到确立和维护。不论是对《奥地利避难法》的审查,还是近年关于新冠疫情防控的问题,宪法法院均在公正且中立的立场上做出了裁决,并得到了有效认可。④

豁免婚姻问题作为奥地利宪法法院面临的一个重要挑战,是它在权力与道德、宗教与世俗之间寻求平衡的一个缩影。尽管相关判决在20世纪初期引发了巨大的争议和抵制,但它也是宪法法院在维护宪法权威方面所做出的一次努力。作为一个司法机关,宪法法院需要确保自己的权威得到有效维护。然而豁免婚姻问题表明,宪法法院无法摆脱社会环境的影响,而这些环境本身可能会产生根深蒂固的观念分歧,导致无法通过司法手段解决争议。同时,豁免婚姻问题也暴露了奥地利司法体系的弱点,即不同党派之间的对立和社会公众的激情可能会影响司法制度的公正性。

奥地利宪法法院在建立之初,肩负着解决社会矛盾、定分止争的

---

① Jestaedt, Hans Kelsen Autobiographie—Hans Kelsen Werke, S. 75.

② https://www.derstandard.at/story/2000069877935/kelsen-der-kampf-um-die-sever-ehen-und-die-folgen(最后访问时间:2024年1月8日).

③ 关于凯尔森流亡国外,参见罗伯特·凯尔森:《汉斯·凯尔森之于1930年流亡国外》,转引自凯尔森等:《德意志公法的历史理论与实践》,第83页.

④ 宪法法院关于《奥地利避难法》的裁决,参见胡骏:《奥地利宪法法院研究》,第173页。关于新冠疫情管控问题,2022年奥地利宪法法院工作报告中显示,宪法法院在一宗案件中认定新冠疫情开放规章中的条款出于公共利益,在夜店等场合合理地区别对待已接种疫苗的人士和未进行新冠检测的人士并未造成歧视,联邦部长并未超越其权限行使权力。然而在另一宗案件中,宪法法院认为《新冠疫情措施法案》(Bestimmungen der 6. COVID-19-Schutzmaßnahmenverordnung)中超过十天的全国性管控措施未将人民的日常生活必需纳入考量,因此广泛地侵犯了公民的基本权利。Vgl. Verfassungsgerichtshof Österreich, Verfassungsgerichtshof Tätigkeitsbericht 2022. Aufl. 2022, SS. 40—45.

期望。凯尔森意图通过违宪审查的方式,使宪法法院充当宪法的守护者,将社会问题转化为法律问题,以消弭社会观念的差异。然而从豁免婚姻问题中可以看出,谋求依靠宪法法院裁决一锤定音的进路,在1920—1930 年代的奥地利引发极大的争议,社会出现撕裂,法治亦随之式微。1920—1930 年代奥地利宪法法院失败的过程表明,在分歧严重的社会中,将社会争议转化为法律争议从而寻求一劳永逸的解决方式是难以实现的。

读谢鸿飞教授《私法中的分配层次》一文有感

黎　敏*

谢鸿飞老师的文章是我个人很喜欢读的民法学术文章。在研究生阶段，我就对他写的《现代民法中的"人"：观念与实践》过目不忘。更晚些的令我印象深刻的是《中国民法典的宪法功能》和《中国民法典的生活世界、价值体系与立法表达》这两篇，在其中他提出了中国民法典应发挥"正德维和"的体系功能的观点。

按我的粗浅认知，"正德维和"的体系功能这个观点在学术上颇有阐释性。有阐释性，是说它有一种普遍解释框架的作用或意义。具体政治立场不同的民法学者都可以援用这个概念，对近现代以来的经典民法典和当代中国的民法典展开历史研究与理论建构。

"德"者，为何也？"和"者，为何也？这些问题既可以从天然具有反思性的政治哲学视角去阐释，又可以从天然排斥反思性的意识形态去阐释。既可以从立法层面静态的规范结构中去把握其内涵，更可以从活生生的司法实践所塑造的生活世界中去捕捉其丰富的形态，去考察其如何可能真正落地。

谢老师过去几篇有代表性的民法理论文章的共同特点是，它们

---

* 黎敏，中国政法大学法学院教授。谢鸿飞教授大作载《中国社会科学》2023 年第 9 期。

既有精细的民法概念与规则体系建构方面的内容，又注意将以概念和规则为主体的"民法外部体系"与以基本价值原则为核心的"民法内部体系"紧密联系起来，并且将整个民法体系放置在厚重的历史语境与变动不居的社会变迁中，去思考古典民法典与现代民法典的功能变迁、文化意义及对政治文明的意义。

眼下这篇新作可以说延续了他之前研究中提出的正德维和的体系功能这个基本理念。延续，是说他尝试引入"分配正义"概念去进一步诠释中国民法典如何可能"正德"、如何可能"维和"？为什么可以这么说呢？因为与"矫正正义"的基本理念相比，"德"与"和"作为更高层次的理想社会愿景，恰是"分配正义"格外关注的。

与之前的研究相比，这篇新作引入分配正义这样一种政治经济学与政治哲学的思想方法，毫无疑问将增加其论证难度。这既因为传统私法学主流观点认为私法无关乎分配正义——这意味着没有太多现成的成熟研究可资借鉴；同时也因为"分配正义"这个概念本身的高度复杂性。从逻辑上说，这里存在两个前提问题需要在先界定、阐述：第一，私法与分配正义到底有没有关系呢？传统私法学在这个问题上是否存在观念误区呢？第二，分配正义又是什么呢？分配正义为何重要？分配正义如何有现实可操作性呢？

对第一个问题，文章第一部分"问题的理论背景"开宗明义，明确指出传统私法理论过去不关注分配正义，但现在以及未来必须关注分配正义问题，因为这是经济与社会变迁对民法学提出的必然挑战。这可以理解为现代社会中民法的演化问题。包括民法在内的法律既在历史中，同时自身又是一种特殊的"历史机器"。决定法律这种历史机器是否会极端冷酷的因素与力量，也非常复杂。

对第二个问题，可能是因为篇幅限制，这篇文章直接用厉以宁提出的"三次分配理论"替代或者说暂时代表"分配正义"本身。这样做有论证上的好处，读者可以跟着作者的思路径直走进当下中国时代和政策的语境去思考民法典与分配正义的关系。

但是，"分配""分配理论"与"分配正义"三者并不是完全相同的概念。因此，这里需要回应一个问题，即厉以宁版的三次分配理论是否完全符合分配正义价值基准？这就涉及一个理论前提：是否存在规范性的分配正义概念和分配正义理论？应该怎么建构中国特色社会主义与规范性分配正义的内在关系？厉以宁版的三次分配理论所指向的市场机制（对应第一次分配），税收、社保机制杠杆（对应第二次分配），捐赠慈善等自愿的道德机制杠杆（对应第三次分配），这三次分配机制的历史生成及其历史演化到底应是怎样一种关系？假如市场机制作为第一种分配机制的历史根基很不牢，在现实中的发育长期受阻，那么后边两种分配机制是否还有可能？民法典作为基础法律部门，在三次分配中可以发挥的功能会有何种差异？如何在民法理论领域回答这些问题？

这篇文章并没有直接触碰这些外部问题，而是间接表达了与这些外部问题有关的基本理念。它的基本思路是，首先将以民法典为核心的私法体系中的各种权利机制，分别用"初次分配"和"再分配"这两种递进的概念话语进行类型化转译。同时，借助经济学与政治哲学中的一些价值理念，穿插着解释民法内部各领域中各类具体"初次分配"与"再分配"规则所蕴含的经济学或政治哲学理念。

指引"私法中的初次分配"的经济学与政治哲学理念包括：扶助企业家、确保市场主体的平等竞争地位、促进生产要素流动。指引"私法中的再分配"的经济学与政治哲学理念包括：缓和私人自治的负面效果、实现福利增进、便于推进国家权力。作者在民法专业内部术语与一众政治经济学范畴间娴熟地切换，力求展现理想的民法典应抱有的慈悲。作为关注宪法史的读者，看到"促进生产要素流动"时，我脑海里首先还想到了：激活、促进"增量民主"要素的成长，对发挥民法典这些功能的重要性。

如何更深入论证"推进国家通过私法进行再分配的权力"具有充分的正当性与合法性？尤其在一种国家可能被奉为"地上之神"的社会文化与政治背景中，如何确保国家通过民法典实现的再分配的正义性？这是这篇讨论"民法与分配正义"的新作还需要继续强化的部分。在"私法再分配规则的适用"这部分，谢老师主要阐述了人法领域的再分配和物法领域的再分配规则应走向分配正义化的主张，但尚未提及诉讼法领域与他指出的这些分配正义目标的关系。现实世界中，无论人法领域还是物法领域的再分配规则，都离不开现代司法制度，即离不开一个公正、独立的司法裁判系统的建制和成熟运行。而司法系统与司法权在国家权力结构中的地位，在根本上讲又是一个宪制体制问题。

从法学研究方法上讲，这篇文章让我在部门法情境中拓展思考到一组重要的方法问题，即政治哲学与部门法哲学的关系、政治哲学与宪法哲学的关系、政治哲学与一般法哲学的关系。学界有一种观点认为，无论部门法研究还是法理学研究中的法哲学，都绝对独立于政治哲学。但我读谢老师的民法研究时却分明感到，对处在转型正义历史情境中的中国部门法研究、中国宪法学研究、中国法理学研究来说，政治哲学及与政治哲学密切关联的社会理论其实都有深层智识意义。相比意识形态法哲学、政策法哲学或文件法理学，政治哲学与社会理论的智识要素能为整个法学研究和法律教育带来必要的内省性或批判性。

作为法律史教师，我关注这些研究的动力，与从事民法研究教学的同行可能稍有不同。在我个人的外法史教学和比较宪制史研究中，西方近现代民法外部体系和内部体系的学术建构史、民法外部体系的宏观体系和微观体系的学术建构史，以及促使那样一种现代民法体系得以在基督教思想背景深重同时又深度日耳曼化的欧陆得到系统建构的政治、经济与思想动因等问题，都占据重要位置。这些问题具有民法学与宪法学、哲学与政治的双重意义。

我虽然重点关注的是民法体系、民法思维、民法传统的政治功能与政治价值（即民法与宪制的关系），不过关注这个重点问题却须以尽可能全面准确地把握整个私法体系的智识来源为前提。因为严格来说，民法智识来源本身不是镜中花、水中月，它实际上又是民族历史与现实政治选择在私法领域的表现。

这部分内容如果继续往后边的历史走,尤其往19世纪后半期到20世纪的历史情境中走的话,实际上还会走到"宪制经济学"的基本知识盘。宪制经济学绝不是指经济宪法,而主要是指从政治经济学角度去研究宪制的经济意义和它对国家治理的意义。学术上的理性思考与深入研究会告诉我们,无论私法(学)还是公法(学),无论国家社会长远发展还是个人生活世界,无论上层建筑中的政治、法律还是唯物层面的经济,其实都深受宪制的无形影响。一国的宪制结构及其历史演变不仅必然对公法形成支配,而且必然会对私法的立法建构和实践有深刻影响。

虽然我国法学界一般认为政治对私法的影响看上去比对公法小,但无论西方法律史还是近现代中国法律史的诸多事实都能证明,政治及政治正义这一根本处境问题乃是私法走不出的背景——从根本上讲,私法能有多"私"深深受制于政治及公法能有多"公",私法能有多正义深深受制于政治及公法能有多正义。这就必然会将"正义"与"政治正义"这两个相关的元问题再次带到基础法学研究面前。

这几周我讲的课程正好进入欧陆数次学术性改造罗马法运动背后的思想背景和知识基础(亚里士多德是最关键的思想媒介和知识来源),以及这种学术升级改造对欧陆法治史尤其是宪制史的意义;同时,这段时间我课后集中阅读了自由主义谱系思想家笔下的马克思及马克思主义研究——这必然涉及社会主义问题,涉及对中国特色社会主义之思想谱系及其在政治道德上的正当性进行历史考证与智识论证。所以,当我看到这篇运用多种智识元素去讨论民法与正义,尤其是中国民法典与正义之关系的文章时,大脑自然而然很兴奋,因为它处理的议题恰是我作为法律史教师,如果要移步到当代中国语境中去思考中国民法典与中国政治的应然关系时可以借鉴的优质民法智识——尽管由于专业分工带来的视角或认知差异,我与作者在一些具体点上的意见并不完全一致。

这篇文章内容涉及的民法内部理论的维度比较多元,知识点很丰富。由于学识有限,此处只是结合近期备课思路,趁热打铁,简要概述与我个人研究旨趣直接相关的两点读后心得。

（1）"分配正义"，既是一个政治哲学概念，又起源于一个长时段的历史情境。因此，这个概念本身有古今之变。谢老师文章明确了亚里士多德分配正义概念与现代社会的分配正义概念的差异，以及亚氏定义的局限，并指出他大体上是从分配正义的一种现代含义出发去解读民法典在分配正义中可以起什么作用的。

这个古今之变的理论起点的界定很关键。"分配正义"古今之变的实质意涵是，这个概念经历了从亚里士多德的古典版本向现代版本进阶的复杂变迁。现代版本的分配正义，大意是要求国家尽力去保证财产在全社会范围内再分配，以便让每个人都得到一定程度的物质财富或获得物质财富的手段——这里面涉及如何论证每个人都平等地"配得"一定的物质或物质手段。

历史上有关分配正义的论辩大多都关系到两个关键争点：保证每个人得到一定物质或手段的数量多少，以及，确保这些所谓"必需品权利"所需要国家进行干预的程度及方式。在此之下，随之而来的议题还有，分配正义如何可能不威胁、不破坏私有财产和市场？假如"国家"（不论现实中国家是谁的和何种性质的）在再分配中实际上不可控制地演变为了只是为穷人或特定群体的需要而分配全社会的财产，那么国家的定义及理论是否要改写？按照古典政治经济学意义上的国家理论，国家应是所有人的，是一种建基于自由共和政体上的公共机制——简言之，如何确保现代意义上的再分配不冲击自由共和？

这就是说，从古典分配正义观向现代分配正义观的进阶史，实质上与自由主义、社会主义这两种前后相继出现的社会运动及思想传统都密切相关。因而，它反过来对界定自由主义和社会主义及其各自的法权制度都有关键指证意义。这里头的复杂学术任务是，从何处寻找智识资源去充分论证现代意义上的分配正义的正当性？主要应从自由主义历史脉络还是从社会主义历史脉络去寻找，应从何种自由主义脉络或何种社会主义脉络去寻找正当性论证所需的道德哲学与政治哲学智识资源？这实际上也就是一国私法理论应以何种政治哲学和政治经济学作为元理论基础的问题，而这个问题的核心又是政治与道德的关系这个根本问题。

因此，引入分配正义思想去全面解读中国民法典，展望它的政治文明功能，不是简单的民法内部规范的体系建构工作，而是一个包含复杂的政治哲学和道德哲学价值选择的理论论证。被界定为自由－资本主义法制形态的西方经典民法典及其背后那套学说和政治伦理，与被界定为中国特色社会主义法制成就的当代中国民法典及其背靠的社会主义意识形态，既有千丝万缕的历史、学术智识上的联系，二者所处的政治制度环境又存在重要差异（包括阶段性差异和类型化差异），这种局面必然会影响各自的分配正义观建构。

（2）如果这个理解基本合理，那接下来的核心问题就呼之欲出：民法典与社会主义的关系，以及中国特色社会主义下的民法典的社会主义特质到底该如何体现出来？我个人理解，谢老师这篇新作的立意应该是，想要向中国民法典注入现代分配正义的基本理念与基本原则，并通过立体地阐述现代分配正义理念与原则在民法内部诸板块中的具体规则化路径，去证立中国这部民法典对确保实现"正义"这项社会制度的首要美德将可以大有作为。

然而，这里有一个关键问题有待继续探讨，那就是，无论是传统私法关注的矫正正义，还是现代私法学应该关注的分配正义，在有关"正义"的经典谱系中都隶属于"政治正义"，即与国家和政府有关的那部分正义。如果从这个思想谱系去思考，那么是不是可以说，我们无法离开"政治正义"讨论分配正义和民法典的分配正义功能呢？而"政治正义"又包含哪些根本内容呢？在这个意义上讲，民法典的分配正义功能问题是不是同时也是一个与宪法上的国体问题和政体问题相关的问题了呢？

国际法如何"存在"？——读德沃金《一种新国际法哲学》

樊一江[*]

引言

在国际法的发展历程中，从事相关研究的学者一直力图证明国际法是法，试图将国际法纳入法学研究的范畴。[①]这一理论尝试使得国际法几乎不可避免地与"法律是什么"这一问题相遇，后者则长期以来都是萦绕在法理学家心头的"恼人不休的问题"[②]。有关该问题的分析与阐释不仅是当代一般法理学的核心议题，也在相当程度上主导了这门学科的发展。[③]法理学与国际法因此产生了相当程度的关联，有关国际法的界定问题亦成为了诸多法理学家验证其理论解释力的"试金石"。在现代法理学的发展历程中，奥斯丁（John Austin）、凯尔森（Hans Kelsen）、哈特（H. L. A. Hart）均对国际法是否属于法这一

---

[*] 樊一江，清华大学法学院博士研究生。

[①] 参见陈一峰：《超越规则：国际法的论辩主义转向》，《北京大学学报》（哲学社会科学版）2023年第1期，第163页。

[②] H. L. A. Hart, *The Concept of Law*, Oxford University Press, 2012, p. 1.

[③] Brian Leiter, *Naturalizing Jurisprudence*, Oxford University Press, 2007, p. 153.

问题做出过相关阐发。尽管三人的论证方式与结论不尽相同，但已然给 "国际法是不是法" 这一问题留下了法律实证主义的 "烙印"，使得实证主义的国际法研究成了国际法研究的主要范式。但是，近年来不论是国际形势的变化还是理论范式的演变，都对实证主义式的国际法构想提出了诸多诘问。在国际秩序方面，全球化、气候变化等紧迫的全球问题以及唯一的世界霸权的出现，大大增加了全球法律秩序的政治意义，[1]但事实上有关跨国规则与惯例的争议屡屡出现；此外，违背国际法规则与实践的案例比比皆是。事实上的困难加剧了对国际法法律地位的质疑。在理论层面，批判法学运动的兴起使得有关国际法的分歧愈发贴近于政治意识形态的竞争，而非法律适用上的取舍；作为其理论根基的法律实证主义在当代也屡屡面临着解释力不足、脱离实践的批评，甚至兴起了对 "法律是什么" 这一问题地位的再审视。[2]

然而，更加值得重视的是法理学与国际法之间的脱节。沃尔德伦 (Jeremy Waldron) 指出，当代法理学忽视了有关国际法地位的讨论，[3]而这种忽视是可耻的。[4]在此种情形下，德沃金 (Ronald Dworkin) 的遗作《一种新的国际法哲学》[5]显得尤为重要。墨菲 (Liam Murphy) 评价这篇论文是自哈特在《法律的概念》中的讨论后，英语世界中第一篇对国际法哲学进行拓展性思考的论文。[6]此文不仅涉及对 "国际法

---

① Liam Murphy, "Law Beyond the State: Some Philosophical Questions", *European Journal of International Law*, vol. 28, no. 1 (2017), p. 203.

② 参见 Brain Tamanaha, "Pragmatic Reconstruction in Jurisprudence: Features of a Realistic Legal Theory", *Canadian Journal of Law & Jurisprudence*, vol. 34, no. 1 (2021), pp. 171–202。

③ Jeremy Waldron, "International Law: 'A Relatively Small and Unimportant' Part of Jurisprudence?", in Luis D. d'Almeida et al. (eds.), *Reading H. L. A. Hart's "The Concept of Law"*, Oxford University Press, 2013, p. 211.

④ Jeremy Waldron, "Hart and the Principles of Legality", in M. H. Kramer et al. (eds.), *The Legacy of H. L. A. Hart: Legal, Political, and Moral Philosophy*, Oxford University Press, 2008, p. 69.

⑤ Ronald Dworkin, "A New Philosophy for International Law", *Philosophy & Public Affairs*, vol. 41, no. 1 (2013), pp. 2–30.

⑥ Murphy, "Law Beyond the State: Some Philosophical Questions" pp. 203–204.

是不是法"这一问题的基础性认识,也对全球秩序建立过程中出现的诸多分歧给出了相应的分析,还有对于"国际法应是什么"的理论构想;同时,通过这篇文章,既能够窥视德沃金理论发展的脉络,亦能获得实现法理学与国际法再次连结的启示。是故,此文值得认真对待。

本文的工作是梳理性的,旨在澄清德沃金的国际法思想的核心要素,在此基础上尝试理解与阐明德沃金关于国际法理论的论述,并进一步挖掘其在晚年对国际法的重视意味着什么,由此分析其国际法思想与解释性概念及法律-道德单系统主张之间的关联。本文认为,德沃金的国际法思想是其建构性解释理论的具体呈现,也是其法律-道德单系统论的应用。其中核心命题有二。首先是解释性命题,指国际法并非是给定的,亦即并非是既定的规则或实践,而是一种解释性概念。解释性概念意味着对"国际法是什么"这一问题的回答,不同于发现某种客观实在物,而需要在具体语境中加以证立。这意味着国际法学者需要反思国际法规则与实践具有何种目的,需要实现哪些价值。基于此,对"国际法是什么"这一问题的回答需要能够更好地实现这些目的或价值。对于解释性命题,一个自然的诘问是,如何探寻所谓的国际法的价值?这些价值又如何通过解释与国际法相结合?由此,引出了德沃金国际法思想的另一核心命题:道德化命题。该命题指出主权国家的独立性与国际影响力并非源于其国家实力,而是源于其道德影响力。因之,国际法所具有的约束力的基础是全球联合式的道德共识。下文将按照此二命题的内在逻辑与德沃金的行文顺序,对德沃金的国际法思想做出较为详细的讨论。

一、解释性命题:如何理解"国际法"

"国际法是什么"或者说"国际法是否存在"的问题长期以来都兼具趣味性与挑战性。[①]对于该问题,一个常见的诘问是:这是否是一

---

① 德沃金在回忆自己学习国际法的经历时,曾将该问题形容为"最激动人心的"(most lively),参见 Dworkin, "A New Philosophy for International Law", p. 2。另参见 Hart, *The*

个有意义的问题？重要的究竟是存在"国际法"还是存在能够约束国家间交往的"规则"？在德沃金看来，国际法领域的实践采取了后一种立场：存在国际法，国际法中相当一部分是包括《联合国宪章》与《日内瓦公约》在内的规则。然而，这并不能够被视作对国际法是否存在的回答。这一问题的关键并不在于是否有一些被称作"国际法"的规则或实践，而在于为什么这些规则或实践能够被视作国际法。[①]由此，可以将德沃金的国际法理论进行立场上的界定：德沃金所主张的国际法理论并不是描述性的，而是规范性的。质言之，国际法理论所欲回答的并非某规则是否属于国际法或是否为法律，而是需要证立某规则被视作国际法是否是正当的。之所以需要对国际法进行证立性的工作，是因为这一活动决定了应当如何解释被公认为国际法的规则，也决定了某些国家间行为是否具有合法性。

（一）同意原则的缺陷

证立国际法需要首先澄清为什么国际法是需要被证立而不是被描述或被发现的。这涉及一个前置性的问题：为什么会有"国际法是否存在"的疑虑？该疑虑的产生，无关于国际法规则或实践的变化，而是因为法律实证主义的影响。法律实证主义奠基者之一的奥斯丁主张法律是主权者的命令，而由于国际法中不存在所谓的主权者，根据其理论似乎可以得出国际法并不存在的结论。哈特在批判奥斯丁的基础之上将法律视作一阶规则与二阶规则的结合，二阶规则中的承认规则（rule of recognition）发挥着识别其余二阶规则与一阶规则的职能。德沃金将哈特的立场概括为："一个社群的法律实际上取决于其社会和政治历史的偶然方面，而与政治或个人道德无关。"[②]哈特强调需要通过分析概念进而把握法律现象，其阐发使得"国际法是否存在"的问题与"法律是什么"的问题相互勾连；法理学中关于法概念论的讨论过渡至国际法理论中，使得国际法的存在问题被转化为对国

Concept of Law, p. 214。

① 参见 Dworkin, "A New Philosophy for International Law", p. 3。

② Dworkin, "A New Philosophy for International Law", p. 4.

际法所代表的实践体系的还原问题。申言之,法律实证主义试图表明,尽管法律在社会中呈现出非常复杂的样貌,但都可以被他们识别出的事物解释。[1]持此立场的国际法理论会主张,要判断某一规则或惯习是否具有国际法地位,只需考察该规则或惯习是否满足由特定社会事实构成的判准。实证主义的立场被国际法相关学者与实践者所接纳并形成了"同意原则",即主权国家只有在同意(consent)的前提下才受到国际法约束。同意原则因此成为识别国际法的判准。

同意这一行为意味着尊重他国既定的社会事实,可见该原则将国际法视为各个国家间不同历史背景与社会结构的集合。这一立场的国际法理论所做的是道德上中立的描述,采取的是外在参与者视角,识别国际法的过程是与道德无涉的事实还原过程。但德沃金对此持有不同意见,他认为同意原则作为所谓的国际法的识别标准存在着如下缺陷:首先,在能够作为判准的诸多社会事实中,是否存在效力上的优先与劣后? 其次,在实践中存在国际法约束那些没有同意的国家的情况,这给同意原则的解释力带来了挑战。再次,同意原则没有提供任何标准来决定必须有多少个国家接受某项惯例(practice)为法律要求,该惯例才能成为"有习惯法效力的"(customary),从而对每个人都具有约束力。最后,同意原则缺乏如下判准,即说明哪些国家足够文明,可以参与这种本质上的立法权。[2]前述缺陷指向一个核心的困难:条约或协定(treaty)如何经由"同意"而具有法律的地位,从而约束缔约国? 该困难的一个事例为,所谓的人道主义干预是否违背了"领土完整或政治独立"的条款? 在各缔约国签署相关条例时,其对未来的预知能力是有限的,这意味着必然会出现在达成合意的条约之外的情况。是故,该困难可以被概括为:同意原则难以填补国际法上的法律漏洞。在国内法中,法律实证主义强调通过法院进行法律漏洞填补的工作,但这一思路在国际法实践中是否可行却是值得怀疑的。

---

①   Andrei Marmor, "The Nature of Law: An Introduction", in Andrei Marmor (ed.), *The Routledge Companion to Philosophy of Law*, Routledge, 2012, p. 4.

②   Dworkin, "A New Philosophy for International Law", p. 7.

那么，如果暂时搁置"未同意国家仍受约束"这一事实，是否意味着同意原则作为国际法的根基就是正当的呢？答案依然是否定的。德沃金在此提出了一场思想实验："一组没有任何正式协定的国家，彼此间基于约束行为与政策的目的，采取法律的形式而非出于道德或慎思，创设了国际法。"①对于这些并未表明同意任一协定的国家而言，为什么此种自我设限式的具有法律形式的规则能够被视作法律？对此，一个看似合理且能够避免诸如国家间相互同意的循环论证的解释是：国际法是基于惯习（convention）而创设的，即当且仅当他国同意自我设限时，本国才接受。然而此种惯习是在何时，又是如何能够产生法律义务的？这一追问引向了一个被法律实证主义所忽略的事实：在国际法的主体之间存在比所谓同意的事实更为基础的原则。

更基础原则的作用还体现在国际法的时效性上。代表同意的条约具有时效性，换言之，国际法主体会在合意达成后发生变化。但为什么国际法能够具有代际的效力呢？在国际法的理论中，需要解释为什么国际法下存在不被政治变更所中断的义务。是什么使得这个更基本的原则成为国际法的一部分呢？简单地回答说国家在签署条约时同意了这个原则将再次陷入循环。此外，预设承诺能够产生义务似乎神秘化了一个人的道德处境：一个人怎么能仅仅通过说一句神秘的短语就改变自己的道德境地呢？如果试图解释为什么承诺确实创造了道德义务，就需要探索更为基础的国际法原则。

（二）国际法的转变：从判准性概念到解释性概念

法律实证主义者对"法律"的界定也导致了对"国际法是什么"这一问题的误解。德沃金指出，法律实证主义将法律视作"判准性概念"，即在使用此类概念时共享着同样的判准，根据该判准能够解决概念使用时的分歧。然而，有些判准性概念存在模糊地带，②是故需要澄清对于该概念而言，所共享的判准为何，以此进一步地确立这一概

①　Dworkin, "A New Philosophy for International Law", p. 9.

②　例如小册子算不算书籍、头发少多少根才算秃等位于概念边缘的情况。参见 Ronald Dworkin, *Justice for Hedgehogs*, Harvard University Press, 2011, p. 158。

念的本质。这也是法律实证主义的理论目标。但德沃金认为法律概念属于另一种类型的概念，即解释性概念。解释性概念是指我们对概念的使用规则未达成一致意见，且没有决定性的检验方法来判断谁的理解正确，但依然共享的概念。[①]"我们之所以共享这些概念，是因为我们共享社会实践和经验，而这些概念在这些社会实践和经验中扮演着重要角色。"[②]在此意义上，德沃金提出了不同于概念分析的理论建构方法：建构性诠释。对法律的解释不是在对法律现象做价值中立的事实发现研究，而是通过诉诸自己对法律价值的某种信念，来建构最好的法律概念观（conception）。[③]任何关于解释性概念的正确分析的理论都必须是规范性理论：关于某些事情应该或不应该发生的政治道德情境的理论。因此，我们需要通过提出和回答政治道德问题来提供关于法律根据的理论。可见，德沃金对国际法的理解依然延续了《刺猬的正义》中所强调的法律与道德的单系统论，亦即法律是政治道德的一个分支。[④]

法律概念的转化对于国际法而言，意味着对强制力问题的消解。国际法之所以屡屡面临"是否是法"的质疑，一大原因在于国际法缺乏国内法那样的强制力保障。然而，采取单系统论的法律观表明，需

---

①　Dworkin, *Justice for Hedgehogs*, p. 6.

②　Dworkin, *Justice for Hedgehogs*, p. 6.

③　德沃金认为我们对法律应持有一种解释性的态度，具体来说就是法律这一社会实践当中具有一定价值，也就是说它服务于某些利益、目的，或是需要执行某些原则。这代表着法律具有某种"要旨"（point），法律随着要旨的改变而改变，人们需要尝试赋予其意义以最佳化地理解它，并根据其意义对其重新建构。这种建构性解释过程会包括三个阶段。一是前解释阶段，在这一阶段我们需要识别出被认为提供了实践之暂时性内容的规则和标准，也就是我们需要有一个可供我们进行解释的对象，即法律概念，这是当下有关法律存在之"意义"的理论共识以及各种法律观念的共享平台。二是解释阶段，在这一阶段解释者需要对前一阶段所识别出来的实践要素提供最佳证立，需要我们选择一个最能展现其最佳状态的解释。判断是否符合预设的阶段被称作适契（fit），对最佳角度的辩护阶段则是证立（justification）。三是后解释阶段，在这一阶段解释者必须调整其对社会实践"真正要求"什么的认识，以使其能够更好地符合解释阶段所获得的证成。换言之，解释者需要根据（解释阶段中所确立的）"最佳证立"来重构（前解释阶段所识别的）实践形式。参见 Ronald Dworkin, *Law's Empire*, Harvard University Press, 1986, pp. 65–67。

④　Dworkin, *Justice for Hedgehogs*, p. 405.

要区分两类政治权利与义务：其一是立法权利(legislative right)，是共同体的法律制定权力被以特定方式行使的权利；其二是法律权利(legal right)，是使得人们无须立法干预就可以请求相关行政权力强制执行的权利。[1]立法权利即使获得承认，也不具有直接的强制效力；法律权利一旦获得承认，就可以经请求由司法机构直接强制执行。[2]一般政治哲学处理的是立法权利的问题，法学理论则处理法律权利的问题，但法律权利本身也是政治问题的一部分，因为它涉及人们在何种条件下能够获得那些可经由请求而强制执行的法律权利。法律权利与政治权利的二分，意味着强制力并非法律"与生俱来"的要素，亦即，不是所有权利都能得到完全的救济。对于国际法缺乏强制力的质疑，应当将其理解为：不是所有权利都是法律权利，可能存在部分的政治权利。某些国际法执行的正当与否，取决于道德论辩的结果，而不取决于任何先在于国际法实践的形而上预设。

解释性概念与法律–道德单系统论的联立，给国际法提供了一种证立其存在正当性的可能：通过基于道德推导的政治理论来证立或挑战既有的国际法条款与实践。基于此，"国际法是不是法？"或"国际法是什么？"等关于国际法存在论的问题，无须诉诸某种形而上的"国际法实体"，亦无须简单地将国际间实践视作能够作为法律渊源的简单的社会事实，而是通过某种结合了道德价值的政治理论将其证立。另一方面，解释性的国际法是动态的，这要求相关学者与实践者在不同语境中探究如何能够最好地服务于特定道德价值，以此进一步完善解释理论。由此可见，德沃金并未将国际法视作某种静态的、有待发现的实体存在物，而是将其视作解释事业中的一部分。国家间惯例与条例并非天然就具备正当性，而是需要通过道德–政治论证。如果说既有的以法律实证主义思想为基础的国际法观认为国际法是某种需要还原和发现的社会事实，那么德沃金的国际法观则认为国际法

---

[1] Dworkin, *Justice for Hedgehogs*, pp. 405–406.

[2] Dworkin, *Justice for Hedgehogs*, p. 406.

是一项进行中的解释过程。是故,正确的提问方式不是"国际法存在于何处?"而是"国际法如何存在?"。

二、道德化命题:如何证立国际法实践

国际法作为作用范畴最为广泛的人类实践活动之一,对其的妥当描述仅从内在视角出发还不够,还必须采取建构性诠释的态度。究其根本,是因为用以表征人类实践的"国际法"的概念是解释性的。因此,对于国际法的解释活动一定不是法律实证主义所认为的探寻或还原社会事实的过程,而必然要"参照描述者自身的道德观,来最大程度地展现所描述对象的意义与正当性"。[1]质言之,对于国际法而言,"如何存在"就意味着在具体语境中证立某种关于国际法的理解或解释最有利于成就国际法的要旨或价值。

这一问题对国际法的实践意义在于回应了"国际法无规定是否可为"的问题,"即在国际法没有明确规定的情况下,是否存在一个基本假定,可以初步判断有关行为或情势合法与否"。[2]如若认为国际法没有禁止即为允许,则在一定程度上默许了实证法式的国际法与国际规则相等同的立场;如若反之,那么则需要回答,对国家产生约束力的所谓"国际法"是什么?这一两难进一步揭示出国家与国际法之间的微妙关系:国家权利源自国际法,还是说国家权利原则上是无限的,仅仅受到国际法的限制?[3]其中反映出的是国家主权与国际法约束力之间的张力,哈特等学者之所以否定国际法,就是因为国际法缺乏某种高于国家主权的效力来源。在同意原则被否定之后,应当如何处理此间的张力问题,是国际法发展亟待解决的问题。对此,德沃金给出的方案是:国际法的道德化构想。

---

① 陈坤:《德沃金权利论题重构》,《人权研究》2023 年第 26 卷。。
② 陈一峰:《国际法不禁止即为允许吗?——"荷花号"原则的当代国际法反思》,《环球法律评论》2011 年第 3 期,第 132 页。
③ 陈一峰:《国际法不禁止即为允许吗?——"荷花号"原则的当代国际法反思》,第 139 页。

（一）主权何以成为主权

国际法道德化构想的第一步便是解构既有的国际法主体预设，即威斯特伐利亚体系下的主权国家："在传统的叙事中，世界被划分为主权国家，每个国家原则上都不受其他国家的干涉。这些国家中的任何一个都不被允许强加统治给他国，也不能干涉其宗教、法律或政策。每个国家的主权权力只能通过其自己的机构的自愿行为来限制。"①在主权国家的预设下，政治权威需要与公民尊严的实质性保障相契合。然而，现代性的问题——是什么使得强制性政治权力正当化——不仅出现在威斯特伐利亚体系的成员国家内部，也同样涉及该体系本身。亦即，涉及每个国家决定是否尊重该体系的原则的问题。因为该体系所承诺的原则是每个成员国家强加给其公民的义务一部分。"人权和主权是引领当代国际法发展的两种基本价值"②，但根据德沃金的论述，二者并非必然相冲突：对于主权国家而言，其主权的政治合法性源于对人权的保护。每个国家的一般义务是提高其政治合法性，其中包括改善整体国际体系。如果一个国家能够通过某种方式促进国际秩序改善，从而提高其强制政府的合法性，那么它就有政治义务尽其所能朝着这个方向努力。此种政治义务虽然不要求成员国对待他国如同对待本国公民一般，但其确实要求一个国家接受对其自身权力的可行和共享的限制。③这一政治义务，即是德沃金视域下的国际法之道德基础。此道德基础之所以具有普遍性，是因为它立足于对人的尊重。对人的尊重是不区分主权国家与否的，毋宁是各国都需要坚持的基本立场。

据此，威斯特伐利亚体系下主权国家的地位应当是被反思的而不是给定的。为获得该体系所承诺的不受限制的主权国家地位，各国需要尽可能地提升其政治合法性。而由于政治合法性是与公民尊严相

---

① Dworkin, "A New Philosophy for International Law", pp. 15–16.

② 李鸣：《当代国际法的发展：人权定向对主权定向》，《武大国际法评论》2011 年第2 期，第 154 页。

③ Dworkin, "A New Philosophy for International Law", p. 17.

绑定的,因此主权国家应对国际体系做出回应并产生影响,由国家间条约而形成的国际秩序亦应迈向具有干预能力的动态体系。基于此,作为国际法主体的主权国家应当尽可能履行如下政治义务。首先是通过国际秩序实现自我限制,"如果能推动建立有效的国际秩序,防止自己在未来可能沦为暴政,就能提高其合法性"[①]。相较于同意原则式的自我限制,道德化的国际法要求主权国家间形成某种程度的制衡关系。但此种制衡并非基于威慑或是竞争的目的,而是强调国家秩序的和平以及对公民尊严的保障。质言之,主权国家需推动建立有助于维护公民尊严的国际秩序。其次,"任何国家都有理由努力创造一个保证国际社会将会协助其抵御入侵或其他压力的国际秩序"[②]。这一义务要求主权国家长时间地维护前述国际秩序。再次,主权国家需要保障国际秩序能够促进,或至少不妨害主权国家间的合作。在全球化逐步深化的当下,如若一政府创立或接受的国际体系使国际合作成为不可能或受阻碍,该政府实则增加了其治下公民在经济、医疗、环境等诸多方面的持续性风险,"这意味着该政府未能满足公民的合理期望"[③]。最后,具有正当性的政府需要保障公民在决策过程中的参与。在经济依存关系日益增强的世界中,某国内部事务亦有可能影响到另一国。因此基于保护尊严的要求,国际秩序中的每一国家的公民都应当能够参与到会对其产生较大影响的政策的制定与实施中。

(二)显著原则作为国际法证立的判准

对于德沃金的国际法道德化构想,还需进一步处理的问题是:在解释国际法规则的内容时,道德解读也可能产生不同的结果,[④]那么主权国家所采取的证立其正当性的方式之间是否存在判准?每一国家

---

① Dworkin, "A New Philosophy for International Law", p. 17.

② Dworkin, "A New Philosophy for International Law", p. 18.

③ Dworkin, "A New Philosophy for International Law", p. 18.

④ John Tasioulas, "Customary International Law and the Quest for Global Justice", in A. Perreau-Saussine and J. B. Murphy (eds.), *The Nature of Customary Law: Legal, Historical and Philosophical Perspectives*, Cambridge University Press, 2007, p. 307.

都是具有独立地缘特点与文化结构的特殊存在，对于尊严问题或许也存在不同的理解，这是否意味着不同国家间仅仅具有一个关于尊严的纯粹形式的共识，而具体的内核则可根据各国实际情况而决定？德沃金并未认同此种观点，并将不同国家实践上的分歧解释为一个结构性的基础原则：显著原则(principle of salience)。

该原则指的是"如果有相当数量的国家（涵盖相当数量的人口）通过条约或其他形式制定了一致同意的规则，那么其他国家至少也有表面上的义务遵守该准则。但只有该规则普遍化后将提高签署国和国际秩序的合法性时，此种义务才成立"①。质言之，国际法上的分歧并非是不可通约的，而是能够基于特定条例或惯例的性质予以决定。显著原则所表征的是全球联合的立场，不同国家在参与国际秩序的创设与维护时，也提升了对于本国公民尊严的保障。因此，显著原则并不是单纯国家实力的体现，而是趋向于并立足于人类共识的相互促进，道德影响力会随着该原则的深化与扩大而逐步提升。

进一步的追问是，是否存在人类共识？基于捍卫显著原则的立场，德沃金需要回答的不止于此，如若人类共识是纯粹形式性的，那么该种共识无法促进各国之间进行实质上的道德联合。是故，如欲证成显著原则，需说明存在实质性的人类共识，或对于某些价值而言，具有全人类共识性的理解。在"二战"前，超越性信仰与万民法(ius gentium)都承担着类似的功能，但"二战"后世界逐渐多元化，宗教已然无力进行全球层面的整合，显著原则的提出在一定程度上意味着万民法的古老传统于当代复兴。显著原则更好地解释了各个国家宪法倾向于与其他国家的宪法原则保持一致的现象。基于整全法的要求解释国际文件（如《联合国宪章》）的方法是根据国际法的基础目标，即创立一种能够保护政治社区免受外部侵略，保护其域内公民免受内部暴政，在必要时促进协调以及在全球范围内为人们参与自己的治理提供某种程度的参与权的国际秩序。这些目标必须共同解释：它们必

---

① Dworkin, "A New Philosophy for International Law", p. 19.

须以相容的方式被理解。

因此,国际法的道德化构想基于对人类的尊重,其中隐含着两点要求。其一是超越主权国家的国际社会构想。政治共同体不再是社会存在的唯一载体。多元共同体与多样身份认同开始催生出超越于国家的世界社会的可能性,①这在事实上形成了全球社会"安危与共"的局面。②显著原则的提出在一定程度上突破了主权国家的传统叙事,在捍卫国际秩序的同时也构成了对本国公民权益的保障,这意味着主权国家之间的关系不再是竞争式的政治博弈,而转变为了公民跨域权利保障的载体。其二是国际法的人文主义转向。在一些叙事中,国际法被工具化为某种施展国家实力或进行意识形态竞争的手段,但在国际法的道德化构想中,国际法应当肩负平等尊重全世界人民的职责。

(三)对国际法道德化构想的捍卫与辩护

国际法的道德化构想在实践过程中,需要具备对政治决策的抗性。因此,欲完成国际法的道德化构想,需要妥善处理国际法与政治之间的关系。德沃金所给出的策略是将显著原则贯穿于国际决策的全过程。例如,当下国际法实践中联合国安全理事会常任理事国的"一票否决制"可能会导致一项所谓的人道主义干预提案被执行或被否决,但决策机制与决策结果之间的联系是否体现于显著原则是需要进一步探讨的。质言之,该决策是否有助于降低威权政府的合法性,提升和平取向的国际秩序,是并未得到显明讨论的。③然而,显著原则如欲贯穿于国际决策的全过程,有一个现实的困难需要处理:缺乏具有管辖权的国际司法机构来解决政治决策的冲突问题。究其根本,该问题的症结在于缺乏制约的威斯特伐利亚体系。④换言之,近乎无限

---

① 鲁楠:《全球化时代比较法的优势与缺陷》,《中国法学》2014年第1期,第105页。

② 车丕照:《"人类命运共同体"理念的国际法学思考》,《吉林大学社会科学学报》2018年第6期,第20页。

③ Dworkin, "A New Philosophy for International Law", p. 25.

④ Dworkin, "A New Philosophy for International Law", p. 27.

的国家主权使得国际法的道德化构想始终面临着一个隐患：在世界体系中是否有足够的强制力来确保各国承担平等关切的国际责任。[①]

诚然，制度性的实践问题相较于理论阐发而言总是显得困难重重，但在德沃金式的基于价值统一性的道德化国际法中，制度设计问题并非被首要讨论的。或者说，制度设计并非给定的，而是国际法道德化构想在全球实践中的某种映现：根据语境与显著原则建构最合适的方案，如有可能的话，赋予国际法院一定的管辖权限制越权行为。如是策略或具有同等或更大价值的方案，均能够有效地应对威斯特伐利亚体系对国际法合法性的侵袭。[②]质言之，国际法的道德化构想的预设不再是主权国家，而是一个全球性的世界社会：几乎所有人都能直接或间接地平等参与影响其生活的各种政治决策的社会。与目前世界上大多数人口所享有的权利相比，此种构想将为他们提供更多间接参与自身治理的机会。

尽管并未给出某种可循的制度性建议，但德沃金对国际法的关注澄清了对国际法的基础性认识，对于国际法未来的发展具有启示性与奠基性的意义。对于国际法研究而言，侧重政策性建议恰恰是将国际法视作判准性概念的体现，因为此种进路将国际法实践中的既定事实（规则、条约或惯例）简单地等同于了国际法，故而将其视作相关研究的前提和出发点。这相当于推定了当前国际秩序和跨国实践大致上是合理的，然而基于事实的进路难免会因相反事实而被质疑，因此催生出了批判法学式的国际法怀疑论，即根据相互竞争的国际现状试图论证所谓国际法不过是某种乌托邦式的幻想，实质则是不同国家间的政治斗争。[③]经过德沃金的转化，国际法的存在与否不再是对给定事实的发现工作，而是基于道德价值的解释性事业。由此，国际法应当被视作建构的产物。是故，国际法理论研究的基础不再是存在相互冲

---

① Dworkin, "A New Philosophy for International Law", p. 28.

② Dworkin, "A New Philosophy for International Law", p. 26.

③ 参见 David Kennedy and Martti Koskenniemi, *Of Law and the World: Critical Conversations on Power, History, and Political Economy*, Harvard University Press, 2023, pp. 41–42。

突的国际法实践的实然判断,而是如何建构良善的国际秩序的应然判断。制度性设计是解释性过程的结果与道德化构想的应用,相较于仍处于晦暗中的对国际法如何存在的认识,实操性质的政策建议显得有些细枝末节,不应取代关于国际法性质与规范性的讨论。恰如德沃金在文末所言:"我们现在需要滋养的是国际法的根基,而不是树枝。"①

结语

至此,本文从解释性命题与道德化命题评析了德沃金的国际法思想。究其根本,德沃金的国际法思想仍是其价值统一性思想的延伸,可以被理解为为国际层面的尊重和保护个人尊严和权利的事业提供理论支撑。通过将国际法视作解释性概念,德沃金认为对于"国际法是不是法"的问题,不应将其视作"国际法是否存在"的存在论探究问题,亦即探寻特定规则或实践主张是否满足某些事实性的判准;而应将其重述为"国际法如何存在"的认识论问题,通过解释性过程证立国际法在具体语境中的最佳呈现。基于此,德沃金认为对国际法的认识实是证立道德价值的解释过程,而该过程在国际实践中的根基是对个人权利与尊严的捍卫。由此可见,德沃金将国际法视作一种制度化的道德主张,并主张世界社会中的每一个国家都需承担起维护一种能够对人类施以平等关切的国际秩序的责任。

同时,德沃金关于国际法的论述在一定程度上重新联合了法理学与国际法。在全球化日益深化,国际合作对于个人权益愈发重要的当下,国际法不再仅仅是检验法理学关于"法律是什么"的论述是否成立的试金石,而具备了反哺法理学发展的功能。国际法与法理学的良性互动,将在各自学科内兴起新一轮的反思与革新,在此意义上,德沃金在人生的最后阶段又一次开辟了法学研究的新板块。德沃金国际法思想的启示还在于锚定了前述学科革新的基石——一种生发于人本主义与人文主义的立场。这意味着不论是法理学者还是国际法

①　Dworkin, "A New Philosophy for International Law", p. 30.

学者，都应当在研究中注重对人的尊严及权利的保护，并且由于视野拓展到了国际层面，这一过程必须依靠我们从内在参与者的视角去努力寻求。尽管在大多数时候很困难，但这确是国际社会与相关学人必须承担的道德责任。

上访不告状：《我不是潘金莲》再解读

张国旺[①]

　　李雪莲与秦玉河结婚第二年，生了一个儿子，七年之后，李雪莲又意外怀孕，要不要这个孩子成了问题。那时二胎还是非法的，秦玉河又是县化肥厂的职工，要了二胎，就会被开除公职。李雪莲想到一个主意，可以两人先离婚，再把孩子生下来，等给孩子上了户口，二人再复婚。这样既要了孩子，又能保住秦玉河的公职。于是，二人便办了离婚。为了避嫌，也假戏真做，不再来往。但没想到，大半年之后，李雪莲生下来孩子，秦玉河却已经与在县城开发廊的小米结了婚，小米也已怀了孕。

　　弄假成真，李雪莲咽不下这口气，便到法院打官司，想先证明这个离婚是假的，再与秦玉河结婚，然后再与秦玉河离婚。法官王公道虽感到匪夷所思，却又无可奈何，只能按程序开庭，判定这个离婚在法律上是真的。李雪莲输了，《我不是潘金莲》里的上访大戏也就开始了。

　　许多研究，尤其以电影《我不是潘金莲》为底本的研究都认为这

---

①　张国旺，中国政法大学社会学院副教授。

部小说聚焦的是法律政治问题。[1]但是,这样就等于无形中阉割了这本小说最重要的内容,因为小说其实讲了两个故事,一个是序言里李雪莲上访告状的故事,一个是正文里老史上访不告状的故事。所谓的法律政治问题只在序言里才有,电影《我不是潘金莲》拍的也只是序言。这并不是说序言不重要,而是序言只有和正文放在一起才有其合适的位置。因此,这本书真正的要害并不在李雪莲本人,而在两个故事之间李雪莲和老史的比照,以及刘震云想借此传达的生活方式之文化内涵。在讲老史之前,让我们首先回到李雪莲这个人,而最能体现这个人的,是她从杀人到折腾人再到进京上访的过程中对待他人的态度。

一、杀人

其实,李雪莲最先想到的并不是去法院告状,而是杀人,杀了秦玉河这个畜生。难的是秦玉河一米八五,膀大腰圆,李雪莲没有十足的把握,只能找一个帮手。

她第一个想到的是自己的弟弟李英勇。那时已经立春了,二人站在村后的土岗上,土岗下的河水破着冰往前流。

> "英勇,姐对你咋样?"
> "不错呀。当初我结婚时,你借给我两万块钱。"
> "那姐求你一件事。"
> "姐,你说。"
> "帮我去把秦玉河杀了。"
> "姐,你要让我杀猪,我肯定帮你,这人,咱没杀过呀。"
> "谁也不是整天杀人,就看到没到那地步。"

---

[1] 比如,陈洪杰:《法律国家主义的困境——一个关于"秋菊/李雪莲"的知识隐喻》,《中国政法大学学报》2019年第2期;陈柏峰:《党群关系中的"李雪莲"有多重要》,《中国法律评论》2016年第6期;陈金钊:《"实用"法律观所衍生的悲剧——以电影〈我不是潘金莲〉为样本的分析》,《浙江社会科学》2017年第7期;陆宇峰:《现代法治的"为"与"不为"——从"李雪莲"的两项诉求说起》,《浙江社会科学》2017年第7期。

"杀人容易，杀了人，自个儿也得挨枪子儿呀。"

"人不让你杀，你帮我摁住他，由我捅死他，挨枪子儿的是我，跟你无关。"

"摁住人让你杀，我也得蹲大狱。"

"我是不是你姐？你姐让人欺负，你就睁眼不管了？你要不管我，我也不杀人了，我回去上吊。"[①]

若仅从字面看，这番话像是李雪莲早就想好的，步步为营。一句"姐对你咋样"，字字千斤，听的人虽不明其事，却免不了心里咯噔一声。将欲取之，必先予之，生活中谁不怕这样的问话？接着是面对杀人偿命的反驳，李雪莲退而求其次，"你帮我摁住他"。最后是道德绑架、性命相逼的威胁。

人在气头上，心里想要杀人倒也属常情，就像《出延津记》里的杨百顺和剃头的老裴，还有《回延津记》里的牛爱国。但李雪莲不只是心里想，而且要找自己的弟弟来帮忙。这已不是瞬间的激愤，也不是装装样子，而是真的要杀人。她没有想自己的后果，也没有替自己的弟弟想后果，她甚至都没有想到自己的弟弟会拒绝。所以，表面的步步为营，不过是她对弟弟的退缩感到绝望，而绝望中又升起新的怒气，最终像个孩子一样地哀求和命令。

为何一桩普通的婚姻和情感的背叛，可以让一个人变得如此厉害，又如此可怜？我们可以猜测她对秦玉河的情感依赖过高，以至于被背叛就等于失去所有；甚至也可以猜测她心理脆弱乃至偏激，不能接受现实。但李雪莲最直接的反应并不是这些，而是问为什么我怀孕的时候，你跟别人乱搞；为什么明明当初说好的假离婚，现在你一口咬定是真的；为什么你姐被人欺负成这样，你连管都不管。她觉得委屈。越觉得委屈就会越气，越气就越恨。李英勇机智，先是应了下来，第二天又找了个借口溜了。她更气，也更恨。

---

① 刘震云：《我不是潘金莲》，长江文艺出版社 2016 年版，第 8 页。

　　李雪莲找的第二个人是镇上杀猪的老胡,眼睛色眯眯的,一直爱慕李雪莲。

> "老胡,咱俩关系咋样?"
>
> "不错呀宝贝儿,你买肉哪回吃过亏?"
>
> "我把秦玉河叫过来,您帮我摁住他,让我抽他俩耳光。"
>
> "你们的事我听说了,秦玉河不是个东西。"
>
> "别说让我摁住人,就是帮你打人,也不算啥。我想知道的是,我帮了你,我能得到啥好处?"
>
> "你帮我打人,我就跟你办那事。"[1]

　　看起来,又像是同样的策略,而且还吸取了此前的教训,不再提杀人。甚至还对症下药,用了古已有之的办法:色诱。但李雪莲并不是一个随随便便的女人,秦玉河后来说的一句"你就是潘金莲",就让她上访了二十年。这里之所以如此轻易地用身体做交换,显然是因为走投无路,没有别的办法。自己最亲的弟弟不帮自己,只能自己帮自己。这身体的臭皮囊和心里的委屈比起来,恐怕也算不得什么。她或许都没有真想过交换的事,她想的是如何杀掉秦玉河。只要能出这口气,怎么着都可以。老胡色迷心窍,当然不可能听出背后的隐衷。秦玉河自觉理亏,借着送货的机会跑到了黑龙江,老胡才躲过了这一劫。

　　李雪莲碰到的第三个人是化肥厂门口管厕所的中年妇女。李雪莲与她不认识,却因为她也骂秦玉河不是东西感到了些许亲近。

> "秦玉河不通人性。今年一月,他喝醉了,来上厕所。上厕所是要交钱的呀,我从这里头有提成的啊……秦玉河仗着是化肥厂的,两毛钱,就是不交。我撵着他要,他一拳打来,打掉我半个门牙。"

---

[1]　刘震云:《我不是潘金莲》,第10页。

"我今个儿没找到他，找到他，就把他杀了。"

"这挨千刀的，只是杀了他，太便宜他了。"

"啥意思？"

"杀人不过头点地，一时三刻事儿就完了。叫我说，对这样的龟孙，不该杀他，该跟他闹呀。他不是跟别人结婚了吗？也闹他个天翻地覆，也闹他个妻离子散，让他死也死不成，活也活不成，才叫人解气呢。"①

于是，李雪莲想到了告状。这位中年妇女的恨和李雪莲的恨不是一回事，她也不是要替李雪莲着想。明显是撒气的话，李雪莲却听到了心里，如梦方醒。这不是与人为善的慧心，而是累积的委屈和怨气终于找到了新的出口。中年妇女无论如何想不到，她的这番话改变了两个人的命运，既救了秦玉河，也让李雪莲搭上了二十年的生活。两次杀人计划失败后，她任气而行的底色终于完全展露了出来。

二、折腾人

法官王公道看得很明白，李雪莲这不是告状，是要把简单的事情搞复杂。

"已经离了婚，还要再离婚；为了再离婚，先得证明前一个离婚是假的，接着再结婚，然后再离婚，这不是麻烦吗？"

"如果他仍是单身，这事儿还好说，事到如今，他已经与别人又结了婚。如果证明你们离婚是假的，你想与他再结婚，他还得与现在的老婆先离婚，不然就构成重婚罪；与你结了婚，还得再离婚，这不麻烦吗？"

"如果你们当初离婚是假的，明眼人一眼就能看出，你们当初离婚的目的，是为了多要一个娃儿。如果为了多要娃离婚，你

---

① 刘震云：《我不是潘金莲》，第15—16页。

们就有逃避计划生育的嫌疑。"

　　"如果断定你们当初离婚是假的，在说你和秦玉河的事之前，先得说道说道你们家的娃。你看似在告别人，其实在告你自个儿；也不是在告你自个儿，是在告你们家的娃。"①

　　法官以为晓之以理动之以情，就可以说通李雪莲，却没想到这番话正说到她的心坎儿里，"我要的就是这个麻烦"，"我要的就是鸡飞蛋打"。不鸡飞蛋打，不足以解其气。上个世纪90年代的电影《秋菊打官司》，也和生育有关。秋菊上访不是为了二胎，而是担心自己的男人被踢坏了下身，这个家就断了命脉。她担心的是未来，这个家的未来。但对李雪莲来说，背叛已经发生，她却始终无法接受，因为她从来没想过秦玉河会骗她，假离婚会变成真的。与其说她要折腾秦玉河，不如说她想毁掉现在，回到过去，回到心思简单、彼此信任的生活。不管法官有没有完全看懂这一点，那环环相扣的推理都是为了提醒李雪莲，要实现这样的诉求，就等于要地覆天翻，全世界的人都围着你转。

　　地覆天翻，需得从自身开始。所以，等待开庭的十天里，李雪莲做了七件事：洗澡，改发型，买了一身新衣裳，买了一双高帮运动鞋，卖了家里养的猪，把孩子托付给同学，上戒台山拜菩萨。"折腾别人，也是折腾自己"，新衣服是为了新气象，改成短发是为了打起来不被揪住头发，新鞋是为了来来往往好走路。最值得注意的是托付孩子和拜菩萨。

　　那个多出来的孩子，才两个月大，还在吃奶。李雪莲跑了五十里路，找到了自己的同学孟兰芝。孟兰芝也刚生了孩子，带起来方便。李雪莲是否犹豫挣扎过，小说里没有提。二十年后，这个女儿早早就把自己嫁到了别处，很少和母亲来往。当初是为了生这个孩子，才闹出后来的离婚和上访，如今这个女儿竟和自己不是一条心，李雪莲懊

---

　　① 　刘震云：《我不是潘金莲》，第19—21页。

恼不已。但她或许没有想过,二十年来,她一直忙着上访,孤零零的女儿风风雨雨究竟是怎么长大的。

将孩子托付后,李雪莲回去时路过戒台山,看着那么多的善男信女,听着传之弥远的念经声,忽然想起了菩萨。她把香点着,跪下来:

"菩萨,你大慈大悲,这场官司下来,让秦玉河个龟孙家破人亡吧。"

"家破人亡也不解恨,就让他个龟孙不得好死吧。"[①]

世人皆知菩萨是引人向善的,进庙上香都是为了求人好,或求自己好,或求别人好。所以,很多人求神拜佛,都要沐浴更衣,清水漱口,毋妄言。李雪莲却理直气壮求人坏,求人死。对众人来说,是心诚则灵,对李雪莲来说,是心狠则灵。但这并不是因为她心狠,或者说心狠只是结果,真正的原因是她和世人已经不在同一个世界。约束世人的道德伦理世界,在她面前已经失效了。因此,她求的菩萨也不是众人救苦救难的菩萨,而是能剪除恶人、改天换地的菩萨。

三、进京上访

官司输了,李雪莲又找到法院专委董宪法、法院院长荀正义、县长史为民,还有市长蔡富邦,最后因为妨碍了"精神文明城市"的创建,被公安局关了起来。七天之后,李雪莲放了出来,忽然想通了:这些事找普天下的人都说不清楚,唯有一个人说得清楚,普天下都说她错了,唯有一个人知道她是对的,这个人就是秦玉河。她不想折腾了,只想听秦玉河亲口说一句实话。李雪莲找到秦玉河的时候,秦玉河正在化肥厂门口和几个朋友喝啤酒。

"既然当着众人,你就当着众人说一句实话,咱俩去年离的

---

① 刘震云:《我不是潘金莲》,第28页。

那场婚,到底是真的还是假的?"

"是真是假,你不是到法院告我了吗?法院是咋说的?"

"法院判我输了。今天我不管法院,也不管别人,我就想问问你,法院判的对不对?去年离婚,到底是真的还是假的?"

"秦玉河,你真没良心,你咋能睁着眼睛说瞎话呢?你咋能说话不算话呢?去年离婚时明明说好是假的,你咋一声招呼都不打就变了呢?你变了没啥,还与人合伙陷害我;明明是假的,咋就说不成假的呢?"

……①

秦玉河并不知道她心里的想法,他以为她还要告他,指不定兜里还装着录音笔。李雪莲也想不通,为什么一句实话就这么难。李雪莲本来不打算纠缠下去了,如今却又被秦玉河把火点着了,她再一次有了杀人的冲动。这个看似容易的和解之所以不可能,恐怕并不是因为信息不对称的误会。对秦玉河来说,这句实话本来还是可能的;无奈经过李雪莲的这番折腾,他名声扫地,早已是仇人眼红。而对李雪莲来说,她是在历经种种方案失败后,感到了普天下对自己的孤立,才把秦玉河的这句话当成了救命稻草。秦玉河关心的是脸面,他仍处在道德伦理的日常世界,而李雪莲则是跳出这个世界之后又回到了这个世界。她也不是要回到众人的世界,而是想回到能说实话的两人之间的世界。一句话竟压着千斤之重,一句话竟藏着两个世界的隔阂,这句话就不再是一句话了。为了说这句话,就得说千万句别的话。说着说着,两人就又扯出了潘金莲的事:

"官司的事我不管了,县长市长我也不管了,我只是想问问,趁着我怀孕,你跟人胡搞,你还有没有良心?"

"这事你问不着我,该问你自己。"

---

① 刘震云:《我不是潘金莲》,第65—66页。

"啥意思？"

"要说跟人胡搞，我早吃着亏呢。"

"啥意思？"

"嫁我的时候，你是个处女吗？新婚那天晚上，你都承认，你跟人睡过觉。"

"你是李雪莲吗，我咋觉得你是潘金莲呢？"[①]

开始时，李雪莲是任气而行要杀人，接着是凭着解气的希望而去折腾人，而所有这些的背后，是她始终以为能让秦玉河承认当初的假离婚。但现在，秦玉河莫须有的诬告终于让她彻底绝望了。新世界既不可得，两人的世界也回不去，如今又被一句"你是潘金莲"的污名钉在了道德的审判柱上。

"李雪莲觉得这事突然变大了。因为，秦玉河说这话时，身边不是就他们两个人，周遭还有一大群喝啤酒的人。俗话说得好，好事不出门，坏事传千里；明天早上，李雪莲是潘金莲这事，就会传遍全县，后天就会传遍全市；因为告状，李雪莲已经在全县全市成了名人。潘金莲这事，可比离婚真假有趣多了，离婚真假，马上就显得不重要了……"[②]

受此不白之冤，李雪莲又起了新的主意：她要去北京告状，证明自己的清白。一个人得有多绝望多委屈，才会在一瞬间就把自己放在了全世界最中心的舞台上。听起来，像是全县全市的人都在推波助澜，逼迫着她去北京，实际上，不过是一个无家可归的人想要通过出走博得挽留。怎奈这番推理如此顺理成章又如此真切，不单蒙蔽了自己，也欺骗了场外的读者。

---

① 刘震云：《我不是潘金莲》，第68页。

② 刘震云：《我不是潘金莲》，第69页。

开辟不了未来，也回不到过去，李雪莲无处可去，终于还是回到了众人的道德世界，而这个世界里全都是她臆想出来的敌人。其实，她想要的只是一句话，就像一个委屈以至于崩溃的孩子想要一句安慰。但越是这样去要，这句话就越不可能得到；因为要就是在命令，就是唯我独尊。越觉得委屈就越不会真正理解别人，也就越想去命令。杀人是命令，折腾人也是命令，进京上访还是命令。这句话，秦玉河不愿给，法律给不了，政府就能有什么办法吗？政府或许可以强迫秦玉河给，但强迫给的一句话还是原来那句话吗？

李雪莲是孤独的，只有家里的一头牛才能听懂她的心事，而这头牛最后也死了。孤独有时候并不是因为人与人之间的隔阂，而是因为太想听那一句顶一万句的话，这隔阂就变成了鸿沟。茫茫世界身外求，李雪莲的上访注定是一个悲剧。

李雪莲打算去北京，"过去说这事纯粹为了惩罚秦玉河，现在说这事还为了证明李雪莲的清白"。作者的描写不动声色，却隐隐约约让人感到，李雪莲要证明的是自己的清白，而她本人却已然不知道自己是谁。

四、老史

全书将近三百页，李雪莲的故事占了两百六十页，剩下的三四十页写的是老史。但在目录里，前两百六十页只是序言，老史的故事才是正文，赫然醒目。老史何许人也？李雪莲进京上访，混进人民大会堂，最后引来一连串政治地震，法院院长、县长、市长皆被撤销职务。那个县长叫史为民，就是老史。当文件传达下来，老史大呼冤枉："文件就这么下来了？还有没有说理的地方了？明天我也告状去！"

但老史并没有真的去告状，而是告老还乡，在老家的县城开了一家饭店，叫"又一村"。史为民的爷爷早年在太原府当过厨子，留下一手绝活"连骨熟肉"。所以，"又一村"的连骨熟肉远近闻名，每日排着长队。但这肉一天只炖两锅，中午一锅，傍晚一锅，卖完即打烊。

众人不解，老史说，"不能累着"。开店之余，老史爱打麻将。不是整天打，是每周打一次。时间固定在周四下午，人也是固定的，开酒厂的老布，批发烟酒的老王，开澡堂的老解。时光流转，人头不换，输赢也差不多。开店不能累着，打麻将也不能累着。

老史的故事里有四个人很重要。最能体现老史这个人的，是他对待这四个人的方式。

第一个是开澡堂的老解。事实上，老史也上访过。那年春节前夕，老史买不到回家的票，被困在北京火车站，而好朋友老解得了重病，正在等他回来打或许是最后一次麻将。老史急中生智，举着一个大大的纸牌子跪在火车站广场，上面写着"我要申冤"。于是，他便被协警送了回来。为何冒着如此大的风险也要赶回来，一是因为朋友老解的重病，二是因为老史想起老解的一句话。

有一次，老史与老伴儿怄气，吃饭时便多喝了几口酒。醉后，气仍未消，便迎着漫天的大雪去了老解的澡堂。第二天醒来，发现自己躺在澡堂的床铺上，胳膊上扎着吊针。原来老史醉在澡堂，心跳狂飙，老解赶紧叫来了医生。医生说，得亏叫得及时，不然真说不好。老史还嘴硬：

> "过去就过去，人生自古谁无死呀。"
> "那不行，你要死了，我们到哪儿搓麻将啊。"①

老史站在北京火车站广场上，想起了这句话，也想起了自己听到这句话时的心头一热。老史原来总觉得老解赢了就得意，输了就骂娘，牌品太差，现在因为这句话，他才看清了老解这个人。将心比心，无论如何，也得赶回去。

第二个人是老史的姨妈。老史被困火车站的起因，是远在东北辽阳的姨妈去世了，他奔丧回来时恰逢春节，买不到火车票。老史和姨

---

① 刘震云：《我不是潘金莲》，第277页。

妈隔得挺远,也没有太多交往,不去也不算什么。千里迢迢去奔丧,是因为他想起小时候姨妈给过自己两块钱。老史八岁那年,姨妈和姨夫从东北回来探亲。老史的爹见妹夫是军人,妹妹是国企工人,就张口借钱。他们自己也有难处,便拒绝了。但在吃晚饭的时候,姨妈偷偷把老史拉到身边,塞给他两块钱,还说:

> "你生下来的时候,我是第一个抱你的人,就是用的这双手。"[1]

那时的工资也就一个月几十块,一个孩子拿着两块钱,心里格外有底。老史一直存着这两块钱,直到六年级喜欢一个女同学,才从里面拿出两毛钱,买了一个花手绢送给她。老史的姨妈肯定想不到,自己的两块钱给了一个孩子多大的信心和满足。她更想不到,半个世纪过去,这个孩子如今已经六十多了,还一直没忘她当年的好。

第三个和第四个人是遣送老史回来的两个协警,一个叫老董,一个叫老薛。不禁让人想起《水浒传》里押送林冲的董超和薛霸。两个人完成遣送任务,听说了"又一村"的连骨熟肉。等他们到了饭店门口,才发现队伍已经排到一里开外。既不能插队,也不认识熟人,无论如何是尝不到了。无奈中正要离去,服务员喊住了他们:

> "二位大叔留步。"
> "啥意思?"
> "俺老板说,你们在火车上请他吃过饭,现在他请你们吃饭。"[2]

包间里已经准备好了连骨熟肉,热气腾腾的一大盆,旁边是两瓶

---

① 刘震云:《我不是潘金莲》,第273页。
② 刘震云:《我不是潘金莲》,第285页。

白酒，叫"一马平川"。其实，他们在火车上处处照顾着老史，还给老史买了盒饭吃，不过是为了稳住老史，免得他节外生枝。老史对此当然心知肚明，但老史并未因此把他们当成可笑的衙役，更没有当成莫不相干的人，而是像对待两个对自己有恩的朋友。书中没有写两人心里的反应，但他们吃肉喝酒的感觉，畅快淋漓，仿佛忘了外面的世界。此时，小说也到了结尾，作者仍旧不动声色，但似乎又有些克制不住内心的波动，写道：

> "这时天彻底黑了。年关了，饭馆外开始有人放炮，也有人在放礼花。隔着窗户能看到，礼花在空中炸开，姹紫嫣红，光芒四射。"[1]

五、玩呢

当地公安局接收老史的时候曾问，你这唱的是哪一出，怎么到北京告状。老史如实相告：

> "没告状，没告状。"
> "在北京转车，买不到火车票，急着回来打麻将，只好用上了这一招。"
> "玩呢。"[2]

李雪莲撇家舍业孤注一掷的行动，在老史这里不过是一个玩笑。但只有两人加在一起，两厢对比，方能显出这本书的真意。若没有老史，李雪莲这个"序言"虽有些荒诞，却不过就是一个普通的上访故事，既不比生活中那些上访真切，也缺乏深意。同样，没有李雪莲，老

---

① 刘震云：《我不是潘金莲》，第 287 页。
② 刘震云：《我不是潘金莲》，第 281 页。

史这个"正文"虽有些巧妙,却不过是一场故意为之的搞笑,轻飘飘的,有些滑稽。李雪莲的上访是重的,像是一场苦难,老史的上访是轻的,像是一句幽默。很显然,轻重之间的平衡和转化才是本书着力呈现的焦点。而刘震云的许多作品都是围绕这个主题展开的,尤其是他那些最成熟大气的作品,如《温故一九四二》《一句顶一万句》和《一日三秋》。

在《温故一九四二》里,作者面对的是一九四二年抗日战争相持之时,河南大旱,饿死三百万人的历史,但他真正关心的并不是这场惨剧是如何造成的,而是如此深重的苦难为何在亲历者的回忆里早已烟消云散。这里隐藏的正是这片土地上的人们面对沉重、面对死亡的态度:"在美国或者欧洲,一个人在临死之前一定会追问:我为什么死了?但是河南人没有,他们在死亡面前表现得坦然,这是他们人生最后也最大的幽默。"①

在《一句顶一万句》里,刘震云借着一位私塾先生的话道出了这个转化的必然。私塾先生老汪重解《论语》的开篇,为什么"有朋自远方来"我们就会高兴,恰恰是因为身边没有说得着的人。因此,上卷的杨百顺一次次决绝地离开,最后落脚在千里之外的咸阳,下卷的牛爱国从严严实实的日常生活中突围,最后在毫无目的的漂泊中才找到自己的桃花源。生活近处的重与远处的轻成了所有现代中国人必须面对的处境,如同对娜拉来说,家是沉重的,必须得离开,"走异路,逃异地,去寻求别样的人们"②。

到了《一日三秋》,这个问题的出路变得更加丰富多样。主人公明亮最开始的名字叫翰林,眼前常常发昏;改成明亮后,才明亮起来。翰林是重的,明亮是轻的。明亮总觉得妈妈的死是自己造成的,因而心头压着千斤之重,但在原野吹出的悠悠笛声中,这沉重也竟慢慢融

---

① 刘阳:《专访刘震云谈〈一九四二〉:灾难,我们拒绝遗忘》,http://culture.people.com.cn/n/2012/1129/c87423-19733722.html(最后访问时间:2024年6月3日)。

② 鲁迅:《呐喊·自序》,载《鲁迅全集》(第一卷),人民文学出版社2005年版,第437页。

化了。而更重要的是，刘震云还借着花二娘的传说告诉我们，生活的沉重和苦难必须转化成笑话，否则即有性命之虞。在访谈中，刘震云将这种转化延伸到以延津为代表的中原文化的历史底蕴。它既是一种生活的辩证法，更是我们这个民族的生存秘籍：

> "当然我从小生活在河南，区域对我是有影响的。真正的幽默不产生在喜剧，不产生在小品，真正的幽默产生在悲剧。当一个民族，遇到的苦难特别多的时候，对严峻苦难应该有一个态度。如果你用严峻来对付严峻，严峻就变化了铁，鸡蛋往铁上碰的话，鸡蛋就没了。换一种幽默的态度的话，马上这块铁就变成了冰，幽默变成了大海，冰掉到大海里面就溶化了，这是一种生活的态度。当幽默是一种生活态度的时候，你突然会发现，我们这个民族生存的秘籍。"①

这个民族千年生存的智慧，到了老史这里，就体现在那句如实相告的玩笑中。如果说刘震云刻画李雪莲上访二十年，刻画上访甚至成了一种生活，是想告诉我们什么，那他想告诉我们的不是法律本身有没有用，或者那些官员是如何的嘴脸，而是应对苦难的真正方式不是严肃，是幽默。这正是老史之故事的用意，也是作者最后想让李雪莲领悟的。在刘震云看来，正是这种转化的技艺和智慧让我们这个民族度过了无数的死亡和灾难，也度过了日常生活中的消耗和杀机。

李雪莲所遭遇的法律，按照韦伯的说法，是从宗教和道德中逐步独立出来的，化繁为简，也承担着一种转化的功能，将不可解的冲突转变成可理性计算的纠纷。政治的、道德的、信仰的都有可能转译为法律拟制的一场游戏。若是你不想面对或者无能完成这个转变，还可以让专人做你的代理，替你玩这个游戏。但所有这些若要可能，就

---

① 王莹：《刘震云：作家不能吃青春饭 幽默是民族生存秘籍》，https://www.chinanews.com.cn/cul/2011/08-30/3292281.shtml（最后访问时间：2024 年 3 月 1 日）。

必须得有生活的全面理性化。但显而易见，老史、李雪莲，还有她所碰到的那一个个官员的生活从来不是这样的，将来也不大可能变成这样。在此情境下，将所有的希望都寄托于法律不仅不会进入游戏，反而会"严峻对付严峻，严峻就变化了铁"。古人说的"无讼"，或许与此密切相关。

老史何以能够如此，李雪莲能变成另一个老史吗？这恐怕是许多读者都有的疑问。书中没有明确的答案，只留下了一点蛛丝马迹。

当李雪莲最后要在一片桃林上吊时，桃林的主人指着对面的山坡说，你去那里上吊吧，也是桃林，花也都开着，那是老曹承包的，他跟我是对头。还说，"俗话说得好，别在一棵树上吊死"。说者无意，一语双关，李雪莲听完，噗的一声笑了。字里行间，这轻轻的笑声正与老史那句如实相告中的松弛感遥相呼应。

《芭比》：关于女权的那些事儿

吕亚萍[*]

西蒙娜·德·波伏娃(Simone de Beauvoir)说，女人不是天生的，而是后天变成的。当一个女孩降生，她的母亲就会往她怀里塞进一个洋娃娃。芭比娃娃的创造者露丝·汉德勒(Ruth Handler)也发现，当男孩子玩汽车玩恐龙、扮演消防员或医生的时候，女孩们只能假装母亲在喂养自己的娃娃。于是，她就为自己的女儿芭芭拉制造了芭比娃娃，有医生芭比、律师芭比和其他职业的芭比。所以，我们也可以说，这个为当代女性带来容貌焦虑的芭比娃娃，其实也为我们的女孩指示了方向。

今年7月，当《芭比》这部为芭比娃娃立传的电影上映的时候，奥克兰的影院里掀起了一阵粉红色的风潮，无数的男男女女涌入影院去向这个风行65年的洋娃娃致敬。在电影的片头，一个巨型的芭比娃娃从天而降，标志着芭比娃娃强势进入到女孩的生命中。自此，小女孩在对着芭比娃娃吐露心声、建立联系的过程中，完成对自己的身份认同。

影片中的芭比生活在粉红色的芭比之乡(Barbieland)，这里的芭

---

[*] 吕亚萍，北京大学法学博士，现游学新西兰。

351

比女郎们拥有属于自己的家,同时,她们还拥有家这个空间以外的广袤世界。她们有的是医生,有的是法官,有的是总统。她们占据各行各业,她们还拥有围着她们转的男朋友肯尼。正如《圣经》中的夏娃是作为亚当的伴侣为陪伴亚当而出现的,肯尼也是为了成为芭比的男朋友而生的。芭比之乡正是这样一个属于芭比的伊甸园。

芭比之乡就如同女士们的童话世界,导演试图通过这个与现实世界相反的童话世界,来揭示在现实世界中被人们视为理所当然却可能不甚合理的东西。这个芭比的世界由芭比和肯尼组成,但这里却被称为芭比之乡,美丽的粉色房子是芭比的家,粉色房子外的公共区域是芭比们占据各种职位的外部世界,那么她们的男朋友肯尼是什么呢?肯尼金发碧眼、八块腹肌。当芭比的视线转向男朋友肯尼,肯尼英俊的脸上顿时扬起幸福的笑容,而当芭比的视线转向别处,肯尼的天空瞬间黯然失色,阳光也不再明媚。一喜一嗔如心火一荣一枯,肯尼的一颦一笑,多么像是现实世界中为自己年长且英武的爱人牵肠挂肚、心驰神往的少女。他人生的每一秒钟,都是为了芭比闲时反身一顾。

现实世界中的少女宜嗔宜喜,因柔弱而令人怜爱。可一旦同样的爱情故事发生在由芭比主宰的芭比之乡,某种莫名的怪异感却油然而生。直觉的怪异感源于肯尼生活在芭比对他的凝视中,而他无法在这种异性凝视之外找到自我价值的所在。正如女权主义学者斯泰纳姆(Gloria Steinem)所言,许多现实生活中的女性只能在"外在实在"中、在另一个人的身体和头脑中寻找自我价值。然而当女权主义者呼吁,女士们不要在错误的外在实在中寻找自己的价值、不要将自己客体化,很多时候她们的主张却会招致男女双方共同的围剿,甚至有些女士也十分难以理解:可是这有什么问题吗?

她们正如此时生活在芭比之乡的肯尼,他并未意识到自己的处境有任何怪异之处,直到他跟随芭比走出芭比之乡来到现实世界。肯尼蓦然发现这里的男人与自己不同,他们西装革履,在各行各业占据领导岗位。他还走进一个图书馆,发现了那种名为父权制的东西。他在那一刻意识到,原来天生我材必有用。于是他走进一家医院,要求一个领导岗位。虽然他没学历没履历，但他说："可是我是一个男人。"

肯尼说他是一个男人，这句话如石破天惊，揭示了现实世界的某些真相。只要你是一个男人，那么，你天然便拥有了占据主导地位的权力，一切都必然属于你，一切都必然是你的贡献。譬如，举世皆知原子弹之父是奥本海默，华人女物理学家吴健雄的名字却鲜有人闻。

既然这个男人是来自芭比之乡的肯尼，既然他无学历也无履历，那么让他走出芭比的凝视、去社会上占据一个职位的办法，是否应当是让他在芭比之乡与芭比一样接受教育、获得各种岗位的平等机会？就如同现实世界里的女权主义者所要求的那样，既然女性无法胜任某些岗位的原因是她们不曾获得相关的教育和培训机会，那么，解决方法难道不是送女士们去上学？然而，卢梭说，男人和女人是不平等的，一方要主动而有力，另一方要被动而软弱。女性所受的教育必须是完全为了带给男人快乐，并让自己对他们有用。

现实世界里西风压倒东风，芭比之乡里东风压倒西风。当肯尼被现实世界的父权制所启蒙，进而回归芭比之乡，准备将芭比占据主导的芭比之乡改造成自己占据主导的肯尼之乡（Kendom）时，现实就此照进了生活在芭比之乡的肯尼的梦想，芭比们和肯尼们的一番缠斗终结于肯尼之乡革命并未成功、芭比之乡最终被芭比夺回。在影片末尾，肯尼请求总统芭比至少给联邦最高法院一名男性大法官，总统芭比十分矜持地表示这事得循序渐进，或许可以从下级法院先开始。对此，当年因为性别而找不到工作的奥康纳大法官和金斯伯格大法官都应当笑而不语。

那一刻，我重新理解了女权主义者们的主张，他们所反对的，是一种无处不在的弥散性的不平等和父权制。在芭比之乡，只要你是芭比，你便可以成为你想成为的任何人，而在现实世界中，只要你是男人，你便也可以成为你想成为的任何人。而若你是现实世界里的女性或芭比之乡的肯尼，那么你唯有请求现实世界的总统先生或芭比之乡的总统芭比给予你某个岗位，然后你才能拥有。女权主义者们所反对的，是父权制所塑造的权力结构，是父权制下两性之间权力的不平等。

然而,正如芭比不会放任肯尼把芭比之乡改造成肯尼之乡,父权制也不会任由女权主义者将权力结构改造成女性至上。改变父权制事关男女双方,只要一方仍从属于另一方、女性的社会角色仍然由男性来控制和支配,父权制塑造的权力结构就不可能得到改变。

约翰·密尔(John Mill)夫妇认为,使两性一方从属于另一方的社会准则是错误的,取而代之的应当是两性之间的完全平等。然而,只要夏娃是亚当的伴侣,是人类的母亲,夏娃就永远无法与亚当实现真正的平等。

哈贝马斯(Jürgen Habermas)曾经以两种法律范式的转移来形容两波女权主义浪潮的不同诉求。第一波女权主义要求男女之间法律上的平等(equality),比如平等的选举权和受教育权、同工同酬,等等。1893年,新西兰成为全世界第一个赋予女性选举权的国家,随后第一波女权主义浪潮席卷各洲。第二波女权主义基于男女生理上的差异与在社会再生产中的职能的不同,要求男女之间获得实质性的平等(equity)。实质性的平等要求对女性因其生育职能和生理结构的差异而给予一定的差别待遇。

两波女权主义之间诉求的差异,却恰恰自证了波伏娃所说的,男性是主体,而女性是他者,主体能够给予他者的仅仅是"区别但平等"的地位。支持第二波女权主义诉求的男性给予了女性以"善意的性别歧视":女性因为生理上柔弱、因为承担生儿育女的社会职能而受到各种照顾,例如比男性更长的带薪产假。于是由于这种"善意的性别歧视",女性越发被框定在社会再生产的角色中,而无法成为摆脱身份奴役的人,例如成为女科学家、女律师、女总统。

当芭比来到现实世界,受到现实世界中男性的语言骚扰,芭比直言,我没有阴道,肯尼没有阴茎。上野千鹤子说,只有当女性摆脱社会再生产的压力,获得对自己身体的完全自主权,她才能成为自己。因此,芭比之所以能够成为任何人,成为医生、法官或总统,恰恰是因为她没有阴道,而肯尼没有阴茎。没有阴道的芭比不必受制于生儿育女的社会使命,而没有阴茎的肯尼也无须通过使用芭比的身体来实现自身的再生产。当女性的身体成为女权主义问题的一部分，那么唯有男女双方同时抛却沉重的肉身，以轻盈的灵魂来确认和界定自身，才能令彼此真正实现选择的自由和自我的认同。上野千鹤子和田房永子的对话集里将生活分为从属于社会的A面和从属于家庭的B面，男性往往只位于A面，而女性必须穿梭于AB两面，而B面的各种事务，如生儿育女、操持家务，都让女性的生活如同每天推巨石上山的西西弗斯一样，在日复一日的重复与消磨中，呈现出无意义和荒谬的态势。于是当位于B面的女性开始呐喊时，只位于A面的男性并不能理解女性为什么这样歇斯底里。

至此，这部电影里没有阴道的芭比被赋予了别样的意义。若说汉德勒女士设计的芭比娃娃是65年前送给女孩子的童年礼物，那么如今导演葛韦格（Greta Gerwig）所创造的真人芭比则是送给当下所有女性的礼物。她代表了女性的过去和当下，也蕴含了导演所期待的女性的未来：女性可以通过自由的选择定义自身，而这个社会应当接受女性定义自己的方式。女权主义所倡导的，也并非让女性凌驾于男性或整个社会之上，而只是如上野千鹤子在东大演讲中所说的：女权主义追求的是弱者也能获得尊重。

"我们不是法官"：《奥本海默》与美国行政法

吴景键[*]

> "是的，法官大人(your Honor)。"
> "奥本海默博士，我们不是法官(judge)。"

这是导演克里斯托弗·诺兰新作《奥本海默》全片的第一段对话。当基里安·墨菲饰演的奥本海默从原子弹爆炸的回想中惊醒后，他发现自己置身华盛顿特区T-3大楼二层一间逼仄的听证室内，而对面则是几位仿佛没有面孔的"法官大人"。以这样一幕卡夫卡《审判》式的场景开篇讲述一位天才物理学家的故事，无疑属于诺兰所偏爱的非线性叙事手法，但却也在某种程度上反映出法律——特别是行政法——在奥本海默个体生命史所占据的特殊位置。那些在洛斯阿拉莫斯试验场上庆祝的人们恐怕很难料想，这位帮助美国赢得了第二次世界大战的英雄，最终竟会倒在一场国内行政裁决(administrative adjudication)之中。

或许从1945年7月16日"三位一体"核试验成功的那一刻起，奥本海默与行政国家的这一场遭逢便已成注定。"原子弹之父"的声誉

---

* 吴景键，北京大学法学院博士后。

使得奥本海默在1947年顺理成章受任美国原子能委员会(AEC)总顾问委员会(General Advisory Committee)主席，继而开启了其与政客刘易斯·施特劳斯之间的种种纠葛。而奥本海默的这段"从政史"，实则亦体现出第二次世界大战对于科学界与政界关系更为根本性的整体重塑。正如历史学家布莱恩·巴洛格(Brian Balogh)所言，这次大战将美国熔铸为一种全新的"专家管理型国家"(pro-ministrative state)。"对于科学家们来说"，现在"已经没有回头路了。只有联邦政府才能提供他们研究的资源、组织基础以及市场需求。唯一的出路，只有置身事内地去发挥影响——就像布什、柯南特以及哪怕最后失败的奥本海默一样，而不是去逃避专家管理型国家"。①只是对于奥本海默来说，"置身事内"的最终结果并非专家对国家的驯服，而是国家对专家的审视，也即影片开头以及后三分之一部分所呈现的这一场安全许可(security clearance)行政裁决听证。根据美国《行政程序法》(Administrative Procedure Act)的定义，"行政裁决"包含行政机构除了规则制定以外、拥有法律效力的几乎所有决定。这一概念的范围是如此之广，反倒使其有些面目不清。而有趣的是，为了说明何为"行政裁决"，杰里·马肖(Jerry Mashaw)、理查德·梅瑞尔(Richard Merrill)以及彼得·尚恩(Peter Shane)三位教授在其编写的《美国行政法》经典教科书中所给出的范例，恰恰正是奥本海默案。在他们看来，"'行政裁决'这个概念本身似乎就让人感到乏味，除非我们能举出一些引人注目的例子。关于奥本海默博士安全许可的裁决，就是这样一个经典案例"②。

奥本海默案之所以构成行政裁决的一个经典范例，不仅是因为它戏剧般地呈现了科学与政治之间的巨大张力，亦是因为其鲜明地凸显了行政裁决介于司法与行政之间的暧昧不明。就如同影片开头奥

---

① Brian Balogh, *Chain Reaction: Expert Debate & Public Participation in American Commercial Nuclear Power, 1945—1975*, Cambridge University Press, 1991, p. 59.

② Jerry L. Mashaw et al. (eds.), *Administrative Law: The American Public Law System, Cases and Materials*, West Publishing Co., 2009, p. 308.

本海默与听证会主席戈登·格雷的对话所展现的一样,行政裁决里的听证官们一方面有着"法官大人"的"面孔",另一方面却又着意强调——"我们不是法官"。

而20世纪上半叶美国法律人面对行政国家崛起所做出的主要抗争之一,便是试图让这些自称"不是法官"的行政裁决参与者向"法官大人"看齐。罗斯福新政所导致的行政国家扩张,突破了传统上以司法为中心的治理模式,也让熟悉了司法程序的美国法律人开始忧心托克维尔所警告的行政专制,亦即法律史学家丹尼尔·厄斯特(Daniel Ernst)所谓的"托克维尔的梦魇"(Tocqueville's nightmare)的到来。对此,以美国最高法院首席大法官查尔斯·休斯(Charles Hughes)为代表的法律人所给出的应对之策,便是将司法程序引入到行政流程——特别是行政裁决——之中。"(他们)认为,只要行政机构能够效仿司法机构的架构、程序以及逻辑,他们就可以躲开托克维尔的梦魇。"[1]而这方面的所有努力,最终便汇聚成为1946年国会两院所通过的《行政程序法》。

可行政裁决终究不是司法裁判,它不可避免地要服务于行政国家在效率与安全方面的考量。对于行政裁决的听证程序,尽管《行政程序法》在第7款做出了详尽的规定,却也在"陆军、海军以及外交事项"等几个方面留下了口子。[2]就像奥本海默案的一位传记作者所言,"虽然《行政程序法》约束着绝大多数行政听证程序,但并非所有。如在奥本海默案听证中,相关规定就不适用于此类涉及安全风险的案件"[3]。然而,《行政程序法》在此的留白,并不意味着原子能委员会的安全许可裁定就真的全无规则可循。早自1946年成立之始,原子能委员会便确立了关于安全许可的一套内部规则,其中就包括听证过程

---

① Daniel R. Ernst, *Tocqueville's Nightmare: The Administrative State Emerges in America, 1900–1940*, Oxford University Press, 2014, p.5.

② 美国空军在《行政程序法》通过后的 1947 年 9 月 18 日才正式成立。

③ Philip M. Stern, *The Oppenheimer Case: Security on Trial*, Harper & Row, 1969, p. 253.

中的禁止单方接触(ex parte communication)等。①这种不以法院的司法审查为支撑的"内部行政法"(internal administrative law)，在马肖教授看来，或许才是美国行政法的精髓所在，也构成了我们今天从法律视角重审奥本海默案的真正起点。②

70年后，美国能源部长詹妮弗·格兰霍姆(Jennifer M. Granholm)在其推翻奥本海默案裁定的部长令(secretarial order)中，所援用的便是美国原子能委员会的内部规则，而非《行政程序法》抑或《宪法》的"正当程序"条款：

> 尽管光阴流逝，我们依然可以断言，在奥本海默案的裁决过程中，美国原子能委员会未能遵守其自身的规则。而原子能委员会所存在的上述问题，对于其最后裁决的公正性有着至关重要的影响。没有什么疑问的是，允许肩负撤销安全许可之责的律师同时充当人事安全委员会的助理、带领后者在听证会前用整整一周时间浏览本案的档案证据，很可能会影响委员会成员对此问题的看法，进而阻碍他们以开放的心态参与此次听证。此外，当此案最后转由原子能委员会全体委员做最后决定时，奥本海默的律师对于委员会主管所递交的事实证据和建议竟一无所知，而这些证据和建议实则与人事安全委员会所递交的截然不同。原子能委员会阻碍当事人直面其所受指控的做法，令其裁决的效力大打折扣。③

而值得注意的是，格兰霍姆虽然在程序意义上借助"内部行政法"否定了原子能委员会裁决的正当性，但却非常巧妙地回避了奥本

---

①　Harold P. Green, "The Oppenheimer Case: A Study in the Abuse of Law", *Bulletin of the Atomic Scientists*, vol. 79, no. 4 (2023), pp. 255–264.

②　杰里·L.马肖：《创设行政宪制：被遗忘的美国行政法百年史（1787—1887）》，宋华琳、张力译，中国政法大学出版社2016年版。

③　Secretarial Order, "Vacating 1954 Atomic Energy Commission Decision: In the Matter of J. Robert Oppenheimer", Department of Energy, December 16, 2022.

海默案的实质问题,也即奥本海默的一系列行为究竟是否达到需要取消其安全许可的程度:

> 奥本海默博士抑或那个时代的其他个人究竟是否有资格访问那些受限数据?在时隔70年之后回答这一问题,既非本部门所能,亦非本部门所欲。安全许可的裁决过程,必然需要对于口头证言之可信度的谨慎判断以及对于其他证据在其特定背景下的准确评估。因此,我们现在不会重新考虑罗伯特·奥本海默案在实质意义上的是非曲直(substantive merit)。[①]

换言之,就像戈登·格雷们当年试图以"我们不是法官"来回避对听证会的程序质疑一样,格兰霍姆其实同样是在以一种"我们不是法官"的类似姿态,来回避承担评价奥本海默案的历史责任。而这种回避,在某种程度上也意味着奥本海默案完全可能以一种更合乎法定程序的方式卷土重来。

影片中,那个没有法官的"法庭"让奥本海默精疲力竭。但他所与之搏斗的,其实从来都不是房间里的这几位"法官大人"。事实上,签署命令要求在奥本海默与军事机密之间建立起"高墙"的德怀特·艾森豪威尔以及为施特劳斯开展秘密调查提供大力帮助的埃德加·胡佛,甚至根本就没有在影片中真正登场。这使人不禁想到,这部以听证开始的电影,如果最终同样以听证结束收尾,只留一个奥本海默坐在席上的身影,或许未尝不是一种更具戏剧张力的表现方式。就像卡夫卡在《审判》末节所写的那样:

> 他从未见过的那个主审法官,到底身在何方?他从未前往过的高等法院又在哪里?K高举起双手,并且张开了全部的手指。[②]

---

① Secretarial Order, "Vacating 1954 Atomic Energy Commission Decision: In the Matter of J. Robert Oppenheimer".

② 弗兰茨·卡夫卡:《审判》,文泽尔译,天津人民出版社2019年版,第304页。

域外法音

全球宪治：迷思与现实[*]

谢丽尔·桑德斯 著　曾峥 译[**]

引言

全球宪治诸理论(theories of global constitutionalism)就全球化在世界范围内和国家层面上的宪治安排提出了一系列主张。总体而言，它们使全球宪治成为国内公法和国际公法领域中最具挑战性、最复杂，有时也最令人沮丧的部分之一。[①]有鉴于此，全球化包括了各国和各民族之间跨越国界的相互依存的种种形式，而这种依存也似乎影响着公法。这些促成了全球宪治理论的形成，被用于解释已经发生的事实，并对未来做出预测。然而与此同时，国内公法仍一直存续着，不是说没有改变，是至少没有按照全球宪治理论所设想的那样发生改

[*] 本文原载于 Cheryl Saunders, "Global Constitutionalism: Myth and Reality", in Jason N. E. Varuhas and Shona Wilson Stark (eds.), *The Frontiers of Public Law*, Hart Publishing, 2020, pp. 19–40。感谢作者授权。

[**] 谢丽尔·桑德斯，墨尔本大学法学院教授，比较宪法研究中心创始主任。曾峥，清华大学国际与地区研究院博士研究生。

[①]　若想了解该领域的不同观点，请参见 A. Peters, "Global Constitutionalism", in M. T. Gibbons (ed.), *The Encyclopedia of Political Thought*, John Wiley and Sons Ltd, 2015, pp. 1484–1487。

变。全球宪治的理论层面和实际层面有一些脱节。用安妮·彼得斯（Anne Peters）的话来说，这可能是由于全球宪治对现象的描述有误，[1]或是因为国内公法没有跟上全球化的步伐。

本章从全球视角探讨国内宪法层面上理论与现实之间的明显差距。这种视角不太常见，但对于全面理解全球宪治确有必要。我认为，虽然全球宪治许多不切实际的主张没有达到预期的目的，但全球化给国家政府体系造成了压力，而国内宪法可以更有效地应对这种压力。为此，第二部分概述了全球宪治在影响国内宪法方面的一些主要主张，并从国内宪治的角度探讨了自上而下的全球宪治理论所面临的挑战。第三部分和第四部分是本文的核心，这些章节分别借鉴了宪法的两个基本维度，即宪法的制定与变迁，以及宪法的解释与裁判，更加深入地探讨了国内层面的全球宪治。这两部分都揭示了在全球化的大背景下，国内宪法及其理论仍具有相当大的弹性，但这种弹性也带来了挑战，需要国内公法做出更好的回应。第四部分概述了在一个相互依存的世界中，关于国内宪法理论、形式以及其运作的一系列结论。

一、范围的界定

全球宪治这一简明术语，指的是21世纪关于全球化对宪法秩序影响的一系列不同主张。其至少可以分为三个方面。一种主要思路关注在国际间或者制度化的区域国家集团中宪法的形成和实践，[2]这可以被称为国际法的宪法化。[3]另一种思路是典型的软法和实践框架。在这个框架内，国家和非国家行为体拥有相当大的跨国权力。这一思

---

[1] Peters, "Global Constitutionalism", pp. 1484–1487.

[2] J. B. Auby, "Global Constitutionalism and Normative Hierarchies", in M. Belov (ed.), *Global Constitutionalism and its Challenges to Westphalian Constitutional Law*, Hart Publishing, 2018, pp. 1–12.

[3] J. Klabbers et al. (eds.), *The Constitutionalization of International Law*, Oxford University Press, 2009.

路提倡通过一般意义上的宪法原则，对这些行为体进行更有效的规制，为此，它也揭示出个别国家行动的局限性。①全球行政法也可归于这一思路之下。②正如宪治这一术语所暗示的，这两个思路的重点在于，在国际或跨国层面上，那些自由主义宪治的典型特征在多大程度上得以或可能得以复现。这些特点狭义上包括法治，广义上包括有限责任政府以及人权保护。③有些文献是描述性的分析，④而有些文献则注重实用，即怎么样的宪法化才能实现宪治目标。⑤其余大部分文献是概念性的，确定了国际、区域或跨国组织的新思维方式，以及在理想情况下应发展的方向。⑥

全球宪治的第三种思路侧重于区域或国际发展对国内宪法的影响，特别是与国内宪法及其高一级的法律秩序之间的关系。国内宪法一般可以被理解为一套基本的、通常意义上的法律规范，它赋予了一国政府机构权利，同时又对此种权利进行了限制，并成为国家与人民之间关系的纽带。宪法的权威来源于人民。宪法的重要性在于借鉴了这样一个概念：国家本身是一个正式的主权实体，各国之间平等，国家在其领土范围内服务该国的人民。没有任何规定要求政府的组成必须采取某种特定形式。⑦事实上，世界各国的宪法差异很大，而且

---

① Auby, "Global Constitutionalism and Normative Hierarchies"; G. Teubner, *Constitutional Fragments: Societal Constitutionalism and Globalization*, Oxford University Press, 2012.

② N. Krisch and B. Kingsbury, "Introduction: Global Governance and Global Administrative Law in the International Legal Order", *European Journal of International Law*, vol. 17, no. 1 (2006), pp. 1–13.

③ Peters, "Global Constitutionalism".

④ Auby, "Global Constitutionalism and Normative Hierarchies".

⑤ J. Dunoff and J. Trachtman, "A Functional Approach to International Constitutionalization", in J. Dunoff and J. Trachtman (eds.), *Ruling the World? Constitutionalism, International Law and Global Governance*, Cambridge University Press, 2009, pp. 3–36.

⑥ Auby, "Global Constitutionalism and Normative Hierarchies".

⑦ J. D'Aspremont, *International Law as a Belief System*, Cambridge University Press, 2017, pp. 79–86.

这种差异还在持续扩大之中。然而全球宪治认为，国家宪法的作用、地位和功能已经发生了变化，并且这种变化可能是根本性的。有的人说全球化促进了趋同，^①有的人则说全球化使得人们更加互相依赖，有的还说全球化限制了国内宪法的效力，有的则说全球化通过引入外部法律和实践，是对国内宪法的有益补充，改变了其合法性，或至少使其被分享。^②在全球化的鼎盛时期，国家宪法被视为"复合宪法体系"的组成部分，并得到了国际法的补充。^③

全球宪治的第一股和第三股思潮是互相关联的。受制于对国家宪法作用减弱的观点，人们自然会把注意力集中在高于国家层面可以实现的目标，并且要求至少在其上复制宪治的某些特征。相反，以牺牲国家宪法为代价强调国际或区域秩序权威性的做法，可能通过与某种宪法原则相联系而合法化。全球宪治着重考虑的是在多大程度上可以实现以及如何实现这一目标。就目前的情况而言，在国际层面似乎可以做到这一点，即逐渐统一法治形式，遵守某种形式的权力分立，并承认人权的首要地位。然而，每一种情况都有很长的路要走，民主的合法性似乎总是遥不可及。^④因此，对各级政府在符合宪法原则的情况下可以取得的优缺点的认识，鼓励更加低调地看待规范上的可取之处，包括国内和国际之间的"紧密共生"。^⑤

全球宪治的主张是由21世纪一系列现象所驱动的。一系列的国际实践要求国家间进行合作，以管理跨国活动和处理共同面临的问题，其中流行性疾病、全球变暖以及国际恐怖主义只是其中的几个例

---

① C. Saunders, "Towards a Global Constitutional Gene Pool", *National Taiwan University Law Review*, vol. 4, no. 3 (2010), pp. 21–22.

② V. Perju, "Double Sovereignty in Europe? A Critique of Habermas' Defense of the Nation–state", *Texas International Law Journal*, vol. 53 (2018), pp. 1–25.

③ A. Peters, "The Globalization of State Constitutions", in J. E. Nijman and A. Nollkaemper (eds.), *New Perspectives on the Divide between National and International Law*, Oxford University Press, 2007, pp. 251–308.

④ Klabbers et al., *The Constitutionalization of International Law*, pp. 330–332.

⑤ N. Walker, "The Shaping of Global Law", *Transnational Legal Theory*, vol. 8, no. 3 (2017), pp. 360, 367.

子。接受共同的人性，重视个人价值，是国际社会保护人权的基础，也体现出国际社会对那些未能遵守人权标准的国家的关注。在利他主义和自身利益的驱动下，富国向穷国提供有条件的援助，希望能够借此刺激其经济发展，缓解贫困，这一举措取得了不同程度的成功。这些发展反过来又促进和推动了国际法和国际组织的扩张。区域主义已经成为一种新的治理方式，其既以一体化的形式出现，如欧盟是其中的典型，也以保护人权的具体目的出现。人员、货物、服务和资本的便利流动也是当前全球化阶段的特点。这种流动使得世界各国人民融合到一起，分散了公民关系，造成了经济上的相互依存，同时也给国家治理带来了挑战。①通信革命为全世界提供了几乎即时的信息传输，包括宪法方面的信息。

这些耳熟能详的发展现象只是最明显的载体，通过这些载体，全球化可能产生宪法效应。地缘政治也是其中的一部分，第二次世界大战结束后建立的国际组织限制了国家行动的自由，为维护和平和其他共同目的创造了有组织的集体行动能力。②20世纪90年代冷战的结束是世界各地宪法变迁的催化剂。宪治革新的特殊阶段见证了宪治思想的交叉融合，并为新形式的国际影响提供了契机。③超级大国的竞争助长了全球各地的独裁政权，然而，随着冷战的结束，这些制约因素消失了。这有助于解释21世纪头几十年来国内冲突的发生，其中往往具有跨国界的行为体和影响，挑战了国际组织的权威。④自由宪治的胜利是这一时期的另一个产物，它激起了人民对所有宪法最终

---

① M. Tushnet, "The Inevitable Globalization of Constitutional Law", *Virginia Journal of International Law*, vol. 49, no. 4 (2008), p. 985.

② 应该说，该领域的发展更早起源于 O. A. Hathaway and S. J. Shapiro, *The Internationalists: How a Radical Plan to Outlaw War Remade the World*, Simon &. Schuster, 2017。

③ A. Ladley, Constitution-Building after Conflict: External Support to a Sovereign Process, International Institute for Democracy and Electoral Assistance, 2011, p.8.

④ K. Dupuy et al., Trends in Armed Conflict, 1946–2016 (Zurich, EZH Zurich Centre for Security Studies, 2017), available at http://www.css.ethz.ch/en/services/digital-library/articles/article.html.

将会采取和应该采取的方向的期望,并为此将外部影响合法化。[①]

全球化形式对不同层次宪治秩序的影响绝不是什么新鲜事。几个世纪以来,宪法的理论、制度、原则和实践,包括代表基本法的成文宪法的概念,已经跨越了国界。漫长的殖民时代是另一个时期。在此期间,世界上所有地区的治理都被帝国主义列强大幅重塑,或因为遭遇强权而被迫做出反应。帝国主义列强自身的宪法也必然要进行调整,以应对新情况的出现。这些早期的全球化阶段对于建立我们可以看到的21世纪的宪治模式至关重要。当然,目前的这个阶段也同样重要。它是广泛、深入以及普遍的,有其自身的独特特征。即便如此,就目前的情况来看,很难从全球化的实践中推导出一种具有普遍适用性的全球宪治的贯通理论。造成这种困境的原因是多种多样的,本文在此列举了其中四方面的原因。

其一,关于国际法本身的特性。作为全球宪治的基石,国际法的主要制度之间是碎片化的,这导致国际法法律效力的不均衡。[②]对于国际法的要求以及如何理解国际法,不同的行为主体有不同的概念。[③]尽管采取了许多有效的执行措施,但国际法律规范和国内实际执行之间存在差距,而这些执行措施也分散于各个制度。[④]这些问题在区域一体化中并不显著,欧盟是其中的典范。由于要想加入欧盟就需要受到欧盟宪法的规制,这使得欧盟内部各成员国之间更易于保持一致。[⑤]

---

① L. Zucca, "Two Conceptions of Global Constitutional Order" (2018), King's College London Law School Research Paper No 2018—22, available at https://ssrn.com.

② "Fragmentation of International Law: Difficulties arising from the Diversification and Expansion of International Law" (2006) II (2), *Yearbook of the International Law Commission*, p. 175.

③ A. Roberts, *Is International Law International?*, Oxford University Press, 2017.

④ Y. Shany, "The Universality of Human Rights: Pragmatism Meets Idealism" (2018), Hebrew University of Jerusalem Legal Research Paper No 29, available at https://ssrn.com.

⑤ Consolidated Version of the Treaty on European Union [2012] OJ C326/13, Arts 2, 49; S. Bartole, "The Role and Contribution of the Venice Commission to the EU Integration Process and the EU Neighborhood Policy" (2017), Venice Commission CDL—UDT (2011)017, available at https://www.venice.coe.int.

然而，正如欧盟的历史所显示的那样，在没有受到重大干预的情况下，各国也可能反对表面上的共同宪法标准，因此存在执行问题。[①]与此相关的是，欧洲人权法院使用裁量余地原则和其他方式，以便在解释和适用《欧洲人权公约》(European Convention on Human Rights)时考虑到国家间的差异。[②]

其二，现在评估全球化对各国宪法的影响程度可能还为时过早。各国宪法表面上的相似性可以被观察和量化。这表明，在国家与国家之间、国内法与国际法之间，沿着广泛自由民主路线的规范和制度安排有着显著的趋同性。[③]然而，表面上的相似性可能掩盖了共同宪法主题的潜在差异，随着时间的推移，这可能为进一步的分歧提供基础。[④]而且根据定义，各国宪法的运行都有其独特的背景，历史和当前的环境都是其中的一部分，这些并没有被全球化所调和。在这种情况下，虽然有可能，但随着时间的推移，受全球化影响的国内宪法的规范和标准不太可能被内化从而形成全球统一的宪法行为模式。

其三，无论从哪个角度看，全球化对世界各国宪法的影响在性质和效果上都是零散的，因此概括起来必然会夸大或低估情况。至少有两条国家间的裂痕说明了这一点。其中一条是发达国家和发展中国家之间的。发展中国家接受了各种形式的国际援助，而这些援助是有条件的，包括在制宪的时候。发展中国家的国内冲突，吸引着国际社会以某种形式进行可能的干预。全球化潜在地影响着这些国家的宪制安排，其受影响程度远远大于发达国家。

---

① 匈牙利和波兰是其中的例子，而问题甚至可能从这些国家被允许加入欧盟时就开始了。P. Rezler, "The Copenhagen Criteria: Are they Helping or Hurting the European Union?", *Touro International Law Review*, vol. 14, no. 2 (2011), p. 390.

② J. Gerards, "Margin of Appreciation and Incrementalism in the Case Law of the European Court of Human Rights", *Human Rights Law Review*, vol. 18, no. 3 (2018), p. 495.

③ D. S. Law and M. Versteeg, "The Evolution and Ideology of Global Constitutionalism", *California Law Review*, vol. 99 (2011), p. 1163.

④ C. Saunders, "Theoretical Underpinnings of Separation of Powers", in G. Jacobsohn and M. Schor (eds.), *Comparative Constitutional Theory*, Edward Elgar Publishing, 2018, pp. 66–85.

　　区域一体化安排、区域人权机构或其他形式的跨国组织的成员国与非成员国之间存在分歧,这种分歧也与全球宪治的影响有关。更为复杂的是,这些安排在深度和有效性方面都有所不同,导致它们在不同地区的影响也存在差异。①大部分关于全球宪治的文献来自欧洲,欧盟和欧盟委员会的制度安排能够确保区域与国内宪法之间的深度互渗。受到此种全球化的影响,产生了一系列新颖的宪法问题。②拉丁美洲和非洲国家也是各种区域组织的成员国,也受到一些影响,虽然这种影响比较小。③然而,世界上的大部分地区都没有具有宪法意义的制度化区域安排。亚洲、太平洋和大洋洲的广大地区是这方面的主要例子。在世界的这些地区,现阶段全球宪治的许多主张并没有引起真正的共鸣。事实上,由于过去全球宪治的经验,这些主张很可能会遭到抵制。

　　其他方面的分歧也使得概括变得复杂化:接受国际法对国内法(包括国内宪法)直接影响的国家与不接受国际法的国家之间的分歧;④在当前全球化阶段发生宪法变迁的国家与宪法基本保持不变的国家之间的分歧;⑤弱小国家与无论其经济状况如何都有牢固国家意识的国家之间的分歧;⑥在国际决策中有影响力(包括作为联合国安全理事会常任理事国)的国家与没有这种影响力的国家之间的分歧。对这种差异的反思有可能让我们更能理解为什么全球宪治在没有充分代表性的基础上,在人们的思想中具有如此重要的地位。至少在过往的经验中,有一些是与全球宪治相对立的。⑦

---

　　①　M. Wiebusch, The Role of Regional Organizations in the Protection of Constitutionalism, International Institute for Democracy and Electoral Assistance, 2016.

　　② 摘自大量文献,参见例如 D. Grimm, *Sovereignty*, Columbia University Press, 2015, pp. 87–98。

　　③　Wiebusch, "The Role of Regional Organizations in the Protection of Constitutionalism".

　　④ 例如,比较危地马拉和澳大利亚在这方面的情况。

　　⑤ 比较南非和美国。

　　⑥ 比较东帝汶和斯里兰卡。

　　⑦ M. Koskenniemi, "Less is More: Legal Imagination in Context: Introduction", *Leiden*

难以评估全球宪治的深度和广度的第四个原因是，现实并不是一成不变的。

一方面，伴随着越来越紧密的相互依存，对集体行动的需求增加了。气候变化是一个诱因。另一个原因是世界各地难民的大量涌入，给国家边境管理带来压力，并引发政治动荡。难民潮可能只会随着全球变暖而加快，从而增加国家人种的多样性，以及国家内部和国家之间发生冲突的可能性。[①]

另一方面，有证据表明，人们反对超国家以及国际制度，这些安排影响到宪法自治和国家决策的其他关键领域。具有讽刺意味的是，这种现象在全球范围的传播暗示着另一种形式的全球化在起着作用。因为信息、思想或是战略都超越了国界。英国脱欧的公投可能只是一个例子，当然是一个极端的例子。[②]美国最近明确关注国家利益也是一个例子，它退出了跨太平洋伙伴关系（Trans-Pacific Partnership），预计也将退出关于气候变化的《巴黎协定》（Paris Agreement）。[③]这些逆全球化的行为有一些是应该受到谴责的，因为它们体现出仇外心理，以及试图扩大自身权力的专制领导人在操纵公众舆论。然而，另一些则反映了新自由主义经济影响的幻灭，同时也反映出在一些根基较浅的国家推行自由民主面临着诸多挑战，或者说是人们倾向于将权力保留在国家层面。无论这种做法有什么缺点，人们至少认为还在掌控着国家。但也有可能出现相反的情况，即出现支持跨国合作以及建立民主和人权全球标准的情况。然而我们有理由相信，不管人们假设

Journal of International Law, vol. 31, no. 3 (2018), p. 469.

① 2018 年，联合国难民署估计，全球有 2540 万难民和 310 万寻求庇护者，此外还有 4000 万国内流离失所者。具体可参见 UNHCR: Figures at a glance (2018), available at http://www.unhcr.org/en-au/figures-at-a-glance.html。

② N. Walker, Brexit Timeline: Events Leading to the UK's Exit from the European Union (House of Commons Briefing Paper No 7960, 22 March 2019). 不可否认，该例子受英国脱欧的难度削弱。在撰写本文时，英国脱欧还没有发生。

③ 2017 年 1 月 23 日，关于美国退出《跨太平洋伙伴关系协定》的总统备忘录，available at https://www.wh-itehouse.gov；Depositary Notification, United Nations, 8 August 2017, available at https://treaties.un.org。

发生什么，都不可能回到全球宪治的正轨。过去的经验告诉我们，权威的方式是在国家内部、国家与跨国秩序之间以及跨国秩序本身之间分配好权力，以最大限度地发挥各级政府的作用。总结教训并能从中吸取经验，是我们目前需要解决的主要问题。

中国避免直接干涉他国的宪治事务，这使其成为发展中国家的国际伙伴。[1]中国是联合国安理会常任理事国，在世界舞台上扮演着日益重要的角色。在这种情况下，对国际社会偏好的指涉比以往更加模糊，至少在有争议的情况下是这样的。[2]

同时，中国也正在采取措施，寻求建立自己的跨国共同体（尽管这是一种非常不同的共同体），这对参与其中的国家具有不同的影响。"一带一路"倡议不仅涉及中国通过双边安排对70多个国家的基础设施进行投资，还潜在地包括一个新的利益共同体。在这个共同体中，通过新的国际争端解决机制以及鼓励民心相通，中国享有着相当大的影响力。[3]这一事件的发展意义重大，因为它足以使人们相信一种新的世界秩序即将出现。[4]

无论未来如何，目前关于全球宪治的猜测都没有削弱国家宪法的概念、形式和运行的意义。至少在可预见的将来，有些事情看起来是清晰的：如果没有发生某种灾难，国家都将继续存在；无论有多么不完美，国家都将继续沿用宪法。宪法将对国家的运作方式产生影响。然而，与此同时，无数的世界性问题将继续需要集体性行动。一些价值观，比如共同的人性，将继续具有普适性。思想、人员、资源和贸易将以不同程度的自由继续跨国流动，挑战单个国家不受约束的事实上

① R. Aidoo and S. Hess, "Non-interference 2.0: China's Evolving Foreign Policy Towards a Changing Africa", *Journal of Current Chinese Affairs*, vol. 44, no. 1 (2015), p. 107.

② 联合国秘书长在新闻部/非政府组织会议上的讲话中探讨"国际社会的意义"；1999年9月15日 SG/SM/7133 公报，available at https://www.un.org。

③ J. Chaisse and M. Matsushita, "China's 'Belt and Road' Initiative: Mapping the World Trade Normative and Strategic Implications", *Journal of World Trade*, vol. 52, no. 1 (2018), p. 163.

④ Zucca, "Two Conceptions of Global Constitutional Order".

的权威，有时甚至是法律上的权威。至少一些全球宪治的文献所基于的前提是正确的。因为全球化在带来许多仅凭单个国家无法充分应对的挑战的同时，也为它们提供了许多可以有效利用的机遇。

然而，并不是所有应对全球化挑战的行动都可以或应该在超国家和国际层面上进行，有些全球化理论声称这对国内宪法有影响。我认为各国宪法本身可以发挥更大的作用，以认识到全球化带来的特殊挑战，并通过各自的行动加以应对。正如前文所述，本章第三节和第四节将重点讨论国家宪法及其实践这两个层面。这些是全球宪治的诱因：制宪和随着时间发展的解释。在每一种情况下，本章的这一部分不仅试图解释全球宪治是否以及如何自上而下地反映国家宪法的理论和实践，而且还试图探讨国家宪治机构如何自下而上更有效地应对全球化带来的挑战。

二、宪法制定与变迁

（一）自上而下

宪法的制定过程往往比较漫长，其中包括了重大的宪法变迁。这就产生了许多关于全球宪治的主张、与之相关的实践以及由此产生的问题。

过去30多年的制宪潮已经影响了世界上一半以上国家的宪法。[1] 用一个相对中性的术语，许多（尽管不是全部）制宪活动都受到了相当程度的外部影响。[2] 外部影响有很多种形式。[3] 在现代社会，波斯尼亚和黑塞哥维那与科索沃是极端的例子，其宪法实质上是外部力量强加的结果。[4] 然而，尽管方式不同，其他外部影响的形式也很接近。一

---

[1]　Ladley, "Constitution–Building after Conflict: External Support to a Sovereign Process".

[2]　Ladley, "Constitution–Building after Conflict: External Support to a Sovereign Process".

[3]　Z. Al–Ali, "Constitutional Drafting and External Influence", in T. Ginsburg and R. Dixon (eds.), *Comparative Constitutional Law*, Edward Elgar Publishing, 2011, pp. 77–95.

[4]　Al–Ali, "Constitutional Drafting and External Influence", pp.82–84.

个是伊拉克的宪法,是伊拉克在被美国占领后,受其影响而通过的宪法。[1]另一个可能是叙利亚,一系列的国际行为主体竞相争夺新宪法的制宪权。[2]虽然这种关系更加微妙,但欧盟对申请国的宪法也有相当大的影响力。[3]有联合国参与的一些案例更接近于起到了决定性的影响,比如在制宪阶段,联合国对东帝汶的接管就是一个例子;[4]安理会规定了发生冲突时或冲突刚结束后一国的宪法程序和内容是另一个例子。[5]

并非所有外部影响都如此具有规定性。在联合国开发计划署,其他联合国机构或是支持和平、人权、民主或发展的非政府组织的支持下,发展中国家的多数制宪活动受到了大量某种形式的外部援助。[6]表面上,这些援助是应邀提供的,尽管捐助者也会坚持自己的要求。尼泊尔、缅甸、图瓦卢、也门和索马里的制宪活动只是许多可以列举的例子中的几个。

外部因素对制宪的影响并不是什么新鲜事。世界各国的宪法都在立足于本国制度基础的同时借鉴了其他国家的有益成果。从拿破仑时期到殖民时代,再到第二次世界大战后美国及其盟国的行动,宪法在不同程度上都是由胜利一方或者说是其他霸权国家强加的。至少在理论上,根据《联合国宪章》的规定,通过征服和殖民主义对他

---

① P. Dann and Z. Al-Ali, "The Internationalized Pouvoir Constituant: Constitution-Making under External Influence in Iraq, Sudan and East Timor", *Max Planck Yearbook of United Nations Law*, vol. 10 (2006), p. 423.

② N. Norberg, A Primer on Syria's Constitutional Committee Lawfare (22 December 2018), available at https:// www.lawfareblog.com.

③ Bartole, "The Role and Contribution of the Venice Commission to the EU Integration Process and the EU Neighbourhood Policy".

④ Dann and Al-Ali, "The Internationalized Pouvoir Constituant: Constitution-Making under External Influence in Iraq, Sudan and East Timor".

⑤ S. Wheatley, "The Security Council, Democratic Legitimacy and Regime Change in Iraq", *European Journal of International Law*, vol. 17, no. 3 (2006), p. 531.

⑥ C. Saunders, "International Involvement in Constitution Making", in D. Landau and H. Lerner (eds.), *Elgar Handbook on Comparative Constitution Making*, Edward Elgar Publishing, 2019, pp.69–89.

国强加宪法的日子已经结束了。[①]然而,《宪章》通过授权国际社会在全球面临和平与安全威胁时采取行动,从而建立了一种新的动态。[②]大多数国内冲突都有可能产生溢出效应,国际社会正式授权联合国及其成员国以可能对最终宪法解决方案产生影响的方式进行干预。建立和平和制宪之间的联系为两者都带来了困境,我将回到这个问题的讨论上来。

在21世纪初全球化的背景下,外部因素对制宪的影响既影响到制宪的过程,也影响到所制定宪法的内容。从形式上看,国际社会认为制宪活动需要由国家主导。[③]然而,它们与此同时也要求采用国际标准。[④]这些标准包括,例如,通过公众参与制宪的形式来反映社会的多样性,包括性别的多样性;将国际人权规范纳入宪法条文;通过制度安排,提供一个民主、法治、分权以及在适当情况下权力共享的框架。在"国际最佳实践"的名义下,其他可能被要求的特征包括遵循比例原则、专门性而非一般性的宪法法院以及设立不受政治干扰的独立机构。

我们不难看出,这些发展是如何鼓励趋同的主张,并引发了关于宪法的合法性现在是否全部或部分取决于国际认可的问题。此外,在许多方面,这些主张是合情合理的。然而,也不应该过分夸大外部因素的影响。一些由外部援助支持的制宪工作显然是失败的。[⑤]一旦宪法被制定出来,就需要付诸实施。理想与现实之间往往存在差距,而实施的任务主要落在国内行为主体的身上。[⑥]即使符合国际要求,通

---

① Hathaway and Shapiro, "The Internationalists: How a Radical Plan to Outlaw War Remade the World", pp. xviii–xix. 俄罗斯在乌克兰克里米亚和顿巴斯的行动提醒我们,在这种情况下,理论并不总是反映实践。

② Charter of the United Nations, ch VII.

③ United Nations, Guidance Note of the Secretary–General: United Nations Assistance to Constitution–making Processes (2009).

④ United Nations, Guidance Note of the Secretary–General: United Nations Assistance to Constitution–making Processes (2009).

⑤ 在撰写本文时,索马里和南苏丹就是这样的例子。

⑥ Amnesty International Government of Nepal must act Diligently to Implement Rights

常在一些方面也存在不足。①公众参与的方式和效果各不相同，事实上，关于公众是否应该参与的争论一直在进行。②国际人权规范在结合本国国情的基础上被选择性地纳入到该国宪法中，这些条款反过来也对国际人权规范造成影响。③

具体而言，这些在全球层面上意义重大的事件对国家宪法以及支持宪法的理论产生的影响非常小。并非所有的宪法传统都有一套完善的制宪权理论，但在那些以制宪权作为宪法正当性基础的国家，这一理论仍占据主导地位。④在其他国家，人民主权是宪法的权威来源这一较为宽泛的概念，作为一种社会契约形式依然是主流。但对于是否应该将居住在海外的公民包括在内等边缘问题，回答各不相同。⑤尽管这些理论在逻辑上存在争议，但它们构成了宪治的基础，为宪治至上提供了理据。坚持以人民为中心增加了宪法的神圣性，而这种神圣性反过来又促使人们自觉遵守宪法。⑥至于其他理论，虽然更有说服力，但无论如何也提供不了一种以国家为中心的解释路径，因为没有这么被人们认可。⑦矛盾的是，在21世纪的制宪活动中，对公众实际而非表面参与的强调，虽然有些是由于受到外部因素的影响，但也

Provisions under the Constitution (12 October 2018), available at https://www.amnesty.org.

① Amnesty International Government of Nepal Must Act Diligently to Implement Rights Provisions under the Constitution (12 October 2018).

② D. Landau, "Democratic Erosion and Constitution—Making Moments", *UC Irvine Journal of International, Transnational and Comparative Law*, vol. 87, no. 2 (2017), pp. 105–107.

③ M. Versteeg, "Law versus Norms: The Impact of Human Rights Treaties on National Bills of Rights", *Journal of Institutional and Theoretical Economics*, vol. 171, no. 1 (2015), p. 87.

④ M. Loughlin and N. Walker (eds.), *The Paradox of Constituent Power and Constitutional Form*, Oxford University Press, 2008.

⑤ C. Saunders, "The Concept of Representation: A Study in Similarity and Difference", in H. Krunke et al. (eds.), *Rettens magt-Magtens Ret: Fetskrift til Henning Koch*, Jurist—og Økonomforbundet, 2014, pp. 351–364.

⑥ 有关评论请参见 R. Hardin, "Why A Constitution?", in D. J. Galligan and M. Versteeg (eds.), *Social and Political Foundations of Constitutions*, Cambridge University Press, 2013, pp.51–72。

⑦ Hardin, "Why A Constitution?", pp.51–72.

反映了民主的自然延伸，加强了以国家为中心的宪法正当性理论。

国家行为体赞同这些理论，有时还依赖这些理论来抵制外部因素的参与。即使有时外部干预更受欢迎，各国人民也广泛认同这些理论。国际行为主体尽管试图施加影响，也不得不承认以国家为中心的宪法正当性理论，并将这一制宪过程形容为"国家-主权进程"。[①]

（二）自下而上

第三部分试图论证宪法的理论和实践与全球宪治的某些主张存在脱节。因为它们是自下而上的。这表明，至少在一些国家，宪法的理论和实践与外部因素对制宪的影响程度之间存在一些脱节。目前的情况并不令人满意。外部因素的影响是不透明的，其形式是复杂的。因此，人们对各种外部参与的认识不足，更不用说是在国内层面上的理论研究了。现在还没有一个理论框架，在这个框架内可以对外部参与进行有效的管理，并保证各种形式的问责制。人们对于从国际法以及国际实践的角度解决一些问题的做法越来越感兴趣。[②]我目前的建议是，从宪法层面也可以采取一些措施。

外部因素参与国内宪法的制定至少产生了三个问题，宪法理论、原理和实践都可以为这些问题提供答案。

第一个核心问题是，使外部影响与宪法理论和实践相一致，以便能够理解并在某些情况下控制这些外部因素。因此，理论上，应该承认外部环境对行使制宪权的影响。反之，这也有助于在制宪活动中衡量外部因素对将要做出的决定的影响，并在可行的范围内对其加以管理。

这种方法需要关注宪法的外在和内在，即宪法在凸显国家对外和对内权威方面的作用。[③]一国宪法的制定总是会借鉴其他国家的宪法，

---

① United Nations, Guidance Note.

② 2009 年《联合国秘书长关于联合国协助制宪进程的指导说明》就是一个早期的例子。另请参见近期的 United Nations Development Programme, UNDP Guidance Note on Constitution-Making Support, United Nations Development Programme, 2014。

③ N. Walker, "Sovereignty and Beyond: The Double Edge of External Constitutionalism", *Virginia Journal of International Law*, vol. 58 (2017), p. 799.

借鉴其中的原则、做法和理念,这是一个非常普遍的现象。一国宪法的部分功能是构建一个区域与世界其他区域的关系,不仅仅是在观念上,通过提供一个框架使人们成为一个政体的公民,更是在现实中将不同国家的人们区分开来。[1]同样地,宪法也常常起到划分领土的作用。

但是,通常来说,宪法总是受到国际环境的制约,因为它们对国家有影响。[2]有时候这些条件是如此重要,以至于是几乎不可抗拒的,日本在第二次世界大战后被占领时期的宪法制定就是一个例子。[3]有时,国际环境只是在设计制宪程序或者确定宪法实质内容时需要考虑。尼泊尔的国家决策与邻国印度息息相关,既回应了平原地区对联邦制的要求,也回应了对外国通过混血婚姻的方式影响尼泊尔政治的担忧,类似的例子我们还可以举出许多。[4]有时,国际影响完全取决于当事国的自由裁量权。从理论上说,任何发展中国家在制宪活动中收到的大量国际援助就是一个例证。

然而,这些因素只是做出宪法选择的一部分。既有外部背景,也有内部背景,两者都决定了什么是可能的和可取的,并决定了国内的选择。即使在日本,这个表面上宪法是由外部力量强加的国家,其宪法中也考虑到了本国的国情。[5]国内宪法正当性理论未必会受到这种干扰,相反,它们通过认识现实得到了加强。

第二个相关的问题涉及国家所有权在制宪中的含义。联合国关于制宪的指导意见和其他文件正式承认国家所有权的首要地位。[6]这

---

[1]　E. Benvenisti and M. Versteeg, "The External Dimensions of Constitutions", *Virginia Journal of International Law*, vol. 57 (2018), p. 515.

[2]　C. Hahm and S. H. Kim, *Making "We the People": Constitutional Founding in Postwar Japan and South Korea*, Oxford University Press, 2015.

[3]　Hahm and Kim, *Making "We the People": Constitutional Founding in Postwar Japan and South Korea*.

[4]　2015 年 10 月 6 日,印度试图塑造尼泊尔新宪法的世界观,available at https://worldview. stratfor.com。

[5]　Hahm and Kim, *Making "We the People": Constitutional Founding in Postwar Japan and South Korea*.

[6]　United Nations, Guidance Note Guiding Principle 3.

一术语在这方面的一个明显含义是地方自主权，而不是某种形式的国际或外国自主权。从这个意义上说，国家所有权通常由国内的政策决策者行使，除非它受到了外部因素的干预。沿着这个逻辑往下思考，国家所有权为国际行为主体划定了不能逾越的边界。从实际的角度来看，国家所有权的概念也必须与宪法的实施相关。

这一术语的另一层含义在其他情况下也能得到印证。即国家所有权要求国内制宪活动在广泛和包容的意义上是"国家"的。然而，二者的集合涉及一定程度的循环。国家所有权排斥外国所有权，但前提是制宪活动符合国际标准，而这些标准本身又进一步使问题复杂化，无论是在一般还是特殊情况下都受到质疑。

这种循环在国内宪法理论和实践中能够得到解决。国内宪法正当性的理论都假定，有某种事物将制宪与普通政治区别开来，从而也论证了宪法是更高级法律这种说法的正确性，并且通常是以某种形式诉诸"人民"的权威。21世纪，还坚持认为在制宪活动中公众参与并无必要这一看法是不切实际的。如今，通过反映人口多样性的方式让各行各业的人们都参与进来已经成为了可能。但这并不意味着就公众参与的方式和时间形成了可在国家间通用的样板。公众参与的影响因素还包括人口的异质性和分散性、安全方面（包括网络安全）以及宪法传统。然而，问题的关键在于，需要什么来证明宪法代表了一份庄严的契约。它反映了人民的权威应该是国内制宪活动的组成部分，这是理论所要求的，也是实践所支持的。公众参与的时间、程度、方式及其对宪法正当性的影响，必须由富有责任的国家行为主体根据国情来证明其合理性。

第三个问题涉及和平协议与国家宪法之间经常存在的复杂关系。国际参与是通过和平方式解决国家间冲突的显著特征，即使冲突主要局限在一国领土内也是如此。包括邻国在内的国际行为主体可能是冲突的促成者、和平的保卫者，或在联合国确保国际和平与安全的范围内行事。当和平协议包括需要修改宪法的条款时，就会出现与宪法相衔接的问题。①这种情况经常发生，并随之产生了许多问题，其中一些问题同样关乎国家所有权。鉴于国际参与的性质，在这种情况下，问题可能更加突出。②此时出现的新问题是，难以就治理做出承诺，这些承诺最初包含在和平协议中，并且通常是在国际参与下以国内宪法的地位和形式做出的。③这两个进程的当事方可能有所不同，对于特定承诺是否适用于宪法阶段有不同的观点。可能不会出现制宪或者修宪所规定的多数，源于和平协议的宪法提案可能在司法审查中遇到问题，正式纳入宪法的提案可能会随着时间的推移而被淡化。

这是一个没有简单答案的问题。尽管我们创造性地试图在国际法的框架内寻找解决方案，但这是一个需要在国家宪法理论、原理和实践框架内解决的问题，因为法律和政治的工具就在这里。④如果能够在没有对未来做出具体宪法承诺的情况下确保和平，那么这个问题就可以避免了。在不可能做到这一点的情况下，就应该在缔造和平的过程和承诺的实质内容中预见到实施的困难。在制宪阶段，解决办法可能在于拟定发生冲突后宪法的概念，作为我们熟知的宪法转化的下位概念。⑤战后的宪治可以通过优先考虑和解或者和平以及有尊严的共存，推动制宪以及在法律和实践中实施宪法，同时也可以使得宪法解决方案随着时间的推移而不断发展。

---

① C. Bell, "Peace Agreements: Their Nature and Legal Status", *American Journal of International Law*, vol. 100, no. 2 (2006), p. 373.

② Dann and Al-Ali, "The Internationalized Pouvoir Constituant: Constitution-Making under External Influence in Iraq, Sudan and East Timor".

③ Bell, "Peace Agreements: Their Nature and Legal Status".

④ Bell, "Peace Settlements and International Law: From Lex Pacificatoria to Jus Post Bellum", in N. White and C. Henderson (eds.), *Research Handbook on International Conflict and Security Law*, Edward Elgar Publishing, 2013, pp. 499–546.

⑤ M. Hailbronner, "Transformative Constitutionalism: Not Only in the Global South", *American Journal of Comparative Law*, vol. 65, no. 3 (2017), p. 527.

三、解释与裁判

（一）自上而下

解释与适用宪法条文的司法审查也受到全球化的影响，进而推动了全球宪治的发展，并对国内宪法理论和实践产生了影响。

至少有三组发展现象印证了全球化对司法审查的影响。其一，出现了大量的跨国组织，这些组织成了宪法法官现实和虚拟意义上的沟通媒介。亚洲宪法法院及同等机构协会（AACC）是其中的例子。[1]另一个例子是许多（虽然不是所有的）国家的宪法法院在进行审理时都会参考其他国家的判决。在21世纪的第一个十年，美国最高法院做法的争议性可以在大量相关的文献中看到，从而使得这种现象更加凸显。[2]在宪法裁判过程中，由于可以通过网络检索即时找到案例，包括有时也提供英文翻译，这让法官之间的思想交流变得越来越可行。在一些法院，这种做法已成体系了，例如从其他司法管辖区域聘请书记员[3]或者为法官提供外国法的查明服务。[4]这种做法与国内法院越来越多地援引国际法的道理类似，现在一些新制定的宪法已经明确允许此类做法。[5]另一种全球化的表现形式是，超国家法院、区域人权法院和其他的跨国裁判机构的建立不可避免地对参与国宪法法院的判例产生影响。在有关的发展中，区域和国际人权规范通常保护公正裁决的权利。因此，至少原则上，司法独立的运行和设计都体现了这一点。[6]

在英美法系国家，这些都并非新事物。最早可以从1955年算起，

---

[1]　亚洲宪法法院及同等机构协会 ,available at http://aacc−asia.org。

[2]　C. Saunders, "Judicial Engagement with Comparative Law", in Ginsburg and Dixon (eds.), *Comparative Constitutional Law*, p. 571.

[3]　例如南非宪法法院，参见 https://www.concourt.org.za; 以色列最高法院，参见 https://supreme.court.gov.il。

[4]　例如韩国宪法法院下属的宪法研究所，参见 http:// ri.ccourt.go.kr/eng/court/research/publications.html。

[5]　例如南非共和国宪法，s 39(1)(b)。

[6]　例如《欧洲人权公约》第 6 条对公平审判权的保护。

英联邦国家的法官和律师就开始举行会议。[1]参考其他国家的裁决已经成为大多数司法管辖区域内的一种普遍做法。[2]在很长的一段时间里,对于英国曾经的殖民地而言,枢密院一直扮演着跨国法庭的角色,并且在某些地区仍是如此。[3]从某种意义上,这些现象反映了全球化的早期阶段,而现在已经成为一种普遍的做法。然而,当前阶段的全球化跨越了法律传统,对裁判的影响更广泛、更深刻、更普遍。我们可以很轻易地看到,全球化是融合的诱因。同时,这也印证了宪法不再是一国宪法类规范的唯一来源。最明显的例子,例如作为一项确定性的原则或者方法的比例原则;[4]很受欢迎的宪法修正案违宪理论;将印度的基本结构理论(本身是一种移植)与来自制宪权理论的概念合并;[5]以及为了遵守《欧洲人权公约》第6条规定的公平审判权,成员国需要进行制度调整。[6]

不过,我们还是要注意,不应该过分夸大全球化对宪法裁判的影响,也不要过分渲染其对理论和实践的影响。并非所有宪法法院都在相同程度上或以相同的方式受到全球化的影响。值得注意的是,在亚太地区没有区域法院。该地区的国家对国际人权文书的正式承认[7]以及加入国际刑事法院的数量都明显少于世界其他地区。[8]逆全球化在

---

① R. G. Henderson, The Third Commonwealth and Empire Law Conference (1966) Australian Bar Gazette 4.

② Saunders, "Judicial Engagement with Comparative Law".

③ I. Richardson, "The Privy Council as the Final Court for the British Empire", *Victoria University of Wellington Law Review*, vol. 43, no. 1 (2012), p. 103.

④ A. Stone Sweet, "Proportionality Balancing and Global Constitutionalism", *Columbia Journal of Transnational Law*, vol. 47 (2008), p. 68.

⑤ Y. Roznai, *Unconstitutional Constitutional Amendments*, Oxford University Press, 2017.

⑥ European Court of Human Rights, Guide on Article 6 of the Convention on Human Rights (2018), available at https://www.echr.coe.int.

⑦ 参见联合国人权事务高级专员办事处, available at http://indicators.ohchr.org。

⑧ H. Takemura, "The Asian Region and the International Criminal Court", in Y. Nakanishi (eds.), *Contemporary Issues in Human Rights Law: Europe and Asia*, Springer, 2018, pp. 107–125.

裁判方面体现得更加明显。因为缔约国要么直接退出这些国际条约，[1]要么就是没有充分履行条约义务。[2]尽管经过了融合，各国宪法理论和学说的独特差异仍然存在。英美法系国家在某些方面的分歧正在加大，曾经看似统一的英美法系国家通过国内法院裁判的多样化对各自的宪法进行解释。[3]

要想做出这种解释并不困难。具有宪法管辖权的国内法院最终参考的是本国宪法、宪法中体现出的价值和原则以及围绕宪法建立的法理。国内法院的权威和合法性来源于本国的宪法，并在国家的环境中运作，有时与其他国家机关保持着不稳定的共生关系。欧洲是，或者至少曾经是一个可能的例外。区域一体化的深度激发了宪法多元化理论。[4]然而也有一种观点认为，这也表明了国家宪法权威的持续影响力。尽管尚无定论，但这种影响力可能还会占据上风。[5]从欧盟成员国国内法院和欧洲人权法院之间的关系中也可以得到类似的结论。[6]在世界的其他区域，当地法院面临的挑战更加艰巨，其中包括非洲和美洲。[7]

---

[1] 例如布隆迪和菲律宾退出设立国际刑事法院的《罗马规约》。

[2] 关于普遍的抵抗现象，参见专题研讨会 "Resistance to International Courts"，*International Journal of Law in Context*, vol. 14, no. 2 (2018), pp. 1–10。

[3] C. Saunders, "Common law Public Law: Some Comparative Reflections", in J. Bell et al.(eds.), *Public Law Adjudication in Common Law Systems*, Hart Publishing, 2015, p. 353.

[4] L. Pierdominici, "The Theory of EU Constitutional Pluralism: A Crisis in a Crisis?", *Perspectives on Federalism*, vol. 9, no. 2 (2017), p. 120.

[5] A. Hofmann, "Resistance against the Court of Justice of the European Union", *International Journal of Law in Context*, vol. 14, no. 2 (2018), p. 258.

[6] J. M. Sauve, "The Role of the National Authorities", seminar on Subsidiarity: A Two–Sided Coin?, European Court of Human Rights (30 January 2015), available at https://www.echr.coe.int.

[7] T. Daly and M. Wiebusch, "The African Court on Human and Peoples' Rights: Mapping Resistance Against a Young Court", *International Law in Context*, vol. 14, no. 2 (2018), p. 294. D. A. Gonzalez–Salzberg, "Do States Comply with the Compulsory Judgments of the Inter–American Court of Human Rights? An Empirical Study of Compliance with 330 Measures of Reparation", *Revista do Instituto Brasileiro de Direitos Humanos*, vol. 13 (2014), pp. 93–114.

对外国判决的引用同样是如此。外国判决对本国的判决起到了辅助性作用，[1]但没有哪个国内法院认为外国判决具有约束力。相反，国内法院吸收借鉴外国判决是为了在本国语境中解释和适用宪法，或是根据自身情况，对外国判决予以接受或拒绝。区域法和国际法的权威具有不同的逻辑，并且由于实践和原则的原因，更具有说服力。但即使如此，仍对应着不同的司法模式。不同的法院在处理外国法或国际法的争论时，采取了不同的方式，既着眼于维护自身权威，也要让判决更有说服力。[2]但某种比较方法仍然是有据可依的。这有助于解释比例原则的变体、[3]对宪法修正案违宪理论的批驳[4]以及对言论自由这一概念的理解差异。[5]

这些意见涉及当前全球化条件下宪法裁判的各个方面，包括国内法院与跨国裁判机构的关系。原则和实践的变化和波动，必然受到环境的影响，只有在高度抽象的情况下才有可能对其进行概括。今后面对的诸多挑战之一是在总结先前经验的基础上进行相应的调整，从而最大限度地发挥国内以及跨国司法机构各自在确保有效宪制利益方面的优势。

（二）自下而上

然而，我现在有不同的看法。正如早先对制宪的论述那样，这里的问题是，全球化是否带来了特殊的挑战。而宪法法院能否像处理国内案件那样应对这些挑战，这是全球宪治的另一种表现形式。

在许多地区可能会出现这样的情况，英国最高法院对米勒案件的

---

① A. Jakab et al. (eds.), *Comparative Constitutional Reasoning*, Cambridge University Press, 2017.

② Jakab et al. (eds.), *Comparative Constitutional Reasoning*.

③ D. Grimm, "Proportionality in Canadian and German Constitutional Jurisprudence", *Toronto Law Journal*, vol. 57, no. 2 (2007), p. 383.

④ Roznai, *Unconstitutional Constitutional Amendments*.

⑤ A. Stone, "The Comparative Constitutional Law of Freedom of Expression", in Ginsburg and Dixon (eds.), *Research Handbook in Comparative Constitutional Law*, pp.406–421.

判决就是其中之一。①法院面临的新情况是，这一问题由独特的区域一体化形式引起。对此，法院给出了新答案。这一答案依据的前提是虽然最初是英国法赋予其效力的，但是欧盟法律已经成为英国法的法律渊源。②在这种情况下，英国做出脱欧的决定需要议会的授权，而不能仅由行政部门通过行使特权来实现，因为处理条约通常依赖于这一特权。有鉴于此，对该决定的非议是情有可原的。③然而，这也可以被理解成，面对英国与欧盟的深度一体化，该决定否定了全球化前行使内部主权和外部权利二分法的充分性。在一种观点看来，这种二分法创造了一种混合政体。④法院的多数法官也考虑到全球化对本国宪法的冲击，因此将其纳入英国宪法的框架内。

在本节的剩余部分，我将举两个澳大利亚的例子，来说明在国内宪法框架下运作的法院可能面临多种全球化的冲击。在某些情况下，这些法院可能还要做出相应的调整。

第一个案例是澳大利亚高等法院做出的一系列裁决。这些裁决对宪法第44条i款的适用做出解释。该项取消了身居国外的澳大利亚国民或公民的联邦议会成员资格。该条款于1901年生效，当时的全球化背景与现在截然不同。澳大利亚当时是英国的殖民地，后者的领土和人口都占世界的四分之一。在当时，作为臣民和公民的双重效忠是一种罕见现象。在此期间，包括澳大利亚在内，国籍成为常态，并且有越来越多的国家接受了多重国籍。⑤据估计，几乎一半的澳大利

---

① R (Miller) *v* Secretary of State for Exiting the European Union [2018] AC 61.

② R (Miller) *v* Secretary of State for Exiting the European Union [2018] AC 61 [65], [80]; European Communities Act 1972.

③ M. Elliott, "The Supreme Court's Judgment in Miller: In Search of Constitutional Principle", *Cambridge Law Journal*, vol. 76, no. 2 (2017), p. 257.

④ 如果要说有什么区别的话，那就是英国在随后的脱欧期间所遇到的困难进一步增强了这种看法：D. Baranger, *Brexit as a Constitutional Decision: An Interpretation* (2018) 21 Jus Politicum, available at http://juspoliticum.com。

⑤ P. J. Spiro, "Dual Citizenship as a Human Right", *International Journal of Constitutional Law*, vol. 8, no. 1 (2010), p. 111.

亚公民同时拥有另一个国家的国籍。[1]在国籍的获得或者丧失条件，以及多重国籍问题上，国际上几乎没有统一的做法。如果有的话，另一国国籍也只有可能是因为该国立法的改变或是由于对宪法的新解释而无意中获得的。放弃本国国籍的流程，各国各不相同，而在一些国家，放弃国籍是完全不可能的。[2]

多重国籍的出现，以及其合法性和获得方式的增加都是当前全球化的表现特征。这种情况迟早会对第44条i款产生影响。2017—2018年间，有15名联邦议会议员通过司法程序或自愿的形式辞职，这严重破坏了议会本身的稳定性。尽管审查程序越来越严格，但这个问题可能会继续存在。同样重要的是，可以认为，在这种情况下，许多拥有多重国籍的澳大利亚人被阻止参加联邦议会的选举。

就目前而言，这种问题主要出现在，高等法院作为选举结果的争议法院，被要求对选举有效性的问题做出回应。[3]法院有可能做出的回应是，在承认全球化的情况下，对该条款尽量做限缩解释，以尽量减小该条款造成的影响。这一选择没有被采纳，原因在于宪法条文的相对特殊性以及先前判例法的影响。在这种司法文化中，判例法的影响很大，当然也不是牢不可破的那种。[4]除了一个重要的例外之外，法院的解决方式是对该条款仅仅做字面意思解释，而把修改条款的任务留给政治，如果有足够多民众支持的话。

这一例外情况是第44条i款可能会取消一些拥有另一国籍的澳大利亚人的公民资格，而根据另一国家的法律，该国的国籍不能被放弃，或者只能在严格的条件下被放弃。针对这种可能出现的情况，法院规定了第44条i款下的宪法强制性，即如果能够证明澳大利亚公民已经

---

① Joint Standing Committee on Electoral Matters, *Excluded: The Impact of Section 44 on Australian Democracy* (Canberra, AGPS, 2018) paras 3.63–3.64.

② 关于比较公民权，参见 J. Shaw (ed.), *Citizenship and Constitutional Law*, Edward Elgar Publishing, 2018。

③ Re Canavan (2017) 349 ALR 534, [13]; Re Gallagher [2018] HCA 17.

④ Sykes *v* Cleary (1992) 176 CLR 77.

采取了外国法律所要求的所有步骤来放弃其外国公民身份，则外国法律不会阻止其参与代议制政府。[1]尽管该做法可以从宪法结构中找到理据，但实际上在宪法文本中没有明文规定。[2]这一观点的兴起受到全球化的影响，旨在保护澳大利亚宪制的完整性。

第二个例子发生的背景和最终得出的结论，与之前的都大不相同。然而，它也有助于展现全球化对国家宪法制度提出的新挑战，以及法院是如何调整现有做法，并将全球化考虑在内以应对这些挑战的。

该案是M68/2015诉移民和边境保护部部长案（*M68/2015 v Minister for Immigration and Border Protection*）。[3]该案的背景是澳大利亚历届政府应对最近从海路偷渡到澳大利亚的难民。根据1951年的《难民公约》(Refugee Convention)，这些人的生命和家人受到威胁，因此在世界其他地方寻求庇护，这是全球化的另一种表现。然而，这些难民在澳大利亚引起了很大的争议。政治双方都认为阻吓是一种能带来巨大选举优势的做法。为此，一系列的政治考量最终让澳大利亚决定在其两个更小的邻国瑙鲁和巴布亚新几内亚——这些国家都依赖澳大利亚的援助——建立了"区域处理中心"。根据澳大利亚与这两个国家的双边协议，在海上被拦截的难民将被非自愿地送到这些国家。政策框架是澳大利亚提出的；往返交通由澳大利亚安排；整个活动由澳大利亚资助；中心由澳大利亚承包商管理；关于中心运作的决定是通过联合安排——澳大利亚至少是其中的一个平等伙伴——做出的。[4]

在M68案中，瑙鲁的一名被拘留者以若干理由对澳大利亚参与这些安排的合法性提出质疑，其中一个理由援引了宪法。由于澳大

---

① Re Canavan [13]; Re Gallagher [11], [23]–[26], [43], [51], [57].

② 有关评论请参见A. Twomey, Re Gallagher: Inconsistency, Imperatives and Irremediable Impediments, AUSPUBLAW (28 May 2018), available at https://auspublaw.org。

③ M68/2015 v Minister for Immigration and Border Protection (2016) 257 CLR 42.

④ 这些意见在戈登法官关于M68案中有详细的阐述，M68/2015 v Minister for Immigration and Border Protection (2016) 257 CLR 42 [266] et seq。

利亚宪法的特殊性,最明显的宪法理由是,人们在没有经过司法程序的情况下被拘留,违反了宪法规定的司法权力分离的规定。这一要求最早出现在朱庆林诉移民部部长一案(*Chu Kheng Lim v Minister for Immigration[Lim]*)中。①然而,这一抗辩最终失败了。澳大利亚联邦政府的行为具有合法性,得到了更多人的支持。多数观点认为,拘留是通过瑙鲁"独立行使主权立法和行政权力"实施的;澳大利亚联邦政府"不能强迫或授权瑙鲁"采取此类行动;尽管澳大利亚联邦政府的行为与原告的拘留之间存在"因果关系",但朱庆林案中并没有援引这一理据。②关于移民拘留何时属于"惩罚性"措施,何时又不属于,其中的判例错综复杂。如果澳大利亚联邦政府在其陆域范围内实施这一政策,至少会受到一些宪法限制。③但在海上时,它们根本不受这些限制。戈登(Gordon)法官的反对理由提出了另一种可能的替代方案。她详细地分析了澳大利亚联邦政府与瑙鲁和承包商之间的法律关系,最终得出了结论:案件的核心是澳大利亚联邦政府拘留了原告。④在这种情况下,司法权分离受到侵犯,她在朱庆林案中也引用了这一原则。而这种侵犯不属于任何既定的例外情况,也不能成为允许澳大利亚联邦政府在外国拘留外国人的理由。⑤

M68案件具有启发性。这个例子展现了全球化是如何影响到一些宪法的基本原则,以及如何抑制国家行为体的宪法责任的。戈登法官援引的理由表明,在选择论据时,从全球化角度进行思考可以应对这一挑战。对于一个司法权力概念狭隘、重形式轻实质的法院来说,M68案是很棘手的案件。很少有判例会对两国合作做出的决定或通

---

① Chu Kheng Lim *v* Minister for Immigration, Local Government and Ethnic Affairs (1992) 176 CLR 1.

② Chu Kheng Lim *v* Minister for Immigration, Local Government and Ethnic Affairs (1992) 176 CLR 1 [39].

③ M. Foster, "Separation of Judicial Power", in C. Saunders and A. Stone (eds.), *The Oxford Handbook of the Australian Constitution*, Oxford University Press, 2018, pp. 672–695.

④ M68 [352].

⑤ M68 [401].

过合同达成的决定进行审查。然而，站在澳大利亚宪治的立场，这些问题需要被解决。由于政治问题的难以调和，提出的法律问题如果与重大的个人利益有关，就必须由国内法院解决。当然，法院可以像M68案那样，运用现有的原理驳回原告的主张。这里需要考虑的问题是，全球化有时是否提出了新的条件。法院可以适时地做出回应，从而使现有的学说适应新的现实发展的需要。

结论

在21世纪第二个十年行将结束之时，在区域层面、国际层面或者是与国内宪法的关系层面，都很难预测全球宪治的未来。导致全球宪治出现的原因都是零散的、不规律的，而且这一特征至今仍然没有改变。全球宪治的理论和实践一直存在着某种程度上的脱节，这种脱节还在继续。重申国家权威和国家利益，并不总是以教化的形式，但其理由值得关注。地缘政治的发展表明，当出现新的霸权国家后，它们会按照自身的想法对全球秩序进行改造，这可能会带来新的挑战，并塑造全球宪治的新轨迹。

然而，与此同时，现在比以往任何时候都更需要在一系列重大问题上进行全球合作。目前，在国际和一些地区层面上存在着一个由规范和机构组成的紧密网络，发挥着有益的功能，塑造观念，调节和协调跨国行动。接受世界人民享有共同和平等的人性是20世纪的伟大成就之一，虽然可能还要走很长的路才能成为现实，但它仍然鼓励在全球范围内采取行动。在各行各业中，人员往来以及信息技术的进步进一步冲破了国家的藩篱。所有这些因素都表明，全球化是一个持续不断的过程，跨国界的规范与制度的系统化可能会继续成为下一个目标。随着时间的推移，目前的停滞可能会被证明是有价值的，因为它可以对这方面进行总结，反思过去的观点，并作为今后全球宪治采取新方法的基础。

有一些关于全球宪治的文献强调国家宪法的权威性和相关性被削弱。相比之下，本文所依据的假设是，无论是否被削弱，国家宪法都是建立、维护、发展宪治以及民主治理的关键工具。这是迄今为止在任何情况下都唯一有效的方式。仅凭这一点，国家宪法就应该在其能力范围内得到保护和加强。在关注这点时，我并没有忽视许多国家的相关行为体在为维护人民的利益而进行治理时的意愿和/或能力方面的不足。这些是更宽泛的问题，需要更为复杂的解决方案，而这超出了本文想要讨论的范围。关于这两点，可以从国家应履行其职能以及领导人对民众应负责的角度进行思考。

全球化对国家宪法的影响超出了全球宪治文献中所熟悉的范式。为了在当前条件下最大限度地发挥国家宪法的作用，本文认为，国内宪法理论和实践需要更好地反映国家及其宪法所处的现实的全球环境。这些可能主要通过制宪以及宪法裁判来实现。我们没有必要重复已经得出的结论。然而，应该指出的是，这些结论将共同协助克服全球化所带来的一系列宪法问题，维护和加强宪法所推崇的价值。

通过宪法文本为上述发展提供相应基础是合适的。全球化的模式强调了宪法需要更好地规定一国在与他国的关系中如何对外行使主权。例如，通过提供一个框架，确定特定类型跨国安排的授权范围，使国家行为体能够承担责任，推动对宪法标准的遵守，澄清区域和国际规范的地位。一些国家的宪法已经比其他国家的宪法更明确地做到了这一点。英美法系国家的宪法在这方面通常特别欠缺，这可以归结于历史上君主立宪制的演变以及特权的可塑性。撇开别的不说，单就这个原因，本文所讨论的问题可以说是处于公法的"前沿"。许多经验教训可以从外部主权行使对宪法影响中吸取。确切地说，宪法在这方面的规定不太可能标准化。相反，在每一种情况下，它都应该反映国家在世界范围内地理和地缘政治地位、它所面临的挑战以及本国人民的偏好。

2020年代全球行政法的前沿 [*]

本尼迪克特·金斯伯里 著　李芊 译　苏苗罕 校 ^{**}

　　全球行政法（Global administrative law）有许多相关前身，①但对如今所谓的全球行政法进行的框架化与标签化工作则始于21世纪头十年的学术倡议。②2005年，有学者认为全球行政法体系正在形成，

---

　　*本文原载于Benedict Kingsbury, "Frontiers of Global Administrative Law in the 2020s", in Jason N. E. Varuhas and Shona Wilson Stark (eds.), *The Frontiers of Public Law*, Hart Publishing, 2020, pp. 41–69。作者非常感谢与其在这一领域进行了许多合作的理查德·斯图尔特（Richard Stewart）教授、尼科·克里希（Nico Krisch）教授以及梅根·唐纳森（Megan Donaldson）博士。

　　** 本尼迪克特·金斯伯里，纽约大学法学院教授，国际法律与正义研究所所长。李芊，清华大学法学院博士研究生。苏苗罕，同济大学法学院副教授。译者非常感谢金斯伯里教授对文章翻译的慷慨授权，以及苏苗罕教授对译文初稿的细心校对。

　　①　其中一些得到清晰讨论的前身，参见C. Bories, "Historie des Phénomènes Administratifs au–delà de la Sphere Étatique: Tâtonnements et Hesitations du Droit et/ou de la Doctrine", in C. Bories (ed.), *Un Droit Administrative Global?* Pedone, 2012。 亦见 J. Klabbers, "The Emergence of Functionalism in International Institutional Law: Colonial Inspirations", *European Journal of International Law*, vol. 25, no. 3 (August 2014), pp. 645–675; J. Klabbers, "The Transformation of International Organizations Law", *European Journal of International Law*, vol. 26, no. 4 (November 2015), pp. 9–82, 尤其是对保罗·赖因施（Paul Reinsch）和弗兰克·塞尔（Frank Sayre)的讨论。

　　②　S. Cassese, "Administrative Law without the State? The Challenge of Global Regulation", *New York University Journal of International Law and Politics*, vol. 37, no. 4 (Summer 2005), pp. 663–694; B. Kingsbury et al., "The Emergence of Global Administrative

并将其定义为包括:

> 那些促进或以其他方式影响全球行政机构问责的机制、原则、惯例和支持性社会理解,特别是确保这些机构满足透明性、参与性、决策说理性与合法性的充分标准,以及针对这些机构所制定规则和决策的有效审查。[①]

最初的进路显然是一种规范性干预:尽管意识到全球行政法存在缺陷,但该进路仍彰显了一种广泛的愿望,即努力使这些全球性规制机构的规则制定和决策对受其决策显著影响的不同公众负责并做出回应。[②]本章为普通读者而写,而不是作为针对全球行政法学术辩论的专业稿件,其目的是思考当今全球行政法如何处理与一些主要的概念性和背景性问题的关系,鉴于这些问题可能会影响这一 2000 年代的方案在 2020 年代的性质乃至可行性。[③]

本文将在第一节以介绍全球行政法所关注的一系列实践作为开头。第二节首先说明自 1990 年至 2015 年期间,全球行政法的观念和实践获得流行和快速利用的背景,继而说明大约自 2015 年开始,一些重大的背景变化似乎极大地改变了全球行政法的前景。在此基础上,第三节考察与全球行政法性质和可行性相关的一些概念性问题。第四节以一组针对一家私人全球体育治理机构关于精英田径女子组参

Law", *Law and Contemporary Problems*, vol. 68, no. 3 & 4 (Summer/Autumn 2005), pp. 15–62. 关于这种标签化的影响与问题,参见 S. Marks, "Naming Global Administrative Law", *New York University Journal of International Law and Politics*, vol. 37, no. 4 (Summer 2005), pp. 995–1002。

    ①   Kingsbury et al., opcit, p. 17.

    ②   全球行政法机制是否被证明仅仅是装饰门面的,用于赋予本质上不正义的安排以正当性的假象,或者相反,被证明是为相对无权力者或被忽视者提供发声与维护利益的有用工具,这部分取决于发生在个案中的斗争。渐进主义的提倡者在一些规制项目中有效地运用了全球行政法的机制,但是在其他许多项目中则受到阻扰或压根没有诉诸全球行政法机制。

    ③   本章将讨论人们对最初项目所做的若干思考缜密的学术回应,在这些回应中,人们总体上充分表达了他们对最初项目的兴趣、困惑、学术性辩论和疑虑。

赛资格的全球行政法仲裁程序为例,阐明全球行政法于2020年代在私人治理的某些领域继续且可能扩大发挥作用的原因。第五节得出结论。

一、表明全球行政法的发展作为分析领域的实践

那些将全球行政法构建为一个学术研究领域的学术项目,在本质上是一些旨在鼓励以特殊方式看待实践的干预。这些干预产生了一些具有理论性质但受到实践严格诘问的范畴和观念。在这种情况下,实践先于理论,但分析与理论工作也可能会随着时间的推移对实践产生一些影响。那么,构成全球行政法主题的实践是什么呢? ①

全球行政法学术倾向于从实践的片段开始,而不是从全球宪制结构、价值或统一的根本大法这些宏大构想开始。它将具体规制体制和规制部门层面的实践聚拢,考察不同规制体制当中"透明、参与、说理和审查"等全球行政法惯例的运用以及逐步但不均衡的扩散。考虑到当前全球行政和治理的高度分散状态,这种进路具有重要的分析优势。此外,在全球行政法实践的发展过程中,当渐进步骤积累到一定量时,可能会出现临界点或其他系统性影响,从而对于全球规制机构来说,全球行政法的规范逻辑和机制可能会被广泛视为具有示范性乃至强制性,至少在一些重要领域是如此。②

全球行政法实践和规范的发展与扩散并不是通过任何总体计划或体系来实现的。它们是具有生成全球行政法能力的不同行为体 (generative actor) 在不同制度背景中的分散决策累积下来的产物,以此对导控和约束行政权力在某些反复出现的结构模式下的行使这一

---

① 本节和其他一些段落的内容,摘自与理查德·斯图尔特合著的一篇(西班牙语)论文,特致感谢。B. Kingsbury and R. B. Stewart, *Hacia el Derecho Administrativo Global: Fundamentos, Principios y Ámbito de Aplicación*, Global Law Press–Editorial Depeche Global, 2016, p. 57.

② E. Fromageau, *La Théorie des Institutions du Droit Administratif Global*, Bruylant, 2016.

需求做出回应。这些行为体不仅包括国内、国际的法院与法庭，还包括其他全球性规制机构、国内规制部门、各类制度企业家、商业公司、非政府组织以及私人、公共/私人行为体网络。

私人行为体通过支持全球行政法来推进他们的规制议程。制药公司在1994年《与贸易有关的知识产权协定》(Agreement on Trade-Related Aspects of Intellectual Property Rights，以下简称TRIPS)和2016/18年《跨太平洋伙伴关系协定》(Trans-Pacific Partnership Agreement，以下简称TPP)中成功争取到了大量全球行政法程序，从而加强对其产品的知识产权保护以及对政府和某些竞争对手的约束。[①]为了推进环保目标，环保主义者推动在《奥尔胡斯公约》(Aarhus Convention)[②]中确立政府遵守全球行政法之严格标准的义务以及针对这些义务的某些国际监督机制。各类法院、法庭以及国际投资仲裁机构对全球行政决定和规范（包括分散存在的国内行政决定和规范）的合法性进行审查，以此作为这些决定和规范的效力条件以及在某些情况下的执行条件。在其他情况下，某个国内机构或全球规制机构在决定是否承认或确认（recognise or validate）另一个全球规制机构的决定或规范时，可能会考虑该机构在决策中是否遵循了全球行政法惯例。同样在其他情况下，私人行为体在决策时会考虑是否要遵守决定或规范，以此提高自身声誉，成为商业、其他交易或风

---

① R. C. Dreyfuss, "Fostering Dynamic Innovation, Development and Trade: Intellectual Property as a Case Study in Global Administrative Law", in H. Corder (ed.), *Global Administrative Law: Innovation and Development*, Juta, 2009; L. Helfer, "Pharmaceutical Patents and the Human Right to Health", in T. C. Halliday and G. Shaffer (eds.), *Transnational Legal Orders*, Cambridge University Press, 2015; P. Mertenskötter and R. B. Stewart, "Remote Control: TPP's Administrative Law Requirements", in B. Kingsbury et al. (eds.), *Megaregulation Contested: Global Economic Governance After TPP*, Oxford University Press, 2019.

② 《关于在环境问题上获取信息、公众参与决策和诉诸司法的公约》(Convention on Access to Information, Public Participation in Decision-making and Access to Justice in Environmental Matters, 2161 UNTS 447, 1998年6月25日于奥尔胡斯通过，2001年10月30日生效)。

险投资中值得信赖的伙伴，或者在其他方面促进自身利益。在所有这些情况下，全球规制机构在决策中遵循全球行政法惯例（透明、参与、说明理由和审查机会）的程度通常是确认方或接收方（validating or recipient authority or actor）决定是否确认、承认或遵守所涉决定或规范的实质性因素，并在某些情况下是控制性因素。

"透明、参与、说理和审查"可以通过提高规则的质量、增强对规则使用者和其他用户利益与关切的回应性，帮助全球规制机构解决规制协调与合作的博弈问题，为该体制赢得支持。在实施阶段，这些程序（特别是在与"审查"相结合时）可以促进内部和分布式行政部门准确且一致地执行规则，世界贸易组织（WTO）、《奥尔胡斯公约》和全球体育反兴奋剂体制等各种体制可以说明这一点。[①]然而，全球行政法程序会存在成本和延迟，可能会限制谈判的灵活性；它在特定规制领域也有其他缺点，例如在安全领域，"透明"可能会导致监管的失效。

全球行政法的上述四种机制或其中某种机制的必要性与正当性取决于规制体制的具体类型，包括该规制体制的目标与"业务计划"、成员与结构、分布式管理机构（在第三[三]部分解释）以及其他背景变量。实践中，这些机制可能是不必要的，采用这些机制也可能会适得其反。例如，在通过技术标准来协调特定部门市场参与者的行为，从而解决协调博弈问题的规制体制中，"参与""说理"和"审查"的正式结构可能是不必要的，并且确实会适得其反，至少在分配问题和外部性不大的情况下是如此。[②]在用以解决合作博弈问题、涉及重要分配后果且须采取措施防止搭便车的许多体制中，或者在可能对个人或群体造成严重剥夺的项目中，采用这些机制则可能存在大得多的必要性。

---

① 关于这些体制的材料，参见 S. Cassese et al. (eds.), *Global Administrative Law: The Casebook*, IRPA, 2012。

② 正如沙萨皮斯－塔索尼斯（Orfeas Chasapis-Tassinis）正在进行的一项研究表明的，国际掉期与衍生品协会（International Swaps and Derivatives Association，以下简称 ISDA）的大量工作便属于这一范畴，但其中一些工作也会对非成员产生巨大的外部效应。

　　在某些情况下,功能逻辑和规范逻辑的结合可以支持全球行政法程序的使用——它们能够推进体制达成使命,例如,"透明、参与、说理和审查"可能会改善需要获得广泛支持的规制决策,也可能服务于问责和回应被忽视者等目标。在其他情况下,例如在打击非法活动的项目中,这两种逻辑对全球行政法会产生相互冲突的影响。在"透明"与根据"公共理性""认知权威"以及"协商解决分歧"进行决策这些规制决策的不同模式之间,存在普遍的紧张关系。此外,"透明"有许多维度,"参与"有不同形式,"说理"要求有许多变种,提供"审查"也有各种不同机制。

　　只有仔细考察与辨认,我们才能确认在特定情况下能够推进功能目标与规范目标的全球行政法机制的确切类型。全球性体制对全球行政法机制的使用将在很大程度上取决于该组织及其最重要成员对这些机制相对于其他可用治理工具的成本收益评估。建构主义因素也可能发挥重要作用。1990年代和2000年代,由总部设在北大西洋地区的非政府组织所建立的规制机构对全球行政法的广泛使用,表明他们对在欧洲和北美行之有效的治理机制和风格充满热情。但是,欧洲和其他地方的非政府组织则愈发对看似中立的"透明"和"公众参与"条款的实际效果表示怀疑——至少在《跨大西洋贸易与投资伙伴关系协定》(Transatlantic Trade and Investment Partnership,以下简称TTIP)等以市场为导向的规制体制背景下——批评它们是企业游说的通行证和财富回报的放大器。全球行政法的精神特质或意识形态长期以来受到发展中国家相关人士的批评,理由是"参与"的承诺是虚幻的;市民社会团体——尤其是发展中国家的市民社会团体——不具备有效利用全球行政法机制的组织能力和资源,且远远落后于商业利益集团。

　　总之,全球行政法发展的制度性方法是分散、渐进、累积的,全球行政法在细节与总体接受度上是可变的,一直存在调整和修正的可能性,并且处在获得接受和改革与遭受异议和拒绝的循环当中。这种分段式方法尽管在一定程度上反映了普通法法律体系的风格,但也受到遍及全球行政空间、非常多重多样的法律生成机构（jurisgenerative body）和参与者或批评者的影响。至于各种全球性规制者为何会采用全球行政法惯例并逐渐将全球行政法规范内化，个中原因极其多元。其中最明显的原因包括，希望获得相关确认方或接收方对其决定和规范的确认、承认和接受。因此，在不同规制部门和领域运行的各种不同全球规制机构要服从（尽管非常不均衡地）国际法庭、国内法院以及其他全球规制机构和国内部门——这些它们须进行合作的机构——所发展和适用的全球行政法规范。或者，全球规制组织可能会将全球行政法惯例施加于其自身的某些组成部分，以实现内部管理目标并促进机构中和项目上的一致性。又或者，它们可能采用此种惯例来从相关企业或消费者个人那里获得遵守其规范的需求，从而接受或支持对社会和环境负责的做法和产品，或者应对批评意见并提高其公共声誉。作为全球规制体制分布式要素而发挥作用的国内行政部门，需要接受其所属全球规制机构、国际法庭、国际仲裁机构及其本国法院适用的全球行政法规范的调整。自愿地、不均衡地或另类地采用全球行政法规范的广泛做法，以及未经许可偏离这些规范的行为，自然会引发围绕这些规范的法律地位的争议。

二、全球行政法与全球政治、经济和社会秩序的变化

全球行政法在其标准制定、决策以及评估的规制领域与全球秩序、次全球秩序中不断变化的模式一体相连，但两者不一定同步。

（一）2015年之前

从北大西洋地区的角度来看，现代全球规制治理的到来——直到2015年前后出现了一个急转弯——呈现为我们熟悉的如下叙事。自19世纪50年代开始，人们开始积极创建和利用法律−行政结构（legal−administrative structure）来解决超国家协调与专门知识建构的实践问题；以至于在1910年之前，国际行政联盟（International Administrative Unions）这一范畴随着全球化一直蓬勃发展；在国际联盟（League of Nations）时代，一种新型的、更正式的法律化和纲领

性目标被添置其上,但基本上失败了;自1945年开始,人们以更大的耐力在政府间结构中重新尝试了后一动议。

大约自1990年开始,在这种条约和国家间正式组织的结构之上,出现了越来越多的国家间法院,其中一些可为私方当事人提供直接诉诸法院的机会。同样自1990年开始,积极军事干预主义和帝国式治理结构——这种治理结构建基于多少有些意愿的联盟,①连同对正式政府间结构中等级制度的某种回避或公然维护——在美国的主导地位获得大多数北大西洋强国支持的期间,出现了增长。这种美国–北约–经济合作与发展组织(US–NATO–OECD)的主导地位被一些软平衡和非国家暴力悄然抵消了,并最终在更公开的国家间倡议中遭到了对立组织(如上海合作组织)的反击以及现有机构(例如WTO)内新兴力量的抵制。一个平行的发展是,由运作于特定领域(银行业规制、药物测试、反洗钱等)的国内规制官员所构成的政府间网络快速增长,从而免受条约安排的阻碍,对规制进行协调。由美国和欧洲主要国家(通常还有日本)发起的这些联盟,或迟或早都对其他国家的加入做出了规定。这一时期的另一特点是,私人的标准制定、跨国非政府组织和企业的规范生产以及规制纪律的各种体系都逐渐增多。"全球治理"的标签在这一时期变得流行,一些人将其用于描述这整个大杂烩,而另一些人则将其用于描述更自由主义或更受北大西洋欢迎的方面。

然而,自2000年之后,全球性国家间新型制度进一步法律化和司法化的进程几乎停止了。这部分是因为,政府间政治——包括金砖国家(巴西、俄罗斯、印度、中国和南非)的争论和美国的新保守主义——阻碍了该进程;部分是因为,对民主合法性的质疑、多边程序的烦琐乃至僵化破坏了该进程。人们将精力和注意力转移到了其他形式的全球规制治理之上,包括数量剧增的政府间网络以及可能性

---

① A. Rodiles, *Coalitions of the Willing and International Law*, Cambridge University Press, 2018.

大体上仍未受阻碍的全球混合治理和私人治理。在这些全球规制治理形式当中,北大西洋价值和技术仍然有凸显的空间。①这些价值的表达和追求是以法律的语言和技术进行的,但与国家间的国际公法不同,混合和私人治理是对法律或类似法律形式的更新组合并以此为特色。人们试图将这些治理形式与国家间的国际公法形式再次结合起来,正如2015年《巴黎气候协定》(Paris Climate Agreement),或者12个国家在2015年至2016年敲定的TPP中所做的那样。与此同时且部分作为回应的是,欧盟推动了欧−美《跨大西洋贸易与投资伙伴关系协定》;中国大体上遵循多边开发银行的既定制度脚本,发起了亚洲基础设施投资银行(Asian Infrastructure Investment Bank);在非洲(尽管不同国家集团之间存在严重的政治分歧)和拉丁美洲,政府间的机构化也持续展开。

(二)全球行政法兴起的原因

自1990年至2015年期间,以下五个因素曾以不同方式促进了人们对全球行政法的兴趣与采用。

1. 国际机构的迅速发展

冷战后,正式与非正式国际机构的数量和范围急剧增长,在正当性尚不确定的情况下行使着治理权力,而全球行政法为此提供了一种应对措施。②一些人试图通过采用全球行政法,促使这些机构能更高效、有效或准确地完成其新兴任务。其他人则主要担心,这些机构会

---

① A. M. Fejerskov, *The Gates Foundation's Rise to Power: Private Authority in Global Politics*, Routledge, 2018; J. Pauwelyn et al. (eds.), *Informal International Lawmaking*, Oxford University Press, 2012; A. Berman et al. (eds.), *Informal International Lawmaking: Case Studies*, Torkel Opsahl, 2012.

② 如果领土国家以外的机构拥有重大且日益增长的规制权力或治理权力,或者如果政策是在政府间乃至是在对国家内部的治理具有重大影响的私人跨国背景中制定的,那么(有人主张)就有充分的理由制定一套与国内行政法发挥大致同等功能的法律。参见 L. Casini, "The Expansion of the Material Scope of Global Law", in S. Cassese (ed.), *Research Handbook on Global Administrative Law*, Edward Elgar, 2016; S. Battini, "The Proliferation of Global Regulatory Regimes", in Cassese (ed.), *Research Handbook on Global Administrative Law*; G. della Cananea, *Due Process of Law Beyond the State*, Oxford University Press, 2016.

在欠缺——有时是规避或削弱——国家民主和人权所包含的法治和问责结构的情况下行使权力；[1]抑或担心，这些机构的运作会被非正式化，并且对发展中国家及其利益不利。[2]

2. 安全化

自9·11袭击发生之后，全球行政法被援引和用于改善（同样也是合法化）跨国结构的安全化措施。这在全球行政法的核心经典案例——根据联合国安全理事会体制采取冻结资产措施打击资助恐怖主义的相关案例，以卡迪第一案（*Kadi I*）和卡迪第二案（*Kadi II*）为代表——当中得到了体现；[3]也体现在联合国安全理事会内部的各种程序改革当中，包括就其中一些事务设立和免除监察专员（ombudsperson）。全球行政法的另一组争议热点（causes celèbres）是处理联合国维和人员的行动或经联合国授权的军事行动的问责问题。[4]

---

[1]　F. Kratochwil, *The Status of Law in World Society*, Cambridge University Press, 2014, pp. 177–199; G. Teubner, "Quod Omnes Tangit: Transnational Constitutions Without Democracy", *Journal of Law and Society*, vol. 45, no. 1 (July 2018), pp. 5–29.

[2]　对钦尼（Chimni）来说，全球行政法的主要关注点一直是国际机构的完善，因此全球行政法"只为国际法提供了一种局部的方法，因为它主要侧重于解决国际机构运作中的民主赤字问题"。B. S. Chimni, *International Law and World Order*, Cambridge University Press, 2017, p. 4. 他自己的前瞻性方案——他称之为"国际法的综合唯物主义方法"，提出了九项自我强加的要求，其中包括国际法"应努力促进全球治理的民主模式。国际法将设想对区域和国际机构加以重构，尤其是通过促进审议式和参与式民主以及对全球行政法的遵守，来解决民主赤字的问题"。Ibid, p. 549. 长期担任南非财政部部长的特雷弗·曼纽尔（Trevor Manuel）于在任期间参加了2008年的一次全球行政法会议，宣称"全球行政法是个时机已经成熟的想法"。T. A. Manuel, "Opening Address", in H. Corder (ed.), *Global Administrative Law: Innovation and Development*, Juta, 2009, p. xix. 他解释说，他自己在金融行动特别工作组、二十国集团（由他担任主席）、国际货币基金组织、世界银行和其他机构中代表南非的经验使他得出结论，"我们必须寻求应对糟糕决策结构的途径，以及寻求制定一套可适用法律的共识……一套值得信赖且得到检验的法律体系，一个能够在全球和主权层面协调责任的体系，一个能够迫使各国为全球利益做出承诺的体系。当然，这套法律体系就是这一整个你们选择称之为'全球行政法'的新生且富创见的哲学分支"。Ibid., pp. xvi–xvii.

[3]　Case T–315/01 *Kadi v Council of the European Union* [2005] ECR II–3659 (*Kadi I*); C–402/05 P, C–415/05 P Kadi v Council of the European Union [2008] ECR I–6351 (Kadi II).

[4]　关于卡迪案以及联合国维和人员对海地霍乱的介绍，参见D. Hovell, "Due Process in

3. 经济治理

全球行政法的概念和机制在以下两个方面作用显著：一是作为国际经济治理的工具；[1]二是作为改进或控制其国际机构运作中某些因素的手段。[2]WTO "虾龟案" 之所以成为全球行政法的经典案例，其原因是上诉机构不仅使用了全球行政法的判准，对美国政府禁止从申诉国进口虾的行政和审查过程的充分性进行了广泛的审查，而且当成员国无法就贸易制度中的环保目标达成政治合意时，上诉机构还履行了制度上的治理职能，为这些目标开辟（并确保）出了一些法律空间。[3]2008 年至 2009 年的金融危机之后，随着此类经济治理的扩大，对全球行政法——作为工具和进行批判——的援引变得更加显著。[4]

---

the United Nations", *American Journal of International Law*, vol. 110, no. 1 (January 2016), pp. 1–48。

[1] R. B. Stewart and M. R. Sanchez Badin, "The World Trade Organization: Multiple Dimensions of Global Administrative Law", *International Journal of Constitutional Law*, vol. 9, no. 3–4 (October 2011), pp. 556–586.

[2] 例如在对投资者－国家仲裁的抵抗中。G. Van Harten and M. Loughlin, "Investment Treaty Arbitration as a Species of Global Administrative Law", *European Journal of International Law*, vol. 17, no. 1 (February 2006), pp. 121–150; J. Alvarez, "Is Investor–State Arbitration Public?", *Journal of International Dispute Settlement*, vol. 7, no. 3 (November 2016), pp. 534–576; C. Henckels, "Protecting Regulatory Autonomy through Greater Precision in Investment Treaties: The TPP, CETA & TTIP", *Journal of International Economic Law*, vol. 19, no. 1 (March 2016), pp. 27–50; A. Kawharu and L. Nottage, "The Curious Case of ISDS Arbitration Involving Australia and New Zealand", *University of Western Australia Law Review*, vol. 44, no. 2 (August 2018), pp. 32–70.

[3] Shrimp Turtle I (United States – Import Prohibition of Certain Shrimp and Shrimp Products), WTO Appellate Body WT/DS58/AB/R (1998). 参见 B. S. Chimni, "Cooption and Resistance: Two Faces of Global Administrative Law", *New York University Journal of International Law and Politics*, vol. 37, no. 4 (Summer 2005), pp. 799–828。

[4] 在这种情况下，持批判态度的学者贾亚苏里亚（Kanishka Jayasuriya）将这些机构的建制行为以及对规则和决定的实体产出称为全球行政法（而不是全球行政法更程序性的方面）。"从某种意义上说，9·11 和当前（2008—2009 年金融）危机的共同因素是：都引入了全球紧急状态；都拥有独特形式——在很大程度上表现为全球行政法形式——的国际应急规制和标准，以此对塑造了国家宪法形态的司法实践加以重塑。与 9·11 事件一样，这场经济危机是一场全球性紧急状态。这种紧急状态可能会导致在国内法和国际法领域出现新的治理管辖权。在当前的这场危机中，我们又回到了全球行政法的观念上，正如在 9·11 危机中一样，允许行为体绕过'国家'宪法和行政结构的国家权力新形式也已于此出现。"J. Sprague,

全球行政法成为批评从七国集团(G7)、国际货币基金组织到信用评级机构、ISDA等机构的理由。也有论点指出，大多数此类机构都应运用全球行政法的原则和机制来提高其透明度与问责性，且这种论点经常得到采纳。

4. 后华盛顿共识

在北大西洋领导的新自由主义向后华盛顿共识议程转变的过程中，全球行政法是体现这种转变的一项关键特征。[①]自全球行政法的原则和机制成为后华盛顿共识中制度形式和制度方案的常规装备以来，它们往往在效仿中被用于复制，也在批评中被用作开头。在某些情况下，全球行政法的原则和机制会因为更强大的利益集团重新发挥作用——包括通过在机构之间切换，或者通过诉诸单方国家行动的非正式安排或直接外部治理的方式——而受到束缚或被规避。

5. 国内改革

发展中国家的一些团体将全球行政法视为一种工具，用于助推他们本国的政策和制度迈上另外一些更好的全球轨道，或者走上一条不同但通常适应当地情况的（也许是当地人走出的）道路。[②]

"Statecraft in the Global Financial Crisis: An Interview with Kanishka Jayasuriya", *Journal of Critical Globalisation Studies*, vol. 127, no. 3 (September 2010), pp. 131–132.

① 克拉托齐维尔（Kratochwil）对此做了简明扼要的总结："（在1990年代）曾经影响华盛顿共识的新古典主义正统观念迈向了'后华盛顿共识'，后者包含一些新型政策，例如减贫、加强政府和国际组织的问责性、促进'法治'以及采用非正式网络中专家制定的'最佳做法'（有时甚至会有民间社会成员的参与）。这一切都完美配套：问责可以增强，参与可以增多，福利可以增加（因为浪费和腐败可以减少），法律——即使被彻底'非正式化'且很大程度上隔绝于其传统渊源——则可以为我们提供追求全球公共必需品的话语'空间'。"Kratochwil, *The Status of Law in World Society*, p. 169.

② N. Dubash and B. Morgan (eds.), *The Rise of the Regulatory State of the South*, Oxford University Press, 2013. 该文不仅包含大量基础设施案例研究，也包含对理论的重要探讨。其他领域案例的深入介绍参见 E. Fox and M. Trebilcock (eds.), *The Design of Competition Law Institutions: Global Norms, Local Choices*, Oxford University Press, 2013; R. C. Dreyfuss and C. A. Rodríguez–Garavito (eds.), *Balancing Wealth and Health: The Battle over Intellectual Property and Access to Medicines in Latin America*, Oxford University Press, 2014。也见 R. F. Urueña, "Global Administrative Law and the Global South", in Cassese (ed.), *Research Handbook on Global Administrative Law*。

（三）2015年之后

大约到2015年，"全球治理"的意识形态——以及许多具体做法——已经成为一些政治和技术上的激烈批判对象。政府和公众的不信任反映在，世界上极少有哪个地方的国内政治家会将"全球治理"作为一个可取的目标予以支持。到2015年，"全球治理"在许多地方已经与以下一些或其他一些带有贬义的意涵紧密关联在一起：(1)追求美国利益、美国监管控制技术以及自我豁免；(2)对北大西洋偏好和风格的辩护；(3)专家、技术官僚以及由过渡期间后国家主义"参与者"和受过高等教育的买办"参与者"组成的新型后官僚阶层——包括非政府组织、与超级富豪企业所有者结盟的多利益相关方政策企业家、议程驱动型慈善家以及政治内幕人士——的统治；(4)严重贫困的持续存在以及全球和社会不平等的不断加剧；(5)对民主国家结构的规避；(6)蓄意采取分裂战略，将议题从小国拥有权力的论坛移出；(7)为绿色清洗以及企业的其他规避技术提供便利；(8)未能延伸到中国或其他主要的类似大国；(9)在处理最严重的全球风险和问题时，总体上相对无效。

与普遍的愤世嫉俗或漠不关心相伴相随的，是对"全球治理"工作中特定可见或象征性标志的积极抵制。2016年，特朗普打着反对TPP和其他一系列贸易协定的旗号，成功当选美国总统。特朗普政府竭力使美国摆脱对2015年《巴黎气候协定》、联合国教科文组织以及《武器贸易条约》(Arms Trade Treaty)的承诺。在《北美自由贸易协定》(North American Free Trade Agreement)重新谈判期间，特朗普政府在很大程度上反对投资者诉东道国的争端解决机制(investor-state dispute settlement)，以至于它在2018年《美国-墨西哥-加拿大协议》(USMCA)中的作用大大减弱；美国果断地反对国际刑事法院针对美国的任何行动；特朗普政府（延续了奥巴马时代的做法）阻碍WTO上诉机构的人员补充。[①]2019年初，博索纳罗(Bolsonaro)就任

[①]　J. Goldsmith and S. T. Mercer, "International Law and Institutions in the Trump

巴西总统,他在一些国际议题(包括《巴黎气候协定》)上也使用了类似的措辞。欧盟内部几个成员国的民族主义(有时是民粹主义)领导人对此前人们针对欧洲方案的公认看法抱持怀疑态度。

到2020年代,尽管1990年代的愿景与全球行政法的后续驱动力并未完全消失,现存的许多机构也继续在自身当中嵌入全球行政法的惯例和规范,但是更早期的一些驱动力无疑已然减弱或消失。从世界范围来看,它们生成全球行政法的能力已经变弱了(less generative)。许多国家的国内政治风格和风向与1990年代扩散到全球治理中的国内政治相比,已经发生了显著变化。在普京总统、特朗普总统以及莫迪总理的时代,通过多边且以法律为框架的国际制度性倡议来从事国际政治,很难说是一种受欢迎的治理战略。更为基本的是,跨国规制治理战略如今在不同地方形成,往往用于应对更新的技术形式或参与者,在这些情况下,许多国家(尽管不是所有国家)对于将建构国际法律作为革新手段的明确政治兴趣非常有限。[①]

(四)未来

有五组宏观背景条件和考虑因素似乎值得注意,它们将告诉我们全球行政法研究的未来发展。这五组条件和因素绝不是全部,也可能不是最相关或最重要的。此外,在与全球行政法的关系上以及在涉及决定全球行政法的未来影响时,这些条件和因素可能相互作用,也有可能与更早期遗留下来的重要推动力相互作用。

1. 在反对全球治理的同时管控全球化

第一组关涉不同地方对全球化的政治管理——全球化的经济错位、安全顾虑、文化意涵以及对政治自主和法律自治的影响。每个国家都在努力应对全球化和技术颠覆带来的机遇和威胁,不时尝试不同的发展模式(例如"新发展型国家"),并在外部压力下努力维持着特定类型的资本主义。然而,公众对"全球治理"作为一种管理手段抱

Era", *German Yearbook of International Law*, vol. 61 (2018), pp. 11–42.

① A. Hurrell, "Beyond the BRICS: Power, Pluralism, and the Future of Global Order", *Ethics & International Affairs*, vol. 32, no. 1 (Spring 2018), pp. 89–101.

有巨大怀疑（这与对联合国及其中一些长期机构的起码接受不同）。很少会有国内政治家提及"全球治理"，除非是为了指责它（作为一个重要例外，中国以一种不同的方式使用该术语；中国在使用该术语时带有一种信心，相信国家——当然是指中国——能够保持对政策制定的控制）。①对其中许多人来说，限制全球化、重新强调国家自治和边境控制才是驱动力。尽管1990年代的抗议活动（例如1993—1995年印度反对TRIPS的抗议活动，以及1999年西雅图反对WTO和G7的抗议活动）大致被表述为反全球化，②但到2010年代末和2020年代时，一场更加主动的去全球化运动正在发展——即便不是作为一种经济现实，也是作为一项重要的政治议程。在某种程度上，全球行政法是全球化的产物，全球化的退潮可能也会使得建构于更早时代的全球行政法搁浅。然而，在实践中，只要国际机构还存在，全球行政法就确实有可能在民粹主义和民族主义方案（包括其法律主义的维度和促进自治的维度）既被追求又被争论的地方发挥重要作用。③

2. 权力移转

第二组宏观背景条件和考虑因素更多关涉下述变化的混合给人带来的不安：(1)社会分配与人口统计上的变化；(2)财富、权力、支配地位和风险在手段与形式上的变化；(3)权力和脆弱性(vulnerability)在分布与平衡上具有世界（或地缘）影响的移转。国家权力在全球分布上已经向崛起的亚洲大国倾斜。中国正朝着与美国相匹敌的方向发展，并开始了自己的秩序方案（如"一带一路"倡议）；许多亚洲经

① L. Chan, et al., "Rethinking Global Governance: A China Model in the Making?", *Contemporary Politics*, vol. 14, no. 1 (April 2008), pp. 3–19; J. Zeng, "Chinese Views of Global Economic Governance", *Third World Quarterly*, vol. 40, no. 3 (February 2019), pp. 578–594.

② R. Howse, "The Globalization Debate—A Mid–Decade Perspective", in Cassese (ed.), *Research Handbook on Global Administrative Law*.

③ C. Bob, *Rights as Weapons: Instruments of Conflict, Tools of Power*, Princeton University Press, 2019.

济体的国际分量也在增加。①随着这些新现实的出现，全球构造上的摩擦以及区域上的站位也随之而来。非洲快速增长和快速城市化的年轻人口掌握着并寻求着许多新的可能性。②政治组织内部的社会和经济不平等不断加剧，在一些地方，随着相关旧式民主政体的异化和削弱，威权主义（或民粹主义）政府或技术的吸引力越来越大，不满情绪也越来越多。1990年代的北大西洋主导地位，促成了像全球行政法这样的"法律和全球治理"方案；虽然这种主导地位已经不太可能延续了，但它的制度性和纲领性架构（如全球行政法）仍然存在，并在某种程度上被重新利用或（重新）划用到更加不确定的新条件上。

3. 私人秩序

尽管私人秩序一直以来都是大量跨国治理的主要特征，但政府间治理创新的环境受阻，为私人结构提供了更多空间，并且强化了对私人结构的需求。③全球行政法是否以及如何应用到私人秩序安排——或它们与公共权力的众多接口——当中，涉及仍在争论但尚未解决的概念性问题，也涉及关于特定执行机制之适宜性或脆弱性的大量实际问题。一些私人秩序是为了向成员提供封闭生产的"俱乐部商品"而组织起来的，因此很少在程序上考虑非成员的利益；而其他的私人秩序则形式多样，会使用具有全球行政法复杂机制的多利益相关方模型。④随着许多国家对跨国非政府组织和外国资金的严格限制，私人秩序的生态系统也已发生变化。⑤国际经济法越来越多地保护外国营

① C. Cai, *The Rise of China and International Law*, Oxford University Press, 2019.

② J. T. Gathii, *African Regional Trade Agreements as Legal Regimes*, Cambridge University Press, 2011; D. Bach, *Regionalism in Africa: Genealogies, Institutions and Trans-State Networks*, Routledge, 2017.

③ M. P. Vandenbergh and J. M. Gilligan, *Beyond Politics: The Private Governance Response to Climate Change*, Cambridge University Press, 2017.

④ P. Schleifer, "Varieties of Multi–Stakeholder Governance: Selecting Legitimation Strategies in Transnational Sustainability Politics", *Globalization*, vol. 16, no. 1 (September 2019), pp. 50–66.

⑤ D. Rutzen, "Aid Barriers and the Rise of Philanthropic Protectionism", *International*

利性投资，而不是外国非营利性活动。大多数私人秩序有赖于国家的庇佑或更积极的支持——或国家的不干涉承诺——以及，在许多地方，国家秩序和私人秩序并未明显地区分开来。对全球行政法来说，这一切所带来的政治性与制度性后果几乎每天都在各个领域上演。

4. 数字化

第四组宏观背景条件和考虑因素关涉社会的数字化、人工智能的能力、法律更细的颗粒度与自我执行（用算法编码）的出现，[1]以及这些现象对透明、预期、说理、审查（包括裁决）、争议形式和行政产出性质的影响。[2]美国模式和中国模式的治理形式在数字经济中——在其中，脸书及其他公司创造了它们自己的全球行政法类型替代性术语——相互竞争，并且随着美国式私营企业越来越多地确定标准并影响第三方和其他国家，二者很快也可能会在全球行政空间中相互竞争。全球行政法学者在处理以下产出时仅具备有限的影响力，即具有规制效果但特意设计为不具有标准规制工具形式的产出，包括（1）推荐的最佳做法，（2）根据一个或多个判准、模型（如气候风险和宏观经济预测模型）、名单（如禁飞名单）对履行情况进行排名的指标，以及（3）算法。[3]对硅谷公司规制产出的全球规制是短暂的，[4]并且通常在管

Journal of Not-for-Profit Law, vol. 17, no. 1 (March 2015), pp. 5–44; E. Bornstein, "The Report: A Strategy and Nonprofit Public Good", *Humanity: An International Journal of Human Rights, Humanitarianism, and Development*, vol. 10, no. 1 (April 2019), pp. 109–131.

① C. Busch and A. De Franceschi, "Granular Legal Norms: Big Data and the Personalization of Private Law", in V. Mak et al. (eds.), *Research Handbook in Data Science and Law*, Edward Elgar, 2018.

② R. Brownsword et al. (eds.), *The Oxford Handbook of Law, Regulation and Technology*, Oxford University Press, 2019.

③ K. E. Davis et al. (eds.), *Governance by Indicators*, Oxford University Press, 2012; S. E. Merry et al. (eds.), *The Quiet Power of Indicators*, Cambridge University Press, 2015; F. Johns, "Data, Detection, and the Redistribution of the Sensible in International Law", *American Journal of International Law*, vol. 111, no. 1 (January 2017), pp. 57–103.

④ K. Klonick, "The New Governors: The People, Rules, and Processes Governing Online Speech", *Harvard Law Review*, vol. 131, no. 6 (April 2018), pp. 1598–1670; M. E. Walsh, "Facebook Plans to Create a Judicial-like Body to Address Controversial Speech", *American Bar Association Journal* (1 May 2019) (online).

辖范围上呈现碎片化,或者与技术及其效果不一致。一种进路是,将其重新定位为对数字基础设施及其物理的、人类的行为体、附属者、建造者和维护者的规制。①

5. 概念

最后一组宏观背景条件和考虑因素关涉的是概念。在全球行政法学术研究的最初十年左右,获得相当多关注的主题包括基本的概念问题:在全球行政法中使用的"法律"概念是指什么,全球行政法的分析式支持者将其称为法律是否有道理?"行政"概念是什么,它能否被足够精确地定义?"全球"这个称谓是否有意义,它除了在权力、影响力和人生机遇的巨大差异上披上一层正当性的外衣之外,还有什么意义?这些注定是永恒的问题。然而,提出这些问题的理由,以及对这些问题进行辩论的条件和意义,可能会随着前述提到的背景变化产生更大的影响而发生变化。本章现在转向这些概念性问题。

三、全球行政法的概念和方法

(一)行政和行政行为

整个全球行政法观念的核心是,在对超越单一国家的治理进行法律分析时,"行政"是一个相关的、可用的且有用的范畴。2005年勾勒出的一批全球行政法所关注的是全球行政机构的问责(特别是透明性、参与性、决策说理性、合法性和有效审查)。②"全球行政机构"是指

> 正式的政府间规制机构、非正式的政府间规制网络和协调安排、参照国际政府间体制运作的国家规制机构、公私混合型规制机构以及行使具有特定公共意义之跨国治理职能的某些私人规

---

① 这是纽约大学法学院国际法律与正义研究所的基础设施规制(InfraReg)研究项目的方向,参见 iilj.org/infrareg。这项工作也与纽约大学法学院的瓜里尼全球法律和技术(Guarini Global Law and Tech)倡议有关,参见 guariniglobal.org。

② Kingsbury et al., "The Emergence of Global Administrative Law", p. 17.

制机构。①

因此，机构所涵盖的范围是非常异质的。关注实体可以提供仅仅关注行动所不能提供的法律影响力。然而在对每个实体进行法律分析时，重要的是不要将其与其他实体孤立开来。实体间关系的条件也必须是法律分析的一部分。这也造成了以下难题：权威的多元化、不同声音和不同权利的保护（这种保护不是由任何一个实体，而是由不同实体的联合来实现的）以及管辖权的错配。②这些问题中的一组子问题将在第三（三）关于分布式行政的部分讨论。

全球行政法是关于权力日常运用的研究。全球行政法所研究的许多行动在政治上是模糊不清的，甚至是不引人注意的。只要全球行政法还是关于这些类型权力的研究，那么即使政治风暴在海面兴风作浪，它所处理的规制治理类型也依然会深水静流。因此，在 2020 年代，对实体和行政的关注可能会比对更宏大政治形式的关注更具活力。

人们对于在全球行政法的框架性文献中，何者潜在地处于"行政"法范围的理解，在过去和现在都很宽泛——对于那些熟悉普通法法域的人来说是易于识别的，但比许多大陆法系国家通常认为的"行政法"要宽泛得多。③

全球行政法领域内潜在的"行政"事务包括，

（1）全球行政机构（国家之外的公共实体）的制度设计和法律章程。

（2）该实体生成的规范和决定，包括以下列实体为接收方或以其他方式对下列实体产生重大影响的规范和决定：

---

① Kingsbury et al., "The Emergence of Global Administrative Law", p. 17.

② N. Roughan, *Authorities: Conflicts, Cooperation, and Transnational Legal Theory*, Oxford University Press, 2013; E. Benvenisti, *The Law of Global Governance*, Hague Academy of International Law, 2014.

③ 这一正确观察由保罗·克雷格（Paul Craig）做出（采用了更为宽泛的进路）。P. Craig, *UK, EU and Global Administrative Law: Foundations and Challenges*, Cambridge University Press, 2015, pp. 629–632.

- 其他此类公共实体；
- 国家和特定国家的代理机构；
- 个人和其他私人行为体。

(3)这些公共实体针对自身规则和决定的行为程序规范，包括审查安排、透明、说理、参与要求、法律问责和责任。[①]

这三组类别可以通过分析加以区分。简而言之，它们分别代表了投入、产出与过程维度。全球行政机构的法律章程和制度规则（投入端）可能是该机构的"法律"，也可能是该机构成员甚至其他实体的"法律"，这取决于该机构章程文件作者的权力和意图，以及该机构在自身实践中采取的观点和对此的回应。可能会存在对机构的授权——通过制宪权（pouvoir constituent）——也可能没有（有些机构是原生性的）。该机构可能受到授权条款的限制，也可能不受限制。

实体发布的规范和决定（产出端）本身可能是法律，如果它有这种权力和地位并被如此对待的话；或者它们可能不是法律。如果它们确实或者可能具有传递性（transitive），就有更充分的理由将它们视为法律——是否存在一种结构，或者是否可以想象出这样一种结构，人们可以在其中重新审查这种行政行为或要求从事这种行为的人承担责任？该种审查是否需要利用全球行政法标准作为评估的规范性指南？这也适用于那些影响其他实体的产出，并有助于构建实体间的关系。因此，这些全球行政机构的大部分产出可以被定性为（全球行政法可能适用的）"行政行为"：规则制定、冲突利益间行政裁决以及其他形式的规制性和行政性决定和管理。[②]

---

① B. Kingsbury, "The Concept of 'Law', in Global Administrative Law", *European Journal of International Law*, vol. 20, no. 1 (February 2009), p. 34. 这一进路来自 D. Dyzenhaus, "Accountability and the Concept of (Global) Administrative Law", *Acta Juridica*, vol. 2009, no. 1 (2009), pp. 3–31。

② 这种对"法律上可识别之行政行为"公然宽泛的解释进路，受到了普通法知识背景（common law sensibility）的影响。其他国家的行政法体系建构，则采用了对"行政行为"更狭义的理解。L. Hilton, "Rethinking Global Administrative Law: Formulating a Working Definition of 'Global Administrative Action'", *LLM Research Paper*, Victoria University of Wellington,

最后，全球行政法的过程规范集中于：实体是如何运作的，以及它是如何制造产出的。这是全球行政法的核心关注点。即使实体的产出本身不是法律，即使该实体本身不是通过法律构成的，那些对一个实体如何运作和制造产出加以管控的原则和机制本身也可以是法律。

有人提议，可以通过这一过程引入对公共性的考量。①

在理论上对全球行政法全面关注行政的一个重要反驳是，重申一种长期以来的观点，即"行政"与"法律"必须区分开来。②这样的说法让人想起凯尔森(Hans Kelsen)：这些机构无疑做了许多可以被称为行政的事情，但相关实体除了必须遵循其章程性规则之外，并不受法律的管控。如果存在贯穿从一个议题库到另一个议题库的过程规范，这些程序性规范可能也只是元管理原则。③对全球行政法的一个相关怀疑是，它只是法律人版本的管理主义，而且是在完全管理式的背景下，通过使用法律和权利的语言，使法律非正式化甚至丧失本性的管理主义。④现今，有人针对脸书和其他数字平台公司也提出了类似论点。⑤

2015 一文考察了新西兰、南非和美国的行政法。

① Kingsbury, "The Concept of 'Law' in Global Administrative Law", pp. 23–58; B. Kingsbury, "International Law as Inter–Public Law", in H. S. Richardson and M. S. Williams (eds.), *Nomos XLIX: Moral Universalism and Pluralism*, New York University Press, 2009; B. Kingsbury and M. Donaldso, "From Bilateralism to Publicness in International Law", in U. Fastenrath et al. (eds.), *Essays in Honour of Bruno Simma*, Oxford University Press, 2011.

② C. Möllers, "Constitutional Foundations of Global Administration", in Cassese (ed.), *Research Handbook on Global Administrative Law*, pp. 107–128.

③ 该实践大部分都"距离对法律程序的自觉应用太远了，以至于不能被认为是法律过程的实例……全球行政法方案的问题是，它对实践的抱负使得它倾向于将没有产生法律约束力的过程描述为仿佛它们是由行政法构成的，尽管这些过程可能同样也可以被描述为仅仅是可容许行为的实例"。A. Somek, "The Concept of 'Law' in Global Administrative Law: A Reply to Benedict Kingsbury", *European Journal of International Law*, vol. 20, no. 4 (November 2009), p. 987.

④ 正如瓦鲁哈斯（Jason Varuhas）（私下沟通时）所认为的，一项相关的关切是，认为管理性实践具有"法律"属性，将会导致行政的法律形式化，以及僵化和缺乏灵活性等相关问题。

⑤ T. Shadmy, "The New Social Contract: Facebook's Community and Our Rights",

　　这可能不是一场可以从理论上加以解决的辩论,因为这些主张在一定程度上是偶连的且经验性的。全球行政法进路的一个特点是,它引入了法律和法律判准,包括法律中固有的价值或训练有素的法律人所具备的价值观;以及它通过复杂分化的全球行政空间这个统一观念,把不同的实践领域联系起来。全球行政法的一个潜在贡献是帮助克服不当忽视现象的问题,其他潜在贡献包括承认和保护权利以及推动民主治理实践。在2020年代动荡的政治环境中,全球行政法似乎没有真正取代任何其他有前景的战略;但其他任何战略也并未对实现这些目标有更大的助力,以至于应获得优先的考虑。

（二）全球行政法真的包含"法律"吗?

　　2005年提出的主张是,全球行政法(当时)"正在形成"。这种主张在2020年代还能成立吗? 在人类世俗事务的一般节奏中,这似乎是相当漫长的形成过程。内尔·沃克(Neil Walker)对学者们几乎支持每一种全球法的宽容解读是,这种不确定的暂时性是"全球法"事业的特定环境和特征所固有的。因此,他期待的不是全球法的到来,而是全球法的隐示(隐示在这里既指说明式的宣告,也指未言明的暗示)。①毫无疑问,这是一个明智的建议。成熟全球行政法的巩固(或正式到来),如果发生的话,回顾来看可能更易识别——实践和规范中的变化不是千年一遇的,而是日常的、分散的、不均衡的、渐进的,且不是单向的。

　　如果对全球行政法的主张在时间和体现上有些空泛,那么对"法律"的主张在本质上有什么特别之处吗? 利亚姆·墨菲(Liam Murphy)简明地提出了关于全球行政法的问题意识:

Boston University International Law Journal, vol. 37, no. 2 (Summer 2019), pp. 307–354; N. Sheffi, "The Fast to the Furious", in D. McKee et al. (eds.), *Law and the Sharing Economy Regulating Online Market Platforms*, University of Ottawa Press, 2018（该文讨论的是爱彼迎[Airbnb]）.

　　① 　N. Walker, *Intimations of Global Law*, Cambridge University Press, 2014.该文将不同种类的观念和实践潜藏进统一的"全球法"（更别说"后民族国家法"）观念之下,这么做是否令人信服,则属于另一个问题。

为了探究……法律秩序与其他规范性秩序的区别，也可能为了证明最初提出这个问题是有正当理由的，我们可以考虑新兴法律的情况。当代国际法律理论中最重要且最有趣的讨论所关心的是通常所说的"全球治理"……大致的观点是强调国际组织对各国政策选择和全球人民生活的影响。尽管这些机构可能是条约的产物，也可能是传统意义上国际法的产物，但重要的是，这只是一种可能性。它们也可能是国家行政分支部门、公私混合机构或者甚至是纯私人机构之间的非正式俱乐部式安排。全球化这一面向所提出的政治问题是，存在一个具有重大影响的全球机构领域，该领域不一定受到国家的控制，因此可能缺乏习惯法和条约法可能具有的那么多问责性……全球行政法模式[主张]……对这些各式各样国际组织的行动所产生效果的问责，需要遵守诸如透明、协商、参与、合理和审查等规范。在缺乏更强有力民主问责制的情况下，遵守这些程序规范显然是一件好事。当前的提议是，一套全球行政法正在形成，而我的问题是，在传统法学目前不承认这种法律的情况下，这究竟意味着什么。[1]

法哲学描绘了许多可能相关的标准。由富勒（Lon Fuller）确定为法律品质的某些要求显然是必要的，[2]但对于法律的存在而言，仅仅有这些外在表现是不够的。[3]特定机构（立法机构、法院）的存在和有效运作是法律存在的强有力标志，因为它们对法律来说是高度相关的，

---

[1]　L. Murphy, "Law Beyond the State: Some Philosophical Questions", *European Journal of International Law*, vol. 28, no. 1 (February 2017), pp. 222, 224.

[2]　L. Fuller, *The Morality of Law*, Yale University Press, 1969. 该文特别提及的是一般性、公开性、法律禁止溯及既往、清晰性、法律内部或法律之间无矛盾、法律不得要求不可能之事、法律随着时间的稳定性、官员行为与公开的规则之间的一致性。在由布鲁尼（J. Brunnée）和杜普（S. J. Toope）发展的对国际法的互动性解释中，这些原则构成了区分法律与非法律之努力的核心基础。J. Brunnée and S. J. Toope, *Legitimacy and Legality in International Law*, Cambridge University Press, 2010.

[3]　一个稍微不同的批评针对的是全球行政法中思维的非系统性和概念的模糊性，例如参见 C. Möllers et al. (eds.), *Internationales Verwaltungsrecht*, Mohr Siebeck, 2007, 导论章。

但也不是严格必需的。显然,在法哲学家普遍关切的各种情况中,基本的社会接受度和实效性是"法律"这个称谓的必要条件,尽管违反或无视法律这件事情本身并不能否定法律的存在(因为法律必须从规范上理解,而不仅仅是从行为上理解)。利亚姆·墨菲阐明了以下观点,他认为对法律的要求就是对规范性秩序的要求:

> 这种规范性秩序,会妥当地(在可行的情况下)包括一些旨在鼓励遵守的规则,并且对官方机构(如果有的话)来说,在正常情况下强制执行这些规范也是正确且恰当的。在我们脑海中,规范性秩序中的规则通常被认为且呈现为得到了妥当的执行——如果根据该特定秩序的规则是可行的且已实行了的话。这是法律带来的一个主要改变,也是它增加的一个价值。这就是为什么我敢说,如果你担心不负责任的全球机构对我们生活的影响,你就会想要全球行政法,而不仅仅是国际组织伦理。①

这种观点是德沃金式的(Dworkinian),强调法律是执行行动(尽管墨菲的进路并不将其局限于强制)的正当化依据。其他观点则强调法律作为行动(或克制)的理由(也许是排他性理由),此时法律理由具有特殊的性质和意义。另一种关于法律的观点——特别契合于基础设施和数字平台的观点——强调法律与可供性(affordance)的关系。在前述每一种观点下,特定品质、特定效果或特定类型秩序的存在,或者对特定品质、特定效果或特定类型秩序的追求,有助于解释关于全球行政法的主张中所内置的"法律"要素。在全球行政法的阐述中,这种关于法律的主张并不意味着"全球行政法"必须是一种无须倚赖其他法律形式的独立法律形式。②有观点认为,全球行政法可

---

① Murphy, "Law Beyond the State", pp. 225–226.
② 这与戴雪(Dicey)反对把"行政法"这整个想法引入英国法中有些相似之处——就法律目的而言,国家官员就像其他任何人一样,遵守一般法律(即向私人承担侵权责任)。对该争论的简洁复述参见 J. N. E. Varuhas, "Taxonomy and Public Law", in M. Elliott et al.

能是由不同实践部门中的许多法律碎片组成的。在这些实践部门中，存在许多类似法律的行为和诉求、对这些规范的一种内在义务感，以及该实践部门中的相关官员对什么构成法律及他们将什么承认为他们部门中的法律（承认规则）的一种共同看法。[1]其他反对这种进路的观点认为，该进路会促进碎片化，切断不同微观部门之间的联系，以及很可能会损害法律在任何地方实际生效并被接受为真正法律的可能性。[2]学者们不同程度地主张，最好将法律要素理解为世界公法（international public law）的一部分，[3]或传统国际公法的一部分，[4]抑或也许（对某些部分来说）作为全球治理中国际私法的一部分。在关于全球行政规范——这些规范规定了各种全球规制机构的建立、治理结构、权限和决策程序——的主张中，有许多借鉴了国内公法、国内私法、国际私法和国际公法中的标准资源（无论是可适用法律的正式渊源，还是参照适用的大量材料）；这些资源也提供了一些解释和法律评价的标准技术。[5]

有批评认为，最好将所谓的全球行政法作为国际法来评价。该批评观点认为，国际法被广泛接受的权威性主张和普遍性，以及它因之与其他秩序（例如不同地方的国内法）之间关系的条件，是一种重要的人道资源（该资源是全球行政法最不可能复制的），应该对这些资源加以培养和利用，而不是加以碎片化。[6]这作为最终的目标声明，

(eds.), *The Unity of Public Law?*, Hart Publishing, 2018。

[1] Kingsbury, "The Concept of 'Law' in Global Administrative Law", pp. 23–58.

[2] 该观点由下书采纳，L. Murphy, *What Makes Law*, Cambridge University Press, 2014；该观点并未在下文中得到处理，Murphy, "Law Beyond the State", pp. 222, 224。

[3] A. von Bogdandy, "General Principles of International Public Authority: Sketching a Research Field", *German Law Journal*, vol. 9, no. 11 (2008), pp.1909–1939, esp. 1920.

[4] M. Forteau, "Le Droit Administrative Global, Signe d'une Evolution des Techniques du Droit International？", in Bories (ed.), *Un Droit Administrative Global?*.

[5] 参见阿兰·佩莱（Alain Pellet）的评论（与本尼迪克特·金斯伯里联合接受采访）in C. Bories, "Views on the Development of a Global Administrative Law", in Bories (ed.), *Un Droit Administrative Global?*.

[6] 参见 Murphy, *What Makes Law*; Murphy, "Law Beyond the State"。另一种不同的主张认为，国际法无论如何都不再局限于一些由全球行政法著作所风格化的国家间狭隘形式

似乎是正确的。①但它本身并没有回答：在像现在这样或可能成为现在这样的世界中，这是否能够实现；如果能够，实现这一目标的最佳途径是什么。各国政府和许多其他机构对国际法律公共秩序基本原则的持久承诺尽管在语境和风格上发生了其他重大变化，但还是幸存了下来。然而，同时且分别发生的是，在资本主义的主要跨国组织和契约形式中，②在政府主导的交易型秩序中，以及在私人部门或公私混合形式中——范围从全球体育机构、互联网名称与数字地址分配机构（Internet Corporation for Assigned Names and Numbers，以下简称 ICANN）到国有企业、主权财富基金都有，其中许多形式也会与大量其他实体在复杂实体间关系和部门标准制定及治理中互动——也存在着显著的法律规范性。③全球行政法通过前述多个切入点参与到法

和渊源，它还拥有处理全球行政法所处理的许多问题和实体的实践资源。参见阿兰·佩莱的评论，in Bories, "Views on the Development of a Global Administrative Law"；Thouvenin, "Conclusions Generales"。

　　① É. Fromageau, "The Concept of Positive Law in Global Administrative Law: A Glance at the Manhattan and Italian Schools", *E-pública: Revista Eletrónica de Direito Público*, no. 6 (2015), pp. 127–129 做出这样的解释："因此，金斯伯里的国际实证法概念是以国家为中心、来源于国家的意愿与同意（或国家间法）的实证法，而全球行政法并非其中的一部分。之所以要将全球行政法排除在外，理由基本上与要保持一种'对国际法体系的统一观点'有关。人们可能会问，如果全球行政法不是国际实证法的一部分，不是国际法'如其所是'的一部分，那它还是实证法吗？……在金斯伯里的全球行政法概念中，全球行政法的目的从来不是成为实证法。相反，它注定会是一个变革的因素，一个'有价值的前进方向'——旨在对并未发挥所列功能的实证法加以改革。在此语境下，金斯伯里的'理想实证法'（ideal positive law）似乎更像是他所描述的'公共间法'（inter-public law），即公共实体之间的法律。通过将作为公共实体的国家纳入这一模型，金斯伯里重新统一了他的双重实证主义的两个方面。于是，国家间关系被纳入了公共实体间关系的更广泛背景当中。"

　　② K. Pistor, *The Code of Capital: How the Law Creates Wealth and Inequality*, Princeton University Press, 2019; G. Hadfield, *Rules for a Flat World*, Oxford University Press, 2017; G. Mallard and J. Sgard (eds.), *Contractual Knowledge: One Hundred Years of Legal Experimentation in Global Markets*, Cambridge University Press, 2016; K. W. Abbott et al. (eds.), *Regulatory Intermediaries in the Age of Governance*, special issue of *The Annals of the American Academy of Political and Social Sciences*, vol. 670 (March 2017); J. Black, "'Says Who?' Liquid Authority and Interpretive Control in Transnational Regulatory Regimes", *Transnational Legal Theory*, vol. 9, no. 2 (April 2017), pp. 286–310.

　　③ M. Young (ed.), *Regime Interaction in International Law*, Cambridge University

律规范性的主要形式当中,这对于管理这些形式的权力以及对于全球行政法的应用而言,似乎都是不可或缺的。

对全球行政法是一种法律之主张的接纳是否可被视为遵守了传统上与法律"实证主义"有关的要求,引发了激烈的辩论。有意见指出,全球行政法所关联的规范和价值可以而且正在通过"公共性"要求来运作,即要求制定法律时应考虑所有相关公众,以及法律应面向所有相关公众。[①]有提议认为,此种要求可以作为承认规则的一部分,适用于在全球行政法范围内关于法律存在的主张,即一种"包容性法律实证主义"。[②]然而,即使是同情这种公共性要求之实质内容的学者,也对这样一种论点——该论点认为,一种法律进路在法律规定中引入了基于内容的要求后,还可以被妥当地视为实证主义——表示犹豫。[③]但是,在没有哪个国家或国家司法社会中的法律和法律实践对某些跨国法律实践具有决定作用的情况下,以及在没有其他明确且强有力的法定权力的情况下,人们可能会认为一项承认规则的采纳是参与者的事情。并且,他们可以把法律在其中意味着什么的观点包括进去,以使他们能够把他们认为内在于法律的要素包括进去。实际的情况是,这与国家内部的通常情况并不一样,因为主权的强制权力和政治合法性可以在效果上排除针对承认规则是什么这一相对自由的选择——换言之,因为已经有一个承认规则了。但跨国治理环境往往更加杂乱,几乎没有什么强制能力,不同权威也往往各自为政、十分

Press, 2012; N. Roughan and A. Halpin (eds.), *In Pursuit of Pluralist Jurisprudence*, Cambridge University Press, 2017.

① B. Kingsbury and M. Donaldson, "From Bilateralism to Publicness in International Law", in U. Fastenrath et al. (eds.), *From Bilateralism to Community Interest: Essays in Honour of Bruno Simma*, Oxford University Press, 2011, p. 79. 该文借鉴了杰里米·沃尔德伦(Jeremy Waldron)的成果。"公共性"(publicness)这一术语在普通法体系中很少使用,在国际法上也是直到最近才开始使用的。该术语的意义和价值饱受争议,但由于篇幅限制,笔者无意对该重要争论加以展开。

② Kingsbury, "The Concept of 'Law' in Global Administrative Law", pp. 23-58.

③ Craig, *UK, EU and Global Administrative Law: Foundations and Challenges*, pp. 629-632. 该书主张全球行政法可被正确地定性为法律,但只是在对法律的非实证主义解释之下。

脆弱。

（三）分布式行政

全球行政法程序的作用和实际运作只能在其与下述内容的关系中加以理解和评估：不同规制机构的使命和治理结构、①规制逻辑（例如协调vs合作博弈）、规制环境、商业模式和战略、机构间相关关系（规制合作vs竞争）以及它们在全球机构生态中的位置。通常情况下，不应孤立地而应在复杂的网络或集群中对它们进行研究。十分常见的情况是：规则和决定由一个机构采纳，但由许多完全不同的机构执行；随后在某个第三方机构中，遭到那些几乎或根本没有参与早期规则制定和决策但受其集中影响的人群的起诉。第四节所讨论的体育仲裁庭杜蒂·钱德案（*Dutee Chand*）和卡斯特尔·塞门亚案（*Caster Semenya*），便是这种模式的范例。对这些案例的反思还表明，如果不考虑实体之间的关系，通常不可能对全球规制治理进行有效的分析并产生影响。本节只考虑其中一个特别容易被忽略的具体例子——分布式行政（distributed administration）这一重要现象。②

涉及许多全球治理机构的一个关键要素是相关的分布式行政结构。"分布式行政"这一术语被用于指涉以下这种情况：通过其他一些机构（通常是非常地方性或专门的机构）的努力，一个全球规制机构采纳的规则、决定和其他规范性法令实际上在当地生效（通常是以变通或弱化的形式生效）。这些其他机构也可以在连续的迭代或反思

---

① 有学者针对国内行政法体系也提出类似观点。德·史密斯（De Smith）在谈到英国（和英联邦）法律时指出，"行政法不是一个同质的法律体系，而是各种复杂法律分支的集合体（如公共卫生、住房等），行政法各个分支的司法审查往往以独特的方式发展"。S. A. De Smith, "Wrongs and Remedies in Administrative Law", *The Modern Law Review*, vol. 15, no. 2 (April 1952), p. 189. 对法国行政法表达的类似观点，参见 J. Rivero, "Existe–t–il un crit è re du droit administratif?", *Revue du droit public et de la science politique en France et à l'étranger*, vol. 59 (1953), pp. 279–296。

② 此处对分布式行政的分析大量借鉴了 B. Kingsbury, "Three Models of 'Distributed Administration': Canopy, Baobab, and Symbiote", *International Journal of Constitutional Law*, vol. 13, no. 2 (April 2015), pp. 478–481. 本尼迪克特·金斯伯里和理查德·B. 斯图尔特正在编写的关于全球私人和混合治理的书将对这些分析加以进一步发展和系统化。

过程中为全球规制机构的进一步工作提供监控、认证、信息、本地化调整建议、资金、专业知识、人员或其他投入。因此,对全球规制机构的分布式行政加以仔细的研究至关重要。法学界倾向于忽视这一需求,而过度关注处于中心的全球机构。

虽然"分布式行政"这一术语是在全球行政法文献中提出的,但却是个古老而简单的概念。一个显而易见且看似平凡的相关想法是,国家间全球规制机构经常依赖国家(国内)政府(包括国家规制机构)来采取必要的规则制定、决策、实施和执行步骤,以使商定的国际规制方案实际上具有可操作性。这种"分布式行政"结构与1930年代乔治·塞勒(Georges Scelle)所称的"双重职能"(deboublement fonctionnel)相呼应,在这种情况下,国家机构除了为承担国家行政中的职能而建立之外,还作为国际法规则的执行机构承担第二套重叠的职能。①

在由国内建立国际规制机构的现代实践中,有两个特征在某种程度上强化了这一较旧的说法。第一,在许多国际规制网络机构中,关键国家规制机构是得到直接(而不是通过外交部)代表的,因此由国际机构制定的标准很可能密切反映了至少其中一些主要国家机构的观点和优先事项,国家机构也通常更有可能对这些标准拥有一定程度的所有权并做出一定程度的承诺。第二,许多国家规制机构并不是根据国家政治要求,而是根据"全球脚本"加以创建或改造的。它们所遵循的规制惯例受到贯穿全球专业人员网络以及跨国企业和民间社会纽带的观念与实践潮流的启发,并从中获得可信性与有效性。

然而,实践中,国际机构与国家规制机构之间的委托/代理关系常常是相当薄弱或不可靠的(对最强大的国家而言,全球机构可能充当它们的代理人)。这种弱化正是许多国家规范性政治理论,特别是民主或主权导向的理论所要求的,也是设计和结构的内在结果。国家

---

① G. Scelle, *Précis de Droit des Gens: Principes et systématique*, Sirey, 1934, pp. 10–12.

机构根据国家法律设置,对国家行政或立法部门负责,在许多情况下依赖国家政府提供资源并任命高级职位,在行使规制权力时也依赖国家选民提供政治支持。此外,在大国中,国家规制机构可能主要与同一国家的其他规制机构,而不是与外国同行或国际机构互动。即使在发展中国家中,当规制机构按照国外的做法设计和组建时(例如在电信、电力、医药或供水等部门建立独立规制机构来监管私有化企业),这些机构的实际运作也可能呈现出明显的地方或国家风格与优先性。

然而,一个特殊的情况是,在为专门目的建立的分布式行政中,政府间机构及其最有权力的成员会有效地敦促每个国家:建立和运行某一特定形式的国家机构,提供技术援助乃至财政支持以帮助其运行,并积极地监测和报告国家机构的业绩和相关的国家政府活动。此一情况的一个强版本是金融行动特别工作组(Financial Action Task Force,以下简称FATF),该工作组与其多国区域分支机构一道,有效地要求每个国家(无论是成员还是非成员)都设置金融情报单位(Financial Intelligence Unit,以下简称FIU),并根据一套详细的标准评估(通过实地访问和同行审查)和报告各国的表现。反过来,国家FIU倾向于认同FATF的基本目标和优先规制事项,并试图通过国家法规来对银行、赌场、拍卖行以及其他须报告可疑金融交易并对某些客户采取特别措施的实体贯彻这些要求。

通过国家政府机构进行的分布式行政作为一种提高国家之外治理质量和治理效力的手段,既拥有巨大潜力,也面临一些危险。当民间社会行为体与国内当局结盟,以此规避或阻止分布式行政的实施和执行时,地方行政场所可能会成为争论和抵制全球规制规范的主攻点。例如,根深蒂固的政治和经济利益集团可能抵制WTO旨在促进外国公司市场准入的规范,包括全球行政法规范。或者,拉丁美洲国家的大量非政府组织,在某些情况下会与当地制药公司和国家机构结盟,对全球专利保护标准在基本药物上的适用加以抵制。[1]全球规制

---

① Dreyfuss and Rodríguez-Garavito (eds.), *Balancing Wealth and Health: The Battle*

者对国内行政的依赖也使其欣然适应于多元性、地方的变通性以及对试验性治理形式的使用,以此实现创新以及(在适当的全球网络结构到位的情况下)不同国家机构之间的成果与知识共享,并有可能随之对标准以及认证、认可等流程进行修订。

私人和混合型全球规制机构通常依赖各种类型的分布式行政而不是国家政府实体;在少数情况下,由国家设立的规制机构也是如此。这些分布式行政可分为两类:按地域划分的功能实体(下一段给出了示例),或不按地域而按功能划分的实体(在接下来的段落中讨论)。其中,这些类别又可以进一步分为成员实体、经核准或认可的非成员实体以及单独存在的实体。

一些私人和混合型全球机构拥有按地域划分的国家成员机构,这些国家成员机构既参与国际机构,也在国家活动中执行国际机构的标准与决定。因此,国际奥林匹克委员会规定每个国家只能有一个国家奥林匹克委员会,国际标准化组织(一家极其重要的机构,负责制定在全球范围内适用的产品、流程和互操作性标准)在每个国家只能有一个国家成员机构。虽经核准或认可但属于非成员实体的地域性机构包括全球防治疟疾、结核病和艾滋病毒基金(The Global Fund to Fight Malaria, Tuberculosis and HIV AIDS,一个重要的全球卫生筹资机构),该机构的体系要求每个国家只能有一个国内协调机制,作为在该国开展筹资活动的先决条件。《世界反兴奋剂法》(The World Anti-Doping Code)的结构要求每个国家都有一个国家反兴奋剂机构,接受世界反兴奋剂机构的部分监督,并受国际体育仲裁院(Court of Arbitration for Sport,以下简称CAS)的司法管辖。

在业务结构具有跨国性或全球性,商品、服务、资金和信息能够相对自由流动,以及民间社会或社会企业家团体具备跨国组织或关注点的议题领域,根据功能来划分而非根据地域来架构成员身份的全球规制机构非常普遍。这些机构通常使用不按地域分布的功能性行政

---

over Intellectual Property and Access to Medicines in Latin America.

实体(不论是非营利的还是营利的),提供诸如认可、确认、验证、认证、审计和相关服务,以此促进全球规制规范的实施和遵守。各国制定的国际规制方案也可对这些实体加以利用。清洁发展机制(Clean Development Mechanism)便是这样一种结构。清洁发展机制由《联合国气候变化框架公约》(United Nations Framework Convention on Climate Change)缔约方会议设立,由清洁发展机制执行委员会执行。清洁发展机制将权力授予私人认证公司,这些公司的资金和利润反过来取决于项目经其认证的实体支付给它们的费用。因此,这些公司参与标准的适用、解释以及对遵守情况的核实,包括提出新的方法论,供清洁发展机制后续采用。与此相似的是,ICANN最初也主要是一种功能性而非地域性的结构安排,由顶级域名注册局等功能性实体进行管理。但是,政府作用的日益加强,政府互联网规制所具有的地域性,以及注册局所具有的国家特色,都反映了围绕应基于国家还是主要基于功能来对互联网进行规制这一问题的全球斗争。

更强的全球规制机构会对构成其分布式行政系统一部分的较弱实体施加某种程度的纪律和控制约束。国际体育机构(例如国际足联,即国际足球联合会)要求国家政府不得干预相关的国家体育机构,也要求此类机构的领导、规则和决定都必须符合该机构自身的章程以及全球机构设定的标准。这样做可以防止政治的干预,但也可能导致一个在治理上非常腐败的国内实体逃脱本国政府的约束。全球体育规制机构享有巨大的影响力,因为它们有能力禁止国家队和通过国家系统注册的运动员或俱乐部参加任何国际比赛以及从网络直播和广播协议中分享收益。然而,这种影响力的作用相当于撤销原判权——全球机构可以拒绝批准某个国内实体,但它自己不能轻易对该实体进行重组或改造,抑或为该实体指定领导人。因此,尽管全球机构可以推翻国内实体在人事上的突然变动以及对权力的公然滥用,却很难防止它长期的劣治、未知的腐败以及平庸的表现。

在分布式行政中,对非成员实体的监督也是可能的。因为非成员实体须经全球机构认证,所以到期不续的威胁发挥了监督作用。森林管理委员会（The Forest Stewardship Council，一个多利益相关方私人全球机构，为可持续林业制定标准，并为来自此类森林的产品颁发证书和标签）设立了自己的专家机构——国际认证服务机构，负责管理该机构的认证员与核查员认证系统，该机构现在也被其他全球规制机构使用。清洁发展机制执行理事会也建立了精密的指定经营实体认证系统，但碳信用相对较低的市场价值可能越来越会给这种监督的严格性施加成本约束。在每种情况下，全球机构对分布式行政实体的有效监督和控制都依赖于影响力，即基于不对称依赖的影响力（全球机构实际上成为实体所需稀缺商品的垄断供应商或主导且不可替代的供应商时，其影响力得到加强）以及全球机构对实体的绩效加以监控、评估、批准或制裁之划算手段的采用。缺乏这些影响力属性的全球机构不太可能运行一个纪律严格的分布式行政系统。

此外，从委托代理模型的角度来看，有多个委托人在不同方向激励它们的实体不太可能是任何一个委托人的忠实代理人。这是全球规制方案中许多分布式行政形式的结构特征。例如，地方的地域性实体通常被期望着对地方选区的选民负责，因此在被嵌入全球机构的同时，也确实被嵌入国家政治组织当中。当认证实体由业绩经其证明的公司资助时，它们可能会更加响应这些公司的利益，而非全球规制机构的利益。

在最极端的情况下，委托代理关系可能会颠倒过来；与全球机构相比，分布式行政可能更为大型，在财政与政治上也更具影响力，并可能逐渐占据全球机构的主导地位。

四、私人治理

私人治理和国家权力之间的相互作用是普遍且根本的。[1]其部分

---

① E. F. Lambin and T. Thorlakson, "Sustainability Standards: Interactions between Private Actors, Civil Society, and Governance", *Annual Review of Environment and Resources*, vol. 43 (June 2018), pp. 369–393.

原因在于：国家在强力行动和强制征税能力方面的主导地位；大多数财产权利和大量组织形式对国家法律的依赖；国家在大多数经济体中的中心地位；国家在重要市场和资金流中的利益；以及主要市场参与者在某些情况下援引国家权力的利益。主要市场很少会在没有规制的情况下得到维持，而国家（无论是单独行动还是协调行动）则是境内和一些跨境规制的主要供应方。

这就是全球精英体育之私人治理的发展背景。正如国家已然证明其在几个关键领域的体育治理中不可或缺，体育机构也同时需要在其他议题上与国家保持一定距离。因此，全球行政法原则和一些有拘束力的全球行政法规则与机制在全球体育机构中既存在引力也存在斥力。在一些议题上，全球行政法被认为是阻止国家政府或者有志于确保人权保护或维护其他公共价值和利益的国家或地区法院进行干预的重要手段。

独立审查机制得到越来越多的采用，以此提供受到管理并些许受限的权利保护系统，运动员可以借此对体育管理机构的决定提出质疑。CAS是一个体制内的审查机构，在某种程度上用于确保其所属体制的有效运作——但根据瑞士联邦最高法院（Swiss Federal Tribunal）的裁决，它仍在形式上与接受其审查的体育行政机构保持独立。此处的背景是，其他国际、国内法院和法庭很可能偶尔主张对全球体育机构的决定进行审查的权利和能力，尤其是当这些决定是由它们的分布式行政部门执行时。涉及基本权利或公共利益的跨系统活动不可避免会造成结构性问题：跨系统一致性的巨大优势应如何与论坛（或地方）中强烈感受到的法律秩序迫令相互结合或权衡？当这一问题无法通过可接受的立法获得妥善解决时，被迫对该议题发表意见的国家或地区法院和法庭往往会寻求程序途径。礼让、尊重、相称性以及诸如公共政策、税收规则和强制性规则等国际私法原理是其中一些常见的技术。然而，国内公法面临的一项特殊挑战是，如何将适用于众多个体的全球私人命令视为参与某一职业——例如，精英体育运动——的先决条件。

杜蒂·钱德向CAS提起的诉讼是国际田径联合会(International Association of Athletics Federations,以下简称国际田联)为规定和限制女子田径项目中运动员的参赛资格而起草规则过程中的一则重要插曲。[①]长期以来,女子项目与男子项目是根据简单的二元结构彼此分开的。根据国际田联2011年的规定,只有被相关国家法律界定为男性的人才能参加男子项目,只有被相关国家法律界定为女性的人才能参加女子项目。然而,在符合后一项标准的人群中,2011年的规定取消了自然生成的睾酮水平高于特定浓度的女性的参赛资格。对雄激素增多症的这项规定基本上成为了2014年印度相关体育部门禁止杜蒂·钱德参加国内与国际精英赛事的决策依据。

根据杜蒂·钱德(像所有精英运动员一样)为了参加顶级田径运动而必须签署的合同,对国际田联或印度田径联合会(Athletics Federation of India,以下简称印度田联)任何此类决定的起诉应向瑞士的CAS提起。[②]国际田联为其规定辩护,但并不积极。几年来,它一直很清楚在这一领域制定规则会困难重重,随着社会态度和科学研究的快速变化,无论采用何种方法都不太可能做到让标准既令人信服又经久耐用。印度官方到这个时候支持的是杜蒂·钱德,尽管其之前

① *Dutee Chand v IAAF and AFI*, Court of Arbitration for Sport, Interim Award of 24 July 2015.

② 杜蒂·钱德并未在印度法院挑战2014年印度田联对她的禁赛决定。如果她这样做了,她将很可能也挑战了印度体育局(Sports Authority of India)——一个直接涉及针对她的禁赛决定但不受CAS管辖的政府实体。钱德案的行政法基础本来会非常坚实,宪法基础很可能也是如此。印度法院本来不得不权衡,一项遵从国际体育组织有关体育规则的总体政策,或者更具体地说,对具备全球统一的运动员参赛资格规则(因为在国际赛事中运动员会相互竞争)这一明显价值造成的损害,是否要重(如果是,那有多重)于一项基于人权的主张,即在印度受到国家机构(以及受国家监督的私人机构)行为不利影响的印度国民应能根据印度法律维护自己的权利。(这与欧洲法院在卡迪第二案中的做法有些相似。)法院可能还不得不考虑钱德的体育合同中一个条款(如果有的话)的影响,该条款要求将所有争议提交给CAS审查,并排除诉诸国家法院的可能性(以及合同相对性问题——因为印度体育局不太可能是该合同的一方当事人)。相反,印度田联允许自己(与国际田联一起)加入仲裁案,尽管这意味着摩纳哥法律是准据法的一部分,以及尽管仲裁条款不一定适用于印度田联。印度体育局显然不受仲裁裁决的约束——但似乎已决定使自身行为与裁决保持一致。实际上,所有各方都将解决整个问题的事实上的权力(与其法律上的权力重叠)授予了CAS。

宣布过她没有参赛资格（以及没有处理好与她相关的整个过程）。于是，人们普遍松了一口气，认为可以将此事移交给CAS——CAS和各方似乎都理解它在这方面的制度性角色，任命了一个经过精心挑选的仲裁专家组来完成这项任务。[①]该专家组能够——也确实——更大胆地采取了行动，并且比在一般CAS案件中对公法具备更多的敏锐性。该专家组裁定，国际田联的规定存在对两个不同群体妇女的歧视。由于显见歧视的存在，证明该规定合理的责任转移到了国际田联身上。然而举证要求并未得到满足，因为没有足够的证据表明雄激素增多症的字面规定，

> 对于组织竞技性女子田径运动以确保田径竞赛的公平性这一合法目标的追求是必要且相称的。具体而言，国际田联尚未提供足够的科学证据，表明患有雄激素增多症的运动员睾丸激素水平的提高与运动成绩的提高之间存在定量关系。[②]

因此，该规则被暂停两年实施，在诉讼前期已由专家组授予临时资格的杜蒂·钱德在暂停期间也获得了正式资格。

2018年，国际田联通过了一项新的规则，只排除距离超过杜蒂·钱德短跑项目的赛跑者，因此她的资格实际上得到了接受。随后，受新规则影响的南非著名运动员卡斯特尔·塞门亚又起诉到了CAS。2019年4月，一个另行组建且与杜蒂·钱德案仲裁庭成员有所重叠的CAS仲裁庭略带犹豫地驳回了她的申请。[③]卡斯特尔·塞门亚

[①]　所选定的特设仲裁专家组成员包括安娜贝尔·贝内特（Annabelle Bennett，专家组主席，澳大利亚联邦法院一位经验丰富的法官）、理查德·麦克拉伦（Richard McLaren，加拿大人，体育仲裁领域一位非常杰出且经验丰富的人物，积极致力于反兴奋剂和反腐败）和汉斯·纳特（Hans Nater，瑞士著名律师，在商业和体育法仲裁方面有丰富经验）。

[②]　*Dutee Chand v IAAF and AFI*, Court of Arbitration for Sport, Interim Award of 24 July 2015, para 547.

[③]　两个专家组的主席都是安娜贝尔·贝内特法官。汉斯·纳特博士两次均由国际田联指定。杜蒂·钱德指定的是理查德·麦克拉伦，而卡斯特尔·塞门亚指定的是休·福雷瑟（Hugh

案仲裁庭以多数票得出结论,导致早期国际田联规则被暂停的更重要缺陷已在2018年的规则中得到了纠正。针对该规则所涵盖的一些距离,该仲裁庭仍存有疑问,并且在效果上仍保留随着新证据的出现进一步加以审查的可能性。①卡斯特尔·塞门亚向瑞士联邦最高法院对CAS的裁决提出质疑。2019年6月,瑞士联邦最高法院发布了一项决定,要求在对该裁决进行审查之前,暂停执行2018年的国际田联规则。

这是典型的行政法:一家机构制定规则,另一家机构审查规则,审查重点是证据记录、歧视、正当理由和相称性。这个过程是规制者和审查机构之间的一种对话。在这两个案例中,受影响的运动员都亲自出席并参与(但对杜蒂·钱德来说,语言是一个障碍),许多其他利益相关的人(包括其他女性精英运动员)也找到了在审查中发声的途径。对国际田联而言,整个审查过程几乎是一种为其最终生效的规则获得某种合法性的不可或缺之手段。然而,令人困惑的是,尽管CAS专注于所起草规则的细节,以及支持该规则的证据(合理性要求),但似乎很少有人关注国际田联的规则制定过程,无论是杜蒂·钱德挑战的规则,还是2018年发布并受到卡斯特尔·塞门亚挑战的修订后规则。国际田联所使用的咨询过程并没有被大肆宣扬,似乎也并不存在任何"通告—评论"结构。CAS的审查过程在适用相称性标准进行实质性审查时要求严格,但对规则制定过程而言其作用也相当有限,因为它没有向国际田联表明(更不用说事实上规定)其在规则制定中必须遵循什么程序。这可能不同于其他审查机构,例如WTO上诉机构

Fraser)法官,并得到南非田径协会(Athletics South Africa)的支持。休·福雷瑟曾作为田径运动员参加了1976年奥运会,在经历了一段担任安大略省法院法官的漫长职业生涯后退休。在塞门亚案中,南非田径协会曾反对并挑战对杜蒂·钱德案专家组任何成员的任命,但国际体育仲裁委员会(International Council of Arbitration for Sport)的理事会驳回了这些挑战。

①　*Caster Semenya and Athletics South Africa v IAAF*, Court of Arbitration for Sport, Award of 30 April 2019. 该裁决(以多数决)驳回了仲裁请求。在第606—624段,仲裁庭对1500米和1英里赛跑成绩的证据充分性表示怀疑,也对该规则给服用药物将内源性睾酮降低到规定水平以下的性发育差异(DSD)运动员所造成的不公平性表示犹疑,如果他们的训练体制或其他情况的变化导致他们的内源性睾酮波动高于该水平,而又无法合理期待他们对此加以控制的话。

在"沙丁鱼案"中关于标准制定过程（针对食品法典①以及其他机构）的声明，②或者WTO技术性贸易壁垒委员会关于同一事项的规定。③

五、结语

全球规制治理在冷战后的1990年代达到顶峰时，还是全球秩序的一种新表述，依赖于既有的政治现实主义和自由－制度主义模式并覆盖其上，以独特的方式应对权力、价值冲突和不平等这些考量因素。北大西洋拥有卓越地位以及全球规制治理的这一时期——结合了美国的全球优势地位以及欧洲的后国家法律经济一体化方案自信——转瞬即逝，且早已结束。它留下了一项政治、法律与制度上的重要遗产，北大西洋领导力和1990年代至2000年代的全球规制治理方案在某些方面也保持着持续的活力。然而，许多其他区域和大国在争夺和塑造全球政治和社会秩序的主流轮廓、表述方式（超越《联合国宪章》中提到的重要基本原则）、所受主要影响以及所具主要影响方面，发挥了重要影响。与过去一样，全球秩序在其更高要求或更具抱负的一面，再次变得意义多元、备受争议且难以预料。本文反思了全球行政法在一段时期内的性质、作用与局限。在这一时期，《联合国宪章》秩序与现存的北大西洋全球治理遗产、重拾信心的民族主义乃至北大西洋地区的去全球化共同存在。权力正从北大西洋地区转移，新的秩序形式正在形成，例如，中国基于基础设施的"一带一路"倡议，以及美国实践中倾向于交易型治理并反对机构化治理和多边条约的企图。

---

① 食品法典（Codex Alimentarius）是由食品法典委员会制定的关于食品的标准、指南和实践准则的汇编。食品法典委员会由188个成员国和超过220个观察员组织构成，由联合国粮农组织（UN Food and Agriculture Organization）以及世界卫生组织（World Health Organization）共同建立并于1963年开始运作。

② *European Communities-Trade Description of Sardines*, WTO DS231, Appellate Body Report, 26 September 2002.

③ WTO, TBT Committee, Decision of the Committee on Principles for the Development of International Standards, Guides and Recommendations with relation to Articles 2, 5 and Annex 3 of the Agreement, G/TBT/9, 13 November 2000.

　　目前，全球行政法不稳定地运作于以逆风、侧风以及波涛汹涌的大海为特征的国家间环境当中。然而，各国及其领导人有充分的理由采取政府间治理倡议，包括在经济停滞时重振经济活动、管理地缘政治问题以及在诸如以下事务中捍卫自身利益：作为当务之急的反恐；移民和传染病的危机；以国家为中心的局部协调努力，从而利用刑法打击诸如违禁药物、非法捕鱼、人口贩运和知识产权侵权等非法活动；国家间军事-安全紧张局势的加剧；围绕气候/能源政策的斗争；以及有关人类脆弱性、不平等和不尊重的日益增多的不满。此外，已经存在的治理结构在很大程度上得到了维持，而不是被废除或取代。尽管由于缺乏美国的支持，政府间建立新型全球法律制度或主要治理协议的工作从 2016 年起基本上被冻结，但大多数其他国家的领导人都很清楚，合作性国际规制治理可以通过提高其成员（通常还有一些更广泛的选民）福利的方式，加强其规制项目的效果。各国建立并支持全球规制体制，以便在全球相互依存的条件下（即在单靠国内行动力有不逮时）搭建市场、纠正市场失灵、促进安全，以及以其他方式增进公民福利。这是《跨太平洋伙伴关系全面进步协定》(Comprehensive and Progressive Agreement for Trans-Pacific Partnership) 的逻辑（当然有争议），也是日本安倍时代走向更重要领导角色的逻辑。①类似的逻辑推动了许多私人和混合型规制机构的建立。

　　因此，多种形式的全球规制治理似乎肯定会持续下去，并在一些领域深化，而在另一些领域收缩。全球规制治理是否具有全球行政法的重要元素，部分取决于国家间模式是严重倾向于交易型（和非机构型）治理还是转向通过机构进行法律治理。无论是对美国还是对中国，这都是世界政治秩序的一个重大问题。然而，对于其他国家来说，追求机构化的治理可能成为平衡交易型和中心辐射型模式——在这种模式下，他们的利益与更强大的对手相比表现不佳——之战略的

---

　　① Kingsbury et al. (eds.), *Megaregulation Contested: Global Economic Governance After TPP.*

一部分。无论如何,机构化形式的私人治理都可能变得越来越重要,至少在主题范围内以及在开放但威权的主要国家体制可接受的形式下。[①]因此,既要理解法律、组织以及政治特征在治理中的作用,也要将其作为尖锐批评的目标以及作为规范价值的潜在来源进行评估,仍然是当务之急。

只要全球行政法还是对"全球治理的出现以及相应规制需求"的功能性回应,[②]全球行政法的实践就可能继续存在。用这些政治经济术语解释全球行政法暗示了一种资本主义基本逻辑:关键驱动力是每个行为体在主流权力格局的约束下实现其自身(自定义)利益的最大化。但全球秩序几乎同等地关涉身份与价值——包括价值冲突和文化多元性——关涉屈辱感、无力感以及戏剧性但不断变化的权力梯度带来的影响。

发展问责制和责任制的多种规范性理由得到了一些支持:实现机构的实质性目标;保卫权利和法治;克服对各种受影响的公众和个人的不当忽视;减轻不公正或促进实质正义;助推全球规制机构决策的福利和分配效果。[③]全球行政法在某种程度上是可行的,因为即使没有就其规范性理由达成一致意见,也有可能就一些程序标准达成合意。全球行政法的第二个支持性来源是,人们普遍认识到它是可废止的,并且需要被废止。在特殊情况(并非所有情况)下,全球行政法的部分或全部内容可能会导致相反效果;接受全球行政法原则和机制不仅产生赢家,也可能会产生输家,而且赢家很可能是那些本已强大或富有的人;整个全球行政法事业在为不公正辩护方面,可能要比对

---

① D. Guttman et al., "Environmental Governance in China: Interactions between the State and 'Nonstate Actors'", *Journal of Environmental Management*, vol. 220, no. 15 (August 2018), pp. 126–135.

② Benvenisti, *The Law of Global Governance*, p. 25.

③ R. B. Stewart, "The Normative Dimensions and Performance of Global Administrative Law", *International Journal of Constitutional Law*, vol. 13, no. 2 (April 2015), pp. 499–506; M. Savino, "What if Global Administrative Law is a Normative Project?", *International Journal of Constitutional Law*, vol. 13, no. (2015), pp. 492.

实质正义的促进方面做得更多。然而，即使从此种观点来看，全球行政法也为批判现存制度安排以及要求改革提供了宝贵的视角。

全球行政法的学术支持者通常未被怀疑一开始就制定了决定性的政治路线——事实上，在这种规范性问题上缺乏明确的政治方向，或在道德上缺乏一个有分量的龙骨来保持船的直立和航向，正是全球行政法早期所受的指控之一。（另一项指控是，全球行政法的程序主义术语和全球包容性修辞掩盖了它的真实进程——这些不同进程包括源自基础性不公正的自由主义转移注意法、[①]新自由主义法团资本主义的主导地位、美国权力与合法化影响力的加固、抵御其他国家崛起的西方意识形态。）在一个不仅风格、文化与利益多元，而且权力也多元的时代，随着以不断变化的方式应对全球化的更大力量在 2020 年代越来越多地限制、否定和重塑国际秩序，全球行政法的开放结构和有点模糊的政治取向可能会成为一个重要的活力来源。

---

① J. Linarelli et al., *The Misery of International Law: Confrontations with Injustice in the Global Economy*, Oxford University Press, 2018.

编后记

　　十年前,《清华法治论衡》曾以"全球化时代的中国与WTO"为主题,出版上下两辑专刊。在上辑编后记中,高鸿钧教授这样写道:"'入世'之利远远大于其弊:它使中国经济进入了世界经济主流体系,不仅为中国的经济发展带来了可观的'红利',而且推动了中国的政治体制改革和法治化进程。"在这两份"WTO专辑"中,各位作者或从国际贸易法治的价值导向考虑WTO的力量与弱点,或探寻WTO对一般国际法的贡献和挑战,或从经济和法律全球化的角度看待和分析WTO的未来……横看成岭侧成峰,远近高低各不同。如今回首,那大抵该是个让我们畅想国际贸易"从武力到外交,从外交到法律"的"进步时代"、一个国际法治的"英雄时代"、一个WTO法成为"显学"的时代。

　　彼时我还是个背诵"环球同此凉热"、畅想"世界在我手中"的高中生,岂知何为"国际法",但言WTO是历史考试的知识点。我看美剧、刷QQ、上人人,却不知道网络空间将会出现在国际法研究的最前沿;我看世界杯、奥运会,参加"模拟联合国",听"我和你同住地球村",却不知道一场体育仲裁案将会成为国人关注的焦点;我吃肯德基、麦当劳,在必胜客里手捧着一杯星巴克,心想这些洋玩意儿就知道骗我钱;我嘴上讲社会真复杂,心里说世界那么大,却从未敢想象自己正身处一个名为"世界社会"的大宅院。

　　恍惚十年后,我突然发现"换了人间"。世纪疫情、中美博弈、乌克兰危机和巴以冲突交织激荡,全球化研究的焦点变为"逆全球化",国际法治遭遇迷雾,WTO法俨然成为"难舍的旧梦",在各大核心期

431

刊中再无法获得从前的版面——另一种声音悄然崛起，它说WTO早该与"秋菊"流连顾盼。它还说，国际法本就不是法，而是21世纪的帝国余音。

十年前两份"WTO专辑"的作者，如今有不少已是国际法、比较法等学科领域的中流砥柱，而我在众位师长的引领和指导下，也成为一名初登堂奥的国际法博士研究生，常和本辑众位作者一道坐在校门口的星巴克里宏论和清谈，电脑上腾讯会议、Zoom视频常常闪烁，不时插入来自纽约、汉堡、日内瓦、阿布扎比和马拉喀什的师友们的高见。在一片针锋相对的"意见交换"后，我们常共同发出那个终极追问：什么是国际法的未来？

于是，十年前那两份"WTO专辑"中曾出现的名词，"世界社会""全球行政法""全球宪治"云云，又带着它们十年积淀的"变与不变"出现在五道口的咖啡厅里；于是国际法、比较法、法理学、法律史和宪法学专业的同学们又坐到一起，探讨那无尽的远方和近在咫尺的世界。

于是，我们讶异地发现，原来梅因和德沃金的最后一部作品都关于国际法，原来哈贝马斯和卢曼对国际法治未来的构想如此天差地别，原来一流的国际法学者大都有深厚的理论和历史功底，原来我们彼此需要。

于是，我们又翻出十年前乃至更早的《清华法治论衡》，看那些熟悉的人、过去的字。当时的编者和作者中，高鸿钧教授、车丕照教授已经荣休，他们的文字是我们心中永远的灯塔。聂鑫教授、鲁楠教授等师长已成为我们的"船长"，引领我们在茫茫学海中不断前行……我们把他们当年的话大声念出，仿佛一个个遥不可及又迫不及待的梦——

"因而，我们不仅需要追问'全球化的法律是何种法律？法律化的全球是谁的全球？'，而且需要自问'为了人类命运和全球福祉，我们应当有何作为？必须有何作为？'"

"法律确保着陌生人之间的信任，是法律铺设着商品与资本的管道,是法律决定着是非曲直的尺度,是法律转换着战争与和平的按钮。在法律之中,暗藏着将战争变为和平,将支配化为解放的另一条道路。"

"使中国的法治和法学既能体现中国独特的法律智慧,又能包容人类普适的法律价值。"

······

我们常不知道,到底是肚中的那杯咖啡,还是手中的这些文字,令我们久久不能入眠。但我们清楚地明白:

文章千古事,关乎众人,不负苍生。

洪家宸

2024年6月

图书在版编目（CIP）数据

清华法治论衡 . 第 30 辑 , 迈向世界社会的国际法 /
鲁楠主编 . -- 北京 : 商务印书馆 , 2024. -- ISBN 978
-7-100-24608-8

Ⅰ . D902-53

中国国家版本馆 CIP 数据核字第 20247SV520 号

清华法治论衡（第 30 辑）

迈向世界社会的国际法

鲁 楠 主编

商 务 印 书 馆 出 版
（北京王府井大街 36 号 邮政编码 100710）
商 务 印 书 馆 发 行
北京虎彩文化传播有限公司
ISBN 978-7-100-24608-8

2024 年 11 月第 1 版 开本 700×1000 1/16
2024 年 11 月第 1 次印刷 印张 27½

定价：128.00 元